Alfred Maleta · Bewältigte Vergangenheit

# Alfred
# Maleta

# BEWÄLTIGTE
# VERGANGENHEIT

## Österreich
## 1932–1945

Verlag Styria

CIP-Kurztitelaufnahme der Deutschen Bibliothek

**Maleta, Alfred:**
Bewältigte Vergangenheit: Österreich 1932–1945 /
Alfred Maleta. – Graz, Wien, Köln:
Verlag Styria, 1981.
ISBN 3-222-11343-2

© 1981  Verlag Styria  Graz Wien Köln
Printed in Austria
Umschlaggestaltung: Christoph Albrecht
Satz und Druck: Druckerei und Zeitungshaus J. Wimmer Ges.mbH & Co., Linz
Bindung: Wiener Verlag, Himberg
ISBN 3-222-11343-2

*Persönliche Begegnungen
in wechselnden Lebenssituationen
mit dem Ergebnis wechselnder Perspektiven
der Betrachtung und Bewertung:*

*mit Gesinnungsfreunden;*

*mit Nationalsozialisten als Todfeinde,
Schicksalsgefährten
und persönliche Freunde;*

*mit Sozialisten und Kommunisten
als Funktionär des Dollfußstaates,
als Haftgenosse, Kriegskamerad und Freund.*

# Inhaltsverzeichnis

# Einführung

Das vorliegende Buch ist ein Beitrag zur Geschichte der Republik Österreich aus der Feder eines Mannes, der bereits seit früher Gymnasiastenzeit ein äußerst interessierter Beobachter des politischen Geschehens war und es bereits nach relativ kurzer Zeit mitgestalten konnte; vorerst als Studentenführer am Gymnasium und an der Universität, sodann in hohen politischen und gewerkschaftlichen Funktionen des sogenannten „Ständestaates".

So ist es denn verständlich, daß er in die Geschichte der Ersten Republik zurückblendet. Natürlich gibt es für diese „Reise in die Vergangenheit" noch andere triftige Gründe, die nicht im persönlichen Erleben, sondern im allgemeinen Zeitgeschehen wurzeln. Denn manche der kritischen und somit strittigen Probleme der heutigen Tagespolitik ragen aus der Vergangenheit in die Gegenwart herüber. Das Werden und Wachsen eines Staatsbewußtseins spiegelt sich eben in der Vielfalt und Einheit der vergangenen und lebenden Generationen eines Volkes. Trotz tiefgreifender territorialer und idealer Veränderungen im Umfang des Staatsgebietes und in der Sinndeutung des Begriffes Österreich bezeichnet dieser Name nach wie vor eine geradezu mystische Verbundenheit der Gegenwart mit einer fast tausendjährigen Vergangenheit. Die Hintergründe und Wirkursachen eines historischen Prozesses werden aber nur jenem plastisch sichtbar, dem die Geschichte des eigenen Vaterlandes kein „Buch mit sieben Siegeln" ist.

Die Darstellung der Ereignisse in der Ersten Republik wurde aber derart umfangreich, daß sie als eigener Band, als erster Band meines Memoirenwerkes herausgegeben wird. Es ist dies auch thematisch berechtigt, weil es sich dabei, trotz aller Zusammenhänge, um einen eigenständigen Bereich handelt. Schließlich trennt eine tiefe Zäsur die Geschichte des neuen Staates in eine der Ersten und in eine der Zweiten Republik.

Hauptinhalt des Memoirenwerkes wird allerdings der Beitrag des Verfassers zur Geschichte der sogenannten „Zweiten Republik" sein. Schließlich ermöglichten ihm seine vielen Funktionen tiefe Einblicke hinter die Kulissen des politischen Geschehens und in die persönlichen Motive der handelnden Personen. Diese Funktionen sind:

Vom 19. 12. 1945 bis zu seinem Ausscheiden am 4. 11. 1975 gehörte er ununterbrochen dem österreichischen Nationalrat an.

Vom 3. 10. 1945 bis zum 27. 8. 1955 bekleidete er das Amt eines Landesobmanns des oberösterreichischen Arbeiter- und Angestelltenbundes (AAB). Seit 1945 gehört er bis in die Gegenwart der Bundesparteileitung der ÖVP an.

Vom 13. 3. 1949 bis zum 26. 4. 1953 war er Stellvertretender Bundesobmann des ÖAAB.

Vom 29. 1. 1952 bis zum 12. 2. 1960 war er Generalsekretär der ÖVP (zusammen mit Julius Raab als Bundesparteiobmann). Parallel dazu wurde er am 18. 3. 1953 zum Klubobmann des Parlamentsklubs der ÖVP gewählt, welche Funktion er bis zum Ende der IX. Gesetzgebungsperiode (14. 12. 1962) bekleidete. Durch diese „Vereinigung" der beiden Funktionen in einer Hand war er de facto der „Generalstabchef" der Partei durch nahezu 10 Jahre.

Knapp vor Ausscheiden als Generalsekretär der ÖVP wurde er am 30. 1. 1960 zum Bundesobmann des ÖAAB gewählt; diese Funktion bekleidete er bis 22. 5. 1971, als Dr. Alois Mock zu seinem Nachfolger gewählt wurde.

Bedingt durch die Funktionen eines Bundesobmanns des ÖAAB und eines Generalsekretärs der ÖVP gehörte er durch mehr als 19 Jahre dem Parteipräsidium an (29. 1. 1952 bis 22. 5. 1971). Außerdem war er während der Zeit der Großen Koalition (1945–1966) Angehöriger des vielumstrittenen Koalitionsausschusses, in dem die wichtigsten politischen Entscheidungen getroffen wurden.

Nach Ernennung von Dr. Alfons Gorbach zum Bundeskanzler zog er an seiner Stelle in das Präsidium des Nationalrats ein: Am 19. 4. 1961 wurde er zum 3. Präsidenten des Nationalrates gewählt. Als Leopold Figl zum Landeshauptmann von Niederösterreich gewählt wurde, rückte er am 14. 2. 1962 an seine Stelle in die Position des Präsidenten des Nationalrates auf. Die Stellung des „zweiten Mannes im Staate" bekleidete er bis 31. 3. 1970. Durch den für die ÖVP ungünstigen Ausgang der Wahlen im März 1970 mußte er die Position des Präsidenten aufgeben und sich mit dem 2. Präsidenten begnügen, was er vom 31. 3. 1970 bis zu seinem Ausscheiden aus dem Nationalrat am 4. 11. 1975 blieb.

Der Verfasser ist am 15. Jänner 1906 geboren. Der Zeitraum seiner mitdenkenden kritischen Beobachtung seit früher Jugend umfaßt somit ca. 60 Jahre, der jener des persönlichen Mitwirkens ist mit ca. 45 Jahren zu bemessen. Angesichts so vieler Jahre am Schalthebel der Macht hofft er, daß er die Historiker durch seine Memoiren auf zusätzliche, ihnen bislang unbekannte Aspekte des Geschehens aufmerksam machen kann.

So ist es denn kein Wunder, daß sein historischer Beitrag zur Geschichte der Republik gleichzeitig auch ein Stück Parteigeschichte ist. Freilich beinhaltet jede Parteigeschichte auch die oft heftigen Auseinandersetzungen um den richtigen Kurs innerhalb der eigenen Partei. Parteiführer müssen sich ja immer wieder um das Vertrauen und die Gefolgschaft des Parteiapparates bemühen, denn dessen Mitwirkung ist eine Voraussetzung zur Erreichung des Vertrauens breiter Wählerkreise. So ist denn dieser Bericht gleichzeitig auch eine nachträgliche „Rechtfertigung" seines innerparteilichen Verhaltens, denn schließlich ist er oft genug von sogenannten „Reformern", die angeblich alles besser wußten, angegriffen worden. Aus allen diesen Gründen ist eine zusammenfassende Darstellung der Ereignisse für die Vertrauensmänner sicher interessant.

Dieses Buch wurde daher wahrhaftig nicht deshalb geschrieben, weil es heute modern und „in" ist, daß Politiker Bücher schreiben. Fast jeder fühlt sich schon dazu berufen. In diesem Buch geht es um echte Aussagen, und nicht um die Niederschrift irgendwelcher Geschichten.

Die Konzeption des Buches ist daher nicht „kompilatorisch", also keine Wiedergabe des Inhaltes fremder Bücher und Gedanken, sondern tatsächlich originär und eigenständig. Daher gibt es im Text auch keine Fußnoten und Zitate, und es werden für die Masse unverständliche, wissenschaftliche „termini technici" vermieden. Es soll ganz einfach ein breiter, politisch interessierter Leserkreis angesprochen werden. Im Gegenteil: Eine logisch-präzise, analytische Methode im Rahmen einer klaren Systematik ist die Devise des Verfassers, der damit vielleicht auch, in unserem Zeitalter unerträglicher Geschwätzigkeit, unserer Jugend ein pädagogisches Beispiel zeigen möchte. Nicht alle Politiker sind hohle Schwätzer, wie heute oft behauptet wird. Jedenfalls möchte er mit nüchternen Argumenten überzeugen, stellt sich aber auch jeder sachlichen Kritik und Gegenargumentation. Er hat auch alle seine Reden, Bücher und Artikel selbst entworfen und geschrieben, und dazu wahrlich keiner „Ghost-writer" bedurft; ein Sachverhalt, der – angesichts der Gepflogenheit anderer Politiker – zu seinem großen Ärger auch bei ihm gelegentlich bezweifelt wurde.

In diesem Zusammenhang mögen daher einige zusätzliche Bemerkungen über Charakter und Persönlichkeit des Verfassers sinnvoll sein. Sicher verdankt er einen Gutteil seiner Erfolge seinem angeborenen Optimismus, der ihm selbst in scheinbar aussichtslosen, kritischen Situationen nicht seinen Lebensmut verlieren ließ.

Er war weder Erbe eines Vermögens, noch ist er Träger eines berühmten Namens, sondern er verdankt alle seine Erfolge harter Arbeit, eiserner Selbstdisziplin und rücksichtsloser Selbstkritik. Daher kann er sich mit vollem Recht als richtigen „Selfmade-man" bezeichnen. In seinem Leben hat er tiefste Tiefen und auch eindrucksvolle Höhen erlebt; jedenfalls stand er in seiner Existenz zweimal vor dem Nichts, aus dem er sich befreien und um neue Erfolge kämpfen mußte. Er war auch nie empört oder entrüstet, wenn überzeugte Gegner ihn schädigen, ja sogar vernichten wollten. Vielmehr fragte er sich immer, welche Fehler er selbst gemacht habe, die seine Gegner nützen konnten. Gegner haben eben einen scharfen Blick für Chancen, die man ihnen unfreiwillig bietet. Darauf empfindsam und beleidigt zu reagieren wäre daher völlig zwecklos. So hat er denn alle seine Kritiker und Reformer überlebt, von denen manche tatsächlich tödlich gefährlich waren. Die gefährlichste Auseinandersetzung in seinem Leben, bei der seine ganze, vor allem seine politische Existenz auf dem Spiele stand, war jene mit dem Chefredakteur der *Salzburger Nachrichten,* Dr. Gustav Canaval. Ursache dieses geradezu infernalischen Hasses war dessen Niederlage im Kampf um den Besitz der *Oberösterreichischen Nachrichten,* die er besitzen und dann in Salzburg drucken wollte.

Der Bericht über diese Auseinandersetzung wird in dem Kapitel „Kritik an Kritikern" (zweiter Band) enthalten sein, das als eine Abrechnung mit jenen Personen zu verstehen ist, die den Verfasser mit wahrhaftig nicht immer vornehmen Methoden angegriffen haben und vernichten wollten. Diese Schilderung ist aber nicht als eine späte „Abreaktion" von Rachegefühlen zu verstehen, sondern gleichfalls als ein nüchterner Beitrag zur Ausleuchtung innenpolitischen Geschehens. Dabei wird vieles zu berichten sein, das merkwürdigerweise völlig unbekannt geblieben ist. Der Verfasser wird sich dabei kühler Sachlichkeit befleißigen. Wenn dennoch Personen, soferne sie noch am Leben sind, sich davon betroffen fühlen sollten, so mögen sie nicht allzu empfindlich reagieren. Schließlich dürfen Menschen, die brutal und hart im „Geben" waren, nicht allzu wehleidig beim „Nehmen" sein . . .

Jetzt könnte man die Frage stellen, weshalb mit einer solchen Antwort so lange zugewartet wurde. Die Antwort ist sehr einfach! Der Verfasser konnte sich dieses Schweigen leisten, denn die Gegner waren bei allen ihren Angriffen nicht sonderlich geschickt. Man kann mangelnde Strategie und Taktik nicht durch Gehässigkeit ersetzen. Jedenfalls benützte der Verfasser in seinem Abwehrkampf nicht gleichfalls den Dreschflegel, sondern ein biegsames Florett aus Stahl . . . Überdies hat der Verfasser von dem großen „Schweiger" Julius Raab gelernt, daß „Reden Silber, Schweigen aber Gold ist". Trotzdem werden Journalisten in diesem Berichtsabschnitt viele für sie interessante „Gustostückerl" finden, denn er beinhaltet bislang viel Unbekanntes, das einen wesentlichen Beitrag zur Ausleuchtung des Charakters und der Motive der handelnden Personen darstellt.

Zu den Kapiteln „Konzentrationslager" und „Wehrmacht" wäre zu bemerken, daß darin weder bereits hinlänglich bekannte Grausamkeiten im KZ eine Wiederholung finden sollen; noch über angebliche Heldentaten an der Front berichtet werden soll.

KZ und Wehrmacht waren für den Verfasser „Beobachtungsgelände" zum Studium menschlichen Verhaltens in Situationen angeblich völlig gleicher gesellschaftlicher Gegebenheiten. Besonders das KZ bot ihm Gelegenheit für interessante Studien über das Wesen der „menschlichen Natur", die in der Gesellschaftsphilosophie umstritten ist. Die praktische Erfahrung bestätigte ihm die Richtigkeit einer naturrechtlichen Sinndeutung. Auch im Lager entwickelten sich privilegierte „Klassen", somit Hierarchien und Eliten. Für ihn waren also seine kritischen Beobachtungen „Seminarübungen" in der Realität des Lebens. Er möchte daher diese Zeit, trotz all ihres Schreckens, nicht missen, weil sie sein bislang theoretisches Wissen ungemein bereicherte. Man kann Gesellschaftsphilosophie eben nicht allein aus Büchern studieren!

Aus dieser Betrachtung ergibt sich ein Übergang zum Verständnis jener Perspektive, aus welcher der Verfasser politische Ereignisse kommentiert. Er sieht diese vor dem Hintergrund geistiger Strukturveränderungen im Entwicklungsprozeß unseres westlichen Kulturkreises. Diese Perspektive bei der Betrachtung von Problemen ist vielleicht das besondere Charakteristikum seiner Memoiren. Der Verfasser bemüht sich eben, die wissenschaftlichen Lehren aus seinen langjährigen Studien in den Disziplinen Gesellschaftsphilosophie, Soziologie und Gesellschaftspolitik mit seinen praktischen Erfahrungen als aktiver Politiker sinnvoll zu koordinieren. Er sieht darin für sich eine Garantie, daß ein gesellschaftsphilosophisches Wunschdenken ihn nicht in eine irreale Traumwelt entführt. Dieser Gefahr unterliegen oftmals Professoren, die sich dann wundern, daß ihre, oft tatsächlich geistreichen Thesen, für das wirkliche Leben völlig wertlos sind.

Der Verfasser möchte mit seinem Buch auch jenen Urwalddschungel lichten, der durch den ständigen Gebrauch von inhaltsleeren, sinnlosen Schlagworten und Phrasen mit der Zeit entstanden ist. Er versucht daher, bildhaft gesprochen, mit einer Machete einen Pfad durch diesen Dschungel zu schlagen. Das erscheint ihm deshalb wichtig, weil in diesem Urwald dem Staatsbürger vernünftige Sachverhalte unsichtbar geworden sind. So manche Kritik ist formalrechtlich zwar richtig, aber völlig wirklichkeitsfremd. Sie übersieht nämlich den Strukturwandel des gesellschaftlichen Hintergrundes im Übergang vom 19. zum 20. Jahrhundert.

Niemand nahm sich noch die Mühe, aus dieser Schau etwa die bekannten Schlagworte vom „entmachteten" Parlament und vom sogenannten „Klubzwang" auszuleuchten. Es ist daher höchste Zeit, die Kritiker davon zu überzeugen, was sie richtig und was sie falsch beurteilt haben.

Ein heikles Thema wird wohl auch nicht zu vermeiden sein. Die Zweite Republik verlangte von ihren Gründern viel Opferbereitschaft und Idealismus. Man hat manchmal das Gefühl, daß heute diese Begriffe in allen Parteien sehr klein geschrieben werden. Es war früher nicht üblich, daß für parteipolitische Funktionen Gehälter und Aufwandentschädigungen bezahlt wurden; und wenn doch, dann in einem sehr beschränkten und verrechenbaren Ausmaß. Das wird an Beispielen nachgewiesen werden müssen! Auch öffentliche Korruption in dem heute üblichen Ausmaß wäre früher völlig undenkbar gewesen. Angesichts der Tatsache jedoch, daß die verantwortlichen Politiker diese Wunde schwären lassen, muß man an die Gültigkeit des Sprichwortes denken: „Wenn es dem Esel gut geht, dann geht er aufs Eis tanzen!" Wir leben wie in einem Garten Eden: weitgehend glücklich und zufrieden, und erfreuen uns eines ziemlich allgemeinen Wohlstandes. Aber man vergißt dabei völlig, daß dieser Staat, der zwar heute einem Segelschiffe gleicht, das bei ruhiger See friedlich dahingleitet, sich bereits morgen in einem Wirbelsturm befinden könnte, zu dessen Überleben eine disziplinierte und opferbereite Besatzung nötig ist.

Es gäbe noch viele Probleme, auf die hingewiesen werden müßte. Sie werden trotzdem in diesem Buch erörtert werden. Mit den hier aufgezählten Stichworten wollte der Verfasser lediglich auf einige Schwerpunkte in der Thematik verweisen und seine Arbeitsmethode verständlich machen.

So übergibt er jetzt den Lesern sein Buch zu einer kritischen Beurteilung. Für die Österreicher wird es interessant sein, weil darin viele Jahrzehnte der österreichischen Innenpolitik aus neuen Perspektiven zusätzlich beleuchtet werden. Auch für die Leser in der Bundesrepublik Deutschland beinhaltet es Episoden, die ihnen bislang unbekannt waren. Wer weiß schon etwas darüber, daß es einmal zwischen Bonn und Wien eine schwere Trübung der Beziehungen gegeben hat. Wer weiß etwas von der Tatsache, daß die „Christlich-demokratische Internationale" sich mit dem heißumstrittenen Saarproblem nicht nur beschäftigte, sondern in Anwesenheit französischer und deutscher Regierungsmitglieder in einer einstimmig gefaßten „Entschließung" Frankreich die Rückgabe des Saargebietes an Deutschland empfahl. Vielleicht finden auch Leser im fremdsprachigen Ausland in diesem Buch für sie interessante Hinweise; einerseits unsere christlich-demokratischen Gesinnungsfreunde; andererseits auch andere politisch interessierte Menschen in der westlichen Staatenwelt, weil Phänomene, die in diesem Buch dargestellt und analytisch untersucht werden, auch in ihren Staaten Aktualität besaßen.

Möge das Buch wenigstens eine Anregung zu nützlichen Diskussionen sein!

# Rückblendung in Kindheit und Jugend

Als vor Jahren einmal Dr. Otto Habsburg auf dem Landsitz „Traunegg" in Oberweis bei Gmunden bei uns zu Gast war, da erzählte ich ihm in behaglich-abendlicher Atmosphäre, angesichts des riesigen Gemäldes seiner großen Ahnfrau Maria Theresia, von meinen kindlich-naiven „anti-habsburgischen" Gefühlen. Täglich begegnete ich am Josefsplatz in Baden bei Wien einer offenen Hofequipage, welche ihn und seine Schwester Adelheid von der sogenannten Kaiservilla am Hauptplatz in den Park der „Weilburg" brachte. Sie gehörte dem Erzherzog Leopold Salvator, der im Volksmund spöttisch „Dörrgemüse-Salvator" hieß. Die Passanten jubelten; er selbst, der blondgelockte kleine Knirps, salutierte soldatisch stramm, während seine noch kleinere Schwester alle zehn Finger zum Gruß wackelnd spreizte. Darüber gab es Gelächter bei den Passanten. Ich jedoch, ein Lausbub von 11 Jahren, ging trutzig und grußlos meines Weges. Otto amüsierte diese „Beichte"; er lachte umso mehr, weil ich ihn kurz vorher gefragt hatte, ob er nicht instinktiv „gespürt" habe, *welche* Gäste vor ihm sein derzeitiges Appartement bewohnten. Er müsse doch eine merkwürdige Mischung von Schwefeldämpfen und Weihrauchduft gewittert haben! Es seien höchste Kirchenfürsten – Verzeihung, wenn ich als rückständiger Geist die zukunftsweisende Bezeichnung „Amtsträger" vermeide – einerseits, und andererseits der Leiter der sowjetischen SALT-Delegation, nämlich Vizeaußenminister Semjonow der UdSSR, gewesen.

Der spaßhafte Hinweis auf die „Schwefeldämpfe" darf jedoch nicht irreführen. Semjonow ist ein hochgebildeter, wahrhaft kultivierter Mann, mit dem wir genußreiche Stunden erlebten.

Freilich konnte er nicht wissen, daß einige Zeit später am selben Klavierflügel im Salon, auf dem er – abwechselnd allein und gemeinsam mit meiner Frau – in meisterhafter Weise präludierte, der berühmteste Cellist der Welt, sein Landsmann Slava Rostropowitsch, seine gleichfalls berühmte Frau, die Sängerin Galina, zu ihrem herrlichen Gesang begleiten würde.

Ich erzählte Otto von diesem Besuch Semjonows einige heitere Episoden. So sagen die Russen, wenn ihnen ein wertvoller Gegenstand gefällt, daß sie ihn „stehlen" möchten. Semjonow murmelte das immer wieder, besonders beim Anblick einer Galerie japanischer Elfenbeinschnitzereien und Tuschzeichnungen aus dem 17. Jahrhundert. Anbetracht dieses ständigen „Gemurmels" amüsierten wir uns köstlich, denn wir dachten dabei an das Verhalten sowjetischer Soldaten in der Besatzungszeit; und murmelten als leise Begleitmusik ständig „Uhra, Uhra". Er verstand Spaß und meinte humorvoll, bei ihm bestünde keine Gefahr, denn schließlich seien die Elfenbeinschnitzereien und Gemälde keine „Uhra, Uhra".

Nun Scherz beiseite. Natürlich gab es zwischen ihm und mir sehr ernsthafte Gespräche. Der Besuch erfolgte ja in einer interessanten Zeit, nach dem Tode des Bundespräsidenten Adolf Schärf. Ebenso gab es ernsthafte Gespräche auch mit Otto Habsburg, der sich dabei nicht nur als charmanter Plauderer in einer Damenrunde, sondern auch als hochgebildeter Diskussionspartner erwies. Jedenfalls waren diese Gespräche allein schon deshalb interessant und aktuell, fielen sie doch in eine Zeit, in welcher der sogenannte „Habsburg-Kannibalismus" der sozialistischen Partei in stürmischen Parlamentsdebatten giftig-farbenbunte Blüten trieb. Wenn ich das beichte und bekenne, so ohne Angst vor sozialistischen Vorwürfen einer „reaktionär-monarchistischen" Gesinnung. Schließlich können die gläubigen Rothäute mich eigentlich nicht kritisieren, wenn ihr „großer Manitu" Bruno Kreisky bezüglich Habsburg so völlig neue Weichen stellte. Auch die „ganz linke Seite" darf nicht übersehen, daß ein Haus, das einer ihrer mächtigsten Bosse „immunisierte", nicht von einem machtlosen Dr. Habsburg wieder „entimmunisiert" werden kann . . . Besuche sind „wertneutral", aber äußerst nützlich. Deshalb weiß sie vor allem der Bundeskanzler Dr. Bruno Kreisky wohl zu schätzen. In seinem Haus verkehren schließlich Künstler, Wissenschaftler, Wirtschaftsführer und sogar Hocharistokraten; ganz abgesehen von Journalisten, die es zu schätzen und zu danken wissen, wenn sie „auf gleicher Ebene" dazu eingeladen werden. Angesichts dieses „nützlichen Verhaltens" erinnere ich mich an unseren ehemaligen Bundeskanzler Dr. Josef Klaus, der Journalisten nach dem „Terminkalender" – etwa von 10.15 bis 10.25 Uhr – in seinem Büro zu einer kurzen Aussprache empfing; und dann darüber baß erstaunt war, wenn der Sozialist Kreisky selbst bei bürgerlichen Journalisten eine wesentlich bessere Presse hatte.

Verehrter Leser, erstaunt werden Sie jetzt fragen, welchen Bezug denn eigentlich diese an sich zwar amüsanten Anekdoten zu meiner Kindheit und Jugend haben. Ich werde doch nicht nach dem Vorbild eines bekannten Politikers gleichfalls Auszüge aus meinem Gästebuch veröffentlichen? Seien Sie beruhigt! Ich wollte Sie gewissermaßen „psychologisch" überlisten und zum Lesen dieses anscheinend unpolitischen Kapitels verlocken. Denn ich weiß, daß Sie als politisch interessierter Leser rührselige Geschichten eines kleinen Buben – die lediglich für die liebe Familie, vor allem boshafte Onkeln und Tanten, interessant sind – ganz einfach überschlagen hätten. „No, Sir", sage ich wie die berühmte Chansonsängerin Zarah Leander. Nein, ich schreibe dieses Kapitel, weil in diesen Nostalgien bereits jenes politische Interesse sichtbar wird, das seit frühester Jugend

16

in mir brannte. „Früh krümmt sich eben, was ein Haken werden will . . .". Natürlich sind einige persönliche Daten unvermeidbar.

Deshalb, verehrter Leser, überschlagen Sie nicht dieses Kapitel, denn es ist ein Zeitgemälde und gleichzeitig ein Nachweis des Werdens des Charakters, der Denkweise und Persönlichkeit des späteren Politikers. Aus diesen Gründen schilderte ich gleich zu Beginn meine „Trotzreaktion" bei meiner Begegnung mit den Kaiserkindern; denn der Trotz dieser Art wurzelt letzten Endes in einem sehr ausgeprägten Freiheitsbewußtsein! Zur Abrundung dieses Charakterbildes seien daher noch einige „Trotzreaktionen" ähnlicher Art geschildert.

Ich denke da vor allem an einen Wortwechsel mit meiner geliebten Mutter beim Tode Kaiser Franz Josephs. Sie weinte in gedämpfter Abendstunde leise vor sich hin und jammerte unaufhörlich „unser guter, lieber, armer Kaiser . . .". Ich sagte schließlich ganz empört zu meiner Mutter: „Was weinst du denn? Wozu brauchen wir denn einen Kaiser! Wenn ihm niemand gehorcht, dann kann er auch niemandem befehlen!" „Aber Fredi", war die entsetzte Antwort . . .

Eines Tages stürmte unser Oberlehrer Chorherr in der „Marie-Valerie-Volksschule" in Baden bei Wien – sie besteht heute noch völlig unverändert – in das Klassenzimmer und sagte ganz aufgeregt: „Kinder, sofort heimgehen, Sonntagsanzug anziehen, in zwei Stunden seid ihr wieder hier!" Was war der Anlaß? Erstmals kam der neue Kaiser Karl I. mit seiner Frau Zita nach Baden, weil dort das Armeeoberkommando seinen Sitz hatte. Dieses „AOK" war funktionell das gleiche wie im Zweiten Weltkrieg das „OKW". Alle Schulen hatten von der Stadtgrenze bis zum Hauptplatz Spalier zu bilden. Ich selbst stand, und zwar in der ersten Reihe, gegenüber dem Stadttheater. Da hörte man schon „Heil"-Rufe, die immer lauter anschwollen. Plötzlich rollte das offene Kaiserauto, anstelle der Nummertafel die Kaiserkrone, langsam auf uns zu und blieb vor dem Theater, also unmittelbar vor mir, dann stehen, weil dort die offizielle Begrüßung durch Bürgermeister und Gemeinderat vorgesehen war. Im Auto saß das Kaiserpaar, die Menschen jubelten. Ich jedoch drehte mich um und kehrte demonstrativ dem Kaiserpaar den Rücken . . . Der Oberlehrer erstarrte vor Schreck und Scham angesichts dieses unverzeihbaren Skandals, ausgelöst ausgerechnet durch einen *seiner* Schüler! Wahrscheinlich sah er sich selbst schon diszipliniert und pensioniert wegen totalen Versagens seiner patriotischen Erziehung. Bereits am nächsten Tag lud er meinen Vater zu sich in die Schule vor. Dieser, ein k.u.k. Militärapotheker im Range eines Obersten, versinnbildlichte mir dann nach seiner Heimkehr sofort deutlich den Unterschied zwischen „Autorität" und „Revolution", indem er das berühmte spanische Röhrl – von ihm als „Fisch ohne Gräten" bezeichnet – auf meinem Hosenboden ausgiebig tanzen ließ. Weder vorher noch nachher wurde ich jemals so verdroschen. Für meinen Vater als kaiserlicher Offizier war meine Schandtat geradezu ein „crimen laesae maiestatis".

17

Vielleicht ist anbetracht der heutigen autoritätslosen Erziehung eine kleine Meditation über das „Einst" und „Jetzt" am Platze. Da gab es noch andere „Erziehungselemente" meines Vaters, etwa das Knien auf Holzscheitern (!) in der Ecke des Salons. Autorität, Disziplin, Gehorsam, das waren undiskutable Grundsätze seiner Erziehung. Widerspruch, Aufbegehren – undenkbar! Es gab nur ein „Jawohl, Papa!", ein „Danke fürs Essen" nach jeder Mahlzeit und einen Handkuß für Vater und Mutter vor dem Schlafengehen. Dann kniete ich vor dem Marienbild in meinem Zimmerchen „Müde bin ich, geh' zur Ruh', schließe meine Äuglein zu", dann folgten das „Vater Unser", der „Englische Gruß" und das „Glaubensbekenntnis". Eigentlich allerhand Gedächtnistraining für einen noch nicht schulpflichtigen, kleinen Knirps! Schließlich sagte mein Vater selbst noch als reifer Mann „Sie" und „Frau Mutter" zu meiner Großmutter, während ich sie bereits per Du anreden durfte. Ich wuchs eben in einer altösterreichischen, patriarchalischen und streng katholischen Familie auf. Wenn ich an das Heute denke – nun, lassen wir das lieber . . .

Jedenfalls war ich später meinem Adoptivvater sehr dankbar, denn mein Leben führte mich nicht nur in höchste Höhen, sondern stürzte mich auch in tiefste Tiefen! Verfolgung, Schmähung, Todesgefahr, Gefängnis und KZ waren Stationen auf diesem Kreuzweg. Nicht nur einmal begann ich in einer „Stunde Null" mit nichts, arm wie eine Kirchenmaus. Mein verstorbener, leiblicher Vater war zwar sehr vermögend, und mein Erbe war „mündelsicher" angelegt. Aber das „patriotische" Vormundschaftsgericht hatte nach Ausbruch des Ersten Weltkrieges die ererbten Aktien in „Kriegsanleihe" umgewandelt. Als ich am Tage meiner Großjährigkeit das Erbe in Empfang nahm, da konnte ich einen dicken Pack wertloses Makulaturpapier in meine Aktentasche stopfen. So feierte ich denn diesen großen Tag, zutiefst enttäuscht, in einem Beisl mit einem Paar Würstel und einem Seidl Bier . . . Jedenfalls war ich völlig auf mich allein gestellt. Wenn ich das Leben trotzdem durch Selbstdisziplin, Selbstkritik und harten Willen meisterte, dann danke ich dies vor allem den eisernen Erziehungsmethoden meines Adoptivvaters, der mich nur aus Liebe und Sorge züchtigte. Ich schreibe dies bewußt in Richtung jener modernen Pädagogen, die heute mit „Wehleidigkeit" zur Lebenstüchtigkeit erziehen wollen. Vielleicht ist es für sie ein kleiner Trost, daß auch ich als Erzieher meiner Kinder vom modernen Zeitgeist angekränkelt war. Sicher: Mir waren überdies Selbstvertrauen und Optimismus wahrscheinlich angeboren; Eigenschaften, die mich leicht und unbeschwert durch schwerste Gefährdungen meines Lebens führten, an denen so mancher meiner Kameraden seelisch und körperlich zerbrach. Viele davon endeten im KZ durch Selbstmord.

Aber einige nostalgische Rückerinnerungen und Hinweise auf persönliche Daten seien mir doch gestattet. Ich bin in Mödling geboren, und mein Geburtshaus in der Templergasse steht heute dort noch unverändert. Ich erinnere mich eines kleinen, zweirädrigen Wagens mit zwei Deichseln, der einem Jockey-Wagen nachgebildet war. Eingespannt war an Stelle des Holzpferdchens mein lieber, alter Bernhardinerhund, den mein Kindermädel Rosa, das „Hi-Hei", an der Leine führte, und der gutmütig den Wagen zog. Stolz saß ich drinnen mit meinem Peitschchen in der Hand und kutschierte vorbei am Waisenhaus bis hin zur Pfarrkirche.

Meine Mutter ist eine geborene Maria Pagler und aufgewachsen in jener großen Fleischhauerei in der Hauffgasse in Simmering (11. Bezirk in Wien), die heute noch mit vielen Filialen existiert. Sie war ein hübsches Mädel, das nach dem Tode der Großmutter schon mit 17 Jahren sehr resolut das Zepter in Haus und Hof, Geschäft und Küche führte. Sie erzählte mir oft, daß sie bereits um 5 Uhr früh hinter dem Verkaufstisch die frischen Knackwürste an die in ihre Fabriken eilenden Arbeiter verkaufte. Damals gab es ja noch keine Arbeitszeitbeschränkung und keine Gewerbeinspektion. Angesichts der Unzahl derber Mannsbilder, wie es eben Fleischhauergesellen, Fuhrwerker und dergleichen Leute sind, bedurfte ihre Rolle als „Chefin" schon einer gewissen Autorität. Noch heute besitze ich ein Bild von ihr, sitzend in der Mitte von 30 muskulösen Gesellen, die weiß geschürzt, hemdsärmelig, armverschränkt und mit langen Schlachtmessern bewaffnet, neben und hinter ihr gleich preußischen Grenadieren gehorsam standen.

Schräg gegenüber der Hauffgasse, in der Simmeringer Hauptstraße, stand ein stattliches Haus – im Zweiten Weltkrieg bombenzerstört –, das meinem leiblichen Vater, dem leider bald verstorbenen ersten Mann meiner Mutter, gehörte. Er war ein Freund des alten Julius Meinl, des Begründers der Meinl-Firmen, und ursprünglich sein Kompagnon; wahrscheinlich deshalb, weil Vater den Ruf hatte, der beste Kenner und Spezialist für sämtliche Kaffeesorten der Welt zu sein. Er brauchte nur an einigen Bohnen zu „schnuppern" und wußte Bescheid über ihre Herkunft. Aber die „Geschäftsehe" zwischen ihm und dem alten Meinl ging sehr bald in Brüche. Wahrscheinlich waren beide Männer viel zu eigenwillig, um es mitsammen lange auszuhalten. Jedenfalls errichtete er nach der Trennung gleichfalls ein Kolonialwarengeschäft, das sich blühend entwickelte und viele Filialen hatte, so in den Wiener Bezirken, weiters in Baden, Bad Vöslau, Mödling, Sooß, um nur einige zu nennen.

Vater, mit Familiennamen Pertusini, war zum Zeitpunkt der Eheschließung 30 Jahre älter als meine Mutter. Da solche Altersunterschiede nicht allein bei ihm, sondern auch bei seinem Vater und Großvater zu verzeichnen waren, so registriere ich lächelnd, wenn ich an die vielen Bekannten denke, deren Großvater noch heute lebt, daß die Geburt *meines* Großvaters so an die 170 Jahre zurückreicht . . .

Nun ja, die Pertusinis waren offensichtlich von der Erbanlage her zähe Naturen, und auch sonst für die Freuden des Lebens nicht ganz so unempfänglich. Wenn Vater nicht bereits vor seiner Heirat sein Geschäft verkauft hätte und, wie es damals hieß, sich als „Rentier" nach Mödling zurückgezogen und auf das

Schneiden von „Coupons" beschränkt hätte, dann wäre ich wahrscheinlich ein Großkaufmann geworden. Meine Mutter hätte ganz sicher Vaters Geschäft resolut weitergeführt. Sie war ja eine überaus tüchtige Geschäftsfrau, die nicht nur als junges Mädel die Fa. Pagler regierte, sondern nach Verehelichung ihres Bruders sich ein eigenes Geschäft auf der Mariahilferstraße eingerichtet hatte. Mein heutiger Name Maleta geht auf meine Adoption durch den späteren zweiten Mann meiner Mutter zurück. Interessant ist, daß die Journalisten, die selbst die feinsten Spuren wittern, dies nicht schon längst herausgefunden haben.

Die Simmeringer werden erstaunt sein, diese Geschichte zu lesen, ebenso die Wiener Landesparteiorganisation der ÖVP, die nicht wußte und weiß, wie sehr ich mit Wien familiär verbunden bin. Ich habe dies nämlich verschwiegen und nicht einmal als Generalsekretär der Partei auf Wiener Boden politisch ausgenützt. Übrigens habe ich niemals meine privaten und familiären Beziehungen für mich politisch ausgewertet. Ich erinnere daran, daß die Mutter meiner zweiten, jetzigen Frau mit dem kürzlich verstorbenen Denkmal der österreichischen Industrie, nämlich Franz Joseph Mayer-Gunthof, in der Jugendzeit befreundet war. Immer wieder sagte Franz Joseph, wenn er meiner Frau begegnete: „Ach, Gerdilein, du erinnerst mich an deine verehrte Mutter!" Und er war zutiefst gerührt, als diese ihm einmal Fotografien schenkte, die sie in einer alten Kiste auf dem Dachboden beim „Entrümpeln" vorgefunden hatte, und auf denen ihre Mutter mit „Franz Joseph" in seinem väterlichen Schloßpark, beide hoch zu Roß, abgebildet waren. Aber immerhin hatte hiedurch der spätere Bundesobmann des Arbeiter- und Angestelltenbundes, Maleta, mit dem damaligen Präsidenten der Industriellenvereinigung, Franz Joseph Mayer-Gunthof, ein besonders herzliches Verhältnis, das in manchen kriegerischen, politischen Situationen als „Entspannungsfaktor" im Klassenstreit der Bünde unserer Volkspartei äußerst nützlich war und so zu echten Kompromissen führte. Hinter das Geheimnis meiner Verhandlungserfolge kamen weder verärgerte Industrielle noch sich darüber wundernde Funktionäre des AAB. Nach der bereits erwähnten Wiederverehelichung meiner Mutter wohnte ich am Rennweg, Ecke Salesianergasse, und schaute wie ein kleines Äffchen hinter dem Schutzgitter des Fensters im dritten Stock hinunter auf die Straße. Da marschierte etwa die Wiener Garnison auf die Simmeringer Heide, oder der „Burgmurrer", eine Kompanie der „Kanarienvögel" aus der Rennweg-Kaserne, zog mit klingendem Spiel zur Wachablöse in die Hofburg! Es war ein großes „Hallo", denn Gassenbuben und Mädels aus dem Volk marschierten begeistert mit. Ich erinnere mich an den alten Kaiser, der sich oben an seinem Fenster zeigte, wenn unten bei klingendem Spiel und im Paradeschritt die Wachablöse erfolgte; und ich stand manchmal an der Hand meiner Mutter an der Ecke Ringstraße/Mariahilferstraße und hörte den Jubel der Häftlinge des altösterreichischen „Völkerkerkers", wenn die offene Equipage des Kerkermeisters Franz Joseph auf der Fahrt nach Schönbrunn um die Ecke bog ... Am Bock saßen lediglich der Kutscher und ein Lakai, im Wagen, neben dem Kaiser, sein Adjutant. Wie fahren heute die geliebten Führer der befreiten Völker durch die Straßen ihrer Hauptstädte . . .? Meinen Spielplatz hatte ich in der Nähe des Hochstrahlbrunnens, auf dessen Sandhaufen ich Kuchen buk, und wo noch heute kleine Kinder tollen . . . Ich erinnere mich an den Simmeringer Fußballplatz an der Hand meiner Rosa, die in Begleitung ihres „G'schamsters" war, eines Soldaten des Wiener Hausregimentes der „Hoch- und Deutschmeister", der „Edelknaben", der „Hoch- und Spleeni", wie sie der Volksmund liebevoll benannte. Ich erinnere mich an dessen hellblaue Mütze, Hose und den dunkelblauen Waffenrock. Ich erinnere mich an die alten Automobile, die aussahen wie Fiakerwägen ohne Pferd und Deichsel, an die Elektromobile, und den Blumenkorso im Prater.

Ich erinnere mich an die erste Klasse der Volksschule in der Reisnergasse, in der eines Tages Nikolaus Horthy, der spätere Admiral und Reichsverweser Ungarns, in seiner Marineuniform in unserer Klasse auftauchte, von uns ehrfuchtsvoll bestaunt. Dessen Sohn Stefan saß neben mir und war mein Spielgefährte. Heute noch erinnert mich ein Jugendbuch über Napoleon Bonaparte, das er mir geliehen hatte, an jene damalige Zeit. Wie das halt schon so mit ausgeliehenen Büchern ist . . . Noch viele Jahre später hatten wir losen Kontakt, besuchte ich ihn einmal sogar in Budapest!

Ich erinnere mich an Spaziergänge mit meiner Mutter auf dem Kahlenberg und an ihre Worte: „Schau, Fredi, da unten ist der Donaustrom und unser Wien", genau so wie ich es später in einem bekannten Heurigenlied hörte. Ich entsinne mich der Heckenrosen an der alten Zahnradbahn und der Heimwege durch die Weingärten von Wien. Obwohl wir später nach Oberösterreich übersiedelten – mein Adoptivvater stammte aus Gunskirchen bei Wels – und ich das Linzer Heimatrecht besaß, so verblieb mir doch eine heimliche Sehnsucht und Liebe zu Wien . . .

Mein Aufenthalt in Baden bei Wien von 1914 bis 1920, in welchem Jahr wir nach Linz übersiedelten, prägte doch schon ein wenig meine politische Gedankenwelt. So denke ich an das Garnisonsspital Nr. 27 in der Vöslauerstraße, in dem wir wohnten und das im kleinen ein Spiegelbild der großen Monarchie gewesen war. Meine gleichaltrigen Spielgefährten, die Kinder von Offizieren und Unteroffizieren, waren Magyaren, Tschechen und Italiener, die nur gebrochenes Deutsch sprachen. Dazu gehörte auch der Sohn eines böhmischen Feldwebels namens Malaniuk, der „Willi", der Jahrzehnte später in der Politik als angesehener Jurist einer meiner Mitarbeiter wurde; und der sicher in einer ÖVP-Alleinregierung Justizminister geworden wäre, wenn er nicht vorzeitig gestorben wäre. Vor Kriegsausbruch atmete dieses Haus altösterreichische Atmosphäre; so hingen in unserem Gang an den Wänden Bilder von Tegetthoff, der Seeschlacht von Lissa und Bilder der Schlachten von Custoza und Königgrätz, wo überall die Fahnen des alten Reiches von Soldaten des Vielvölkerstaates vorangetragen wurden.

Dort hingen auch die Bilder der siegreichen Feldherrn jener Zeit, des Feldmarschalls Radetzky und des Erzherzogs Albrecht.

In jener Zeit wollte ich noch Priester werden. So spielte ich denn „Messe-Lesen", umgehängt als Meßgewand das rote Samttischtuch aus dem Salon. Auf dem „Altartisch" lag ein dickes Märchenbuch als „Missale" und stand ein gläserner Weinpokal als Kelch. Als „Kirchenbesucher" abkommandiert waren unser Dienstmädchen und ein Laborant meines Vaters, die mit ihren schlichten Gemütern meinen Predigten, die ich auf einem Stuhl als Kanzel stehend hielt, – etwa über die Autorität (!) Roms – nur schwerlich folgen konnten. Ich wollte unbedingt Kurien-Kardinal werden, bescheidener waren meine Hoffnungen natürlich nicht. Aber letzten Endes ergab sich das Ende meiner priesterlichen Träume aus dem leisen Zweifel, ob ich wirklich ein mächtiger Kardinal, und nicht am Ende nur ein schlichter Pfarrer in einer kleinen Landgemeinde würde . . . Erst Jahrzehnte später dachte ich daran, wie sich meine Laufbahn wohl entwickelt hätte, wenn ich tatsächlich in unserer Zeit Kardinal geworden wäre; wahrscheinlich einer nach dem Grundsatz Luthers „Hier stehe ich, ich kann nicht anders". Allerdings nur im Sinne des Auftretens Luthers, nicht aber im Sinne des Inhaltes seiner Thesen . . .

Aus dem Nebel der Erinnerungen schält sich das Bild des alten Oberlehrers Chorherr, weißbehaart und mit einem großen Schnauzbart, der bei der Zeugnisverteilung am Jahresschluß seine Miene in feierliche Falten legte. Er nahm seine Geige in die Hand und sagte in ehrfurchtsvollem Ton: „Seine apostolische Majestät, unser allergnädigster Kaiser und König Franz Joseph I., er lebe hoch, hoch, hoch." Bei jedem „Hoch" stieß er den Fiedelbogen in die Luft und wir brüllten laut. Dann setzte er in „Hab-Acht-Stellung" die Geige an das Kinn, und in feierlicher Weise erklang das „Gott erhalte", dessen ehrwürdiger Rhythmus mir heute noch eine „Ganslhaut" über den Rücken jagt. Noch heute sehe ich die Uniformen der Armee, die wohl die schönsten in ganz Europa waren; und noch heute höre ich die Fanfaren des Generalmarsches und die Hornsignale, deren Melodik von niemand geringerem als Josef Haydn stammte.

So mischten sich in mir schon frühzeitig altösterreichische Traditionsströme mit meiner stark ausgeprägten individualistischen Natur. Lächelnd denke ich zurück an das Lesebuch der ersten Volksschulklasse, dessen einleitendes Gedicht wir auswendig lernen mußten und mir noch heute im Gedächtnis ist: „Du lieber, guter Kaiser, wir haben dich so gern; wir lieben Dich als Vater, als unsern Landesherrn"; und trotzdem kehrte ich seinem Nachfolger den Rücken. Oh, du mein Österreich . . .

Kriegsausbruch, Ausmarsch der Soldaten aus der Kaserne zum Fronteinsatz. Ich weiß heute, wie sehr ich mich schämte, weil mir einer dieser Soldaten ein paar Kreuzer zum Kauf von Zigaretten gab, die ich ihm dann nicht mehr geben konnte, weil die Kompanie bereits marschierte und ich ihn nicht wiedererkannte.

Verwundetentransporte . . . Wir Buben waren stolz, daß wir mit einer Rot-Kreuz-Armbinde bei der Einlieferung der Verwundeten mithelfen durften. Ich weiß noch ganz genau, wie ich heiße Stirnen mit einem feuchten Schwamm kühlte; und Köpfe hochhielt, damit fiebernde Lippen ein paar Tropfen Wasser schlürfen konnten. Wie waren wir stolz, wenn einmal ein Arzt sagte: „Brav, Buben." In den späteren Kriegsjahren fuhren wir mit den Soldaten in den Wald, Brennesseln und Lauch für das Essen zu pflücken! Wir holten mit ihnen Tannenreisig und schmückten unsere Gangfenster zu Kaisers Geburtstag mit diesem und kleinen, schwarz-gelben Fähnchen.

Auch „Pockerl", das sind vertrocknete Tannenzapfen, sammelten wir ein, weil sie in einem Blechöferl, etwa zum Kochen eines Brombeerblütentees, Verwendung finden konnten. Einmal schenkte mir jemand eine „Safaladi", das ist eine Art kleiner Knackwurst aus derberem Fleisch. Welch ein „Leckerbissen"!

Plötzlich war alles anders! Revolution . . . Der Kommandant ließ Soldaten, Offiziere, Ärzte und Pflegepersonal antreten und beschwor sie, daß sie im Interesse der Verwundeten ihren Dienst weiter ausüben sollten. Wir Buben saßen oben in den Zweigen der Kastanienbäume und schauten dem Ereignis zu. Da trat plötzlich vor die Kompanie der Feldwebel Altmann, der den Offiziersdamen als Verpflegsfeldwebel immer sehr liebedienerisch und hilfsbereit „entgegengekommen" war, damit er von seinem „Tachiniererposten" nicht etwa an die Front abkommandiert würde. In der „großen Stunde der Geschichte" aber entdeckte er plötzlich seine revolutionäre Berufung. Er ernannte sich nämlich selbst zum Häuptling des „Soldatenrates", trat vor die Reihen der Soldaten, und kündigte als Kämpfer für die Republik in deren Namen dem Kommandanten den Gehorsam auf. Es war der gleiche Mann, der nach diesem revolutionären Zwischenspiel wenige Wochen später der größte Schieber Badens wurde, den bekannten „Mercedes-Hof" erwarb und in diesem residierte, bis auch er von den Wogen der Inflation in irgend ein unbekanntes Nichts hinweggespült wurde. Eine Sumpfblüte im trüben Wasser eines turbulenten Zeitgeschehens. Für mich waren es tiefe Eindrücke, die Befehlsverweigerung, die Maschinengewehre beim Tor, die herabgerissenen, kaiserlichen Kokarden und schwarz-gelben Fahnen; und alle die Begleitumstände, die eben zu einer Revolution gehören.

Ich war seelisch aufgewühlt, politisch fasziniert und entwischte eines Tages der väterlichen Autorität zu meiner ersten politischen Versammlung. Die Sozialdemokratische Partei hatte zu einer Großkundgebung in das Kurhaus eingeladen. Ich stand unter den Zuhörern mit brennenden Augen und tiefstem Interesse. Es war meine erste politische Versammlung im Alter von 12 Jahren; und zwar ausgerechnet in jenem Saal, in dem ich Jahrzehnte später zum Bundesobmann des Arbeiter- und Angestelltenbundes der christlich-demokratischen Volkspartei gewählt werden sollte. Die Folgen meiner späten abendlichen Heimkehr entsprachen natürlich väterlicherseits – Revolution hin, Revolution her – altösterreichischer Tradition. Das „spanische Röhrl" trat schmerzhaft in Aktion; aber ich bereute dennoch nicht mein erstes politisches Erlebnis.

Am Weg zur Marie-Valerie-Volksschule gab es an der Ecke Eichwaldgasse ein Wirtshaus mit einem großen, holzumzäunten Garten, die heute noch, so wie einst, vorhanden sind. Vor nicht allzulanger Zeit, noch als aktiver Nationalratspräsident, stand ich dort sinnend vor der Wirtshaustür, wenngleich das Wirtshaus heute ein China-Restaurant ist. Die heutigen Besitzer konnten nicht wissen, daß ich beim Klettern über diesen Zaun meine neue Hose zerrissen hatte, was einige saftige Ohrfeigen zur Folge hatte; und gleichfalls nicht, daß ich täglich dort für meinen Vater das Bier mit einem Krug abholte, wobei der „Bierspiegel" bis zur Ablieferung ein klein wenig zur „Stärkung" abgesunken war.

Mein bereits mehrmals erwähnter Oberlehrer Chorherr sagte einmal zu meiner Mutter, daß ihr Bub der „beste Aufsatzschreiber" in der Klasse sei und vielleicht sogar das Zeug für einen künftigen Schriftsteller besitze. Tatsächlich erhielt ich auch durch all die Jahre bis zur Matura auf jeden Deutsch-Aufsatz die Note Sehr gut. Einige dieser Aufsätze sind noch in meinem Besitz, vor allem jener mit dem Titel „Im Wachen träumen in mein Paradies". Er füllte fast ein ganzes Heft und kann beinahe wirklich nach Stil und Inhalt als echte Novelle angesprochen werden. Es ist die Geschichte eines kleinen Buben, wohnhaft am Strome, der sich im Wald verirrt und in der sommerlichen Hitze einschläft. Im Traum erscheint ihm der Flußgeist und erzählt ihm das Schicksal der Menschen am Strome seit grauer Vorzeit bis in die Gegenwart.

Dennoch erwies sich mein Oberlehrer bezüglich der Schriftstellerei als schlechter Prophet. Es blieb bei pubertären Erstlingsversuchen, von denen ich jedoch zwei inhaltlich skizzieren möchte. So gab es einen umfassenden, bereits ziemlich weit ausgereiften Romanentwurf, der natürlich, wie hätte es auch anders sein können, äußerst sozial-kritisch und hoch-politisch war. Helden des Romans waren ein junger König, der soeben den Thron bestiegen hatte; und ein gleichfalls hochbegabter, junger Volkstribun und Revolutionär, der soeben die Republik ausgerufen hatte und sie in Straßenkämpfen zum Siege führen wollte. In dramatischer Begegnung zwischen diesem und dem Monarchen stellte sich durch Zufall heraus, daß die beiden Todfeinde in Wahrheit Halbbrüder waren; der eine aus der legalen Ehe des königlichen Vaters stammend, der andere aus dessen illegaler Liaison mit irgend einem Mädchen aus dem Volke . . . Die beiden Brüder standen sich, wie vom Blitz gelähmt, schweigend gegenüber; und das beiderseitige Gefolge wollte aus ihren Gesichtern die Antwort auf ihre stumme Frage lesen, wie sie darauf reagieren würden. Ihr Schweigen ist Inhalt des ersten psychologischen Höhepunktes des Romans, mit dem ich die Seelenlandschaft der beiden Brüder, deren Gefühl des Hasses durch diese neue Erkenntnis plötzlich in eine Haß-Liebe verwandelt wurde, auszuleuchten trachte. Kein Wunder also, daß die weitere politische Entwicklung zwar nicht die Gegensätze auslöschte, aber doch das Ringen um die Gestaltung eines modernen Staates in evolutionäre Bahnen lenkte. Im Grunde also war in mir jungem Buben bereits zu jener Zeit die gleiche Überzeugung vorgezeichnet, die Jahrzehnte später zur politischen Devise des Nationalratspräsidenten werden sollte.

Natürlich gab es auch, zeitlich etwas früher, ein Operettenlibretto mit dem aufschlußreichen Titel „Satanella", der allein schon den aufgewühlten Seelenzustand anläßlich einer mißachteten, ersten Liebe „tiefenpsychologisch" sichtbar machte. Freilich tänzelte zwischen den schmerzerfüllten Szenen mit der bösen Satanella eine kleine „Mausi", zart und blond, in der vorgeschriebenen Soubretten-Rolle, das ansonsten allzu grausame Geschehen mildernd. Viele Jahre später in Heidelberg, oben beim viel besungenen Schloß, dem Heidelberger Faß und seinem Zwerg Perkeo, kam mir diese „Mausi" beim Anblick eines süßen, blonden Mädels wieder in den Sinn, das mich in meinem eleganten Anzug, geschmückt mit Band und Mütze des vornehmen Couleur-Studenten, durch die Stadt begleitete und heiter lächelnd eine Soubretten-Rolle in traumhafte Wirklichkeit verwandelte . . . „Alt-Heidelberg, du feine . . . am Neckar und am Rheine, keine andre kommt dir gleich." Oftmals sinniere ich, ob nicht unsere heutige Jugend, mit ihrem „go in" und „sit in" und all dem lächerlichen „Klimbim", ein schlechteres Los gezogen hat, wie einstmals wir mit unserer heute so sehr belächelten Romantik, die dennoch einen kämpferischen, erfolgreichen Lebensweg wahrhaftig nicht verhindert hat. Im Gegenteil! Ich erinnere mich an seelisch zermürbende Situationen im KZ, in denen die Flucht in die Romantik der Jugend Balsam auf schmerzhafte Wunden, somit eine Kraft zum Überleben war.

Ansonsten beschränkte sich meine schriftstellerische Begabung auf vielseitige Liebesbriefe, die ich aber nicht für mich, sondern auf Ersuchen weniger dichterisch begabter und schreibgewandter Schulkameraden für sie entwarf. Ein Mantel der Vergessenheit verhülle diese Namen. Erst unlängst begegnete ich einer alten Frau, die ihre Liebesbriefe vielleicht noch in Verwahrung hat . . .

Tagtäglich hatte ich für meinen Vater die *Neue Freie Presse* für den Frühstückstisch zu holen. Aber das brauchte immer seine Zeit. Denn auf dem Weg von der Trafik durch den Sauerhofpark studierte ich gründlichst das politische Geschehen und ließ den guten Vater wütend warten, der natürlich glaubte, daß ich mit Freunden die Zeit vertrödelte. Ich entsinne mich des kaiserlichen Manifestes „An meine Völker", jener tragischen Manifestation des Endes einer habsburgischen Geschichte durch die Jahrhunderte. Jedenfalls studierte der „Weiße Biber" – ein Kriegsname, der mir von meinen indianischen Stammesgenossen auf den Jagdgründen des Sauerhofparks, mit seinen großen Heuburgen, Gebüschen und Wiesen, verliehen wurde – das politische Geschehen; daß mein guter Vater das nicht verstehen konnte? Für die Freunde aus jener Zeit bin ich heute noch der „Biber". Erst unlängst blickte ich von einem Brückchen hinunter in die Schwechat, in der wir uns gegenseitige Seeschlachten geliefert hatten; sitzend in Waschtrögen, die uns als „Kriegsschiffe" dienten.

Wahrscheinlich wäre ich bei der Aufnahmsprüfung in das Gymnasium durchgefallen, wenn ich nicht in Mathematik nach Strich und Faden abgeschrieben hätte. Manchmal mußte ich Jahrzehnte später als Nationalratspräsident bei der Debatte über die Modernisierung des Schulgesetzes, vor allem über die Erleichterung oder gar Beseitigung der Aufnahmsprüfung, daran denken, daß eine Ausjätung der Überbewertung von Zeugnissen und Noten pädagogisch vielleicht doch eine gewisse Berechtigung hätte. Schließlich verdanke ich selbst meine Aufnahme in das Gymnasium dem Umstand, daß man mich beim Abschreiben nicht erwischte. Kann man also wirklich von einem zufälligen Prüfungsergebnis endgültige Schlüsse auf die Begabung eines Schülers ziehen?

Mein Klassenvorstand im ersten Gymnasialjahr war ein gewisser Prof. Hlawati, der gleichzeitig Religions- und Lateinprofessor war. Jahrzehnte später habe ich ihn, den Domherrn von St. Stephan, als Nationalratspräsident aufgesucht und ihm meinen jugendlichen Grimm auf ihn geschildert. Er konnte sich freilich nicht an mich erinnern, weil inzwischen der bereits erwähnte Namenswechsel stattgefunden hatte. Aber ich erzählte ihm von meiner schweren Enttäuschung, daß er meine Heldentat als Lebensretter unseres Dienstmädchens der Klasse nicht lobend zur Kenntnis brachte; eine Unterlassung, die ihm bei seinem Lieblingsschüler, dem Sohn eines in schwerer Notzeit für ihn sehr hilfsbereiten Delikatessenhändlers am Hauptplatz in Baden, sicher nicht passiert wäre . . .

Eines Tages kam ich nämlich von der Schule heim und fand unser hübsches Dienstmädchen bereits bewußtlos, mit einem Gasschlauch im Mund, in der gasgeschwängerten Küche auf dem Boden liegend vor. Ich hielt mir das Taschentuch vor Mund und Nase, riß den Gasschlauch weg, drehte den Gashahn ab, öffnete die Fenster und stürzte erst dann auf den Gang, um irgendeinen Arzt zu holen. Natürlich war ich mächtig stolz auf meine Geistesgegenwart, die auch von den Ärzten gegenüber meinen Eltern als lebensrettend und anerkennenswert attestiert wurde; umso tiefer war die Enttäuschung in der Schule. Ich wartete und hoffte vergebens, bis mir die Tränen in die Augen stiegen. Übrigens: das junge Mädel war mir später, als es sich anderwärts verliebte, für die Lebensrettung äußerst dankbar und revanchierte sich noch und noch mit Leckerbissen aller Art.

Nebstbei bemerkt: Jahrzehnte später, bereits als Generalsekretär der Volkspartei, saß meine Sekretärin, heute Frau Ministerialrat Dr. Müll, urplötzlich vor mir in Flammen. Ein glühendes Streichholzköpfchen auf ihrem Kunststoffpullover verursachte dies in Sekundenschnelle. Ich sprang blitzschnell auf, warf sie auf den Fußboden, rollte den Teppich über sie und warf mich selbst darauf, die Flammen so erstickend. Die Arme sah nachher aus wie jene Hühner, denen die Hausfrau vor dem Braten die Haare absengt . . . Aber die Brandmale im Gesicht waren nur leichten Grades.

Zurück in das Gymnasium. Auch ein anderer Religionsprofessor hatte mich zutiefst verletzt. Als er uns die „Dreifaltigkeit", nämlich die *drei* göttlichen Personen, – also Vater, Sohn und Hl. Geist –, in der *einen* Gottheit mühsam erklärte, da fragte ich ihn, wie das denn mit Christus sei, wenn er gleichzeitig Gott und Mensch war. Er müsse dann doch, so formulierte ich kindlich-naiv, zwei „Geister" in seiner Brust gehabt haben, denn schließlich ist die menschliche Seele ein Geist und Gott ebenfalls ein Geist . . . Unbewußt hatte ich damit ein schwieriges theologisches und dogmatisches Problem, nämlich die geistig-seelische Struktur des Gottmenschen – deren Deutung innerhalb des Christentums zu Häresien führte –, im Grunde genommen logisch richtig angeschnitten. Aber die Reaktion war fürchterlich. Der fromme, aber einfältige Religionslehrer war überfordert. Er glaubte, ich wollte die Religion und ihn verspotten. Ein Mordsdonnerwetter, eine Eintragung ins Klassenbuch und eine schlechte Religionsnote waren die Folgen meines mißverstandenen Wissensdurstes. All dies erzählte ich Prälat Hlawati bei meinem Besuch in einem zwanglosen Gespräch. Wir schieden dann mit mildem Lächeln des Verstehens über die Mißverständnisse der Jugendzeit. Wenige Monate später ist er dann gestorben . . .

Es kam dann im Jahre 1920 die Übersiedlung nach Linz, also in einer turbulenten Zeit. Die endlos lange Fahrt im Bummelzug, auf dem die Menschen auch außen wie die Trauben klebten, ist mir noch heute in Erinnerung. Oberösterreich war mir nicht fremd, denn schließlich verbrachten wir schon vorher jeden Sommer am Attersee; und ich erinnere mich der Pfahlbauten in Kammer, sowie des dort in der Nacht vor Anker liegenden Dampfers, auf dem ich schon als Kleinkind nach Attersee gefahren bin. Diese Pfahlbauten und dieser Dampfer waren die Stätten unserer Seeschlachten und Piratenkämpfe. Ich erinnere mich meines ersten Rausches, den ich mir völlig ahnungslos durch Schlürfen von zu viel Eierlikör im Pavillon des Schlosses Kammer erworben hatte. Ein etwas älterer Freund, der bereits etwas verdiente, hatte sich den Spaß gemacht, mir einen Affen anzuhängen. Meinem tobenden Vater gegenüber entschuldigte ich meinen Zustand, daß ich zu viel von meiner Lieblingsspeise, nämlich Gurkensalat, gegessen hätte, wovor er mich immer gewarnt hatte. Freilich war damit Gurkensalat von meinem Speisezettel endgültig gestrichen. Ich erwähne es deshalb, weil es eine für mich typische Reaktion auslöste; hatte ich doch später nur mehr ein einziges Mal einen Rausch, und zwar, weil mir im Gymnasium ein gleichfalls älteres Semester zu viel Bier vorsetzte, von dessen Auswirkung ich damals noch keine Ahnung hatte. Diese beiden Erlebnisse hatten den Beschluß zur Folge, den ich später nochmals bei meiner ersten Fahrt zur Universität erneuerte, niemals betrunken zu sein. Das hielt ich auch, obwohl ich doch Couleur-Student wurde und kein Kostverächter war. Alles mit Maß und Ziel, war und blieb meine Devise. Jedenfalls hielt ich meinen Schwur durch all die langen Jahrzehnte meines Lebens. Niemals verlor ich meine Selbstkontrolle, selbst nicht in der fröhlichsten Gesellschaft.

Jetzt aber ist es Zeit, von meinen „Machtergreifungen" zu berichten, die allerdings schon in der Volksschule in Baden einen Vorläufer hatten. Dort teilte ich nämlich mein Jausenbrot mit dem gefährlichsten und rabiatesten Raufbold meiner Klasse. Das hatte zwei Vorteile: Erstens ließ er mich in Ruhe; und zweitens verprügelte er für mich alle meine Feinde, wie man sie halt als Bub so hat, während ich dieser „Exekution" ungefährdet und genüßlich zuschaute. Die eigentliche erste Machtergreifung war aber die Folge der Schulreform nach Ausrufung der Republik, weil in dieser im Sinne einer Erziehung zur Demokratie auch eine Schülervertretung vorgesehen war. In jeder Klasse wurde also eine solche gewählt, für die ich mich selbstverständlich berufen fühlte.

Auf höchst demokratische Weise – einige gefälschte Stimmzettel waren zwar ein kleiner Schönheitsfehler – wurde ich also frei gewählter Klassenobmann, was jedoch zu einem revolutionären Ende führen sollte. Immer stärker zog ich nämlich die Zügel meiner Herrschaft an. Für Widerspenstige gab es wegen Nichtbefolgung meiner Befehle eine „Klassen-Acht" und einen „Klassen-Bann", der für die Missetäter zur peinlichen Folge hatte, daß niemand mit ihnen sprechen, reden und verkehren durfte. Ein Märchen? Nein! Noch heute besitzt mein Klassenkamerad, Kommerzialrat Toscani, die Klassenzeitungen aus jener Zeit, aus denen er bei unserem 50jährigen Maturatreffen zum allgemeinen Gaudium eine kleine Vorlesung über meinen demokratischen Werdegang gehalten hat. Eines Tages stürmten in der großen Pause meine Kollegen und jene der Nachbarklassen mit dem Ruf „Nieder mit dem Diktator" auf mich ein, so daß ich auf eine der damals noch vorhandenen, großen Holz- und Kohlekisten auf dem Gange flüchten mußte. Das hätte freilich nichts genützt, wenn mir nicht jener Professor, der gerade Ganginspektion hatte, zu Hilfe geeilt wäre und mich rechtzeitig vor einer gründlichen Verprügelung gerettet hätte. Meine Kohlenkiste kann man also aus nachträglicher Schau mit der Golanhöhe vergleichen, auf der österreichische Soldaten – in meinem Fall der Ganginspektor – als UNO-Truppe Wache halten.

Eine zweite „Machtergreifung" erfolgte dann einige Jahre später in der sogenannten „K", nämlich der marianischen Studentenkongregation im alten Dom von Linz, der Residenz der Jesuiten. Superior P. Tappeiner war gleichzeitig unser Präses. Eines Tages war die Wahl der Leitung – Präfekt und zwei Konsultoren – fällig, die in feierlicher Weise in der Kapelle vorgenommen wurde. Auf einem Wahlzettel waren *drei* Spalten für die Namen der gewünschten Kandidaten vorgesehen. Meine Anhänger hatten von mir den Auftrag, in sämtliche Spalten, also insgesamt drei Mal, den Namen Maleta einzutragen. Auf Grund der primitiven Zählmethode erreichte ich somit die meisten Stimmen und war daher als Präfekt gewählt. Der gute P. Tappeiner schäumte vor Wut, als er den Kelch mit den Stimmzetteln entleerte, und das Wahlergebnis errechnet hatte. Aber er mußte sich beherrschen, denn schließlich stand er im Chorrock am Altar vor dem Allerheiligsten. Kurzentschlossen korrigierte er den Wahlprozeß und nominierte den

Kandidaten mit der zweithöchsten Stimmenzahl zum Präfekten; aber immerhin, wenngleich zähneknirschend, auch mich zum ersten Konsultor.

Die „K" war für uns das religiöse und vereinsmäßige Zentrum. Es gab gut eingerichtete Aufenthaltsräume und Lesesäle; auch eine große Bibliothek stand uns zur Verfügung. Allmonatlich empfingen wir die heilige Kommunion, und allwöchentlich war eine Abendandacht.

Bei feierlichen Gottesdiensten assistierten wir im schwarzen Talar und Chorhemd, so daß die gläubige Gemeinde uns für Alumnen, somit priesterlichen Nachwuchs, hielt. Wir dienten vor dem Altar als Akolythen, Thurifer und Luciferes; und ich erinnere mich noch genau an die lateinischen Wechselgebete, etwa das „Flectamus genua" und das „Levate". Beim sogenannten 40stündigen Gebet wechselten wir uns nach je zwei Stunden als Vorbeter ab. In der Nacht war es etwas mühsam, sich mit frommen Gebeten wach zu halten. Praktisch hatten wir also die Funktion eines Subdiakons inne. Aus jener Zeit blieb mir emotionell die Vorliebe für den lateinischen Ritus erhalten; empfinde ich die Volkssprache, besonders im fremdsprachigen Ausland, als störend . . .

Der alte Dom in Linz war zu „Maria Empfängnis", am 8. Dezember, vollgefüllt mit Eltern, deren Söhne an diesem Festtag unserer Kongregation als „Sodalis marianus" aufgenommen wurden. Ich höre noch das Lied „Wir ziehen zur Mutter der Gnade, zu ihrem hochheiligen Bild . . ." und sehe mich als den dazu Auserwählten vor dem Thronsessel des Bischofs knien, der mit endlos langen Gebeten sich auf die Weihe vorbereitete. Ich knie, knie und halte in den emporgestreckten Armen, zwischen Handflächen und Fingern, das schwere liturgische Buch. Ich knie, je länger, desto mehr erstarren mir die Finger; schon spüre ich eine herannahende Ohnmacht, wallen mir rote Schleier vor den Augen und perlt Schweiß von meiner Stirn. Der Bischof merkt es nicht, er sieht es nicht, er betet, betet . . . Aber zum Glück bemerkt es der hinter ihm stehende Pater Superior und klappt kurzentschlossen, mitten im Gebet, dem Bischof das Buch vor der Nase zu. Es war im allerletzten Augenblick . . .

Übrigens leisteten wir Studenten überall Ordnerdienste; so beim gewaltigen Festzug anläßlich der Domweihe, aber auch beim Begräbnis von Landeshauptmann Prälat Johann Nepomuk Hauser, eines ungekrönten Königs von Oberösterreich. Landeshauptmann-Stellvertreter Franz Langoth, verantwortlich für den Kondukt, belehrt uns über unsere Pflichten. Da rutschte ihm die Bemerkung aus dem Mund „wenn die Leiche den Hauptplatz betritt". Stürmisches Gelächter . . .

Am Begräbnis nahm auch Dr. Karl Renner teil. Alle Trauergäste trugen Zylinder, nur er erschien in einem breitkrempigen Schlapphut, was ihm übel angekreidet wurde. Übrigens vermeiden auch heute etliche sozialistische Minister ostentativ nicht nur den Frack, sondern sogar den Smoking. Nun ja, irgendwie muß sich schließlich das gesellschaftsändernde Bemühen wenigstens optisch zeigen.

Jedenfalls konnten wir damals noch Latein. Ich erinnere mich an den inoffiziellen Teil von Kneipen, in denen wir auf lateinisch „blödelten". Natürlich war es kein klassisches, ciceronisches Latein; aber schließlich hatte ja auch die Plebs im antiken Rom nicht wie der große Redner und Stilist Cicero geredet. Heute können Vollakademiker, die Latein studierten, nicht nur nicht Latein, sondern nicht einmal die deutsche Grammatik, geschweige denn die Stilregeln der deutschen Sprache.

Ich beichte und bekenne, daß ich oftmals Zuschriften von Akademikern mit dem Rotstift korrigierte. Mit geradezu diabolischem Vergnügen tat ich dies bei Briefen innerparteilicher Gegner, insbesonders jugendlicher Besserwisser und Reformer, die mich politisch „belehren" wollten. Oft schrieb ich dann genüßlich unter das rote Schlachtfeld die Note Nicht genügend. Gelegentlich leiste ich mir diesen Spaß noch heute!

Nun eine Rückerinnerung, die mir einen ganz besonders aktuellen Bezug zur Gegenwart ermöglicht. Es handelt sich um Vorwürfe linkskatholischer Kreise an die Adresse von ÖVP-Politikern. P. Herwig Büchele S. J., der Leiter der Katholischen Sozialakademie, möge mir verzeihen, daß ich ihn als „Aufhänger" benütze. Leider hatte ich nie die „Auszeichnung" einer Einladung zu einer Forumdiskussion vor diesem erlauchten Kreise, sondern mußten andere Parteifunktionäre sich gegen den Vorwurf der „ewig Gestrigen" verteidigen. Ich hätte mich sicher und wahrhaftig nicht „verteidigt", denn für mich ist noch immer, nach einem weisen Sprichwort, die beste Art der Verteidigung der „Angriff"! Erstens hätte ich ihm seine eigenen, wechselnden „Vergangenheiten" in Erinnerung gebracht; und zweitens hätte ich ihm über die pädagogischen Erziehungsprinzipien seines Jesuitenordens in der Vergangenheit einiges erzählt; so etwa über die von ihnen gepflegten, weltanschaulichen und politischen Traditionen, auf die sie uns dressierten. In der bereits erwähnten Bibliothek gab es z. B. Bücher über Luther, in denen er wahrhaftig als „Gott-sei-bei-uns" erschien; während er heute, man verzeihe die etwas boshafte Bemerkung, schon bald zur Ehre der Altäre erhoben werden könnte. Mit diesem Beispiel will ich natürlich nicht mißverstanden werden.

Im Zimmer des Superiors residierte Erzherzog Robert, der Bruder Dr. Otto Habsburgs, wenn er zufällig in Linz weilte. Dort erteilte er Audienzen für Anhänger des Hauses Habsburg. Anläßlich Kaisers Geburtstag mußten wir mit der Fahne unserer Kongregation in die Karmeliterkirche auf der Landstraße in Linz marschieren und der Seelenmesse, mit abschließender Kaiserhymne, beiwohnen. So also wurden wir erzogen!

Der Vorwurf P. Bücheles oder gewisser linkskatholischer Kreise an die Politiker der Volkspartei ist daher völlig falsch. Man nehme zur Kenntnis: Nicht wir haben die Kirche aus persönlichem Ehrgeiz für eine politische Karriere mißbraucht, sondern die Kirche hat uns junge Leute nach ihren damaligen Vorstellungen zu ihrer Verteidigung erzogen, beeinflußt und geprägt! Natürlich höre ich bereits den Gegeneinwand, daß wir aus den „Veränderungen" nichts gelernt hätten. Aber, aber, meine Herren, wir sind ja alle gelehrige Schüler von Karl Marx, so wie es ja heute „in" ist. Sagte er denn nicht, daß der Mensch ein Produkt seiner Umwelt sei? Wahrhaftig, ich für meine Person habe meinen Karl Marx gelernt, und könnte alle jungen Revoluzzer abprüfen. Ich bezweifle nur, ob man ihre Kenntnisse als „genügend" bewerten könnte. Man habe daher christliches Verständnis, wenn am Fell schlichter ÖVP-Politiker noch einige „Eierschalen" aus der Zeit des Bündnisses zwischen Kirche und Partei kleben. Ich jedenfalls gehöre nicht dazu. Aber dieses interessante Kapitel wird uns noch in einem anderen Zusammenhang, und zwar *eingehend,* beschäftigen.

Ich erinnere mich an folgende Episode: Ich war ungefähr 16 Jahre alt, und lag grippekrank im Bett. Meine Eltern befanden sich auf einem Einkaufsbummel in der Stadt. Da stand ich trotz Fiebers heimlich auf, ging in eine Bücherei, und holte mir nicht etwa einen Krimi, sondern das berühmte „Kapital" von Karl Marx. Es war für mich mit seinen vielen, künstlich konstruierten, lateinischen Fremdwort-Ungetümen, die Cicero Atemnot verursacht hätten, nicht gerade leicht zu lesen; ganz abgesehen von seinem hölzernen Deutsch. Aber ich biß mich bis zur letzten Seite durch. Ich las auch die Schriften eines Robert Danneberg, Wilhelm Ellenbogen, eines Otto Bauer und wie sie alle hießen. Fast glaube ich, daß ich vom Marxismus mehr weiß, als viele der heutigen sozialistischen Abgeordneten und Funktionäre. Aber schließlich muß man, angesichts der oft widersprüchlichen Bandbreite der innermarxistischen Diskussion, dafür einiges Verständnis haben. Schismen und Häresien überall; da gibt es den jungen, den mißverstandenen, den neu zu interpretierenden, den in seinen gültigen Aussagen wiederentdeckten Karl Marx; ganz abgesehen von dem universal gültigen Kommunismus Moskauer Prägung und dem beanspruchten Eigenrecht des sogenannten Euro-Kommunismus.

Darüber eine kleine Prüfungsepisode. Unser Geschichtsprofessor hieß Hermann Foppa. Ich war sein Lieblingsschüler, obwohl er der Bundespartei-Obmann der Großdeutschen Volkspartei und ich der kleine „schwarze" Studentenführer war. Bei Inspektionen war ich sein Paradepferd. Da hieß es beispielsweise: „Maleta, erklären Sie die Hintergründe der Balkankrise anläßlich der Berliner Konferenz." Aber das nur nebenbei. In diesem Zusammenhang ist die Maturaprüfung interessanter. Er fragte: „Maleta, erklären Sie den Unterschied zwischen utopischem und wissenschaftlichem Sozialismus und entwickeln Sie daraus die Grundgedanken des Karl Marx." Da fühlte ich mich so richtig in meinem Element. Ich sprach über Saint-Simon, Weitling, Babeuf etc. und analysierte die Auseinandersetzung zwischen Lassalle und Karl Marx. Eigentlich verdanke auch ich einiges Karl Marx, nämlich das „Sehr gut" im Maturazeugnis.

Meine Lernerfolge waren unterschiedlich. Ich war weder ein guter noch ein schlechter Schüler; in manchen Fächern allerdings lag ich an der Spitze, in anderen hingegen verzeichnete ich nur äußerst mittelmäßige Erfolge. So war mein Interesse für den mathematisch-naturwissenschaftlichen Bereich mehr als „unterkühlt", während mich neben Deutsch und Geschichte vor allem jene Gegenstände faszinierten, die mit Theologie, reiner Philosophie, Logik und Psychologie Berührungspunkte hatten. Das zeigte sich etwa in der Religionsstunde, in der ich unserem Religionsprofessor immer wieder Fragen stellte, vor allem aus dem dogmatischen Bereich. Dr. Karl Eder war hochgebildet und ein kluger Pädagoge. Sein privates Hobby war die Geschichte der Bauernkriege, der Reformation und der Gegenreformation in Oberösterreich, worüber er bedeutende Bücher schrieb. Diesem Umstand verdankte er auch später seine Berufung an die Grazer Universität. Er begann seinen Religionsunterricht in völlig ungewohnter Weise. Fast ein Jahr hörten wir nichts von katholischer Dogmatik und Liturgie. Er vermittelte uns einen Überblick über die Grundlehren der großen Weltreligionen, so des Islams, des Buddhismus, des Brahmanentums und des Taoismus. Natürlich war der Sinn dieser klugen Vorgangsweise apologetischer Natur, denn mit logischen Analysen und Vergleichen wollte er beweisen, daß der katholische Glaube mit Hilfe der Vernunft als die einzig wahre und rechte Religion erkennbar sei.

Es gab auch heitere Episoden. Vor gefährlichen Prüfungen in Latein und Griechisch baten mich meine Kollegen immer, daß ich unseren Professor, Dr. Hehenwarter, einen weltfremden Schwärmer und liebenswerten Idealisten, in eine Diskussion über den philosophischen Sinngehalt eines Prüfungstextes, der aus dem Deutschen in klassisches Latein oder Griechisch zu übersetzen war, verwickeln sollte, bis die Stunde der Gefahr vorüber war. Das tat ich denn auch! Schließlich konnte man mit Gesprächen über die Ideen eines Sokrates, Plato, Aristoteles, Cicero etc. aus dem Dschungel der Grammatik in höhere Gefilde schweben. Die Klasse war gerettet; und ich für meine Person hatte mein „Sehr gut", obwohl ich sicher kläglich gescheitert wäre, wenn ich meine Übersetzungskünste hätte offenbaren müssen.

Mein intensives politisches Interesse zeigte sich auch auf außenpolitischem Gebiet. Mit 17 Jahren las ich, zutiefst aufgewühlt, das Buch „Paneuropa" des bekannten Grafen Richard Coudenhove-Kalergi, des Begründers der paneuropäischen Bewegung. Ich schrieb ihm einen persönlichen Brief und meldete mich als Mitglied an. Darauf erhielt ich zwar eine Mitgliedskarte, aber keine Antwort. Jahrzehnte später erzählte ich das einmal Coudenhove-Kalergi im Kurhotel Schruns in Vorarlberg, in dem er mit seiner Gattin, der bekannten Schauspielerin Ida Roland, oftmals weilte. Er lachte damals und entschuldigte sich nachträglich. Aber mir trug meine Begeisterung als Gymnasiast im Kreise meiner Kollegen den Spottnamen „Bam-Europäer" ein . . . Kein Mensch hatte Interesse an internationalen Organisationen. Kaum ein Student unternahm, im Gegensatz zu heute, eine Reise ins Ausland. Meine erste Reise ins fremdsprachige Ausland, und zwar zu einem Kongreß unserer französischen Schwesterpartei, erfolgte im Jahre 1947!

Es gibt ein Foto, Jahrzehnte später aufgenommen, auf dem Bundeskanzler Dr. Bruno Kreisky, Dr. Otto Habsburg, Richard Coudenhove-Kalergi und ich gemeinsam an einem Tisch, ausgerechnet unter dem Bild des jugendlichen Kaisers Franz Joseph sitzen. Es war an jenem historischen Tag, an dem Dr. Otto Habsburg erstmals zu einem offiziellen Empfang von Kreisky in das Kanzleramt geladen war, womit er – der sozialistische Parteiführer – ein leidiges Kapitel in der innenpolitischen Auseinandersetzung nonchalant hinwegfegte.

Meine Schulerinnerungen möchte ich mit einer kleinen Episode schließen. Eines Tages befragte meine Mutter meinen Griechisch-Professor, es war in der dritten Klasse, nach meinen Leistungen. Dieser war ein finsterer Mann, den nicht nur die Schüler, sondern auch die Eltern fürchteten. Er antwortete ihr grob: „Ihr Bub soll Schuster oder Schneider werden, dazu taugt er gerade noch, alle schlechten Schüler sollten es, diese Berufe sind auch sehr ehrenvoll." Meine Mutter besaß nicht nur Autorität, über die ich bereits berichtete, sondern verfügte über Schlagfertigkeit, Geist und Witz. Sie antwortete: „Herr Professor, wenn alle Ihre Schüler Schuster oder Schneider werden, dann braucht man auch keinen Griechisch-Professor!" Damit rauschte sie ab! Merkwürdigerweise trug er es mir nicht nach.

Jahrzehnte später, anläßlich einer Vorsprache beim Gauleiter von Oberdonau, Eigruber, kaufte sie auch diesem mit einer zwar kühnen, aber köstlichen Antwort die Schneid' ab. Eigruber fragte sie: „Na, wie geht's Ihrem Buam?" Sie sagte: „Das fragen Sie *mich*, Gauleiter? Von Ihnen will ich ja darüber etwas hören, schließlich haben ihn ja Ihre Leute eingelocht!" Eigruber lachte schallend. Über die respektvollen Folgen dieses kühnen Dialogs für meine Mutter, wahrhaftig eine resche Wienerin, werden wir noch hören.

Meine Mutter war auch eine kluge, freilich eigenwillige Pädagogin. Im Alter von 12 oder 13 Jahren sagte sie einmal zu mir: „Fredi, benehme dich gegenüber älteren Personen und Vorgesetzten immer höflich und respektvoll. Aber deshalb brauchst du vor großen Tieren nicht gleich die Hosen voll zu haben, denn sie sind ja auch nur Menschen. Mit Schüchternheit wirst du im Leben nichts erreichen. Wenn du Angst hast, dann stelle sie dir ganz einfach respektlos in Gattjehosen vor." Die junge Generation von heute kennt nicht mehr jene schauderbaren Beinkleider, die an den Knöcheln mit Bändern zusammengebunden waren. Die armen, feschen Frauen!

Ich beichte und bekenne, daß es keine Respektpersonen gibt, die ich mir nicht bei einer Kontroverse in dieser lächerlichen Aufmachung vorgestellt hätte; insbesonders gilt dies für die Reformer der Volkspartei, wenn sie mit grimmigem Antlitz mich steinigen und stürzen wollten. Auch „Starjournalisten" – nominae sunt odiosa –, die mit erhaben erhobenem Zeigefinger mich dummen Politiker „belehren" wollten, hatten keine Ahnung von meiner despektierlichen Bewertung ihrer aufgeblähten Würde. Selbst „messianische" Berufung und „eiserne" Charakterstärke verloren in der Durchleuchtung meines „Gattje-Röntgenapparates" ihren Strahlenglanz und Schimmer. Sie können raten, wen ich meine . . .

Das Bild der Charaktereigenschaften des werdenden Politikers enthüllt vielleicht am besten meine Rolle als „Spaziergänger". Ich bin von Natur aus sehr introvertiert, bin äußerst sparsam mit dem „Du-Wort", und innerlich sehr distanziert, auch zu guten Kameraden. Am liebsten bin ich eigentlich allein. Seltene Ausnahmen sind menschlich wertvolle Frauen, bei denen dann eine sexuelle Beziehung nicht Selbstzweck, sondern restlose Ergänzung ist. Eigentlich ist meine Introvertiertheit eine schlechte Eigenschaft für einen Politiker, für den die gegenteilige Charaktereigenschaft wertvoll und nützlich wäre.

So marschierte ich bei längeren Sonntagsausflügen mit meinen Eltern ständig fünf Meter vor ihnen her und vermied jegliches Gespräch. Ich war vollständig versunken in politische Träumereien. Anfänglich waren sie primitiver Natur. So träumte ich etwa, daß ich als Kommandant eines Pfadfinderheeres in einem Manöverspiel die christlich-deutschen Jungturner besiegte. Später dann, etwa mit 16/17 Jahren, waren es Träume anderer Art; wie ich etwa als letzter Kaiser die Monarchie gerettet und in ein Großreich eines modernen Staatenbundes der Donauvölker umgewandelt hätte. Alle diese Träumereien waren natürlich nur ein „Spintisieren"; aber sie waren der seelische Ausdruck eines durch und durch politisch interessierten jungen Menschen.

Ich habe nie die Masse gesucht, nie Spiel- und Turnplätze gebraucht; ich bin nie jugendbewegt gewandert, wie es damals in der Jugend, als Ausdruck einer geistigen Unrast und Unruhe der Brauch war. Für mich war die Masse nur ein Phänomen, das meinem elitären und hierarchischen Denken irgendwie unheimlich war. Für Leopold Figl zum Beispiel waren Versammlungen ein Lebensinhalt; ich wußte um seine triste Stimmung, wenn für einen Sonntag keine vorgesehen waren. Für mich waren sie stets ein wahres Martyrium, obwohl ich als guter Redner galt, und mich sogar bei Massenkundgebungen in die bejubelte Rolle eines Volkstribunen hineinsteigern konnte. Auf der Heimfahrt von meiner letzten Großveranstaltung als aktiver Bundesobmann, es war anläßlich eines Landestages des AAB im Burgenland, freute ich mich nicht über den offensichtlichen Erfolg als Redner, sondern sagte zu meinem Chauffeur: „Gott sei Dank, jetzt ist es überstanden."

Dem Phänomen der Masse werde ich an geeigneter Stelle ein Analyse widmen. Vor meinem geistigen Auge sehe ich Fotos von Massenszenen jugendlicher Menschen, egal, ob es Kundgebungen sozialistischer, nationalsozialistischer, kommunistischer oder auch katholischer Jugendorganisationen waren. Alle diese Bilder zeigen das gleiche Mienenspiel. Es waren Gesichter, die ich immer als

„Empfangsantennen" einer sie dirigierenden „Sendestation" empfand. Oft war ich selbst inmitten solcher Massen, aber innerlich war ich auch dann von Massenemotionen frei. Im Gegenteil; aus meinem Gesicht konnte ein Wissender ein leises, verachtungsvolles Lächeln lesen. Im Grunde war ich immer auf irgendeiner Flucht in die Einsamkeit, in einem geistigen Ringen mit mir selbst. Absurd? Immer sind innerlich ringende Menschen in die Einsamkeit geflüchtet, egal, ob es Anachoreten oder altchristliche Büßer waren, oder ob Philosophen auf einem solchen Pfad zu sich selbst finden wollten. Eigentlich war es das, was heute von vielen Jugendlichen als Ideal empfunden wird, nämlich die Gestalt des „Guru", nur mit einem kleinen Unterschied. Für mich muß kein Guru, damit er ein echter Guru ist, in der Steppe bei Erledigung eines menschlichen Bedürfnisses sich vom borstigen Wüstengrase stechen lassen, oder in einer modernen Großstadt mit schmutzigen Blue-Jeans herumlaufen. Ich bin vielmehr der Meinung, daß Gedanken der Verinnerlichung auch auf einem bequemen, modernen WC, also ohne stechendes Steppengras, und auch in einem eleganten Anzug, gedacht und gefunden werden können. Nicht die äußeren Umstände sind maßgeblich, lediglich die Frage, ob der innerlich Ringende auch in der modernen Umwelt sich von ihr abschließen und zu sich selbst finden kann.

In diesem Zusammenhang muß ich noch auf eine andere Charaktereigenschaft verweisen. Eine kleine, von mir als Gymnasiast angebetete Freundin, ihres Zeichens Studentin am Mädchenlyzeum in Linz, kennzeichnete diese Eigenschaft mit folgenden Worten: „Weißt, Fredl, ich teile meine Verehrer in Lederhosen- und in Smokingmenschen ein. Du bist ein Smokingmensch." Damit hatte sie den Nagel auf den Kopf getroffen. Ich kämpfte mit meinem Vater um einen neuen, eleganten Anzug und bereits in der 6. Klasse um einen Smoking, weil „man" sich doch unmöglich ohne Smoking in guter Gesellschaft wohlfühlen und bewegen kann. Da erinnere ich mich, daß ich einmal, in meiner Eigenschaft als Vater, eine zerfranste, verschmierte, sonnengeblichene Blue-Jean mit spitzen Fingern in einen Koloniakübel verschwinden ließ.

Für mich war das Ideal der englische „Gentleman", der „Sir", der altgriechische „Kalós k'agathós anér", also der gepflegte, kultivierte Mann. Meine Kollegen im Gymnasium nannten mich ihren „Arbiter elegantiarum", das noch heute meinem Lebensstil entspricht. Ich habe daher niemals die Meinung jener Politiker geteilt, die glauben, daß zur politischen Werbung von Wählern ein primitives Auftreten und primitives Äußeres nötig sind. Ich bin überall, auch von den einfachsten Leuten, trotz gepflegter Kleidung und distanzierter Haltung respektiert worden. Die Menschen wollen in Wahrheit – Demokratie hin, Demokratie her – zu ihrem politischen Führer „emporblicken". Natürlich darf man Eleganz nicht mit Arroganz verwechseln; das allerdings wäre sicher tödlich. Aber die Distanz hat ihren Vorteil. Bei völliger Gleichmacherei sagt man in einem Streit nur allzuleicht „du Trottel", während man ansonsten diese „Liebenswürdigkeiten" vermeidet.

Das eigentliche Gustostückerl dieser Rückerinnerungen habe ich mir für den Abschluß aufgehoben, denn es bestärkte meine Wunschträume nach einer großen, politischen Karriere. Vorerst muß ich jedoch darauf verweisen, daß ich als nüchterner Vernunftmensch überhaupt nicht anfällig bin für sogenannte Botschaften aus dem Jenseits. Alle die sogenannten Dinge „zwischen Himmel und Erde" sind für mich nicht existent. Weshalb spreche ich also davon? Eines Tages besuchte ich im Alter von 16/17 Jahren in Linz den Urfahraner Jahrmarkt. Dort war ein großes Zelt, in dem eine Zigeunerin ihren Besuchern aus der Handfläche künftige Ereignisse wahrsagte. Ich stand in einer langen Schlange und hörte die üblichen Prophezeihungen: Sie werden unverhofft zu Geld kommen, eine große Liebe finden oder eine interessante Reise machen. Immer wieser prophezeite sie die gleichen Dinge. Dann war ich an der Reihe. Sie hielt meine Hand, schwieg lange und sagte plötzlich mit aufgeregter Stimme: „Sie werden bei blutigen Ereignissen eine große, politische Karriere machen." Ich stand wie benommen. Beim Hinausgehen schauten mir die Menschen mit scheuen Blicken nach. Wie ein Schlafwandler ging ich über die alte Donaubrücke. Meine politische Karriere begann tatsächlich viele Jahre später, in Zusammenhang mit den blutigen Ereignissen des Jahres 1934 . . .

Jetzt aber schließe ich endgültig dieses Kapitel mit einer letzten, nostalgischen Erinnerung. Im großen Saal des alten Volksgartens in Linz spielte an jedem Sonntag die Militärkapelle. Ich saß oft dort mit meinen drei Freunden bei einem Seidl Bier, weil es bei unserem spärlichen Taschengeld für mehr nicht reichte. Ich war der „Politicus", der zweite der „Electricus" und der dritte der „Theatricus". So nannten wir uns gegenseitig auf Grund unserer Neigungen und Berufspläne. Der „Theatricus" war Jude, und ich weiß nicht, ob er in der Nazizeit rechtzeitig flüchten konnte oder in einem Lager umgekommen ist. Der „Electricus" hatte später ein entsprechendes Geschäft, und der „Politicus" versucht mit diesem Buch seine Rechtfertigung, daß diese Bezeichnung nicht unberechtigt war.

Schluß- und Höhepunkt der musikalischen Genüsse war dann „Der Traum eines österreichischen Reservisten", in dem der Radetzkymarsch, der Prinz-Eugen-Marsch sowie andere altösterreichische Märsche hinausgeschmettert wurden mit Paukenschlägen, Trommeln und Trompeten. Immer wieder erinnerte ich mich dabei an die Bilder von der Seeschlacht von Lissa, der Schlacht von Custoza, an meine Kindheitsfreunde aus allen Nationen des alten Österreichs. Aus mir wurde nach der Milderung des Trotzes ein überzeugter Österreicher, für den die Liebe zu Klein-Österreich tief verankert ist in der Liebe zu seiner großen Vergangenheit . . .

Verehrter Leser, ich schließe das Kapitel. Es waren schwache Konturen, mit deren Hilfe das Wachsen und Werden eines Politikers vorgezeichnet wurde. Aber es sind Konturen, die bereits im nächsten Kapitel „Der Studentenführer" kräftig sichtbar werden sollen.

# Der Linzer Gymnasiast

## DAS „MILIEU"

Selbstverständlich stand ich auch beim großen Aufmarsch der sozialistischen Turnerinnen unter den Zuschauern auf der Landstraße in Linz. Ich traute meinen Augen kaum, daß die Mädels, geradezu provokativ für jene noch immerhin sehr prüde Zeit, in knapp sitzenden Schwimmtrikots aufmarschierten, die jede Phantasie überflüssig machten. Gekommen war ich zwecks Beurteilung einer politischen Bewegung, aber ich beichte und bekenne, daß mich diese Offenheiten bei dieser Bewertung irritierten. Schließlich marschierten damals die christlich-deutschen Turnerinnen noch „züchtig" in weißen Blusen und knielangen, dunkelblauen Faltenröcken auf.

Was will ich also mit dieser Rückerinnerung zum Ausdruck bringen? In der damaligen Sozialdemokratie sammelten sich, wie in einem Brennspiegel, sämtliche modische Strömungen einer neu aufdämmernden Zeit, die das Alte negierte, es verändern oder gar beseitigen wollte. Der Aufmarsch der sozialistischen Turnerinnen war natürlich keine gewollte Sex-Demonstration, sondern eine Aktion, welche die Freizügigkeit der Frau, die Sündlosigkeit des enthüllten Körpers, wie überhaupt ein beginnendes Umdenken im Bereich aller bisherigen Tabus, eindeutig demonstrieren sollte. Tabus wurden bekämpft, weil sie als Bastionen des ausbeuterischen kapitalistischen Systems angesehen wurden. Andere Phänomene dieser Art waren etwa der sozialdemokratische Bestattungsverein „Flamme", mit dem in kindischer Weise das katholische Dogma vom Weiterleben nach dem Tode getroffen werden sollte; oder die fanatischen „Freidenker", welche der Überzeugung waren, daß die ererbten Religionen und der metaphysische Jenseitsglaube lediglich den Proletariern ihre „Sklavenketten" erträglich machen sollten. Heute kräht danach kein Hahn mehr! Die Freidenker vegetieren unbemerkt dahin, und katholische Priester segnen den Leichnam bei der Feuerbestattung.

Bei all diesen ernsthaften Betrachtungen soll auch nicht eine heitere Note fehlen. Ich denke da etwa an die damalige Schreibweise christlichsozialer Parteiblätter, insbesonders aber der Kirchenzeitungen, in allen Fragen der Mode. Wieviele Artikel habe ich im *Linzer Volksblatt* in Sachen Mode gelesen, in denen es, gleichsam wie Don Quichotte in seinem Kampf gegen die Windmühlen, zum

Kampf gegen den „unmoralischen" Bubikopf, den die Frau entwürdigenden Lippenstift, aufgerufen hat. Lackierte Fingernägel waren überhaupt schon Beweis eines sündhaften Lebenswandels. Wer kümmert sich heute schon darum? Die Kirche hat bei Verteidigung ihrer Dogmen wahrhaftig andere Gefahren zu bewältigen. Allerdings gab es bereits wenige Jahre später Unterschiede, zumindest zwischen der neuen und der alten Welt. So erinnere ich mich an meinen Besuch beim Propagandachef der US-Katholiken im Rundfunk, dem Erzbischof Fulton Sheen in New York, bei dessen Palais mir die Pforte nicht eine schlichte, altehrwürdige Ordensschwester, sondern ein auf Hochglanz poliertes Supergirl öffnete. Ebenso war ich bei meinem Eintritt in den erzbischöflichen Palast aus Glas und Chrom des Erzbischofs von Los Angeles, MacIntire, überwältigt von den vielen hübschen Stenotypistinnen mit Bubikopf, Lippenstift und lackierten Fingernägeln. So ändern sich die Zeiten . . .

Der christlichsoziale Bürgermeister von Gmunden, Dr. Franz Thomas, war in jener Zeit ebenfalls ein kühner Avantgardist. Er wagte es, sich bei der Eröffnung des Strandbades mit Schönheiten im Schwimmtrikot abbilden zu lassen. Es war eine kühne Tat in einer Zeit, in der die Astlöcher in Schwimmbädern auf der Herrenseite, durch die ein Blick in das Damenbassin riskiert wurde, längst noch nicht vorbei war; und in den katholischen Blättern gegen dieses unsittliche Aufkommen von Schwimmbädern für beide Geschlechter mit feurigem Griffel zu Felde gezogen wurde. Heute wachsen in höchst katholischen ÖVP-Gemeinden die Schwimmbäder wie Pilze aus dem Boden . . . Aber damals hätte sich kein Mensch die totale Tabuzertrümmerung auf dem sexuellen Sektor, nicht einmal im Schlaf, träumen lassen.

Warum erzähle ich das alles? Heute scheinen uns viele Merkmale dieses damaligen Milieus lächerlich zu sein. Aber wir sollten nicht vergessen, daß all diese Veränderungen mit ihrem Für und Wider als „Kampfparolen" die an sich bereits rasanten politischen Auseinandersetzungen noch zusätzlich verschärften.

Jedenfalls war damals die politische Atmosphäre von Haß geschwängert und eskalierte zusehendst. Damit stehen wir vor der Frage nach der Ursache dieses Phänomens. Zwei Thesen standen einander schroff gegenüber, die heute im katholischen Lager bestritten werden. Für die Kirche war damals der Kampf gegen den Sozialismus eine „Defensiv-Aktion", weil der anti-religiöse Marxismus auf allen Fronten gegen sie im Angriff war; die Sozialisten hingegen entschuldigten ihr Verhalten mit dem Hinweis, daß die Kirche nicht zur Verteidigung religiöser Werte kämpfe, sondern lediglich ein Handlanger des privaten Kapitals sei. Heute gibt es katholische Kreise, die dieser Auffassung zuneigen und sagen, daß die Entfremdung der Arbeiter von der Kirche eindeutig ihre eigene Schuld sei. Was also entspricht der Wahrheit? Ich möchte diese umstrittene Frage mit einer anderen bekannten Frage beantworten: „Was war früher da, das Ei oder die Henne?" Man übersieht völlig, daß alle diese Argumente weitgehend psychologischer Natur und daher natürlich auch Entscheidungsfaktoren des politischen Handelns waren; aber letzten Endes handelt es sich um ideologisch-strukturelle Veränderungsprozesse innerhalb der europäischen Kultur. Marx bekämpfte die Kirche nicht nur, weil er in ihr in erster Linie einen Bundesgenossen des Kapitals sah, sondern weil der Zeitgeist freidenkerisch gewesen ist. Aber die Ausleuchtung dieses Phänomens gehört nicht in diesen Zusammenhang.

Jedenfalls hatte die damalige feindselige Atmosphäre auch Spott und Hohn zur Folge. So war für die Sozialisten der damalige Linzer Bischof, Dr. Johannes Maria Gföllner, eine beliebte Spottfigur. Eines Tages ritt bei einem Faschingsrummel ein Mann auf einem Esel in den Ballsaal, bekleidet mit einer faschingsmäßigen Bischofssoutane und Mitra auf dem Haupt; auf der Brust trug er eine Tafel mit der Inschrift: „I bin der g'föhlte Hansl". Natürlich löste dies im katholischen Lager stürmische Proteste und Empörung aus. Dr. Gföllner war ein Mann und Kämpfer in dieser kampferfüllten Zeit, in seinem Denken schlicht und einfach, und sicher kein Generalstabchef für neue Wege der Kirche in die Zukunft. Aber ohne Zweifel ein entschlossener Kommandant eines Frontabschnittes, den er in einer Form verteidigte, wie er sie für richtig hielt. Allein schon sein Auftreten in der Öffentlichkeit wirkte auf kämpferische Gegner der Kirche wie eine Provokation. So ging er auf der Straße nicht etwa unauffällig, so wie es heute Bischöfe zu tun pflegen, sondern in seiner violetten Bischofssoutane mit dem römischen Prälatenhut, unbeeinflußt von feindseligen Blicken. Vielleicht war das „konstantinisches" und „triumphalistisches" Gehabe, um mich im heutigen Jargon progressiver Theologen auszudrücken. Aber sicher ist das gegenteilige Extrem von heute auch nicht richtig, wenn Bischöfe und Priester ihr geistliches Gewand und ihre Ranginsignien verbergen und Zivilkluft tragen. Manchmal bringe ich nämlich das Gefühl nicht los, daß die Begründung hiefür – christliche Demut – nur zum Teil richtig ist, und die Ursache, wenigstens zum Teil, eine kleine Portion Scham und Feigheit ist.

Bei meiner ersten Begegnung mit dem Bischof – Anlaß war meine Vorstellung als neugewählter Senior der Gymnasialverbindung „Nibelungia" – sprach ich ihn in der Aufregung mit „Hochwürden" an, was er nicht gerade schmunzelnd mit Humor, sondern mit einem eisigen Blick quittierte, so daß ich bei der Tür schneller draußen als herinnen war.

So standen einander zwei Welten gegenüber, von denen man sich heute nur mehr schwer eine Vorstellung machen kann. Da war die städtische Welt der Sozialisten, geprägt durch die zahllosen Gemeindebauten, die Vereine jeglicher Art, die den Arbeitern das Gefühl eines neuen Lebensbewußtseins vermittelten. Für die bürgerliche Welt war das alles insgesamt geradezu ein Werk des Teufels, wenngleich vieles – nach dem Urteil des Auslandes damals – aber auch heute von uns als vernünftig und zeitgemäß angesehen wird. Das sogenannte „Land" bot ein völlig anderes Bild. Ererbte kulturelle Formen, ererbter Lebensstil, primitive

Verkehrsverhältnisse prägten Menschen, denen die sozialistische Welt nicht allein unbegreiflich, sondern auch unheimlich erschien. In beiden Lebensbereichen sind inzwischen gewaltige Veränderungen eingetreten. Das Land wurde weitgehend verstädtert, und die Städter flüchten aufs Land mit wachsendem Verständnis für dortige Lebensformen.

Kein Wunder also, daß die Jugendorganisationen der religiösen und politischen Bewegungen die heranwachsende Generation in ihrem Geiste erziehen, oder vor in ihren Augen schädlichen Einflüssen bewahren wollten. Diese Jugendorganisationen waren gleichzeitig Kadettenschulen für den Führungsnachwuchs, worin sich bis heute nicht viel geändert hat. Sie waren schließlich „Gehschulen" der großen Politik und in ihren Programmen ein Abklatsch der gesellschaftlichen Wirklichkeit. Die schwersten Auseinandersetzungen gab es daher zwischen Kirche und Sozialistischer Partei um den Einfluß auf die Jugend. An sich ist das verständlich, weil vom Einfluß auf den Nachwuchs das Überleben der geistigen Zentralen in der Zukunft abhängig ist. Deshalb gab es auch in Italien und Deutschland schwerste Auseinandersetzungen mit der Kirche um den Einfluß auf die Jugend. Dabei mußte der Faschismus größere Konzessionen machen als der Nationalsozialismus in Deutschland. Schließlich ist die Stärke dieser Auseinandersetzung darauf zurückzuführen, daß es sich bei allen drei Konkurrenten gewissermaßen um „totalitäre" Gesinnungsgemeinschaften handelte. Am radikalsten löste dieses Problem der totalitäre Kommunismus, der keine Kompromisse schloß, sondern seinen Monopolanspruch der Kirche mit Gewalt aufoktroyierte.

Vor diesem Hintergrund spielte sich auch der sogenannte „Schulkampf" ab. Bei diesem ging es den Sozialdemokraten nicht allein um eine weitgehende Beseitigung des kirchlichen Einflusses auf die Jugend, sondern zusätzlich auch um eine Umstrukturierung in der Zusammensetzung der Mittelschüler. Es kann tatsächlich kaum bestritten werden, daß damals das Studium eine Art „Tradition" und „Privilegium" der sogenannten „besseren" Familien war, weil Matura und Doktorat in der damals vorhandenen, scharfen Gegensätzlichkeit der Klassen nicht allein ein Bildungsnachweis, sondern ein Zeichen der Zugehörigkeit zur sogenannten „besseren Gesellschaft" war. Trotzdem hatte das nichts zu tun mit arm und reich; allerdings mit Herkunft, Lebensstil und Umgangsformen. Den Zorn der Sozialdemokratie über diesen Sachverhalt möchte ich anhand eines Beispieles aus der Gewerkschaftswelt erläutern.

Die Mitglieder der Arbeitergewerkschaften waren in überwältigender Mehrheit Sozialisten, während die Mitglieder der Angestelltengewerkschaft, des sogenannten „DHV", sich als „bürgerliche" Menschen fühlten. Die Sozialisten hatten hiefür das Spottwort „Stehkragenproletarier" geprägt, weil sie es nicht verstehen konnten, daß die Angestellten sich nicht der arbeitenden Klasse, sondern der bürgerlichen Welt zugehörig fühlten.

So ist es denn verständlich, daß sämtliche schulpolitischen Maßnahmen der Sozialdemokratie ihre Wurzeln in dem Verlangen nach Umgestaltung der Zusammensetzung der studierenden Jugend hatten. Durch die ganze Schulgesetzgebung in der Zweiten Republik zieht sich noch immer, wie ein roter Faden, das sozialistische Bemühen um Veränderung in der Zusammensetzung der Mittelschüler. Eine gewisse Berechtigung ist nicht abzustreiten, denn schließlich soll Begabungen das Studium ermöglicht werden, und nicht mangels Geld oder sozialer Herkunft verschlossen bleiben. Wenn jedoch heute in der sozialistischen Propaganda noch immer verstaubte Argumente aus der Vergangenheit verwendet werden, dann ist dies freilich mit einem Auftauen eingefrorener Posthorntöne zu vergleichen, weil de facto die ursprünglichen Ziele bereits weitgehend verwirklicht wurden.

## START IN STUDENTISCHE FÜHRUNGSPOSITIONEN

In jenen Tagen gab es eine Reihe großer Studentenorganisationen, die in ihren Programmen und ihrer Zusammensetzung den weltanschaulichen Bewegungen und politischen Parteien glichen. Die sich bewußt zur Kirche bekennenden und politisch christlichsozial orientierten Mittelschüler – diese Bezeichnungen waren zu jener Zeit fast vollständig ident – hatten ihre organisatorische Zusammenfassung im sogenannten „Christlich-Deutschen Studentenbund (CDSB)". Daneben gab es für die Nationalen den „Deutschen Mittelschülerbund (DMB)", und den „Sozialistischen Mittelschülerbund (SMB)". Die Erstgenannten waren zahlenmäßig äußerst stark, während letzterer ein fast kümmerliches Dasein fristete und eigentlich nur in Wien präsent war.

An sich legte ich, auf Grund meines introvertierten Charakters, keinen sonderlichen Wert auf Mitgliedschaft in Vereinen zwecks „Freizeitgestaltung" – am liebsten war ich für mich allein –, aber sie faszinierten mich als Stätten der geistigen Auseinandersetzung des Zeitgeschehens auf dem Jugendsektor. Letzten Endes waren sie auch eine Kampfarena für einen Führungsanspruch, der mich fesselte. So wurde ich denn Mitglied des CDSB und in relativ sehr kurzer Zeit auch dessen Landesobmann für Oberösterreich. Das hatte zur Folge, daß ich bereits als junger Mensch in Kontakt zu führenden politischen Persönlichkeiten des bürgerlichen Lagers kam. Als Mittelschüler lernte ich bereits sämtliche Landespolitiker kennen; und später weiteten sich diese persönlichen Kontakte, wie wir noch hören werden, auf Persönlichkeiten der Bundespolitik aus.

Aber dieser CDSB war nur äußerlich eine einheitliche Organisation, in Wahrheit jedoch entwickelten sich innerhalb verschiedene Auffassungen und Tendenzen, die es aus zeitgeschichtlichen Gründen auszuleuchten gilt. Der Form nach war er ein Verein, und seine Veranstaltungen verliefen im bürgerlichen Stile jener Zeit. Sie entsprachen der Devise: „Wie die Alten sungen, so zwitschern die Jungen".

Selbstverständlich waren wir im dunklen Anzug, weißen Hemd und steifen Kragen anwesend, und selbstverständlich war das Programm von eintönigem Einerlei und langweilig. Der unvermeidliche Höhepunkt der musikalischen Darbietungen war immer wieder die „Tosselli-Serenade". Die heutige Jugend würde von einer derart langweiligen Veranstaltung wie eine wilde Horde ausbrechen und zu ihren Hitparaden in irgendwelche Diskotheken flüchten. Wir jedoch fühlten uns sehr würdig und erwachsen.

Aber das äußere Bild trog dennoch, wie durch ein Hineinleuchten in die inneren Spannungsverhältnisse eindeutig bewiesen wird. In Deutschland war die sogenannte „Neuland-Bewegung" aufgekommen, und innerhalb der katholischen, studierenden Jugend eine extreme Ausprägung dieses „neuländischen" Gedankengutes, nämlich der sogenannte „Quickborn".

Diese sogenannten „bündischen" Bewegungen waren ohne Zweifel unbewußte Vorläufer späterer revolutionärer Entwicklungen, welche erstarrte Formen aufweichen, sprengen, zumindest abändern wollten; aus dem innersten Bewußtsein, daß manche echte seelische Kräfte in den ererbten Formen verkrustet und erstickt wurden.

Ein besonders illustratives Beispiel dieses geistigen Prozesses ist die „Liturgie-Reform", die später im Rahmen der Kirche tatsächlich verwirklicht wurde, aber ihre Impulse dem neuländischen „Aufbruch" der Jugend zu verdanken hatte. Alle diese geistigen Strömungen entstanden zwar in Deutschland, überrollten aber, wie die Wogen einer sturmbewegten See, auch die geistigen Gestade in Österreich. So war es denn kein Wunder, daß diese Strömungen auch innerhalb des CDSB wirksam wurden. Der geistliche, von den Bischöfen eingesetzte Berater des CDSB war der sehr bekannte Prälat Dr. Karl Rudolf, und ich erinnere mich an manche Auseinandersetzung mit ihm, wenn er unsere Landesvorstandssitzungen besuchte. Schon diese Kontrollen erregten unseren Widerspruch, denn wir betrachteten sie als Einschränkung unseres demokratischen Selbstbestimmungsrechtes. Er trat wie ein Vorgesetzter auf, der Weisungen und Richtlinien erteilen wollte, die wir als unberechtigte Einmischung betrachteten. Von dem abgesehen, war er überdies ein überzeugter Vertreter des soeben geschilderten, „bündischen" Gedankengutes. Wir jedoch waren mehrheitlich Gegner dieser neuartigen, lockeren Formen, die uns, und insbesonders mir, innerlich widerstrebten. Die ganze Romantik mit Gitarre und den Liedern aus dem „Zupfgeigenhansl", die nächtlichen Wanderungen zu alten Burgen und flammenden Scheiterhaufen, die borstigen Wadeln, die verschmierten Hosen, die unrasierten Gesichter, die Mädels als zünftige Gretchen, das alles war für mich ein Greuel; ganz abgesehen von den Seelenblähungen tiefgründig-bombastischer Diskussionen in der angeblichen Gottnähe silbrig-glitzernder Sterne am nachtblauen Firmament.

Schließlich und endlich kann man über die Liturgie-Reform auch in einem gepflegten Rahmen und in einem kultivierten Anzug diskutieren. Aber ich will niemand kränken, der sich heute als Alter vielleicht an diese für ihn glückliche Zeit zurückerinnert.

Jedenfalls machen es diese Spannungen verständlich, daß der CDSB in seiner Organisationsform erstarrte, abstarb und in seiner geistigen Substanz innerlich zerfiel. Wir hatten unser innerliches Schwergewicht schon längst bei der katholisch-deutschen Studentenverbindung „Nibelungia".

Der soeben geschilderte CDSB und diese „Nibelungia" glichen in meiner Gymnasiastenzeit gewissermaßen kommunizierenden Gefäßen. Je mehr der CDSB inhaltlich verblaßte, desto kraftvolleres Leben pulsierte in unserer Verbindung. Schließlich war das kein Wunder, denn die beiderseitigen Führungsspitzen waren personell fast vollständig ident. Schließlich war ich, mit Hilfe der disziplinierten Mitglieder der „Nibelungia", Landesobmann des CDSB geworden. Sie war, gegründet am 16. März 1901, die älteste Pennalie Oberösterreichs und besteht noch heute. In ihr wurden Freundschaften geschlossen, die lebendig blieben.

So erinnere ich mich an meine Aufnahme als „Fuchs" der „Nibelungia", bei welcher ich erstmals Dr. Heinrich Gleißner begegnete, mit dessen Lebensweg sich meiner immer wieder berühren sollte. Gleißner, mit Kneip-Namen „Baldur" genannt, war ein toller Bursche, von dem wir Jungen schwärmten und begeistert waren. So erinnere ich mich an einen Ferialkommers im Mühlviertel, bei dem er sich nach durchzechter Nacht mit einem Hechtsprung in die eiskalte Rodl stürzte, in die ich erst nach vorsichtiger Brustbefeuchtung hineingestiegen war. Als ich in meiner Begeisterung für ihn auch für mich seinen Kneip-Namen „Baldur" wählte, brummte er mir sogleich einen sogenannten „Bierjungen" auf, bei dem er mich sofort siegreich in Grund und Boden soff. Heute noch lachen seine Frau Mizzi und ich bei der Erinnerung an ihre Empörung – sie war damals seine Sekretärin – bei meinem ersten offiziellen Besuch als neugewählter Senior in seinem Büro. Ich war nämlich nach meiner Wahl zum Oberhaupt sofort ein Reformator des Verbindungslebens, das ich aus der bescheidenen Verborgenheit früherer Zeiten in das Rampenlicht der Öffentlichkeit führen wollte. So plante ich damals einen großen Festkommers und besuchte persönlich alle „Alten Herren", damit wir den offiziellen Gästen ein eindrucksvolles Bild unserer großen Mitgliedschaft vermitteln könnten. Ich kam also auch in sein Büro und wollte den „Alten Herrn" Gleißner sprechen, ein Studentenausdruck, der Mizzi damals noch völlig unbekannt war. Sie war maßlos empört, daß ich ihren feschen, jugendlichen Verlobten als „alten" Herrn bezeichnete . . .

Jetzt ist eine Analyse fällig, was unter der Bezeichnung „Pennalie" zu verstehen ist. Das ist deshalb nötig, weil an diesem Beispiel der heutigen jungen Generation der gewaltige Wandel im Zeitgeschehen sichtbar gemacht werden kann.

Die heutige Generation wird all das mit Staunen lesen, denn für sie sind Freiheit, Selbstbestimmung, Auflehnung gegen Autorität, ein willkürlicher Lebensstil, ganz einfach eine Selbstverständlichkeit. Damals war es völlig anders! Bis zum Jahre 1918 bestand für Mittelschüler ein totales Koalitionsverbot, worunter das Verbot organisatorischer Zusammenschlüsse von Studenten zu verstehen ist. Erst nach 1918 wurde dieses Koalitionsverbot aufgehoben; aber im studentischen Bereich gab es nach wie vor wesentliche Unterschiede zwischen Mittel- und Hochschulverbindungen, die heute bedeutungslos sind. „Pennalien" sind Vereinigungen von Mittelschülern nach dem Vorbild der Hochschulkorporationen, sowohl in der Form altstudentischer Bräuche als auch inhaltlich nach dem Prinzip der Lebensfreundschaft und ihrer geistigen Orientierung. Deshalb gab es, so wie auf den Universitäten, sowohl völkische als auch katholische Korporationen. Bis zum Jahre 1918 war die Mitgliedschaft zu einer solchen Korporation strengstens verboten und mit schweren Strafen belegt; in manchen Fällen sogar mit dem Ausschluß vom Studium. Die Professoren waren einerseits sehr streng, andererseits aber auch in ihrem Verhalten zwiespältig, denn ein Teil von ihnen gehörte selbst als „Alter Herr" einer solchen Korporation an. Mit der sogenannten Koalitionsfreiheit im Jahre 1918 begann ein Prozeß, der erst in unserer Zeit seinen endgültigen Abschluß fand. Natürlich wollten wir Pennäler den Hochschulverbindungen möglichst gleichen, weshalb wir ja auch bei unseren Zusammenkünften Band und Mütze trugen. Aber unsere sogenannten Chargen durften lediglich Cerevis, Schärpen und Schläger tragen, worüber unsere Alten Herren, die meistens auch einer Hochschulverbindung angehörten, kompromißlos wachten. Oft wundere ich mich heute über die totale Veränderung des äußeren Bildes, das eine Unterscheidung zwischen Mittelschul- und Hochschulverbindungen kaum erkennen läßt. So wäre es damals vollständig undenkbar gewesen, daß die Chargierten in „Vollwichs" erschienen; und ebenso, daß bei Kommersen einer farbentragenden Hochschulverbindung Korporationen des MKV mitchargiert hätten.

Die Lokale unserer Zusammenkünfte entbehrten nicht einer gewissen altstudentischen Romantik. Ich erinnere mich an den Gasthof „Petermandl" in der Altstadt von Linz, in dessen uralten, meterdicken Kellergewölben wir unsere Kneipen hielten; und ich erinnere mich an den Großgasthof „Bauer" auf der Wiener Reichsstraße, dessen Besitzer der christlichsoziale Nationalrat Bauer war. Abschließend sei bemerkt, daß ich natürlich nicht nur Senior der „Nibelungia", sondern selbstverständlich auch Landesverbandsvorsitzender sämtlicher oberösterreichischer, katholischer Mittelschulverbindungen war.

Zum Abschluß eine heitere Episode. Im Jahr 1926 war das 25. Stiftungsfest der Nibelungia fällig, zu dessen Vorbereitung auch die Wahl des Jubelseniors gehörte, was ich natürlich werden wollte. Mein Konkurrent von damals war der heute noch lebende Präsident der oberösterreichischen Kammer der gewerblichen Wirtschaft, Kommerzialrat Franz Schütz. In sein elterliches Haus, die

Fleischhauerei Schütz, in der Klammstraße, wurden die wahlberechtigten Burschen der „Nibelungia" sehr oft eingeladen, wobei die stets Hungrigen und Durstigen von seiner Mutter mit vielen Würsteln und nicht wenig Bier gelabt wurden. Aber trotz aller Investitionen an Bier und Würstl wurde dann doch ich zum Jubelsenior gewählt, was eine leichte Trübung unseres beiderseitigen Verhältnisses zur Folge hatte, die noch nach Jahren und Jahrzehnten, obwohl wir beide hohe Funktionäre der Volkspartei waren, unsere Beziehungen belastete; etwa im Zusammenhange mit meiner Rückkehr aus Dachau und später in der Auseinandersetzung rings um die *Oberösterreichischen Nachrichten.*

Nach sorgfältiger Vorbereitung des Festkomitees bei vielen abendlichen Sitzungen im Gasthof „Zum Weißen Lamm" in Linz, kam es dann zum Festkommers im landschaftlichen Redoutensaal. Wie viele Erinnerungen knüpfen sich doch an diesen Saal! Dort fanden die Tanzfeste meiner Klasse statt, die ich als erstes Paar mit Geli Raubal, der Nichte Adolf Hitlers, eröffnete. Heute sind solche Tanzfeste eine Selbstverständlichkeit, aber wir waren seinerzeit tatsächlich die Allerersten, die dies wagten. Im Redoutensaal fanden später die Landestage der Vaterländischen Front statt, und dort vollzog sich meine erste große politische Machtergreifung, über die ich später noch berichten werde. Im Redoutensaal sagte gegen Ende des Ständestaatregimes der Sicherheitsdirektor von Oberösterreich, Peter Revertera – der „schöne" Peter –, in die beklommene Stimmung, daß die „Dollfuß-Straße" zu einem „Saumpfad" geworden sei. Im Redoutensaal fanden nach 1945 die Landestage des „Arbeiter- und Angestelltenbundes" statt, bei dessen erstem ich den bereits nominierten Landesobmann Wilhelm Salzer aus dem Rennen warf.

## ANALYSE DER STUDENTISCHEN GEDANKENWELT UND DER UMWELT VON DAMALS

Aus Anlaß des bereits erwähnten Stiftungsfestes verfaßte ich 1926 eine Festschrift „25 Jahre Nibelungia Linz". Sie beinhaltete Beiträge mehrerer Kollegen, darunter des späteren Notars Dr. Gottfried Fosen, der durch all die Jahre mein Konkurrent um den Titel „Bester bei den Deutsch-Aufsätzen" war. Er war ein Feuergeist und Schwärmer, mit einer echten poetischen Begabung. Ich hingegen war immer der Sachliche, Nüchterne, der kühle Analytiker; dementsprechend waren auch unsere Beiträge in der erwähnten Festschrift. Sein Artikel spiegelte die studentische Romantik, während meiner eine Analyse der studentischen Umwelt war. So schrieb ich zum Thema „Koalitionsfreiheit und demokratische Selbstbestimmung" u. a.: Schließlich dürfe man Burschen, die trotz ihrer Jugend „reif" genug waren, mit der Waffe in der Hand für das Vaterland zu kämpfen, nicht wie „unreife" Lausbuben behandeln und bevormunden! – Proteste sind also wirklich keine Erfindung nach Jahrzehnten seitens „progressiver" Jungtürken!

# HERMANN FOPPA

So hieß unser Geschichtsprofessor am Akademischen Gymnasium in Linz auf der Spittelwiese. Wir verehrten ihn, weil er viel Verständnis für die Jugend hatte und ein ganz hervorragender Pädagoge war. Mich verbinden mit ihm viele persönliche Erinnerungen, die sich nicht allein auf meine Gymnasiastenzeit beschränken, wie später noch berichtet werden soll. Ich war nicht nur sein Lieblingsschüler als Klassenbester in Geschichte, sondern zwischen uns bestand ein politisch motiviertes, ganz merkwürdiges Verhältnis.

Er war bereits zu jener Zeit eine sehr bekannte, politisch führende Persönlichkeit, nämlich Bundesparteiobmann der „Großdeutschen Volkspartei", also der sogenannten „Blauen". Ich hingegen war der Häuptling der „schwarzen" Studenten, und zwar nicht nur in Linz, sondern für ganz Oberösterreich. Foppa wurde nach dem Anschluß an das Deutsche Reich zum Dank für seine Gesinnung Mitglied des deutschen Reichstages und Gauschulinspektor von Oberdonau (Oberösterreich), also ein führender Parteigenosse der NSDAP.

Äußerlich war er als echter Südtiroler, trotz seiner „germanischen" Funktionen, rassisch ein eindeutig dinarischer Typ, der mit seinem Andreas-Hofer-Bart aus einem Defregger-Bild herausgestiegen schien.

Ihm verdanke ich eine schlechte Note bei der Christlichsozialen Partei, weil er mir, zwar in bester Absicht, einen wahren Bärendienst erwiesen hatte! Auf einer Fahrt nach Wien zu einer Nationalratssitzung pries er dem Landesobmann des katholischen Volksvereins, Nationalratsabgeordneten Josef Aigner, sowie dem Landessekretär, Nationalratsabgeordneten Hochwürden Ernst Hirsch, meine angebliche politische Begabung und empfahl mich ihnen für eine politische Funktion. Mehr hatte ich freilich nicht gebraucht, wie später noch zu schildern sein wird. Immerhin schloß er, trotz dieser üblen Erfahrung, sein Glückwunschschreiben anläßlich meiner Promotion mit den Worten: „Nun auf, junger Doktor, zu großen Taten!"

Foppa nützte die wenigen Wandertage dieser Zeit zu interessanten Fahrten. So erinnere ich mich noch genau der Stelle, von der aus er das Parlament uns zeigte. Es war jener Platz, wo heute das Karl-Renner-Denkmal steht; und oben im ersten Stock sich die Fenster des Präsidenten des Nationalrates befinden. Davon hatte ich freilich damals keine Ahnung, aber ich erklärte ihm und meinen Mitschülern: „In dieses Haus will und werde ich als Abgeordneter kommen." Jahrzehnte später zeigte ich manchmal den Besuchern lächelnd von meinem Fenster aus diese Stelle und erzählte, wie damals der heutige Nationalratspräsident seinen spöttelnden Mitschülern den Beschluß zu dieser Karriere bekanntgegeben hatte. Oft mußte ich auch daran denken, wie sehr sich die Zeiten geändert hatten, wenn ich in der Säulenhalle Maturaklassen empfing und mich an das armselige, bescheidene Stehen vor dem Parlament erinnerte, weil wir es nicht betreten durften.

Mein Interesse in der Geschichtsstunde galt weniger historischen Fakten und kriegerischen Heldentaten, sondern den großen geistigen und politischen Zusammenhängen. So war ich denn Foppas Paradepferd bei Inspektionen und bei der Matura. In unserer Klasse gab es zwei politische Lager, nämlich die „Blauen" und die „Schwarzen". Wir Schwarze waren alle Mitglieder der Kongregation, des CDSB, sowie der „Nibelungia". Trotzdem herrschte in unserer Klasse echte Kameradschaft, die sich bis heute ungetrübt erhalten hat. Interessant für jene Zeit war jedoch, daß es in den staatlichen Mittelschulen viele echte Schwarze gab, während aus den Stiftsgymnasien, deren Schüler sich aus noblen, liberalen Kreisen rekrutierten, nur spärlicher kämpferischer Nachwuchs für Kirche und Christlichsoziale Partei hervorging. Psychologisch mag sich dies daraus erklären, daß dort, wo es strenge religiöse Vorschriften gab, aus dem bekannten Widerspruchsgeist der Jugend eher das Gegenteil erzielt wurde; während dort, wo der Zwang fehlte, eine freiwillige Aufgeschlossenheit für Religion, Kirche, aber auch für die Christlichsoziale Partei vorhanden war.

Die Namen unserer Professoren aufzuzählen, würde zu weit führen. Übrigens habe ich in einem vorangegangenen Kapitel schon darüber berichtet. Deshalb beschränke ich mich jetzt lediglich auf zwei heitere Episoden. An einem Aschermittwoch hatten wir die großartige Idee, jedem Professor zu Beginn der Stunde einen Hering auf dem Katheder zu servieren. Das hatte jeweils ein gewaltiges Donnerwetter, einmal sogar eine Eintragung im Klassenbuch, zur Folge. Anders Foppa; er betrachtete schmunzelnd den Hering, fand es in seiner „Katerstimmung" als eine blendende Idee und bemängelte lediglich, daß wir auf eine Flasche Bier vergessen hätten, die wir ihm dann holen mußten.

Ein völlig anderer Typ war unser Turnlehrer Richter. Zu jener Zeit waren noch nicht alle Turnlehrer echte Professoren, sondern schlichte Männer aus ursprünglich einfachen Berufen, die dann, in Anbetracht ihrer Turnkünste, eine Stelle als Turnlehrer erhielten. Unser teurer Turnlehrer wurde, als eines der letzten Überbleibsel aus alter Zeit, knapp vor unserer Matura, zum richtigen Professor ernannt. So war es denn kein Wunder, daß er bei der Matura das Griechisch-Buch verkehrt in seinen Händen hielt, was unsere bang schlagenden Herzen doch mit etwas ermutigender Fröhlichkeit erfüllte.

In der fünften Klasse stürzte ich eines Tages beim Turnen vom Hochreck und brach mir eine Zehe, welchen Unfall ich bis zur Matura pfleglich bewahrte und behütete. Mit meinem Klassenkollegen Alois Gruber, späterer Professor im Priesterseminar, saß ich während der ganzen Turnstunde am Rande des Saales auf einem Bock und führte tiefsinnige, theologisch-philosophische Gespräche, während unsere Kameraden mit einem, natürlich *deutschen,* Lied dröhnend durch den Turnsaal marschierten. Während sie sangen, „Oh, deutsche Heimat, du teures Land, dir geb' mein Leben ich zum Pfand!", diskutierten wir tiefsinnig und vom „Deutschtum" völlig unberührt etwa über die päpstliche Unfehlbarkeit . . .

Schließen möchte ich mit einem anderen Professor, einem Angehörigen des Stiftes Wilhering namens Evermod Haager. Er war zu seinem Unglück ein häßlicher Mensch, worunter er sicher litt, was wir in unserer jugendlichen Roheit freilich nicht begriffen. So meldete sich eines Tages Geli Raubal, die Nichte Adolf Hitlers, zu Wort. Unser guter Evermod erteilte es ihr in der Erwartung einer Antwort auf eine von ihm gestellte Frage. Sie stand auf und sagte: „Herr Professor, Sie haben das Hosentürl offen!" Stürmisches Gelächter . . . Damit komme ich jetzt zu einem sehr interessanten Abschnitt.

## GELI RAUBAL

In allen hitlerischen Biographien und vielen zeitgeschichtlichen Betrachtungen begegnet uns dieser Name. Vielleicht wird aber mancher Historiker in den nachfolgenden Zeilen dennoch einige ergänzende Einzelheiten finden, die bislang unbekannt waren und von historischem Interesse sein könnten. Geli Raubal war eine Klassenkameradin von mir, die ich tagtäglich durch viele Jahre auf unserem zufällig gemeinsamen Schulwege begleitete. Sehr devot lieferte ich sie bei ihrer gestrengen Mutter ab, die mich dabei stets sehr kritisch musterte. Frau Raubal war die Halbschwester Hitlers und wurde später bekanntlich seine Hausdame auf dem Adlerhorst in Berchtesgaden. Geli hatte noch einen Bruder und eine Schwester, aber Onkel Adis Interesse galt eindeutig und ausschließlich ihr. Die Schwester war nämlich ein unscheinbares, etwas dickliches Mädchen, während Geli eine äußerst attraktive und stattliche Erscheinung war. So war sie denn bei unseren Faschingsbällen immer meine Partnerin, und ich eröffnete mit ihr als erstes Paar den Tanz.

Der Bruder war Lehrer und nach Gelis Bericht ein Sozialdemokrat, somit offenbar ein völliger Ausschließungsgrund für Adolf Hitlers Interesse. Jedenfalls machte er in der nationalsozialistischen Ära keine Karriere, war dann Soldat im Krieg, und nach dessen Ende Angestellter bei der VÖEST in Linz. Er verdient Respekt, weil er seine Gesinnung nicht für Vorteile verkaufte.

Geli schwärmte in jungmädchenhafter Weise von ihrem „Onkel Adi" und erzählte mir begeistert, wie er sich um sie in finanzieller Weise kümmere. Eines Tages berichtete sie mir freudestrahlend, daß er ihr eine Villa in München geschenkt habe. Mein Eindruck war jedenfalls, daß Geli die längste Zeit nicht die geringste Ahnung von der Art der wirklichen Gefühle ihres „Onkels" hatte. Kurze Zeit umschwärmte sie der bekannte oberösterreichische Maler Pollak; aber ich glaube mich nicht zu täuschen, daß ihre Gefühle ihm gegenüber nicht allzu heftig waren. Vielleicht weiß ihre Freundin, unsere Schulkollegin Friedl Schauberger, verehelichte Kalab, darüber mehr.

Für Politik hatte sie überhaupt kein Interesse und war auch alles andere als ein fanatisches Naziweib. Groteskerweise war ich es, der ihr stundenlang Vorträge über Hitlers Theorien und seine politische Bewegung hielt; freilich in einer sehr diabolischen Dialektik. In meinen weisen Lehren war nämlich sehr hintergründig die Widerlegung der nationalsozialistischen Thesen eingepackt. Aber ich glaube, daß sie als völlig apolitische Frau das überhaupt nicht mitbekam. Für sie war Hitler einfach nur der liebe Onkel Adi und nur zufällig ein großer Politiker; interessant lediglich deshalb, weil ihm die Einkünfte aus dieser Position die Geschenke an sie ermöglichten.

Es gab nicht nur gemeinsame Schulwege, sondern in der Ferienzeit gelegentlich auch gemeinsame Spaziergänge und Ausflüge. Sie war keine wirklich große Jugendliebe, aber immerhin während einer geraumen Zeit ein sehr romantischer Schwarm von mir. Ja, romantisch ist wohl die richtige Bezeichnung für unsere Beziehung, von der keiner unserer Schulkollegen eine Ahnung hatte.

So wandern wir eines Tages durch den Kürnberger Wald bei Linz. Tief unten liegt das Donautal, waldumbettet, fast so wie einst, als die Nibelungen ins Heunenland ritten, zu Rüdiger von Bechelaren, in ihren Reihen die schöne Kriemhild und der dunkle Hagen. Fast ein Jahrtausend ist seitdem versunken. Da, plötzlich fernes Donnergrollen, graue Wolkenfetzen, erste Tropfen, ein Gespinst verblaßt, zerreißt. Kein Kürnberger reitet mehr dort . . . und statt des Schwertgeklirrs der Nibelungen führt ein schriller Pfiff der Mühlkreisbahn in die Gegenwart zurück. Wir rennen . . . klatschnaß halte ich sie schützend in den Armen . . .

Jahre später, Graz. Ich büffle in meiner Studentenbude für meine dritte Staatsprüfung bereits seit dem frühen Morgen, so wie jeden Tag. Der Austräger bringt die *Grazer Tagespost*. Eine erwünschte Pause beim Hineinbüffeln der Paragraphen, deren Kenntnis einen weisen Juristen aus mir machen sollen. Da, eine Notiz: „Selbstmord der Nichte Adolf Hitlers." Ich starre auf die Meldung. Was mag da wohl geschehen sein? In mir steigen Erinnerungen auf, die Schulwege, die Bälle, der Kürnberger Wald . . . Die Zeit verrinnt, Dunkelheit sickert in die Bude . . . Geli, was ist mit dir geschehen, du liebe, arme Geli? . . . Da, Licht flammt auf! Die Budenwirtin: „Aber, Herr Maleta, was sitzen S' denn da im Finstern? Was ist denn los mit Ihnen?" „Nichts, nichts, wirklich nichts."

Nachträglich wurde das Motiv des Selbstmordes bekannt; Hitlers Gefühle waren halt wirklich nicht die eines „Onkels" . . .


## MIT ADOLF HITLERS NICHTE GELI RAUBAL BEI „ONKEL" ADI IN MÜNCHEN, 1927

Mit Professor Foppa waren die Reisen immer interessant. So ist es denn kein Wunder, daß die Vorbereitung der Maturareise uns bereits Monate vorher beschäftigte. Ob wir wohl durch Geli mit Adolf Hitler zusammentreffen könnten? Es war eine heimliche Spekulation, daß er vielleicht seiner geliebten Geli auch diese Bitte nicht abschlagen würde. Geboren wurde der konkrete Plan bei einem meiner gelegentlichen Abendessen in Hermann Foppas Wohnung, die überdies die gleiche war, in der 13 Jahre später – und zwar in der ersten Nacht nach meiner Heimkehr aus dem KZ – eine der aufregendsten politischen Diskussionen meines Lebens stattfand. An dieser Stelle genüge ein kurzes Blitzlicht in die Zukunft: Gastgeber, das Mitglied des Reichstages Hermann Foppa; Gast ich, der erst Stunden vorher aus dem KZ entlassene, politische Häftling . . . Noch aber sind wir nicht so weit!

Foppa und ich fieberten vor Neugierde, diesem politischen Phänomen der Gegenwart persönlich zu begegnen. Man vergegenwärtige sich das Zeitgemälde: Die innere Krise der Weimarer Republik, das außenpolitische Fehlverhalten der Entente-Mächte gegenüber den Lebensnotwendigkeiten des deutschen Volkes, gegenüber den demokratischen Politikern, denen sie verwehrten, was sie später dem Diktator gewährten. Es war die Zeit, in der die Dolchstoß-Legende entstand, mit dem Makel des Hoch- und Landesverrates für die demokratischen Politiker, der ihr Ansehen schändete und entwurzelte. Ich erinnere mich noch der nationalsozialistischen Haßdevise: „Schlagt tot den Walter Rathenau, die gottverdammte Judensau!" Die damalige Politik der Entente gegenüber Deutschland war genauso ungeschickt wie später das Verhalten der gleichen Staaten gegenüber Österreich, für dessen Abwehrkampf gegen Hitler sie keine echte Hilfe, sondern nur nutzlose Belehrungen beisteuerten. Wir wollten also dem Phänomen nachforschen, wieso der Nationalsozialismus, der damals in Österreich erst über wenige, und zwar ausschließlich proletarische Anhänger verfügte, draußen im Reich so offensichtlich großen Zulauf hatte.

Ich hatte mich auf diese Reise und die zu erwartenden Diskussionen gründlichst vorbereitet: Sämtliche Schriften, die Hitler in seinem politischen Werdegang beeinflußten, hatte ich gründlichst gelesen und studiert. Ich kannte alle Werke der Rassentheoretiker Jean Gobineau, Houston Stewart Chamberlain, des wahrhaftig lächerlichen Jörg Lanz von Liebenfels, aber auch Georges Sorel, des Theoretikers von Gewalt und Macht. Ich kannte auch die eigentliche nationalsozialistische Literatur, so etwa die Schriften Gottfried Feders, der Gebrüder Strasser, Rosenbergs „Mythos des 20. Jahrhunderts", nicht zuletzt aber auch das Standardwerk, nämlich Adolf Hitlers „Mein Kampf".

Das Treffen sollte im Palais Bruckmann stattfinden, dessen Besitzern der gleichnamige bekannte Münchner Kunstverlag gehörte. Es befand sich auf dem Karolinenplatz, auf dem später die geschmacklosen und monströsen Parteibauten errichtet wurden. Das Palais spielte im Leben Adolf Hitlers eine ganz besondere Rolle, denn es war ihm von den Besitzern als Gästehaus für Begegnungen mit für ihn interessanten Persönlichkeiten zur Verfügung gestellt worden. Es bot einen geradezu luxuriösen und hochherrschaftlichen Rahmen. Die Dame des Hauses, eine kultivierte und hochgebildete Frau, war eine geborene Prinzessin

Cantacuzino. Foppa und die Klassenkameraden wurden in verschiedenen Hotels einquartiert, während Geli und ich als persönliche Gäste gemeinsam im Palais Bruckmann wohnten. Ich weiß nicht, welchem Umstand ich diese ehrende Ausnahmebehandlung zu verdanken hatte; nun, ganz unschuldig kann Geli daran sicher nicht gewesen sein . . .

In höchster Spannung erwartete alles die Begegnung mit Adolf Hitler. Sie fand im Rahmen eines Nachmittagstees statt. Unter den Gästen befanden sich viele prominente Mitarbeiter Hitlers, darunter auch der spätere Reichsstatthalter von Bayern, Ritter von Epp. So waren wir denn versammelt. Spannungsgeladene Atmosphäre . . . Wir warteten auf ihn, warteten . . . Da, plötzlich gingen die großen Flügeltüren auf, ein livrierter Diener trat ein und kündigte Hitler mit den Worten an: „Der Chef!" Damals wurde er nämlich noch nicht als „Führer", sondern schlicht und einfach nur als „Chef" bezeichnet.

Da war er schon mitten unter uns, in Braun-Hemd, Breeches-Hosen, gräßlichen Stiefeln, den sogenannten „Knobelbechern". In der Hand hielt er eine Reitpeitsche, vielleicht war es auch nur eine Hundepeitsche, mit der er auf die Stiefelschäfte trommelte. Wir standen in Reih' und Glied vor ihm; er begrüßte jeden einzelnen mit festem Händedruck, knallendem Hakenschlag und einem tiefen Blick aus seinen wasserblauen Augen, der offensichtlich faszinierend wirken sollte. Sie waren nämlich nicht von „nordisch-germanischer" Bläue, wie spätere Jubelmaler sie darzustellen pflegten, sondern erinnerten eher an das verwaschene Blau der sogenannten „Wasserpolaken". In meinem respektlosen Hirn fiel mir überdies die Ilias Homers ein, in der von der „bo-opis Athene", der „kuhäugigen Athene" die Rede ist. Auch das Zusammenknallen der Stiefelabsätze irritierte mich, denn schließlich war er nicht unser „Untergebener", sondern immerhin schon eine interessante Persönlichkeit des öffentlichen Lebens. Schlechte Kinderstube . . .

Diese vielleicht zynischen Bemerkungen sind keine einseitige Spitze gegen Hitler, denn ich war gegenüber allen „Führern" und all dem zeitüblichen, gräßlichen „Heil"-Geschrei allergisch; auch gegenüber Dollfuß, Schuschnigg, Starhemberg, selbst eines demütigen Getues gegenüber einem „Guru" oder sonst einem heiligen oder unheiligen Messias. „Heil Österreich" akzeptierte ich als *unpersönliches* politisches Bekenntnis . . .

In der Mitte des Salons stand ein großer, ovaler Tisch mit einem drehbaren Speisenaufsatz aus schwerem Silber. Das Tischgespräch . . . es war ein Monolog des „Chefs", der mit lauter, donnernder Stimme, wie in einer Massenversammlung, seiner „Empörung" über eine soeben gemeldete Keilerei zwischen SA-Leuten und Kommunisten Luft machte. Ich habe davon nur mehr die Worte „Rot-Front" und „Reaktion" – in bezug auf „verräterische" Konservative – in Erinnerung, die er ständig wiederholte. Mein Blick wanderte, wanderte . . . über die Tischgefährten, an der Dame des Hauses blieb er haften. Diese hatte schon längst ihren Sitz neben Hitler verlassen und sich ihm gegenüber auf einen Klavierhocker gesetzt, von dem aus sie fasziniert seiner Rede folgte und ihm mit gefalteten (!) Händen in die Augen blickte. Faszination, Hypnose . . . das war mein erster psychologischer Eindruck bei Beobachtung des Verhaltens der anwesenden Personen. Fasziniert waren seine Parteifreunde, meine Kollegen, selbst der spätere Priester Alois Gruber, nur zwei nicht, nämlich das spätere Mitglied des Reichstages, Hermann Foppa, und ich. Interessant war für mich insbesondere die Faszination der Dame des Hauses; und zwar deshalb, weil zu jener Zeit die Anhänger der NSDAP in Österreich sich fast ausschließlich aus plebejischen Kreisen rekrutierten. Die bürgerlichen nationalen Kreise in Österreich, all die Waffenstudenten und liberalen Wirtschaftstreibenden, hatten für Hitler damals nur ein mitleidiges Lächeln übrig.

Irgendwie entwickelte sich dann eine Diskussion über die Judenfrage, bei der ich mir offensichtlich meinen ersten Schiefer einzog. In Anbetracht der blutrünstigen Äußerungen eines Mannes – es dürfte Julius Streicher gewesen sein – konnte ich mir nämlich die Bemerkung nicht verkneifen: „Aber sie können doch nicht alle Juden umbringen." Mein Gesprächspartner zischte: „Das gerade nicht, aber man muß sie aus dem Leben des deutschen Volkes *ausradieren*." Das genügte mir.

Kaum hatte ich die ersten mißbilligenden Blicke verkraftet, da widerfuhr mir bereits ein zweites Mißgeschick. Am Schreibtisch lag ein Gästebuch, in das sich als erster Adolf Hitler eintrug. Dann war ich an der Reihe. Meine Füllfeder streikte und eine Tintenflut ergoß sich über die kostbare Unterschrift. Also mehr hatte ich nicht gebraucht! Ich glaube, daß ich von diesem Augenblick an für die Dame des Hauses endgültig eine „Unperson" war. Trotzdem, ich beichte und bekenne, bezirzte Geli auf Grund meines Zuredens den geliebten Onkel Adi und setzte ein Sechs-Augen-Gespräch mit ihm durch. Es fand im Café „Heck" statt. Das Gespräch war kurz und sicherlich beiderseits ganz unbefriedigend. Ich hatte mir eine Diskussion erhofft und hörte neuerlich nur einen Monolog; er aber erkannte sicher bald verachtungsvoll, daß aus mir kein studentischer NS-Führer werden würde. Eigentlich hatte ich bereits seit Beginn des Besuches den heimlichen Verdacht, daß man damit rechnete. Offensichtlich hatte Geli bezüglich meines politischen Ehrgeizes den Mund etwas zu voll genommen . . .

Für uns alle waren die Tage in München ein eindrucksvolles Erlebnis, das auf der Heimreise Anlaß zu vielen Diskussionen gab. Das eigentliche Resümee zogen Foppa und ich nach unserer Rückkehr bei einem der bereits erwähnten Abendessen in seinem Heim. In der Rückerinnerung muß ich darüber leise lächeln, da wir zu jener Stunde so gar keine Ahnung von unseren künftigen persönlichen Schicksalen und Begegnungen hatten. Aber trotzdem stand der Inhalt dieses Gespräches in einem inneren Zusammenhang mit jenem bereits mehrmals erwähnten, späteren Gespräch nach meiner Rückkehr aus Dachau. In beiden Fällen handelte es sich schließlich um eine Analyse der zeitbedingten Situation im sogenannten „nationalen Lager". Foppa verheimlichte mir nicht seine negativen Eindrücke von unserer Münchner Begegnung mit Adolf Hitler. Er war niemals dessen Anhänger und niemals von seiner Persönlichkeit fasziniert. Aber ich fragte ihn natürlich, wie er denn über die künftige Einstellung des nationalen Lagers in Österreich zu Adolf Hitler urteile. Die Frage war verständlich, weil uns ja beiden die völlig andere Zusammensetzung seiner Anhänger in München und Österreich aufgefallen war. Er sprach vom völkischen Bewußtsein der Deutsch-Österreicher und ihrer Sehnsucht nach einer Heimkehr in ein gesamtdeutsches Reich. Das habe aber, so sagte er, nichts mit den weltanschaulichen Prinzipien der nationalsozialistischen Bewegung zu tun. Aber Adolf Hitler könne trotzdem der große Messias für die nationalen Österreicher werden, wenn er tatsächlich in Deutschland zur Macht käme und somit reale Chancen hätte, den angeblich uralten Traum der Österreicher zu verwirklichen. Der künftige Diktator würde auch unsere Zukunft nach seinen Vorstellungen gestalten, egal, ob uns das passe oder nicht.

Verehrter Lehrer, längst sind Sie tot! Aber auf Ihr Grab pflanzte ich als Reis der Dankbarkeit meine „Befriedungspolitik" als hoher Funktionär des Staates und der Volkspartei, denn Ihre menschliche Größe im Verhalten gegenüber einem „Staatsfeind" und Ihre geistige Distanz zur eigenen „nationalen" Überzeugung waren die „Initialzündung" für mein späteres politisches Verhalten.

## ZUKUNFTSPERSPEKTIVEN EINES GYMNASIASTEN; MATURAHAUSARBEIT 1927

Im Alter von ungefähr 17 Jahren trat ich der „Pan-Europaunion" als Mitglied bei, worüber ich im vorangegangenen Kapitel bereits berichtet habe.

Anlaß für meinen Beitritt war die Überzeugung, daß die Folgen des Ersten Weltkrieges nur durch eine europäische Einigung beseitigt werden könnten. Man erinnere sich des allgemeinen Chaos, der inneren Zerrissenheit der Weimarer Republik, der sozialen Erschütterungen und des tiefen Hasses zwischen den Nationen, vor allem zwischen den „Erbfeinden" Deutschland und Frankreich. Für mich war dieser Weltkrieg nichts anderes als ein verrückter Bürgerkrieg zwischen den weißen Staaten, durch den sie den Auflösungsprozeß der weißen Vorherrschaft in den Kolonien auslösten, zumindest rasant beschleunigten. Sicher war der Prozeß der sogenannten „Entkolonialisierung" auf die Dauer nicht aufzuhalten; aber er vollzog sich nicht geplant und evolutionär innerhalb eines längerfristigen Zeitraumes, sondern überstürzt und revolutionär. Natürlich waren die Folgen dieser Entwicklung erst im Keime sichtbar. Es wäre somit anmaßend, zu behaupten, daß man Dinge vorausgesehen hätte, die man erst im nachhinein so richtig erkennen konnte. Aber ganz ahnungslos war ich schon damals nicht, denn immerhin stammt aus jener Zeit ein viele Seiten starkes Exposé mit dem Titel „Euro-Afrika", in dem ich die Koordination eines geeinten Europas mit dem Schwarzen Kontinent als eine Lebensfrage von „Sein" oder „Nicht-Sein" für Europa schilderte. Heute sind „Kolonialismus" und „Imperialismus" beliebte Schlagworte, die freilich gedankenlos verwendet und nachgeplappert werden. Oft tarnen sich dahinter machtpolitische Interessen, die Europa politisch und wirtschaftlich auf das Schwerste schädigen.

Wie dem Rattenfänger von Hameln folgen jugendliche Idealisten sowie betagte „Berufsjugendliche" in Europa diesen oft scheinheiligen Parolen. Denn ganz so schrecklich und entsetzlich war die europäische Vorherrschaft auch wieder nicht! Indische Witwen, die durch die Engländer vor dem Verbrennungstod gerettet wurden, werden wahrscheinlich nicht „anti-kolonialistisch" gedacht haben. Auch die vielen Schulen, die Spitäler, die Ärzte, die sich für die Einheimischen aufopferten, Kranke pflegten und Zehntausende Babies verzweifelter Mütter vor dem Tod bewahrten, kann man wohl kaum als „imperialistische" Ausbeutung bezeichnen. Man sollte auch jene Zehntausende Menschen, die vor dem Hungertod gerettet wurden, nicht vergessen; schließlich auch nicht die Tatsache, daß der indische Kontinent, zerfallen in Hunderte Sprachen und Dialekte, Dutzende souveräner Einzelstaaten, ohne die englische Sprache und einheitliche englische Verwaltung niemals zu dem mächtigen politischen Gebilde, das er heute ist, zusammengewachsen wäre. Jede Medaille hat eben eine Kehrseite.

Auch den afrikanischen Völkern hat die sogenannte „Befreiung" vom kolonialen Joch nur in wenigen Fällen Vorteile gebracht. Meist wurde die „Erbmasse" nicht ordnungsgemäß verwaltet, sondern versank im Chaos von Bürgerkriegen, die zur Ausrottung ganzer Stämme führten. Verrückte Machthaber ermordeten Tausende ihrer Untertanen, entweder zur Sicherung ihrer eigenen Herrschaft, oder im Irrwahn utopisch-revolutionärer Ideen, die sie mit den Schlagworten Demokratie und Sozialismus tarnten. Offenbar hat man im mildtätigen Europa auch jene verrückten Machthaber vergessen, die sich in echt goldenen, nicht etwa nur vergoldeten, Betten räkelten, Hunderte Millionen Schillinge der Entwicklungshilfe für perverse Kaiserkrönungen verpraßten und zum Festmahl Kinderfleisch à la Spanferkel genossen haben. Nur allzu oft waren grausame Ermordungen der Dank für hilfreiche Missionsstationen, für Entwicklungshelfer und ihre Familien. Ebenso verdarben Millionenwerte an Lebensmitteln, weil man sie nicht richtig aufbewahrte. Ich denke an jene Getreidesilos, in denen sich die Ratten genüßlich einquartierten.

Man sollte also „Selbstbeschuldigungen" wahrhaftig nicht übertreiben. Appelle an die christliche Nächstenliebe sind sicher sehr moralisch, aber nicht immer sehr weise. Der „Wohlstand" der Europäer ist überdies kein Geschenk des Zufalls, für das sie Buße zahlen müssen, sondern das Ergebnis harter Arbeit, die in den Entwicklungsländern ein weithin unbekanntes Fremdwort ist. Nach dieser Abschweifung zurück zum Thema.

Angesichts meines Interesses für die europäische Einigung war es selbstverständlich, daß ich mir die Frage nach den Möglichkeiten der Verwirklichung dieses idealen Zieles stellte. Natürlich bedarf dies einer systematischen Überlegung bei der Suche nach den geeigneten Methoden, die einen Erfolg verheißen. Jeder Chirurg benötigt doch vor Beginn der Operation einer Bereitstellung des Instrumentariums für seine Arbeit.

Für den internationalen Bereich war ein solches Instrument bereits vorhanden, nämlich der damalige „Völkerbund". Er war allerdings ein pompöses Monstrum. So stellte sich denn zuallererst die Frage, durch welche organisatorische Fehlstruktur er in seiner Funktion behindert würde. Eine solche Untersuchung durfte sich jedoch nicht allein auf juristische Überlegungen beschränken. Es waren auch die psychologischen Hintergründe und die realpolitischen Gegebenheiten auszuleuchten. Diese Aufgabe erschien mir derart faszinierend, daß ich mir als Thema für meine Maturahausarbeit „Die Völkerbundidee in der Neuzeit" wählte.

Die sogenannten „Maturahausarbeiten" waren eine neuartige Idee der Unterrichtsverwaltung, die ja seit Einführung der Republik – und zwar bis zum heutigen Tag – von einer nicht endenden Experimentierfreudigkeit getragen ist. Aber sie war wirklich eine blendende pädagogische Idee, weil nachgewiesen werden sollte, daß sich die Maturanten nicht nur Wissen, sondern auch selbständiges Denken angeeignet haben. Meine Arbeit war unter den Kollegen die weitaus allerlängste, nämlich 120 *einzeilig* beschriebene Maschinschreibseiten, und glich somit tatsächlich einer Dissertation.

Ich ging dabei von der Überlegung aus, daß sich die Menschen vom Völkerbund offensichtlich die Lösung zweier großer Aufgaben erwarteten, für die er aber kraft seines zentralistischen Statutes weder organisatorisch noch grundsätzlich gerüstet war. Man erwartete sich von ihm eine weltweite Sicherung des Friedens zur Vermeidung neuer Kriege, vor allem aber eines neuen Weltbrandes; und erhoffte sich von ihm, daß er für den europäischen Integrationsprozeß das geeignete Instrument sein würde.

Bei der Lösung all dieser Aufgaben hatte der alte Völkerbund weitgehend versagt. Im weltweiten Bereich war er nämlich mit folgenden Tatsachen konfrontiert. Da gab es extrem verschiedene Weltkulturen und innerhalb dieser völlig andersartige kulturelle Entwicklungsstufen, eine Vielfalt der Rassengegensätze, verschiedene Herrschaftsformen und entgegengesetzte machtpolitische Einflußzonen. Es gab auch eine völlig verschiedene psychologische Einstellung der weißen Herrenrasse zur Rassenproblematik in der Welt. Man vergleiche bloß das Verhalten der Engländer, der Franzosen, sowie der Belgier in ihren Kolonialgebieten, das zwischen „Rassenvermischung" und „Distanz zu den Sklaven" schwankte. An diesen, fast an sich schon unlösbaren Aufgaben mußte er als zentralistisches Unikum ganz einfach scheitern. Zur Bewältigung dieses Aufgabenbereiches hätte es einer kontinentalen Aufgliederung bedurft, die der Weltzentrale nur weltweit-gemeinsame Aufgaben vorbehalten hätte. Auch die europäische Einigung war lediglich ein Wunschtraum auf dem Papier geblieben.

Diese gewaltige Problematik bedurfte also vorher einer gründlichen Analyse, bei der nach der sogenannten „Salamitaktik", nämlich dem Abschneiden der Wurst in schmale Scheiben, vorzugehen war.

So stellte ich denn vorerst die Frage nach der Herkunft der pazifistischen Ideen und der Vorgeschichte der Bemühungen um eine internationale Ordnung. Keine politische Organisation existiert in einem luftleeren Raum, sondern basiert auf irgendeinem geistigen Erbe. Dieses war eindeutig christlich-abendländisches Gedankengut, das durch die Jahrhunderte durch große Denker und Persönlichkeiten – etwa dem berühmten Grotius – vorgezeichnet wurde. Daher widmete ich der Untersuchung dieser Vorgeschichte den 1. Teil meiner Maturahausarbeit.

Bei der sich daran anschließenden Überleitung in das aktuelle Zeitgeschehen gelangte ich zu der Erkenntnis, daß sich die Weltkulturen zu jener Zeit durch die technisch-zivilisatorische Entwicklung in einem Prozeß des Zusammenwachsens zur *einen* Welt befanden. Aus dieser Tatsache hätte sich rein theoretisch die Notwendigkeit einer, wenn auch noch so lockeren Weltzentrale ergeben, die den Prozeß irgendwie politisch hätte steuern können. Aber der Völkerbund war hiefür kein geeignetes Instrument; einerseits auf Grund seiner organisatorischen Struktur, und andererseits wuchs diese Welt zwar rein äußerlich zusammen, war aber innerlich zutiefst zerklüftet. Auf diesen Umstand habe ich bereits verwiesen.

Nach einer eingehenden Schilderung dieses Sachverhaltes im 2. Teil meiner Maturaarbeit konzentrierte ich mich daher auf jenes Problem, das mir besonders am Herzen lag, nämlich die europäische Integration. Sie steckte damals noch in den Kinderschuhen, und somit stellte sich die Frage, durch welche organisatorische Maßnahmen dieser Prozeß angekurbelt und vorangetrieben werden konnte. Nach längeren Überlegungen fiel es mir wie Schuppen von den Augen: Vielleicht könnte man jene Erfahrungen verwerten, die während des langwierigen Prozesses der deutschen Einigung im 19. Jahrhundert gewonnen worden sind! Diese war ja auch nicht urplötzlich entstanden, und alle Sehnsüchte hatten nichts genützt. Auf Grund dieser Erfahrungen sagte ich mir: nicht ethische Motive, nicht philosophische Ideen, auch nicht vage juristische Konstruktionen werden den Integrationsprozeß einleiten, sondern nur ein langsames wirtschaftliches Zusammenwachsen in Etappen. In Deutschland wurde es ja einst zu jener Kraft, gegen die sich die überlieferten Traditionen der souveränen Kleinstaaten, ihre Lebens- und Gesellschaftsformen und die Sonderinteressen ihrer Dynastien, nicht zur Wehr setzen konnten. Ich verglich das Frankfurter Parlament mit dem Völkerbund. Nicht dieses Frankfurter Parlament begründete die deutsche Einheit, sondern die Entwicklung des deutschen Bundes, dann des norddeutschen Bundes, des deutschen Zollabkommens, und dergleichen mehr. Ich folgerte daraus, daß sich auch die europäische Integration in stufenweisen, kleinen wirtschaftlichen Teilprozessen vollziehen müsse und widmete dieser Vorhersage eine eingehende Begründung.

Diese Themen haben bereits damals meinen schon oft erwähnten Geschichtsprofessor tief beeindruckt. Aber der spätere Entwicklungsprozeß der europäischen Integration nach 1945 – also nach 18 Jahren! – bestätigte schließlich auch vollinhaltlich meine Analysen. Man denke etwa an Benelux, die EFTA, die EWG, die Montanunion, etc. An die Stelle des Völkerbundes sowie der späteren UNO trat ein echtes Europaparlament, wenngleich noch nicht für alle Staaten Europas und auch noch nicht mit sämtlichen Befugnissen. Der Integrationsprozeß Europas ist zwar noch nicht beendet, aber er befindet sich in einem weit fortgeschrittenen Entwicklungsstadium. Ein wenig freue ich mich schon über meine Vorhersage als junger Gymnasiast.

Vielleicht blenden wir jetzt noch etwas zurück auf den Strukturwandel in der Welt, besser gesagt, auf jene psychologischen Faktoren, die ihn verursachten, beschleunigten und in eine ungewisse Zukunft steuern. Europa hat sein Schicksal, nämlich den Verlust der Weltherrschaft, weitgehend selbst verschuldet. Ich denke da an die beiden Weltkriege, in denen Farbige als Soldaten kämpfen mußten und damit weitgehend den Respekt vor dem weißen Mann verloren. Ich denke an den gewaltigen Unterschied in der Ausbildung junger Farbiger aus den Kolonialgebieten auf den Universitäten Westeuropas, der USA und der Sowjetunion. Jene jungen Farbigen, die nach Moskau gingen, wurden in einer einheitlichen, politischen Doktrin gedrillt und kehrten als Sendboten Moskaus in ihre Heimatländer zurück. Hingegen blieben jene Farbigen, die Universitäten der freien Welt besuchten, in geradezu verantwortungsloser Weise sich selbst überlassen. Ihre geistige Konfrontation mit den widersprüchlichen, gesellschaftspolitischen Ideen in Westeuropa und Amerika verursachten in ihren Köpfen ein unverdautes Chaos. Sie kehrten daher nicht als Sendboten des weißen Mannes zurück, sondern mit völlig abstrusen Vorstellungen über Demokratie und Sozialismus, die ihnen eine genügende Legitimation zum revolutionären Führer schienen. Dazu kommt, daß jede akademische Bildung eines Afrikaners in der zerklüfteten freien Welt einen tiefen Bruch mit der eigenen kulturellen Tradition zur Folge hatte. Man hat somit völlig versäumt, daß man diese jungen Farbigen zu einer gemeinsamen politischen Aufgabe erzogen hat. Notwendig wäre die Absprache eines evolutionären Weges gewesen, der allein eine schrittweise „Entkolonialisierung" in geordneten Bahnen garantiert hätte. Gerade diese Problematik hatte ich, ebenfalls als Student, in der bereits erwähnten Schrift „Euro-Afrika" ausgeleuchtet. Allerdings hätte dazu nicht allein eine richtige Erziehung der jungen Farbigen genützt, sondern eine politische Koordination der Kolonialmächte wäre hiefür die unabdingbare Voraussetzung gewesen. Jeder spielte jedoch – zur Gewinnung einer kurzfristigen „Schnaufpause" – jeden gegeneinander aus, sodaß es kein Wunder war, daß alle diese einzelstaatlichen „Feldwebelgehirne" gemeinsam die europäische Entscheidungsschlacht verloren. Dazu kommt noch die hinlänglich bekannte Naivität der amerikanischen Weltverbesserer, welche die europäischen Kolonialmächte – sicher in guter Absicht, aber völlig weltfremd – zu einem überstürzten Entkolonialisierungsprozeß zwangen. Der Preis für diese Dummheit war sehr hoch. Afrika ist zwar „befreit" von den Europäern, aber an den Schalthebeln der Macht sitzen hohnlachend die Sowjetrussen. Manchmal stelle ich mir wirklich die bange Frage, ob Europa überhaupt noch zu retten ist? Darüber werde ich mir in einem anderen Zusammenhang einige Analysen der Gefahrenzonen und der Möglichkeiten ihrer Bewältigung erlauben.

Freilich genügen politische, wirtschaftliche sowie militärische Potenz und Einheit nicht; es bedarf auch einer gemeinsamen „geistigen" Substanz, die heute von innen her weitgehend gefährdet ist. Unter dieser verstehe ich das Bekenntnis zu gemeinsamen „Wertbegriffen" sowie eine weitgehende Übereinstimmung in der Definition ihrer Begriffsinhalte. Diesbezüglich gibt es ja heute ein wahres Tohuwabohu, wenn man daran denkt, wie unterschiedlich die Definitionen, etwa der Begriffe „Toleranz" und „Freiheit" sind. Eine gesellschaftsphilosophische Analyse dieses Zustandes zeigt klar und deutlich, daß wir uns im europäischen Kulturbereich in einem ideologisch-strukturellen Umformungsprozeß befinden. Wieso?

Jede Weltkultur hat ihre Sondereigenschaften, durch die sie sich von den anderen Weltkulturen unterscheidet. Aber trotz dieser Unterscheidungen unterliegt jede Weltkultur dem gleichen bi-polaren Spannungsfeld zwischen den beiden Gegenpolen Individuum und Gemeinschaft. Aber innerhalb dieses Spannungsfeldes ist jede Weltkultur von einem nur ihr allein eigenen „Stigma" geprägt. Nach meiner Überzeugung war und ist das Stigma unserer westlich-abendländischen Kultur ihr ausgeprägtes „Freiheitsbewußtsein". Natürlich lieben auch die Menschen in anderen Kulturkreisen die Freiheit, gibt es auch dort Freiheitskämpfer und Kriege zur Eroberung der Freiheit. Sämtliche Eigenschaften der menschlichen Natur besitzen ja alle Menschen, alle Rassen, und zwar in allen Entwicklungsstufen. Aber entscheidend ist die Frage, *welche* dieser allgemein menschlichen Eigenschaften in einer bestimmten Weltkultur, auf Grund der andersartigen Entwicklungen, ganz besonders ausgeprägt ist. Im westlichen Kulturbereich ist es also das „Freiheitsbewußtsein". Andere Weltkulturen, etwa die indische, sind weniger von einem logisch-intellektuellen, sondern einem „pneumatischen" Gesellschaftsbewußtsein geprägt. Somit ist in Europa das Freiheitsbewußtsein jene motorische Kraft, welche die geistig-strukturelle Umformung der europäischen Kultur – alle Weltkulturen unterliegen strukturellen Umformungen – als einen ideologischen Freiheitsprozeß deuten läßt. Daraus wird ersichtlich, daß dieses Freiheitsbewußtsein des europäischen Menschen in seiner Entwicklung durch Jahrhunderte zu einer derartigen „Entfesselung" des Individuum geführt hat, sodaß wir am Rande einer Anarchie und des Chaos stehen. In den tierischen Gemeinschaften bedürfen die notwendigen Verhaltensweisen nicht einer „Wertskala", sondern sind durch den Instinkt abgesichert; in der menschlichen Gesellschaft jedoch durch das Denken des freien Menschen gefährdet. Ein denkender Mensch kommt nämlich nicht automatisch zu den gleichen Denkvorstellungen, sondern zu verschiedenen über das, was ihm für eine gesellschaftliche Ordnung als richtig oder falsch erscheint. Darin liegt also die Problematik, weil wir uns politische Notwendigkeiten nicht allein mit Politik sichern können. Politik bedarf also der Rücksichtnahme auf den geistig-kulturellen Hintergrund einer Gesellschaft.

Aber damit noch nicht genug! Nach der Entthronung Gottes als oberster Wertmaßstab ist der Mensch nicht nur allein *Sinn* der gesellschaftlichen Ordnung, was er von Natur aus immer war, sondern zusätzlich auch der *Wertmaßstab,* mit dem die Bauelemente dieser Ordnung gemessen und gewogen werden. Symbolisch kann man diese These mit der Legende von Münchhausen vergleichen, der sich am eigenen Zopf aus dem Wasser zieht ...

Trotzdem muß diese Aufgabe gelöst werden, weil sie ganz einfach eine Überlebensfrage ist. Die gesellschaftsphilosophische Aufgabe unserer Zeit besteht also darin, daß wir überzeugende Wertmaßstäbe finden; und sodann die Menschen sowohl intellektuell als auch emotionell von ihrer Richtigkeit überzeugen.

Ich bin nicht sicher, ob wir bereits auf diesem Wege sind. Wenn ich etwa die Vorschläge des „Club of Rome" als Beispiel hiefür verwende, dann zeigt sich, daß weniger das Ringen um die notwendige, gemeinsame geistige Substanz im Mittelpunkt der Diskussionen steht, sondern lediglich Vorschläge zur Beseitigung aktueller Notstände, wie sie etwa aus der „Umweltgefährdung" sich ergeben. Ein Beispiel soll aufzeigen, was ich mit dieser kritischen Bemerkung meine.

Wenn zur Zeit Stalins, Hitlers und Roosevelts bereits eine „Umweltgefährdung" in ihrem staatlichen Bereich sichtbar gewesen wäre, dann hätten diese Staatsmänner sie sicherlich mit ihren eigenen Methoden in den Griff zu bekommen versucht. Aber das hätte kein Werturteil ermöglicht, welche Gesellschaftsordnung – die des Hitler, des Stalin oder des Roosevelt – die richtige gewesen wäre, weil zufällig einer von diesen die aktuelle Aufgabe besser gelöst hätte. Sowohl Amerikaner als auch Sowjets haben Raumschiffe in das All geschickt, aber dies hatte nicht den geringsten Einfluß auf die menschlichen Beziehungen innerhalb ihres Gesellschaftssystems.

In diesem Zusammenhang sei mir eine kleine persönliche Bemerkung gestattet. Die Ausleuchtung dieser Prozesse, ihrer Ursachen und Entwicklungen, sowie Zielrichtungen und Krisenanfälligkeiten sind Inhalt meiner großen Gesellschaftsphilosophie, die einer Sinndeutung des Zeitgeschehens im 20. Jahrhundert gewidmet ist. Für sie erschien mir die Titel-Überschrift „Die Zeit der neuen Zeiten" treffend und sinngemäß.

Alle diese Fragen sind also völlig offen und müssen daher Gegenstand unseres gesellschaftsphilosophischen Denkens und unseres gesellschaftspolitischen Bemühens sein. Es geht schlicht und einfach um die Suche nach der neuen Fahne, jenem Symbol der erneuerten geistigen Substanz Europas. Was nützen Panzer, Armeen und Wirtschaftsproduktionen, wenn die Fahne fehlt, hinter der die Soldaten aus Begeisterung marschieren. Innere geistige Zerrissenheit auf Dauer würde uns den Existenzkampf mit den übervölkerten Kontinenten nicht gewinnen lassen. Erst recht nicht, wenn wir uns zu gemeinsamen Ideologien bekennen würden, welche diese Kontinente im Kampfe zur Vernichtung der Freiheit Europas als Feldzeichen vor sich hertragen.

# „Student sein in Graz . . .“

## DAS STUDENTISCHE MILIEU

Der Inhalt dieses Kapitels führt zurück in eine längst verklungene Jugendzeit, die noch umglänzt ist vom Schimmer einstiger Alt-Heidelberg-Romantik. Aber nicht nostalgische Gefühle sind die Ursache dieser Niederschrift. Nein, es soll mit starken Pinselstrichen ein Zeitgemälde deshalb gezeichnet werden, damit es den Gegensatz zum Heute ganz deutlich sichtbar macht. Denn Welten trennen das Leben und Denken der studentischen Generationen einst und jetzt. Auch das Wirken einer politischen Persönlichkeit von heute kann nur verstanden werden, wenn ihre Entwicklung in einem entscheidenden Lebensabschnitt glaubwürdig vermittelt wird.

Wer von den jungen Maturanten heute kann verstehen, was einst das Wort „Universität“ für uns bedeutete! Es war der Inbegriff der ersehnten Freiheit von all den „Zwängen“ – um ein damals unbekanntes, heutiges Modewort zu verwenden – der Schule, der Professoren, der Eltern, sowie all der Freiheitsbeschränkungen und Kontrollen, denen wir damals unterworfen waren. Für die Jugend von heute ist dies ein „Buch mit sieben Siegeln“. Als einziges Beispiel sei erwähnt, daß ich noch im Maturajahr nur einmal im Monat des Abends Ausgang hatte . . . Freiheit! Sie bedeutete für uns *persönliche* Freiheit und nicht, wie der Jugend von heute, Freiheit von gesellschaftlichen Zwängen, von Tabus und all den schwülstigen Begriffen des heutigen Jargons. Wir wollten frei sein *innerhalb* dieser Gesellschaft und nicht *von* dieser Gesellschaft. Wir wollten *in* ihr Karriere machen, *oben* sein, und uns in eine gesellschaftliche Stellung mit entsprechenden Einkommen emporarbeiten. Wir waren zwar auch nicht blind für gesellschaftliche Mängel, jedoch resultierte daraus lediglich ein starkes soziales Verantwortungsbewußtsein, aber keine revolutionäre Auflehnung gegen das sogenannte Establishment, dem wir selbst einmal angehören wollten.

Damals waren auch die sozialen Schichten noch äußerlich erkennbar; in besserer oder ärmlicher Kleidung, unterschiedlichen Umgangsformen, vor allem aber im Besuch völlig verschiedener Lokale. Heute ist durch die Hebung der Einkommen eine weitgehende Nivellierung eingetreten, und das ist gut so, denn es war ein wesentlicher Beitrag zum inneren Frieden der Gesellschaft in den letzten dreißig Jahren.

Die Universitätsstadt Graz wurde nicht zu Unrecht als das österreichische Heidelberg bezeichnet. Ich selbst war bei der Wahl meiner Universität tief beeinflußt von den bekannten Romanen des Schriftstellers Rudolf Hans Bartsch: „Zwölf aus der Steiermark", vor allem dem Buch „Die Verliebten und ihre Stadt". So zog ich denn nach „Pensionopolis", jene zweite Bezeichnung für Graz, weil bereits in der alten Monarchie viele Pensionisten mit gutem Einkommen und in gehobener gesellschaftlicher Stellung sich diese verträumte Stadt mit ihren alten Häusern, Gäßchen, Gasthöfen und ihrem herrlichen Klima zum Alterssitz gewählt hatten.

Ich liebte die Landschaft der Steiermark, besonders die Untersteiermark mit ihren Weinbergen voll leuchtender Reben und bunter Farben, in der die Stille vom anheimelnden Klappern der Klapotetz stimmungsvoll bewußt gemacht wurde. Überdies liebe ich Graz und empfinde es noch heute als eine zweite Heimat. Man kann eben nicht tiefe persönliche Beziehungen und eindrucksvolle Erlebnisse vergessen. Schließlich war ich viele Jahre in der Steiermark Studentenführer, während meiner KZ-Jahre lebte meine Familie in Graz, und dorthin kehrte ich nach meiner Entlassung aus dem KZ zurück. In Graz habe ich geheiratet und dort auch meine Frau begraben. Man wird daher verstehen, daß ich persönlich zutiefst getroffen war, als gerade Graz und die Steiermark Jahrzehnte später zum Zentrum jener politischen Reformer wurden, die um jeden Preis meine politische Laufbahn vernichten wollten.

Schon auf der Fahrt zur Universität waren wir umrauscht vom Flügelschlag der Romantik sowie der inneren Verbundenheit mit unserer Universität und Korporation. Wenn sich der Zug dem Jungfernsprung näherte, dann standen wir Carolinen am Fenster des Eisenbahnwaggons und schauten hinüber zu unserem „Bierdorf", einem alten Wirtshaus am Waldrand in damals noch unverbauter Umgebung, zu dessen Füßen friedlich die Mur vorüberrauschte. Denn in den Tagen des Einrückens in die Universitätsstadt hatte der Wirt auf dem langen Fahnenmast die schwarz-gold-weiße Fahne der Carolinen weithin sichtbar zum Willkomm gehißt.

Ich sehe mich im dunkelblauen Anzug, mit dem Dreifarb an der Brust und der eleganten schwarzen Samtmütze am Kopf, am Samstagvormittag beim Bummel auf dem Grazer Opernring. Auf dem Balkon des Landestheaters spielte die Militärkapelle, während die Studenten aller Couleurs die hübschen Mädchen musterten. Wir waren keine jungen Leute mit zerzausten Bärten und in schmierigen Blue Jeans; nein, wir waren junge Herren mit Krawatten, Handschuhen und Spazierstöcken, mit all den bunten Bändern und Mützen in allen Formen, schlapp, steif, groß und klein, oder dem vornehmen Stürmer, dem geheiligten Vorrecht der Nobelcorps, der dann zum Anlaß des sogenannten „Kapperl-Krieges" wurde.

Die jungen Damen, auch nicht in T-Shirts und Blue Jeans, sondern in eleganten Frühlingskostümen, kannten alle die Farben auswendig und wußten, zu wem sie gehörten, den Gothen, den Stiren, den Carolinen, und wie sie alle hießen. Wahrhaftig, zu jener Zeit waren die Couleurstudenten in Graz eine privilegierte Schicht, die tagtäglich des Stadtbild prägte. In unserer Korporation waren wir alltäglich zum Couleurtragen verpflichtet, was zur Folge hatte, daß wir stets in unserer Kleidung sauber und gepflegt sein mußten. Es war eine Art Uniform, ein Korsett, das die Lebensformen prägte. Es gab keine Diskotheken für den abendlichen Tanz. Wenn wir „schwoofen" wollten – das heißt zwanglos tanzen –, dann ging es Sonntag nachmittags in den Tanzsaal eines großen Gasthofes, aber natürlich in zwangloser Kleidung und niemals in Couleur. Junge Damen waren dort freilich nicht anzutreffen; die konnten vielleicht mit uns in die Opernbar gehen, aber natürlich streng behütet von den lorgnonbewaffneten kritischen Blicken der sogenannten Garden. Irgendwie war es eine Flucht in eine zwanglose Umgebung, in der man unkomplizierte, nette Mädels kennenlernte.

Die heutige Jugend wird das nicht verstehen, und sicherlich muß man für ihre Kritik an dieser Vergangenheit Verständnis haben, denn letzten Endes war es noch Symbol einer längst versunkenen gesellschaftlichen Spaltung und Bewertung.

Ich erinnere mich allerdings so mancher Mißverständnisse. Der Weg von unserer Bude im Admonter Hof zum Samstag-Vormittag-Stehkonvent der Korporationen in die Universitätsaula führte vorbei am Arbeitsamt, wo zur gleichen Stunde die Arbeitslosen sich ihre Unterstützung holten. Ich empfand deutlich die haßerfüllten Blicke jener armen Menschen, wenn wir elegant an ihnen vorüberdefilierten. Aber diese wußten nicht, daß in unserer Korporation Mitglieder aller Stände waren, so zum Beispiel ein Bergarbeiter aus dem Rheinland, der sich mit seinen klobigen Pranken durch viele Jahre in einem Kohlenbergwerk das Geld für sein Studium mühselig erarbeitet hatte. Er war Theologe in Zivil, weil – zum Unterschied von Österreich – damals im Deutschen Reich die Theologen nicht sämtliche Jahre ihrer Ausbildung in einem Priesterseminar kaserniert waren, sondern ein Jahr völlig frei, ohne jegliche Kontrolle, irgendwo studieren konnten. Eine weise Vorschrift, die zwar zur Folge hatte, daß hie und da einer nach seiner Rückkehr sich nicht mehr zum geistlichen Stand berufen fühlte; aber diejenigen, die wieder zurückkehrten, waren trotz der Anfechtungen der Welt, oder vielleicht gerade deshalb, in sich gefestigt und der Kirche aus tiefster Überzeugung innerlich verbunden. Dieser Bergarbeiter war mein Leibfuchs, ebenso wie Walther Kamschal, den ich aus ganz bestimmten Gründen namentlich erwähne. Er war ein armer Bursche, und seine Mutter verdiente mühsam die Groschen für sein Studium mit einem winzig kleinen Wirtshaus („Milchmariandl"). Aber er war ein ganzer Kerl, denn als 1945 die Russen die Lapp-Finze AG (Kalsdorf bei Graz), in der er ein ganz kleiner Angestellter war, besetzten, da hatten alle Direktoren und Prokuristen feige Fersengeld gegeben. Der junge Mann aber stellte sich ohne Angst und Scheu vor den russischen Kommandanten, dem er derart imponierte, daß dieser ihn zum Vorstandsvorsitzenden machte, was er bis zu seiner vor wenigen Jahren erfolgten Pensionierung blieb.

Also, der Bergarbeiter, der kleine Angestellte, die eleganten Burschen, sie waren keine Snobs, wie sie die sozialistische Klassenpropaganda darstellt, sondern richtige „Mannsbilder", die sich im Leben bewährten.

Noch eine abschließende Bemerkung über die Erziehung in der Korporation, über die aus Unkenntnis so viel Unsinn geredet wird. Ich selbst war Fuchsmajor und hatte einen großen Fuchsenstall von fast dreißig Füchsen, davon zwei Drittel Reichsdeutsche, zu betreuen. Da gab es eine unerbittliche Kontrolle des Haarschnittes, der Fingernägel, ob der Hals gewaschen war. Vor einem hochoffiziellen Universitätsbummel wurde der Anzug – einheitlich dunkelblau – geprüft, und ob Hemd, Krawatte und Schuhe ordentlich geputzt seien und zusammenpaßten.

Es war das Korsett, das sicherlich in mancher Beziehung der heutigen Generation lächerlich erscheinen mag, das aber den „Wildwuchs" der jungen Männer, die bei Carolina aus den verschiedensten sozialen Schichten kamen, beschnitt und die jungen Menschen in ein geordnetes Zusammenleben einfügte. Da gab es Unterricht in gesellschaftlichen Umgangsformen, daß man Fisch und Knödel nicht mit dem Messer ißt, und ich erinnere mich, wie ich meine Füchse dressierte. Sie mußten sich beim Essen ein dickes Buch zwischen Oberarm und Brust klemmen, damit sie nicht breitarmig lümmelten, sondern Haltung bewahrten. Sie wurden dann von einer Dame, der Gattin irgendeines „Alten Herren", zum Essen eingeladen, die dem Fuchsmajor berichten mußte, ob sich der Bursche bei Tisch daneben benommen hatte . . . Er mußte Antrittsbesuche machen, Karten abgeben, wenn es galt, eine junge Tochter für den Tanzkurs einladen. Lächerlich? Irgendwie war es ein Beitrag zur Bildung des Respektes vor dem anderen Geschlecht, das nicht nur als „Unterhaltungsobjekt" gewertet werden durfte. Alles hatte seinen Sinn, wenngleich in Formen, die heute sicher nicht mehr am Platze wären. Das Ziel der ganzen Erziehung war eben der „Gentleman", der „Herr", eben der gepflegte Kavalier mit Umgangsformen.

Man kann niemals aus seiner Haut, auch ich nicht, obwohl ich in meiner Lebensschule und als Soldat im Krieg mit ganz anderen Lebens- und Umgangsformen konfrontiert wurde. So sei mir die etwas amüsante Beifügung gestattet, daß ich etwa einem mir nahestehenden jungen Menschen mit spitzen Fingern seine verschmierte, gebleichte und zerrissene Blue Jean in den Koloniakübel geworfen habe . . . Und ich erinnere mich meines heimlichen Entsetzens, wenn ich heute gelegentlich auf eine Studentenbude komme. Wie heißt es doch in einem Lied: „Wo sind sie geblieben?" Zwar nicht die Soldaten, aber die eleganten jungen Männer . . . Auch will ich die Qualen nicht verschweigen, die heute ein alter Fuchsmajor bei Festkommersen des CV und des MKV erduldet, wenn beim Einmarsch der Chargierten diese mit schlenkernden Armen und ungleichen Schritten daher-„latschen" . . . Bei uns waren Gleichschritt zur Marschmusik, Haltung und Disziplin eine Selbstverständlichkeit. Ich höre schon den Vorwurf: „Militarismus!" Nein, ich selbst bin auch kein Militarist, aber den unvermeidlichen Lebenskampf wird ein junger Mann leichter bestehen, wenn er sich Härte und Selbstdisziplin anerzogen hat. Ich selbst hätte mir, angesichts der vielen Gefahren, Bedrohungen und Schwierigkeiten in meinem Leben, meinen erfolgreichen Aufstieg sicher nicht erkämpft, wenn ich nicht mir selbst gegenüber stets eiserne Härte bewiesen hätte. Demokratie darf nicht verwechselt werden mit Schlappheit und Willensschwäche, denn nach den biologischen Gesetzen der Natur geht der Schwache unter. Gesetze zum Schutze der Schwachen schützen nur im beschränkten Ausmaße. Aber dieses Thema wird in einem ganz anderen Zusammenhang eingehend zu untersuchen sein, nämlich bei der Analyse der heutigen Krise in der geistigen Substanz der freien westlichen Gesellschaft.

Mit leiser Wehmut denke ich an letzte Überreste aus der alt-österreichischen Zeit zurück, die wirklich nichts mit monarchistischer Gesinnung oder mangelhafter demokratisch-republikanischer Einstellung zu tun haben. Franz Joseph I. war ein Kavalier, der Generationen prägte und allen seinen Offizieren und Beamten wahrhaftig ein Vorbild war. Vor einiger Zeit fiel jemandem beim ORF ein, man könnte Politiker befragen, was sie von der franzisco-josephinischen Epoche halten. Was aber kann man schon in drei Minuten über eine 68jährige Regierungszeit sagen? Etwas „Politisches" herausstottern? Lächerlich! Ich sagte zum Reporter daher mit leisem Grinsen: „Wissen Sie, wenn zur Zeit Franz Josephs ein Unternehmer in Konkurs gegangen ist, dann hat er aus Scham – selbst wenn sein Debakel nicht durch ihn persönlich, sondern durch höhere Gewalt verursacht war – die Pistole genommen und sich entleibt. Aus Scham deshalb, weil das Schicksal der Geschädigten für sein Ehrgefühl einfach nicht verkraftbar war. Heute kann man solche Menschen, selbst bei eigenem Verschulden, am Abend beim Heurigen finden, wo sie sich brüsten, wie sie ihre Gläubiger hereingelegt und aus dem Konkurs einen ordentlichen Batzen für sich selbst gerettet haben. Bravo, heißt es dann. Aber ich sage: Pfui Teufel! Eine demokratische Gesellschaft ist nämlich nicht ausschließlich durch das Strafgesetz und verfassungsrechtliche Bestimmungen abgesichert, sondern sie bedarf der ungeschriebenen Gesetze der Ethik, des Anstandes und der – Ehre!"

Sicher, alle diese meine Feststellungen werden da und dort äußersten Widerspruch erwecken, man wird auch mit „Umfunktionierungen" und Verdrehungen des tatsächlich Gemeinten rechnen müssen. Aber ich sage es trotzdem, weil ich glaube, daß ich in unserer, manchmal zu Unrecht so viel gelästerten Jugend dafür Verständnis finden werde. Sicher, man wird das Alte mit seinen Formen nicht wieder herstellen können; aber zeitgemäße Formen finden sich ganz von selbst, wenn aus dem Inneren des Menschen ein neuer Geist des Verständnisses für die Notwendigkeit echter Werte aufbricht. Ich werde mich mit dem Problem der Jugend an anderer Stelle noch sehr eingehend beschäftigen.

Am Ende meiner Studentenjahre fand die große Übersiedlung von der uralten, vielgeliebten Bude im Admonter Hof in das neue Haus am Glockenspielplatz statt. Ich selbst bin an der Wiege gestanden, weil ich als Senior die ersten Beschlüsse hiefür veranlaßt hatte. Der alte Platz, das uralte, wunderschöne Haus mit seinen Innenloggien, sind wahrhaftig ein würdiger Rahmen für eine studentische Korporation! Aber gerade dieses Haus spiegelt den Zwiespalt in meinem Leben wider, der symbolisiert wird durch merkwürdige Tatbestände; denn immer wieder spielten sich die gegensätzlichsten Lebenssituationen in den gleichen Örtlichkeiten ab!

Das Carolinenhaus . . . Ich sehe mich im Frack mit Cerevis und Burschenband, wie ich im Hof den offenen Wagen besteige, auf dem Bock der Couleurdiener in Livree, die Pferde geschmückt mit wehenden Reiherbüschen und schweren Schabracken in schwarz-gold-weißen Farben. Wir rollen durch die Stadt zur Universität anläßlich meiner Promotion. In meinem Gefolge waren Wagen mit Wichschargierten der Korporationen, die mich ehrenvoll begleiteten. Ich erinnere mich daran, weil wir in dieser Aufmachung über den Opernring fuhren, ein Schaubild, dessen Gepränge für die Zuschauer stets ein eindrucksvoller Anblick war.

Ich erinnere mich an Amschi, eine geborene Baronesse Obermeyer, die mit anderen Couleurdamen mich am Hauptportal erwartete. Es war jene Amschi, deren erster Mann später von den Nationalsozialisten hingerichtet wurde! Jene Amschi, die mit ihrer Freundin Irmi, einer geborenen Komteß Chorinsky, gemeinsam für uns den Tanz „Amschi-Irmiade" kreierte. Mit jener Irmi also, deren späterer Mann, der ungarische Ministerpräsident Imrè Nagy, gleichfalls hingerichtet wurde! Amschi und Irmi waren Tänzerinnen von mir und Bundesbruder Beimrohr, der dann als Soldat in Norwegen sein Leben hingeben mußte . . . Und es war jene Amschi, deren Tochter Jahrzehnte später den Patronen-Mandl heiratete, und heute dessen junge Witwe ist . . .

Wahrhaftig, man wird verstehen, weshalb ich alle diese Begegnungen erwähne, nicht etwa aus lächerlicher Eitelkeit, sondern wegen der mit diesen Personen verknüpften Lebensschicksale in unserer turbulenten Zeit, aber auch in meinem persönlichen Leben . . .

Und ich erinnere mich an den großen Tanzsaal im Carolinenhaus, wo meine große Liebe, meine spätere Frau Tilly, oftmals bei uns zu Gast war. Es war jener Saal, der dann noch zweimal in meinem Leben eine bittere Rolle spielen sollte. In der nationalsozialistischen Zeit war nämlich das Carolinenhaus beschlagnahmt, und in diesem Tanzsaal befand sich das Meldeamt. Als ich aus der KZ-Gefangenschaft zurückkehrte, mußte ich also hier die Lebensmittelkarten holen. Da stand ich mit meinem kurz geschorenen Haar unter vielen Menschen an einer Theke, hinter der die Magistratsbeamten saßen. Man fragte mich: „Wo waren Sie vorher? Sie müssen doch bereits Lebensmittelkarten erhalten haben!" Als ich antwortete: „Ich habe keine, denn ich komme aus dem KZ Dachau", da legte sich lähmende Stille auf den Saal, die Menschen wichen aus Scheu vor mir zurück, ich stand allein . . . Keiner wußte, daß ich der Senior der Carolina war, der einst den Erwerb dieses Hauses veranlaßt hatte, in diesem Raum hier kommersierte, tanzte und aus diesem Hof in Frack und Cerevis zur Promotion gefahren war . . .

Und dann, das andere Mal. Der Soldat war von der Front zurückgekehrt, und wenige Monate später stand er wieder in diesem Saal, wo noch immer das Meldeamt fungierte. Er meldete den Tod seiner Frau. Und niemand wußte, daß diese Frau hier, in diesem Saal, als junges Mädchen getanzt hatte . . .

## ANALYSE DER GEISTIG-POLITISCHEN GEDANKENWELT DER KATHOLISCHEN AKADEMIKER IN JENER ZEIT

Lediglich für kurze Zeit gab es nach dem Ersten Weltkrieg eine Annäherung in den gegenseitigen Beziehungen zwischen völkisch-liberaler und katholischer Studentenschaft. Schließlich kamen Angehörige beider Gruppen als Soldaten aus dem Krieg zurück, so daß der Vorwurf der Feigheit – wegen Verweigerung des Duells und der Mensur – wahrhaft absurd gewesen wäre. Aber die Zeit für eine endgültig neue Frontstellung war noch immer verfrüht. Zwei Tatsachen waren daher die Folge: Erstens kam es zu keinen gemeinsamen Aktionen – wie die Auseinandersetzung über die Durchführung der sogenannten Schiller-Feier zeigt; und zweitens wurden die ideologischen Meinungsgegensätze noch immer nicht am grünen Tisch ausgetragen, sondern entluden sich in tätlichen Auseinandersetzungen und Straßenschlachten. Noch in meiner Zeit war der sogenannte „Kapperl-Krieg" ein Beweis für diese geladene Atmosphäre. Anlaß war die Absicht der CV-Verbindung Babenberg, anstelle ihrer bisherigen Tellerkappen den sogenannten „Stürmer" einzuführen, der seit urdenklichen Zeiten von den Corps als geheiligtes Privileg betrachtet wurde. Die Auseinandersetzung lag in der Luft, aber der auslösende Funke war ein reiner Zufall. Eines Tages kommersierte der CV im Großrestaurant „Schwechater Hof" in der Herrengasse, der traditionsgemäß ein Verkehrslokal der schlagenden Verbindungen war. Kein Wunder also, daß empörte Gäste aus dem nationalen Lager ihre Korporationen anriefen und über diese „Entweihung" ihres Stammlokals berichteten. Deren Mitglieder sammelten sich nach und nach, von uns unbemerkt, auf der gegenüberliegenden Straßenseite. Als wir das Lokal verließen und die feindlichen Lager einander gegenseitig erblickten, da erhob sich beiderseits ein gewaltiger Kriegsgesang, an dem Wotan in Walhall seine reine Freude gehabt hätte. Die paar hundert Nationalen sangen: „Die Wacht am Rhein", mit ihrem „Schwertgeklirr und Wogenprall", während wir Schwarzen, nicht minder laut, unsere wilde Kampfentschlossenheit mit dem Lied bekundeten: „Der Gott, der Eisen wachsen ließ, der wollte keine Knechte! D'rum gab er Säbel, Schwert und Spieß dem Mann in seine Rechte!"

Glücklicherweise waren unsere Spieße und Schwerter nur Spazierstöcke, die wir zum Selbstschutz ständig bei uns trugen. Zwischen den Schlachtreihen rollten noch die Autos und die Straßenbahnen, aber nicht mehr lange, denn nach diesen heldischen Trutzgesängen, welche die Kampfeslust erheblich steigerten und in einem wahrhaftigen Kriegsgeschrei afrikanischer Negerstämme endeten, geschah das Unvermeidliche. Die Heerlager stürzten aufeinander los, droschen ihre Stöcke auf fremde Schultern und Köpfe, so daß der Straßenverkehr völlig lahm gelegt wurde. Da wir in der Minderzahl waren, wurden wir im Kampfgetümmel allmählich bis zum Rathaus abgedrängt, hinter dessen Arkaden wir uns mit den dortigen Naschmarkt-Standeln, zum Leidwesen der Inhaber, verbarrikadierten. Paradeiser und Kürbisse waren willkommene Wurfgeschosse in dieser gewaltigen Schlacht, die erst durch das Eingreifen höherer Gewalt, nämlich einer berittenen Sturmabteilung der Polizei, ein Ende fand. Immerhin, die Waffen entsprachen unserer beiderseitigen konservativen Grundhaltung und waren nicht etwa Plastikbomben, Springmesser und Pistolen wie heute, in denen sich unser humanitärer Fortschritt so überzeugend manifestiert! Man gestatte mir diese ein klein wenig boshafte Bemerkung . . .

Die tiefen Gegensätze jener Zeit werden nur dann verständlich, wenn wir sie in ihrer Herkunft aus verschiedenen „Wertüberzeugungen" darstellen und analysieren. Es bedarf dabei des Hineindenkens in eine völlig andere Zeit und Welt. Sie seien nachstehend dargestellt:

Die Zeit zwischen den beiden Weltkriegen war noch immer geprägt vom Kulturkampf, dem Hochliberalismus und der Hochblüte der Aufklärung, die seit dem 19. Jahrhundert die Gedankenwelt des Bürgertums beherrschten. Kämpferische katholische Studenten waren daher in den Augen der Anhänger des Liberalismus geistig beschränkte Menschen, die sich einem längst überholten, mittelalterlichen Weltbild verpflichtet fühlten. Diese geistige Haltung führte sie daher in einen totalen Gegensatz zur Kirche, die als Symbol der Rückständigkeit, des ewig Gestrigen, und als Feind der fortschrittsfreundlichen, menschlichen Vernunft angesehen wurde. Die Gefolgschaft für Papst und Kirche, wie sie der CV übte, wurde daher als zeitfeindliches Prinzip empfunden. „Ohne Juda, ohne Rom, bauen wir Germaniens Dom!", lautete ein klingender Kampfruf; und der Kampf gegen die Gründung katholischer Universitäten, der in seiner Auseinandersetzung bis zur Weißglut geführt wurde, war ein Kampf der „Freigeister" gegen ein in ihren Augen verderbliches Prinzip. Für sie waren katholische Universitäten Behinderungen der freien Wissenschaft, des freien Forschens, die den denkerischen Fortschritt der Pseudo-Gottheit „Vernunft" automatisch lähmen würden. Die Treue zum Papst erschien als ein Verrat am eigenen Volk durch Bindung an eine übernationale Souveränität. Die ganze liberale Gesellschaft jener Zeit war von diesen Ideen geprägt und somit restlos davon überzeugt, daß katholische Akademiker nur reine „Finsterlinge" und „Verräter" sein könnten.

Erst heute sind wir Zeitgenossen entscheidender Verschiebungen in der gegenseitigen Frontstellung, deren Hintergrund in einem anderen Zusammenhang auszuleuchten sein wird. Alles ist in Fluß geraten; sowohl die Fronten der Gegner der Kirche wie auch die Einstellung der Kirche zum modernen Zeitgeist, aber auch zu den anderen christlichen Kirchen und Weltreligionen. Im Kreise moderner Intellektueller ist an die Stelle der alten Feindschaft Gleichgültigkeit getreten. De facto handelt es sich um ein Wiederaufleben gnostischen und agnostischen Denkens. Umgekehrt ergibt sich aber auch aus dieser Geisteshaltung, so merkwürdig es auch scheinen mag, die Bereitschaft zur Diskussion mit Theologen.

Ein weiterer tiefer Graben zwischen den Fronten ergab sich aus einer verschiedenen Interpretation der Mission des Deutschtums und seiner Aufgabe in der Welt. Im liberalen Lager befanden sich die Alldeutschen, für welche die Einigung des Reiches durch Preußen ein wesentlicher, erster Schritt zur Verwirklichung des völkischen Gedankens war.

Sie bewunderten daher die Hohenzollern und waren Feinde Groß-Österreichs und der habsburgischen Dynastie, die für sie unerfreuliche Relikte der Geschichte waren. Darüber finden wir in diesem Buch eine ausführliche Analyse. Jedenfalls empfanden sie allein schon die Farben der Carolinen als eine Provokation, denn das „Schwarz-gelb-weiß" beinhaltete mit seinem Schwarz-gelb ein Treuebekenntnis zu Alt-Österreich, und mit seinem Gelb-weiß ein Treuebekenntnis zu Papsttum und Kirche. Obendrein war sie am 18. 8. 1888, also Kaisers Geburtstag, gegründet worden. In diesem Zusammenhang wird der Sinn der studentischen Farben ersichtlich, die heute in weiten Kreisen für die Anzeichen einer Art Trachtenverein gehalten werden. Damals waren jedoch die Farben einer katholischen Korporation das offene Bekenntnis und eine Provokation jener damaligen Gesellschaft, für die Graz eine nationale und liberale Hochburg war.

Eine tiefe Meinungsverschiedenheit und einen fast unüberbrückbaren Gegensatz verursachte zu jener Zeit der damals gültige Ehrenkodex, der von den gehobenen sozialen Schichten behütet wurde, gleichsam wie der sagenhafte Lindwurm, der seinen Schatz bewachte. Die Worte „Ehre" und „Satisfaktion" waren Zentralbegriffe in der studentischen Gedankenwelt, die Anlaß zu gegenseitiger Diffamierung und politischen Auseinandersetzungen gaben. Das mag unverständlich sein für eine Zeit wie heute, in der nicht etwa ein anderer, vernünftigerer Ehrbegriff Gültigkeit besitzt, sondern das Gefühl für Ehre als Merkmal eines kultivierten Menschen aber schon völlig in Vergessenheit geraten ist.

Es bedarf daher einer gesellschaftskritischen Analyse. Der überlieferte Ehrbegriff war in Jahrhunderten gewachsen und wurzelte in den gesellschaftlichen Auffassungen des feudalen Mittelalters. Die Studenten jener Zeit, die aus diesen Schichten stammten, waren daher Träger dieses Ehrbegriffes, den sie, ebenso wie die studentische Kleidung und den Degen, als Merkmal des freien Mannes übernommen hatten. In der sogenannten „Wichs" der Chargierten und dem Schläger leben diese Traditionen bis auf den heutigen Tag weiter. Natürlich übernahmen diese ererbten Ehrbegriffe auch jene Studenten, die in späterer Zeit in gehobene soziale Schichten aufstiegen. Damit sind wir konfrontiert mit einem interessanten Phänomen.

Eine Gesellschaft ist in ständiger Veränderung begriffen. Aber immer noch haben aufsteigende Schichten die Lebens- und Umgangsformen jener Eliten und Schichten – zwar nicht zur Gänze, jedoch weitgehend – übernommen, in die sie sozial hineinwuchsen. Historisch läßt sich dieser Vorgang mit vielen Beispielen belegen. So hatte die Revolution von 1789, welche das Bürgertum befreite, zur Folge, daß sich dieses neue Großbürgertum in einem gewissen Ausmaße Umgangsformen des Adels aneignete.

In der Gegenwart hat sich hingegen geradezu ein „Umkehrungsprozeß" vollzogen. Die Hebung der allgemeinen Bildung sowie der Einkommen führte zu einem Aufstieg neuer sozialer Schichten, die jedoch nur zum Teil alt-bürgerliche Umgangsformen angenommen haben. Im Gegenteil zeigte sich ein Prozeß der Nivellierung, der teilweise sogar bis in die Gosse plebejischer Sitten und Gebräuche abgesunken ist. Die Massenmedien bieten nur allzu oft anschauliche Beispiele in Kleidung, Sprache und Umgangsformen. Die Gewöhnung an diesen Prozeß wird einem nur gelegentlich schlagartig bewußt. Man erspare mir die Beispiele . . .

Der ererbte Ehrbegriff beinhaltete jedoch nicht so sehr menschliche und seelische Grundwerte der Persönlichkeit, sondern sehr äußerliche Merkmale, die heute teilweise sogar als lächerlich empfunden werden. Die Begriffe Ehre und Satisfaktionsfähigkeit waren ein Geschwisterpaar. „Satisfaktionsfähig" waren ja nur Herren und Kavaliere, weil sie persönliche Ehre für ihren alleinigen Besitz hielten. Angehörige der unteren Volksschichten waren nicht „satisfaktionsfähig", weil sie keine Kavaliersehre besaßen.

So war es völlig logisch, daß in diesen Gesellschaftskreisen jeder Akademiker, der das Duell ablehnte, als Außenseiter angesehen wurde. Er konnte entweder nur ein Feigling oder ein Emporkömmling aus sozial minderwertigen Schichten sein, dem jedes Verständnis für Ehre schon von Geburt her fehlte. Die religiöse Begründung für die Ablehnung des Duells war ein zusätzlicher Grund der Mißachtung. Wie verlogen diese gesellschaftlichen Vorurteile jedoch waren, zeigen die Vorschriften für die Armee, die erst der junge Kaiser Karl radikal beseitigte. Das Duell war zwar verboten, aber jener Offizier, der das Duell verweigerte, war „ehrlos" und wurde degradiert. Stellte er sich jedoch zur „Verteidigung seiner Ehre" einem solchen, so wurde er – bestraft! Allerdings nicht nach dem Strafgesetz, in dem ja ein tödlicher Ausgang zu den §§ Mord und Totschlag zählte, sondern durch ein geradezu grotesk mildes Sonderstrafverfahren. Der Missetäter wurde zu einer sogenannten „Festungshaft" verurteilt, in der auf die noblen Lebensbedürfnisse eines Kavaliers Rücksicht genommen wurde.

Landete ein solcher Duellfall trotzdem bei einem zivilen Gericht, so waren die Strafen äußerst milde, denn die Richter waren ja Angehörige jener Gesellschaftsschicht, zu deren Ehrenkodex das Duell gehörte. Ich erinnere mich vieler Richter, deren Gesicht von den Spuren zahlreicher Schlägermensuren gezeichnet war.

„Mein Herr, Sie haben mich fixiert!" – und schon war dies eine Aufforderung zu einem Waffengang mit Pistole oder schwerem Säbel. Noch in der Zwischenkriegszeit erregte ein solches Duell in Linz, auf Grund seines tödlichen Ausganges, öffentliches Aufsehen. Mit einem Duell wurde die durch einen Nebenbuhler gekränkte Ehre eines Ehemannes reingewaschen. Ich kann mir die boshafte Bemerkung nicht verkneifen, daß in unserer heutigen, sittlich verlotterten Zeit das Versinken des Duells auf dem Misthaufen der Geschichte als wahres Glück anzusehen ist! Es müßte ja in unserer Zeit der sexuellen Freizügigkeit zu wilden Massenmorden führen, wenn jeder intensive Flirt mit einer Ehefrau bereits ein Duell zur Folge hätte . . .

Der CV lehnte aber nicht nur als Grundsatz das Duell ab, sondern auch aus Gründen der Vernunft, weil oftmals der Beleidigte und nicht der Beleidiger das Opfer war. Aber vielleicht sollte man auch auf einen soziologischen Gesichtspunkt hinweisen, der eine unbewußte Rolle gespielt haben könnte. Die CVer entstammten nämlich zum Großteil dem Kleinbürgertum und dem Bauernstand, die von Haus aus kein so verkrampftes, sondern natürlicheres und gesünderes Empfinden in Fragen der Ehre hatten. Freilich waren nach wie vor viele Liberale davon überzeugt, daß alles nur ein Vorwand sei, und in Wahrheit die CVer das Duell aus Feigheit ablehnten. Genau hier sind wir wieder mit einem interessanten Phänomen konfrontiert. Es ist dies die distanzierte Haltung Kaiser Franz Josephs gegenüber den katholischen Studenten wegen ihrer Ablehnung dieses Ehrenkodex. Angesichts der politisch schwerwiegenden Tatsache, daß die katholischen Studenten Anhänger der Dynastie waren, während die völkisch-liberalen Kreise das Haus Habsburg und Alt-Österreich bekämpften, greift man sich diesbezüglich an den Kopf! Aber es beweist zusätzlich, wie sehr gesellschaftliche Ehrbegriffe und Umgangsformen, die wir heute als völlig verschroben empfinden, das Denken der Menschen damals prägte. Immerhin war es der Beginn einer Entwicklung, die Jahrzehnte später dazu führte, daß die Begriffe Ehre und Satisfaktion im traditionellen Sinne auch in den völkisch-liberalen Kreisen der Vergangenheit angehören.

Kein Wunder also, daß der CV später im Weltkrieg demonstrativ auf jene Cartellbrüder verwies, die wegen Tapferkeit vor dem Feind mit höchsten Kriegsauszeichnungen geehrt wurden. Sicher liegt hier auch die psychologische Wurzel für das allmählich entstehende Gesprächsklima zwischen den schlagenden und katholischen Verbindungen, das dann nach dem Ersten Weltkrieg zum sogenannten „Erlanger Verbände- und Ehrenabkommen" führte. Nach dessen Bestimmungen bedurfte es zur Wiederherstellung der gekränkten Ehre nicht mehr *nur* der Waffe, sondern konnte „Genugtuung" auch anders geleistet werden.

Weshalb habe ich mich mit dieser längst vergangenen Epoche so eingehend beschäftigt? Weil damals die Auseinandersetzungen auf den Hohen Schulen nicht etwa von Meinungsverschiedenheiten über soziale, wirtschaftliche und gesellschaftliche Zeitprobleme geprägt waren, so wie dies heute der Fall ist, sondern von formalistischen Begriffen gesellschaftlicher Umgangsformen.

Jetzt ist noch der Begriff „Deutsche Studentenschaft" zu analysieren. Sie war die Vorläuferin der heutigen „Österreichischen Hochschülerschaft", also eine Art parlamentarischer Interessenvertretung der Studenten an den Hohen Schulen. Aber in Wahrheit war dieser Vertretungskörper nur ein Rumpfparlament, weil nicht alle politischen Richtungen innerhalb der Studierenden in ihm vertreten waren. So fehlten Delegierte der sozialistischen Hochschüler, ein Makel, über den man weiter nicht diskutierte, weil er als eine Selbstverständlichkeit empfunden wurde. Im Grunde handelt es sich um eine ähnliche undemokratische Verhaltensweise, wie sie von den liberalen gegenüber den katholischen Studenten vorgezeichnet war. Überdies gab es die Sozialisten nur – und auch dort nicht in allzu großer Zahl – auf den Hochschulen Wiens. Die überwältigende Mehrheit der Studenten war politisch entweder christlichsozial oder deutsch-völkisch orientiert, wobei der christlichsozialen Minderheit auf den Hochschulen eine gewaltige Mehrheit in Parlament und Landtagen entsprach, während die Mehrheit der Völkischen auf den Hochschulen nur von einer Minderheit in den öffentlichen Körperschaften vertreten wurde.

Innere Zusammensetzung, Form und geistiger Gehalt dieser „Deutschen Studentenschaft" waren maßgeblich durch die geistigen Fixierungen jener Zeit geprägt, die in diesem Buch an anderer Stelle eingehend ausgeleuchtet werden.

Vielleicht ist jetzt eine kleine boshaft-amüsante Bemerkung am Platz. Der Führer der deutschnationalen Studenten, also mein Verhandlungs- und Gesprächspartner, hörte auf den ur-germanischen Namen Uzorinac-Kohary!

Für die Studenten von heute sei jetzt auf einen Sachverhalt verwiesen, den sie nur mit Kopfschütteln registrieren werden. Die heutigen Studentenvertretungen verfügen über die notwendigsten finanziellen Mittel; wir jedoch hatten kein Geld. Wir erhielten weder Subventionen aus irgendwelchen Budgetmitteln des Parlaments oder der Landtage noch Zuschüsse der Christlichsozialen Partei, katholischer Vereine oder privater Spender, geschweige denn der Kirche. Daher konnten wir uns auch keine Angestellten leisten, sondern besaßen lediglich ein Zimmer in der Universität, in dem wir Funktionäre abwechselnd Kanzleidienst versahen und selbst auf der Schreibmaschine tippten. Ich selbst habe als Obmann der katholischen Studentenfraktion im Universitätsgebäude eigenhändig Plakate geklebt und Flugblätter verteilt. Wir waren einfach arm wie Kirchenmäuse. Trotzdem klappte die Organisation der „Deutschen Studentenschaft", obwohl wir keinen bürokratischen Apparat zur Verfügung hatten, der heute als Selbstverständlichkeit angesehen wird . . .

Abschließend sei noch auf ein ernstes Phänomen verwiesen, das den Unterschied der inneren Einstellung des Studenten zur Kirche damals und heute ausleuchtet. Wir waren damals keine innerkirchlichen Revolutionäre, sondern respektierten die Autorität. Wir lasen Hirtenbriefe nicht mit der Absicht, wie man sie widerlegen oder uminterpretieren könnte, sondern als Aussage des bischöflichen Lehramtes. Die jungen Theologen von damals diskutierten gleichfalls nicht Probleme, die heute aktuell sind; etwa der priesterlichen Kleidung, der innerkirchlichen Disziplin etc. . . . .

Jetzt will ich aber nicht mißverstanden werden. Diese Feststellungen sind nicht etwa als eine Fixierung auf die geistige Situation jener Zeit, sondern lediglich als eine Ausleuchtung zu verstehen. Meine eigenen Auffassungen haben sich im Laufe der Zeit gewandelt, und deshalb werde ich auch dieser Problematik eine sehr detaillierte Analyse widmen.


## START IN STUDENTISCHE FÜHRUNGSPOSITIONEN

Der äußere Rahmen des Aufstieges in Führungspositionen ist rasch geschildert. Ich war Senior der Hochschulverbindung Carolina und Vorsitzender der Grazer CV-Verbindungen. Ebenso hatte ich den Vorsitz des sogenannten „Katholisch-Deutschen Akademikerauschusses (KDAA)" inne, der eine gemeinsame Interessenvertretung der Verbindungen des CV, des KV, der jungen Theologen und der nicht-organisierten katholischen Studenten, der sogenannten „Finken", war. Ich war auch Fraktionsführer des KDAA im Studentenparlament, also der Deutschen Studenschaft, sowie in meiner Eigenschaft als ihr Vorsitzender-Stellvertreter auch deren Präsidiumsmitglied.

Gleichfalls war ich Vertreter der Katholischen Hochschülerschaft von Graz und der Steiermark in den zuständigen Wiener Zentralstellen, bei welcher Gelegenheit ich bereits viele Kollegen kennenlernte, mit denen ich in meiner späteren politischen Laufbahn Kontakte haben sollte. Begreiflich, daß all' diese Positionen Gelegenheit zu persönlichen Begegnungen mit führenden Politikern der Christlichsozialen Partei auf Bundes- und Landesebene boten.

Als Studentenführer von Graz und der Steiermark ergaben sich natürlich die meisten Kontakte zu Landeshauptmann *Dr. Anton Rintelen,* im Volksmund „König Anton" genannt. Allein schon diese Bezeichnung beweist, wie sehr er als selbstbewußte und markante Persönlichkeit empfunden wurde. Er war nicht allein für die Steiermark von Bedeutung, sondern auch ein politischer Faktor in der gesamten österreichischen Innenpolitik. Sein dramatisches Ende ist hinlänglich bekannt.

Mit ihm hatte ich eine turbulente Auseinandersetzung, die nachstehend geschildert sei. Das „Deutsch-Bewußtsein" der Grazer manifestierte sich alljährlich bei der sogenannten „Schiller-Feier". Ihr Höhepunkt war ein Fackelzug sämtlicher Organisationen und Vereine über den Opernring, der mit einer Großkundgebung abgeschlossen wurde. Landeshauptmann Dr. Rintelen sollte an der Spitze des Zuges mitmarschieren und bei der Großkundgebung sprechen. Natürlich nahmen daran auch die Studenten teil. Aber die völkischen Korporationen verlangten, daß nur sie allein, nicht aber auch der CV, sich daran in Farben beteiligen durften. Da keine Einigung erzielt werden konnte, so berief ich in den Admonter Hof sämtliche katholische Organisationen, sowie die Studenten der Theologie zu einer Besprechung ein. Dort beschlossen wir gemeinsam die Nicht-Teilnahme und die Veranstaltung eines eigenen Fackelzuges, denn schließlich wollten wir wegen Verleugnung des „Deutsch-Bewußtseins" nicht neuerlich angegriffen werden. In einer Privataudienz berichtete ich darüber „König Anton" und verlangte von ihm, daß er seine Teilnahme beim Aufmarsch der völkischen Vereine absage, mit uns mitmarschiere und seine Rede bei unserer Kundgebung halten solle. Er wies dieses Verlangen strikt von sich. In der anschließenden Auseinandersetzung explodierte der damalige „Jungtürke" Maleta und sagte: „Herr Landeshauptmann, schließlich und endlich sind Sie *noch* christlichsozialer Mandatar." Er sprang wütend auf, brüllte mich an; dann erstarrte er plötzlich – und lachte schallend! „Sie imponieren mir", sagte er, „ich erfülle Ihren Wunsch." So geschah es auch. Er marschierte mit uns und sprach mit mir gemeinsam bei der Großkundgebung am Freiheitsplatz vom Balkon des Landestheaters.

Meine erste Begegnung mit *Dr. Kurt Schuschnigg* hatte ich gleichfalls in Graz, über den noch zu berichten sein wird. Er hatte in der Emigration ein schweres Schicksal, wovon ich mich persönlich überzeugen konnte. Bei einem Besuch in den USA stellte mir ein reicher Industrieller sein Privatflugzeug zur Verfügung, das mich von Chicago nach Saint Louis am Mississippi brachte. Schuschnigg war dort Professor, aber in einem sehr bescheidenen, ja kargen finanziellen Rahmen. Ebenso war ich später, und zwar als Mitglied des Koalitionsausschusses, Ohrenzeuge der Diskussionen mit den Sozialisten um seine Rückkehr nach Österreich. Damals hatte er – das sei keineswegs verheimlicht – einen schweren psychologischen Fehler begangen: Während wir um seine Rückkehr verhandelten, sowie uns um eine Position für ihn bemühten – wobei an das österreichische Kulturinstitut in Rom gedacht wurde – hatte er die unglückselige Idee, sich irgendwo in Belgien in einem Vortrag über die Sozialisten kritisch zu äußern . . . Si tacuisses, philosophus mansisses!

Aber es gab noch andere Begegnungen mit christlichsozialen Politikern. Wenn solche Graz besuchten, dann suchte ich mit jedem Gelegenheit zu einem Gespräch. Bundeskanzler *Dr. Ignaz Seipel* konnte ich sogar auf die Carolinenbude bringen; ein Besuch, von dem noch heute ein Foto existiert. Wir Studenten bewunderten ihn als eine bedeutende Persönlichkeit, die er auch ohne Zweifel war. Beweis dieser Wertschätzung war eine Zusatzstrophe zum bekannten Studentenlied „Gaudeamus igitur", die wir damals sangen und heute in Vergessenheit geraten ist. Sie lautete:

| | |
|---|---|
| Vivat cancellarius, | Es lebe der Kanzler, |
| qui professor erat. | der Professor war. |
| Regit nos rem publicam, | Er regiert uns den Staat, |
| sanat nostram patriam, | und saniert unser Vaterland, |
| vivat doctor Seipel! | es lebe Dr. Seipel! |

In diesem Zusammenhang sei ein späteres, groteskes Erlebnis im KZ Dachau erwähnt. Der fanatische Attentäter, der Seipel als Bundeskanzler schwer verletzt hatte, landete aus unerfindlichen Gründen gleichfalls in Dachau. Dort trabte er mit seinem etwas dümmlich-dreisten Lächeln stets im Gefolge der Österreicher, die doch alle politische Freunde Seipels waren. Er glich einem jener Delphine, die um Ozeandampfer kreisen und auf Abfälle aus der Kombüse warten. Wir halfen ihm aus kameradschaftlicher Gutmütigkeit, denn offensichtlich war er leicht „bekloppt".

Man gestatte mir einige Bemerkungen mit Vorgriff auf eine spätere Zeit. Für die Sozialdemokratie war Seipel der bestgehaßte Mann. Man denke bloß an den Vorwurf des „Prälaten ohne Milde". Diese haßerfüllten Worte hatten Seipel tief getroffen, denn er war eine zutiefst ethische Persönlichkeit von schlichtem, einfachstem Lebensstil. Irgendwie glich sein Schicksal einer antiken, alt-griechischen Tragödie. Dies deshalb, weil er ohne Zweifel ein erfolgreicher Staatsmann von Format und intellektueller Größe war, den man jedoch weniger mit politischen Argumenten, sondern mit emotionellen Haßgefühlen bekämpfte, für die man seine Eigenschaft als Priester als Aufhänger benutzte. Schließlich bestand ja zu jener Zeit eine tiefe Kluft zwischen Kirche und Sozialdemokratie. Irgendwie genoß er jedoch unterschwellig auch bei den Sozialisten größten Respekt, denn sonst hätte sein großer Gegenspieler, Otto Bauer, niemals seinen berühmten Nachruf in der *Arbeiter-Zeitung* mit den Worten „Drei Salven über dem Grab des großen Gegners" schließen können. Bekanntlich hatte Dr. Bauer nachträglich in der eigenen Partei etliche Scherereien, die man in den folgenden Tagen aus seinen dialektischen Entschuldigungs-Windungen in der *Arbeiter-Zeitung* deutlich herauslesen konnte.

Oft denke ich heute mit Sorge an dieses mahnende Beispiel zurück, wenn ich die gehässigen Diskussionen zwischen ÖVP und SPÖ verfolge. Es wird ja immer mehr mit den schmutzigsten Beschuldigungen des Gegners operiert. Auch in der Bundesrepublik kann einem, angesichts der Auseinandersetzung zwischen dem sozialistischen Bundeskanzler Helmut Schmidt und seinem Gegenspieler Franz Josef Strauß, nur angst und bang werden.

Da gibt es ein Gemeinwesen in Wohlstand, rechtsstaatlicher Freiheit einerseits; und die DDR andererseits, aus der Staatsbürger nach dem Westen in die Freiheit flüchten. Ich finde es daher geradezu unverantwortlich, daß in den Auseinandersetzungen zwischen parlamentarischen Parteien, die sich gemeinsam zu den Grundsätzen des Rechtsstaates bekennen, so völlig übersehen wird, wie leicht diese Exzesse in den Kampfmethoden zum Ende des Rechtsstaates, zum Ruf nach einer starken Hand und somit zu einem zweiten deutschen Sklavenstaat führen können.

Als Präsident des Nationalrates verfolgte mich eine solche Möglichkeit ständig wie ein Alptraum, weshalb ich alle solche Ansätze – egal, ob es jemandem paßte oder nicht – rücksichtslos unterdrückte. Bundespräsident und Nationalratspräsident müssen „Integrationsfaktoren" des Staatsbewußtseins sein!

Manchmal scheint es, daß die Österreicher ahnungslos „Blümlein such auf der grünen Au" singen, und kleinkarierte Parteipolitiker offensichtlich ganz vergessen, daß Österreich nicht im fernen Australien, sondern am Eisernen Vorhang liegt. Die Schärfe politischer Auseinandersetzungen, wie sie sich in letzter Zeit entwickelte, ist daher nicht nur ein lächerliches „Wischi-waschi", sondern eine nicht ungefährliche Sprengpatrone, die einmal zu ungelegener Zeit explodieren könnte.

Nach dieser Abschweifung wieder zurück zum eigentlichen Thema. Eines Tages kam der damalige Sozialminister, *Dr. Theodor Innitzer,* nach Graz, den ich natürlich gleichfalls aufsuchte und für uns mit Beschlag belegte. Innitzer war bereits Rektor der Universität und wurde später Kardinal und Erzbischof von Wien. Damit konnte man von einer glanzvollen Karriere sprechen, die freilich einen dramatischen Abschluß finden sollte. Nach meinem Urteil war er ein äußerst intellektueller Mann, aber lediglich für normale Zeiten, denn sicher war er keine echte und markante Führerpersönlichkeit. Man darf diese Eigenschaft nicht mit jener Sympathie vergleichen, welche das gläubige Volk von Wien seiner stets lächelnden und gütigen Persönlichkeit entgegenbrachte.

Von unserer Enttäuschung als politische Gefangene in der Zelle des Polizeigefängnisses im Linzer Rathaus habe ich bereits berichtet. Aber vielleicht erhoffte sich Innitzer von seinem Besuch bei Adolf Hitler im Hotel Imperial, dem er mit „deutschem Gruß" entgegentrat, eine Erleichterung für die Situation der Kirche und der Priester in Österreich.

Ich erinnere mich an den späteren Generaldirektor der Creditanstalt-Bankverein, *Dr. Josef Joham,* einem Bundesbruder meiner Verbindung Carolina, den ich bei der CV-Tagung in Koblenz kennenlernte. Wir Jungen bewunderten ihn schon deshalb, weil er dort mit einer hinreißend schönen, hellblonden, jungen Frau aufkreuzte. Joham war, wie sich später herausstellte, wahrhaftig ein echter Banker – ein finanzpolitisches Genie. Wir wurden gute Freunde, die sich Jahrzehnte später oftmals in schwierigen Situationen gegenseitig helfen konnten.

In diesem Zusammenhang erinnere ich mich an die Dampferfahrt hinauf nach Oberwesel, wo riesige Bottiche mit Weinflaschen an einem Berghang auf uns warteten. Und ich erinnere mich der nächtlichen Rückfahrt, vorbei an der Lorelei, mit einem netten Mädel, mit dem ich dann oben am Kaiser-Wilhelm-Denkmal eingehend die Zeichen des nächtlichen Firmaments studierte . . . Schließlich war das ja kein Monopol für den lieben „Alten Herrn" Dr. Joham.

*Karl Maria Stepan.* Vor einiger Zeit wollte mich ein junger Autor interviewen, der im Auftrag des Styria Verlags eine Biographie Karl Maria Stepans schreiben sollte. Er ersuchte mich, ich möge ihm aus meinen Erinnerungen über Dr. Stepan einiges erzählen. Mit leisem Lächeln bat ich ihn um Verständnis und Verzeihung mit dem Hinweis, daß ich mich selbst in meinen Memoiren nicht einiger interessanter „Gustostückerln" berauben möchte. Stepan war gleichfalls Mitglied der Carolina. Ziemlich am Anfang meines Seniorates machte mir der „Alte Herr" mit grollender Stimme bereits den Vorwurf, daß ich die alt-studentische Korporation in einen modernen, englischen Klub verwandelt habe. Niemand, der Stepan, diesen großen mächtigen Mann mit seiner tiefen Stimme und seinem energischen Auftreten, nur oberflächlich kannte, würde glauben, daß er in seiner tiefsten Seele ein Romantiker war. Für ihn und seine beiden Freunde, „Kaffer" und „Suff", schien noch immer eine längst verschollene, studentische Vergangenheit lebendig, die in dem alten Vaganten-Lied „Sumus de vagantium" (Wir sind fahrende Schüler) so eindrucksvoll besungen wird. Wie vor Jahrhunderten zogen die drei Freunde in legerer Wanderkleidung, aber mit der Biertonne am Kopf und Burschenband, in die Ferne und standen oft bittend vor einem Pfarrhaus, wie es in dem gleichen Liede heißt: „Petimus viaticum, porro properando" (bitten um ein Zehrungsgeld für die Weiterreise). Wenn wir junge Studenten auch in alt-studentischer Tradition in Wirtshäusern saßen und sangen „Mihi est propositum in taverna mori" (mir ist es bestimmt, im Wirtshaus zu sterben), so hatten wir doch für Stepans und seiner Freunde Vagantentrieb wenig Verständnis. Hier spiegelte sich bereits der erwähnte Gegensatz zwischen dem „Englischen Klub" und der sogenannten „SO". Diese beiden Buchstaben, welche die drei Freunde bei Unterschriften neben den Kneip-Namen samt Zirkel setzten, hießen nämlich schlicht und einfach „Sauf-Organisation". Sie hatten gewaltig durstige Kehlen, die bei ihren Vagantenfahrten in pfarrherrlichen Kellern ständig neu geölt wurden.

Im Styria Verlag wird man dies verwundert lesen, denn in den letzten Jahrzehnten war sein Generaldirektor, Dr. Stepan, in seiner Lebensführung ein völlig anderer Mensch geworden, so daß man hätte glauben können, er hätte in seiner Jugend der Neulandbewegung angehört. In der Steiermark sollen ja noch immer die Gräser von leisen Winden aus den gegensätzlichen Richtungen „Neuland" und „CV" bewegt werden . . .

Mein eindrucksvollstes Erlebnis mit Dr. Stepan hatte ich bei der Großkundgebung der Vaterländischen Front am Heldenplatz in Wien, die anläßlich der

Ermordung des Bundeskanzlers Dr. Dollfuß dort abgehalten wurde. Redner war Dr. Stepan in seiner Eigenschaft als Frontführer der V.F. Er begann seine Ansprache mit den Worten: „Euer toter Bruder Dollfuß läßt Euch grüßen". Bei aller Trauer, diese Form der Anrede schien mir doch mehr als merkwürdig zu sein. Ich beichte und bekenne aber, daß mir der spätere Bundesbefehl Dr. Stepans an sämtliche Dienststellen der V.F. doch etwas ein „Zuviel des Guten" schien. Sämtliche V.F.-Versammlungen sollten nämlich mit diesem Gruß eröffnet werden. Schließlich schien er selbst später dies als makabre Lächerlichkeit zu empfinden und hob eines Tages diesen Befehl auf. In seiner tiefsten Seele war eben dieser anscheinend so harte Mann mit seiner mächtigen Statur und seiner tiefen Stimme ein Romantiker.

Ich erinnere mich an Fronleichnamsumzüge in Graz, bei denen er, um Haupteslänge die Bundesbrüder überragend, mit dröhnender Stimme alle übertönend das „Ave Maria" und das „Vaterunser" betete.

Alles in allem schien er ein harter Mann zu sein, aber der Schein trog! Innerlich war er nicht so hart, wie es schien. Es wäre dies ja auch psychologisch ein Widerspruch zu seiner romantischen Grundhaltung gewesen. Stepan war ein mutiger Mann und einer jener Carolinen, die von den Nationalsozialisten ins KZ eingeliefert wurden. Er war dort von uns getrennt, saß im Bunker, dessen Insassen einer „Spezialbehandlung" unterzogen wurden. Eines Tages wurde er daraus entlassen und zu uns in einen der Lagerblocks gesteckt. Er war leichenblaß, während wir von Wind und Wetter gegerbt, tiefbraun gefärbt, einen Anblick boten, der schon nicht mehr appetitlich war. Da erzählte er uns dann so manche seiner gräßlichen Erlebnisse, was uns ihn bewundern und mit scheuen Blicken mustern ließ.

Stepan empfand nach 1945 tiefen Groll gegen die ÖVP. Ursache war, daß er sich vergeblich die Wiederberufung als Landeshauptmann der Steiermark erwartet hatte. Für ihn war das ganz einfach eine Selbstverständlichkeit, weil er ja tatsächlich vor der Machtergreifung bereits Landeshauptmann gewesen war. Ursprünglich hatte er sogar mit einer Berufung in das 1. Kabinett Figl gerechnet, die nicht erfolgte, ihn daher tief beleidigte, und die er innerlich nie überwinden konnte. Die Gründe für diese Nicht-Berufung waren offensichtlich zweifacher Natur: Erstens fürchtete man sein draufgängerisches Temperament, angesichts der Tatsache, daß die Bundesregierung zu jener Zeit sehr vorsichtig lavieren mußte; und zweitens schienen im Land selbst persönliche Machtkämpfe die Ursache seiner Zurücksetzung gewesen zu sein. In meinen Augen war er trotz allem eine bedeutende Persönlichkeit, deren brisante Kraft bei geschickterem Verhalten auf beiden Seiten für die ÖVP ohne Zweifel nützlich gewesen wäre.

Es gäbe noch viele Persönlichkeiten, über die zu berichten wäre, aber dies würde zu weit führen. Es sollte in diesem Kapitel ja lediglich das Hineinwachsen des jungen Studentenführers in die große Politik durch frühzeitige, persönliche Kontakte zu führenden Persönlichkeiten nachgewiesen werden.

Die Tatsache, daß in diesem Kapitel immer wieder vom CV die Rede ist, darf nicht zu falschen Schlußfolgerungen verleiten. Zu jener Zeit gab es nämlich kaum Organisationen nicht-korporierter katholischer Studenten, die nach Zahl und Aussage von Bedeutung gewesen wären. Die politischen und weltanschaulichen Auseinandersetzungen, mit denen die einseitige Vorherrschaft der Völkisch-Liberalen gebrochen werden sollte, wurden daher weitgehend vom CV allein geführt. Schließlich auch begreiflich, denn Gedanken kann man nicht lesen, aber Farben sind ein sichtbares Bekenntnis und somit eine Provokation. Eine gewisse Ausnahme bildet lediglich die KV-Verbindung „Winfridia". Schon jetzt mache ich darauf aufmerksam, daß die Problematik „Volkspartei und CV", eben wegen der vielen vorhandenen Mißverständnisse und Fehlinterpretationen, im nächsten Band der Memoiren eindeutig ausgeleuchtet werden soll.

## AUSKLANG DER STUDENTENZEIT

Trotz meiner intensiven Tätigkeit in der Hochschulpolitik und meinen vielen studentischen Funktionen beendete ich rechtzeitig mein Studium. Ich promovierte im März 1932 zum Doktor der Rechts- und Staatswissenschaften.

So hieß es denn Abschied nehmen vom studentischen Leben, vom österreichischen Alt-Heidelberg, in Wahrheit eigentlich von einem Lebensabschnitt. Der Abschied selbst vollzog sich in alt-studentischer Weise. Die Bundesbrüder geleiteten mich vom Carolinenhaus im üblichen Begleitbummel auf den Bahnhof. Dort blickte ich noch einmal aus dem Fenster des Zuges, trank nach den Regeln des Komments das letzte Bier und zerschellte dann das Glas am Steinboden; unter dem Gesang der Bundesbrüder „Bemooster Bursche zieh' ich aus, ade, zur alten Heimat kehr' ich heim, muß selber nun Philister sein" . . . begann der Zug zu rollen, ein letztes Winken . . . Wieder geht die Fahrt vorbei, freilich jetzt in umgekehrter Richtung, am Bierdorf unter dem Jungfernsprung, auf dessen Terrasse wieder die Carolinen-Fahne, freilich zum Abschied gehißt war.

Wehmut, heimliche Tränen, Abschied von der Romantik. Man mag heute darüber lächeln, und daran denken, wie sehr heutige Studenten mit Problemen sich beschäftigen, diskutieren, etc. Wahrhaftig, der spätere Lebenskampf bewies, daß die alt-studentische Romantik kein Hindernis im harten Lebenskampf war, vielleicht im Gegenteil . . .

## ERSTE ENTTÄUSCHUNGEN AN FÜHRENDEN PARTEIFREUNDEN

Wenige Monate nach meiner Promotion zum Dr. jur., also während meiner Gerichtspraxis, starb mein Vater. Ich befand mich in einer schwierigen finanziellen

Lage, über die ich bereits anderwärts berichtet habe. Ich konnte auch keinen Posten finden, obwohl ich alle Cartellbrüder in führenden Positionen des Landes kannte: so den Landeshauptmann Schlegel, die Landesräte Lorenzoni, Kern, und wie sie alle hießen; die Nationalräte Dr. Aigner und Hirsch, sowie die hohen Beamten des Landes, etwa meinen Bundesbruder, Oberlandesregierungsrat Dr. Hemmel mit seinem Cäsarenkopf, der mir zwar mit großen Worten selbstbewußt seine Hilfe zusicherte, die sich später aber als völlig nutzlos herausstellte. Alle meine Studienkollegen waren schon längst im Landesdienst untergebracht, obwohl sich keiner von ihnen so wie ich für die Partei exponiert hatte! Viele von uns wollten sich überdies auch politisch zur Verfügung stellen, aber trotz unseres Bemühens wurde niemand auch nur zur geringsten Funktion und Mitarbeit herangezogen.

Als es dann schließlich unvermeidlich wurde, uns einmal anzuhören, da lud uns Landessekretär Hirsch zu einem Gespräch bei sich ein. Gespannt erwarteten wir sein einführendes politisches Referat. Aber welche Enttäuschung! Hirsch erzählte naive Geschichten und Anekdoten, äffte die stotternde Stimme des Huber-Bauern nach und dergleichen mehr. Dann waren wir schon wieder draußen vor der Türe.

Nach der nächsten Zusammenkunft sagten wir eine künftige Teilnahme ab, denn wieder war es – man verzeihe mir den brutalen Ausdruck – ein vollendetes Geblödel. Für wie dumm hielt man uns eigentlich? Dabei war es bereits jene Zeit, in der demokratische Parteien in der öffentlichen Meinung in allen ihren Fugen krachten.

Das geistige Niveau der damaligen Christlichsozialen Partei, mit der wir jungen Intellektuelle konfrontiert wurden, war tatsächlich etwas merkwürdig. Ich erinnere mich an eine Wählerversammlung im Mühlviertel, an der ich als Gymnasiast teilgenommen habe. Ich höre noch den schwerfälligen Redner, wie er mit klobigen Worten sagte: „Hochgeschätzte Versammlung, verehrte Wähler, Allerwerteste! Im Frühling, wenn der Schnee taut und dazwischen schon die Märzveigerl zu sehen sind, dann, verehrte liebe Bauern, denkt daran: so ein Veigerl ist unsere verehrte Christlichsoziale Partei! Merkt's Euch das, das kapieren die bösen Sozi nie und nimmer . . . !" Schwamm darüber!

Ich mußte an Bielohlawek, den Mitkämpfer Luegers, denken, von dem die Legende geht, er hätte einmal gesagt: „Mir graust schon, wenn ich einmal ein Büachl siach!" Dr. Heinrich Drimmel bestreitet zwar die Richtigkeit dieser Aussage, aber sie paßte jedenfalls zu der tiefgründigen Versammlungsrede.

Die sozialistischen Arbeiter wurden jedenfalls nicht mit Hinweisen auf rote Mohnblumen für den Marxismus gewonnen, sondern mit der Behauptung einer wissenschaftlichen Beweisbarkeit dieser Lehre.

An all das mußte ich Jahrzehnte später denken. In meiner Eigenschaft als Präsident der Politischen Akademie hatte ich Bundeskanzler Dr. Bruno Kreisky mit seinen Mitarbeitern eingeladen. In einem feinen Wortspiel sagte ich damals: „Herr Bundeskanzler, diese Akademie hier ist ein Monument, ein Beweis dafür, daß in der Volkspartei, symbolisch ausgedrückt, der Geist Bielohlaweks endgültig tot ist. Wir sind eine moderne Bewegung mit einer modernen Aufgabe für die Zukunft, die wissenschaftlich und diszipliniert erarbeitet werden muß."

Da also alle meine Bemühungen, mit Hilfe der Christlichsozialen Partei irgendwo einen Posten zu finden, völlig vergeblich waren, so schrieb ich meinem Bundesbruder Dr. Friedrich Funder, ob er für mich in der *Reichspost* als Journalist Verwendung hätte. In seinem Antwortschreiben lud er mich zu einer Aussprache ein, zu der ich den Entwurf für einen Leitartikel über die Problematik der Beziehungen zwischen Christlichsozialer Partei und Heimatschutz mitbringen sollte. Statt einer schmissigen, tagespolitischen Auseinandersetzung lieferte ich ihm jedoch eine tiefgründige gesellschaftsphilosophische Abhandlung über das Phänomen des Faschismus. Das war natürlich ein schwerer Fehler, denn selbstverständlich hatte sich Dr. Funder, der ein treuer Freund Seipels war, einen aktuellen Artikel zur Tagespolitik erwartet. Funder war also nicht sonderlich von meiner journalistischen Brauchbarkeit überzeugt. Dennoch empfing er mich zu einer Aussprache, wie es seiner korrekten Haltung entsprach, denn schließlich hatte er es mir versprochen.

Die nachfolgenden Zeilen möge die Jugend von heute gründlich lesen, denn am Ablauf des Gesprächs sieht man den Unterschied der Zeiten.

Ich saß also vor Funder, nicht etwa wie ein Jungtürke von heute, der alles besser versteht und mit mitleidigem Lächeln dem senilen Alten seine Irrtümer vor Augen führt. Da wäre ich bei der Tür schneller draußen als drinnen gewesen! Vielmehr kam ich anfangs gar nicht zu Wort. Er las mir die „Leviten", wie sehr in meinem Artikel, sowohl in Form wie Inhalt, alles völlig falsch sei. Bei der Aufzählung meiner Fehler und Mängel fand er schier kein Ende. Schließlich fragte ich ganz verzweifelt, weshalb er denn gar so kritisch sei und überhaupt kein gutes Haar an mir lasse; letzten Endes könne ihm doch meine langjährige Tätigkeit als Studentenführer nicht ganz unbekannt sein. Seine geradezu klassische Antwort war: „Euch junge Leute muß man hobeln, hobeln, daß die Späne fliegen!" Dann ging die Litanei meiner Sünden von neuem los. Endlich sagte ich, ganz unglücklich: „Du scheinst ja überhaupt nichts von mir zu halten." Da sprach er plötzlich ganz ruhig, und ich glaubte, nach all dem, was da an Kritik auf mich geprasselt war, nicht richtig zu hören: „Du hast den Marschallstab für eine politische Karriere im Tornister. Du hast sogar das Zeug zu einem Bundeskanzler!" Ich habe den genauen Wortlaut noch heute in Erinnerung. So stammelte ich fassungslos: „Ja, wenn Du das glaubst, warum schimpfst Du denn dann so mit mir?" Da schaute er mich gütig an, legte seine Hand auf meine und sagte: „Ihr jungen Leute müßt lernen, lernen; wer befehlen will, muß erst gehorchen können!" Aber den ersehnten Posten gab er mir trotzdem, vielleicht gerade deshalb, nicht!

Ich schlich unglücklich von der *Reichspost* weg; schließlich konnte ich von seinen Prophezeiungen nicht leben und auch nicht ahnen, daß ich zwar nicht Bundeskanzler, aber doch – nach einer immerhin geachteten, politischen Karriere – Nationalratspräsident werden würde. Ich konnte auch nicht wissen, daß ich Jahrzehnte später mehrmals die Klingen mit Dr. Funder kreuzen würde. Aber immer wieder zeigte sich, trotz aller Meinungsverschiedenheiten, ein Gefühl der Zusammengehörigkeit und des gegenseitigen Respektes.

Verzweifelt war ich nach jenem ersten Gespräch bei Funder allein schon deshalb, weil ich nicht wußte, was ich meiner Braut schreiben sollte. Ich begann mich allmählich vor ihr zu schämen und fürchtete, daß sie mich für „lebensuntüchtig" halten könnte. Immerhin lebten wir bereits eineinhalb Jahre getrennt, sie in Graz bei ihren Eltern, und ich, verzweifelt und stellungslos, in Linz. Sie war die erste große Liebe meines Lebens.

Tilly war vor Sonnenaufgang in mein Leben getreten, in dessen Schein alle vorangegangenen, frühjugendlich romantischen Erlebnisse wie Morgennebel im Sonnenglanz verblaßten. Wenn sie an meine Studentenbude klopfte, dann schien mir ein Hauch frischer Schneeluft in die verqualmte Stube hereinzuströmen. Da stand sie, schlank und groß, mit ihrem kecken Hütchen auf den langen, blonden Locken.

Wie heißt es doch in dem bekannten Schlager? „Ein kleines Zimmer ist unser Schlößchen, da schlägt zum Prinzen mich mein Prinzeßchen . . ."

# Senkrechtstart des jungen Doktors

Anfang Februar 1932 wurde ich zum Doktor der Rechts- und Staatswissenschaften promoviert, anschließend absolvierte ich mein Gerichtsjahr beim Strafbezirksgericht und dem Landesgericht Linz. Ende Februar 1933 fragte mich eines Tages Dr. Heinrich Gleißner, ob ich das neu zu errichtende Landessekretariat der erst kürzlich proklamierten „Vaterländischen Front (V.F.)" hauptamtlich übernehmen würde. Er selbst war erst wenige Tage vorher von Bundeskanzler Dr. Engelbert Dollfuß zum Landesführer von Oberösterreich ernannt worden. Dr. Heinrich Gleißner war ein Abgott von uns Jungen, den ich in der katholischen Mittelschülerverbindung „Nibelungia" kennengelernt hatte. Beruflich war er Beamter des sogenannten „Landeskulturrates", dessen Name einige Zeit später in „Landwirtschaftskammer" umgewandelt wurde.

Gleißner war ein hinreißender Redner, der bei Versammlungen seine Zuhörer in einen Taumel der Begeisterung versetzen konnte. Überdies galt er als geschmeidiger Taktiker, der niemals „mit dem Schädel durch die Wand" irgendein angestrebtes Ziel erreichen wollte. Kein Wunder also, daß die Wahl Dollfuß' bei der Suche nach einem Landesführer auf ihn fiel. Sicherlich war er für die unvermeidliche Auseinandersetzung innerhalb des christlichsozialen Lagers der geeignetste Kandidat. Dieser Mann also machte mir das Angebot, sein Landessekretär zu werden.

Allein schon aus sehr primitiven Gründen zeigte ich hiefür Interesse. Schließlich floß mir finanziell das Wasser bereits in den Mund. Im Vorjahr war Vater gestorben, Mutter hatte keine übermäßig große Pension, und ich selbst verdiente lächerliche 98,– Schilling monatlich als sogenanntes „Adjutum" bei Gericht. Das war zum „Sterben zu viel und zum Leben zu wenig". Überdies war ich verlobt und konnte, da ohne Existenz, nicht heiraten. An sich waren lediglich zwölf Monate Gerichtspraxis vorgesehen, aber ich mußte länger dort verbleiben, weil ich keinen Posten finden konnte. Natürlich wäre eine Gerichtslaufbahn möglich gewesen, aber für diese hatte ich kein Interesse. Ich muß freilich gestehen, daß sich für mich bei Gericht eine völlig neue Welt erschloß. So erinnere ich mich lächelnd an meine beruflichen Streifzüge mit einem Beamten der Linzer Sittenpolizei durch die „Stammbeisl" der sogenannten „Galeristen".

Mein „Ja" zu Gleißners Angebot war daher verständlich, aber sicher auch mitverursacht durch meine bereits erwähnte, bittere Enttäuschung, die mir durch die mangelnde Hilfsbereitschaft der Führer der Christlichsozialen Partei zugefügt worden war. Jetzt war die Gelegenheit zu dem „denen werde ich es zeigen" gekommen. Das war vielleicht kein besonders schönes Motiv. Dennoch hätte mich dieses kleinliche Rachegefühl allein zu keinem „Ja" bewogen, wenn nicht die politische Umwelt die Überzeugung in mir ausgelöst hätte, daß die trostlosen politischen Verhältnisse geändert werden müßten. So erschien mir die Gründung der V.F. als Beginn eines neuen Weges.

Naturgemäß stellte ich viele Fragen, welche Aufgaben mit dem neuen Wirkungskreis verbunden wären. Aber die Antworten Gleißners waren enttäuschend; weder über das endgültige politische Programm noch über die endgültige Organisationsform der V.F., geschweige denn über ihre Finanzierung konnte er mir Auskunft geben. Er sagte nur, daß er kein Geld habe. Also ermutigend war das gerade nicht! Schließlich kostet ein neues Sekretariat Geld, selbst bei bescheidenster Miete und Einrichtung. Nicht einmal für Kanzleimaterial – also Tinte, Federn, Papier und Aktendeckel – erhielt ich einen Groschen. Ein Landessekretariat kann man auch nicht ohne Angestellte führen, aber dafür war erst recht kein Geld da. Alles war somit in Fluß: Inhalt, Umfang, Abgrenzung, Finanzierung. Woher sollte ich also das Geld nehmen? Worüber konnte man in Versammlungen reden? Welche Antworten und Auskünfte sollte man kritischen Fragestellern geben?

Kurz und gut: Ich sollte eine politische Bewegung aufbauen, über deren endgültigen Charakter der neu ernannte Landesführer selbst nichts wußte. Offensichtlich besaß nicht einmal der Bundesführer eine klare Vorstellung über sein endgültiges, eigenes Programm.

In seinem Kopf war die V.F. bis dahin lediglich ein vage Vorstellung von einem Instrument, mit dessen Hilfe er die völlig zerstrittenen, nicht-nationalsozialistischen Kräfte zu einer Aktionseinheit für die endgültige Absicherung der Souveränität Österreichs vor dem nationalsozialistischen Taifun verknüpfen wollte. Für mich, als nüchterner Fragesteller, waren also auf Grund der unklaren Antworten Gleißners folgende Fragen völlig offen:

Ist die V.F. eine „Sammelbewegung" von Einzelmitgliedern aus allen jenen politischen Lagern, die sich gemeinsam wenigstens zur Selbständigkeit Österreichs bekannten? Also eine *zusätzliche* politische Kraft neben den weiterbestehenden, anderen Parteien?

Oder ist die V.F. lediglich eine „Dachorganisation" aller anti-nationalsozialistischen Organisationen und Parteien, wobei noch die schwerwiegende Frage offen war, ob mit Ein- oder Ausschluß der Sozialdemokratie?

Oder sollte die V.F. eine neue, völlig „eigenständige" politische Bewegung sein? Zusätzlich war noch die bedeutsame Frage völlig offen, ob im „Nebeneinander" mit den anderen politischen Parteien, oder ob sie „Monopolcharakter" beanspruchen sollte? Dollfuß selbst war sich darüber, sogar noch bei der großen V.F.-Kundgebung am Trabrennplatz, nicht im klaren.

Zu diesem Zeitpunkt besaß die V.F. lediglich eine „Bundesgeschäftsstelle" in der Beckergasse in Wien, deren Geschäftsführer Dr. Kruckenhauser war. Ihren organisatorischen „Zustand" könnte man mit einem sehr volkstümlichen Ausdruck definieren, den ich jedoch aus Höflichkeit vermeide. Aber das war nicht so sehr die Schuld der dort Beschäftigten, sondern das Resultat der verworrenen geistigen Situation, sowie des völligen Fehlens von Richtlinien, wie ich es soeben geschildert habe. Sie war, kurz und bündig ausgedrückt, in dieser embryonalen Erstlingsphase lediglich eine Registrierstelle für Personen, die sich aus eigenem Antrieb anmeldeten und für 10 Groschen Beitrittsgebühr Frontbändchen erhielten.

Angesichts dieses geradezu grotesken Sachverhaltes war also meine Frage an Dr. Gleißner berechtigt, was ich eigentlich tun und wie ich beginnen sollte. Seine Antwort war klassisch, er sagte nämlich biederen Angesichts: „Dir wird schon etwas einfallen, fang' einfach an." Ich sagte lachend: „Nun, viel ist das gerade nicht, aber ich betrachte diese Auskunft als eine Blanko-Vollmacht." Jedenfalls richtete ich mein Verhalten danach ein. Denn „wer lang fragt", heißt es im Sprichwort, „geht leicht irr".

Abschließend war dann noch von meinem Gehalt die Rede. Er bot mir 200,– Schilling monatlich; aber selbst die hatte er nicht! Ich sollte sie mir von den zu erwartenden Beitrittsgebühren – also den bereits erwähnten 10 Groschen – abrechnen. In Wahrheit handelte es sich also selbst bei diesem geringfügigen Betrag um ein vorläufiges Versprechen. Tatsächlich konnte ich erst nach drei Monaten mein erstes Gehalt verrechnen, denn vorher mußten natürlich die Miete bezahlt, Kanzleimaterial gekauft und Postportis erlegt werden. Ich schied also aus dem Gericht aus, ließ mich aber in der Rechtsanwaltskanzlei Dr. Zwirchmayr wegen der anrechenbaren Verdienstzeiten als Konzipient eintragen, denn vorsichtigerweise wollte ich mir die Laufbahn eines Rechtsanwaltes offenhalten. Natürlich bezahlte er mir kein Gehalt, obwohl ich doch einige Stunden täglich bei ihm arbeitete.

Wie oft haben in den letzten Jahren ambitionierte junge Menschen von heute meine Unterstützung für eine politische Laufbahn gesucht. Sie erwarteten sich sofort Generallampas an den Hosen, die Aussicht auf ein Nationalratsmandat, sowie die Garantie für ein recht hohes, gesichertes Monatseinkommen, kurz und gut, eine möglichst risikolose Ausgangsposition.

Was glaubt wohl der geneigte Leser, woran ich dachte, wenn die Erinnerung an meine Jugend in mir aufstieg: Kein Geld, kein gesichertes Einkommen, die drohende Gefahr von Gefangenschaft, Konzentrationslager, sogar Totschlag . . . Nein, zur Politik, liebe junge Freunde, gehören nicht bloß Ambition und Intellektualität, sondern vor allem Mut zum Risiko!

Napoleon mußte als junger Offizier in die Schlacht gehen, weil er sonst nicht Kaiser geworden wäre, aber natürlich hätte er in der Schlacht auch fallen können.

Dann hätte er eben Pech gehabt! Wissen wir, wie viele Genies vorzeitig gestorben sind? Es genügt eben nicht, sich mit einem Leibjournalisten im Kaffeehaus zusammenzusetzen, der in einem Artikel schreibt, welches großartige Nachwuchsgenie die an der Macht sitzenden, dummen Alten verkennen oder fürchten. Manchmal konnte man in den Gesichtern dieser Jungen wie in einem offenen Buche lesen, was sie dachten: „Was versteht denn dieses Fossil noch von der Politik?" Ganz bestimmt jedoch konnten sie *meine* Gedanken nicht lesen . . .

Manchmal habe ich selbst junge Leute zur politischen Mitarbeit aufgefordert. Dann konnte man folgende Hinweise und Antworten hören. Einer besaß bereits ein Gehalt in sechsstelliger Jahreshöhe, das er nicht verlieren wollte. Er verlangte daher völligen Ersatz, wenn er in seiner Dienststelle gegen Karenz seiner Gebühren beurlaubt wird. Ein anderer wollte seine Karriere gesichert haben, weil er für die Übernahme einer politischen Funktion seinen beruflichen Aufstieg nicht gefährden wollte. Ein Dritter sagte: „Dein Angebot kann ich nicht annehmen, denn was würde mein sozialistischer Vorgesetzter dazu sagen?" Diese Gespräche sind keine Märchen, sondern tatsächliche Erlebnisse.

So begann ich denn meine Tätigkeit als Landessekretär der „Vaterländischen Front" für Oberösterreich am 1. 3. 1933. Da kein Geld für die Miete von Büroräumen vorhanden war, errichtete ich das Landessekretariat in dem kleinen, bürgerlichen Gasthof „Zu den drei Mohren" auf der Promenade in Linz. Wir konnten tagsüber den Speisesaal als Kanzlei benutzen, den wir jedoch abends für die Gäste räumen mußten. Die Akten verstauten wir über Nacht in einem Fremdenzimmer. Es war wirklich ein trostloser Anfang, aber jugendlicher Idealismus findet seinen Weg auch durch die größten Schwierigkeiten. Das allernötigste Kanzleimaterial konnten wir erst nach Tagen kaufen, von jenen 10 Groschen-Eingängen, die von der Straße hereingeschneite Gesinnungsfreunde für den Erwerb des rot-weiß-roten V.F.-Bändchens zahlten. Erst recht hatte ich kein Geld für Angestellte und suchte daher Mitarbeiter unter den jungen Hochschülern, die für ihre Dienste nichts verlangten, sondern aus Begeisterung sich zur Verfügung stellten. Unter diesen waren Namen, die viele Jahre später in der Zweiten Republik der Öffentlichkeit bekannt werden sollten. Da war einmal mein Sekretär Otto Hans Kranzlmayr, den ich nach meiner Berufung in die Arbeiterkammer als Präsidialisten dorthin mitnahm. Viele Jahre später machte ich ihn, als Klubobmann der VP im Parlament, zu meinem Stellvertreter in der Delegation für den Europarat, dem er dann durch Jahrzehnte angehörte. Kranzlmayr habe ich dann Jahre später zum Staatssekretär und anschließend zum Präsident des Aufsichtsrates des ORF vorgeschlagen. Ich war ja der vom Bundesparteitag gewählte Referent für die verstaatlichten Betriebe. Die Kanzler Figl und später Raab hatten dafür kein Interesse, und ließen mich schalten und walten nach eigenem Ermessen.

Otto Hans Kranzlmayr war ein treu ergebener, loyaler, aber auch kluger Mitarbeiter. Seine damalige Braut und spätere Frau Thissa fungierte als Schreibkraft.

Ein weiterer Mitarbeiter war Otto Hirsch, der nach 1945 Landesamtsdirektor von Oberösterreich, und später dann Mitglied des Verfassungsgerichtshofes wurde. Auch die anderen stiegen zu einflußreichen Posten auf, so Schindler und Schinko. Mein damaliger Sekretär für die Stadt Linz wurde nach 1945 Staatsbeauftragter für das Mühlviertel, eine Position, die wegen der sowjetischen Besatzung viel persönlichen Mut erforderte. Zum Referenten für Propaganda ernannte ich Josef Haan-Greiner, der dann in den Landesdienst übernommen wurde. Nach 1945 verlor sich seine Spur im Zusammenbruch der Ostfront. Zum Finanzreferenten ernannte ich Dr. Helm, der nach 1945 Sektionschef im Finanzministerium wurde und als solcher in Pension ging. Es gab noch andere Referenten, deren Aufzählung zu weit führen würde.

Eine Organisation kann man natürlich nicht vom grünen Tisch aus aufbauen. Sie erfordert persönliche Kontakte und somit Besuche der Ortschaften und Bezirksstädte Oberösterreichs. Für diese Fahrten stand mir nur ein Motorrad zur Verfügung, auf dem mich dessen Besitzer aus Idealismus, ohne jedes Entgelt, herumführte. Damals lernte ich Oberösterreich bis in seine kleinsten Winkel kennen, auf schlechten Straßen, ratternd und hopsend auf dem Soziussitz. Besonders das Mühlviertel war zu jener Zeit dem Verkehr nur mangelhaft erschlossen. Die heutigen Autobuslinien wurden erst systematisch aufgebaut. Das hatte zur Folge, daß ich oft viele Stunden zu Fuß mein Ziel erreichen mußte. Aber das hatte auch seine schönen Seiten. Das Mühlviertel war eine verträumte Landschaft, die ich oft in sommerlicher Hitze, manchmal klatschnaß bei Regengüssen, oder gar halb verfroren auf winterlich verschneiten Straßen durchwandern mußte. Wie oft war ich dann Gast in einsamen Bauernhäusern und übernachtete in Heu und Stroh; nun ja, gelegentlich half mir jemand die Einsamkeit vertreiben . . .

Für den Aufbau der Organisation hatte ich mir natürlich eine Art Generalstabsplan zurechtgelegt. Ich organisierte gewissermaßen von oben nach unten. Am Sitz einer Bezirkshauptmannschaft wurde eine Gauleitung für den politischen Bezirk errichtet; und für den Bereich eines Gerichtsbezirkes eine Bezirksleitung. Mit Hilfe dieser Funktionäre suchte ich dann Kontakte zu den Ortsgemeinden, um dort Ortsleitungen zu gründen. So lernte ich denn sämtliche Bezirksstädte, Marktflecken und größeren Ortsgemeinden persönlich kennen. Wenn ich heute durch das Land fahre, dann steigen Erinnerungen auf; in jener Gaststube dort habe ich eine Ortsgruppe gegründet, und in diesem Wirtshaussaal hielt ich eine gründende Versammlung. Wahrhaftig, in harter Arbeit wurde ich ein echter Oberösterreicher.

Viele Männer wurden in jenen Tagen von mir als Funktionäre der Vaterländischen Front berufen, die dann auch später, nach 1945, in ihren Gemeinden und Bezirken eine bedeutende Rolle spielten: so als Bürgermeister, Landtagsabgeordnete, aber auch als Nationalräte. Ich denke insbesondere an Karl Mitterndorfer, damals und auch nach 1945 Bürgermeister von Ebensee, und später durch viele Jahre auch Abgeordneter zum Nationalrat.

So vergingen die Monate der ersten Arbeit. Die Übersiedlung von den „Drei Mohren" in das Gebäude der „Bank für Oberösterreich und Salzburg" am Taubenmarkt, wo wir in einem niederen Zwischenstock Büroräume erhielten, war eine bedeutende Verbesserung der Arbeitsmöglichkeiten. Die finanzielle Entwicklung hatte uns dies ermöglicht. Wir hatten eine saubere Verwaltung. Nebstbei bemerkt: Niemals gab es in Oberösterreich – seit damals bis heute – irgendeine Korruption, weder in der Landesverwaltung noch in den politischen Parteien. In dieser Zeit nahmen die Terroranschläge der Nationalsozialisten derart zu, daß von der Bundesregierung über ganz Österreich das Standrecht verhängt wurde. Es sollte eine abschreckende Wirkung erzielen. Mir sind die damit verbundenen Ereignisse noch in bedrückender Erinnerung. Wir zitterten nämlich, daß der erste Täter, auf den das Standrecht hätte angewendet werden müssen, ein politischer Häftling sein könnte. Eines Tages geschah ein ganz gewöhnlicher, krimineller Mord. Schuschnigg wollte den Mörder begnadigen, aber es ergab sich daraus folgendes Dilemma: Wenn man nämlich einen gewöhnlichen Mörder begnadigt, dann aber einen politischen Täter hinrichtet, so war natürlich eine wilde Reaktion der Nationalsozialisten zu erwarten. Schuschnigg wollte von allen Landesleitungen deren Meinung wissen. Jedenfalls entschied ich mich aus menschlichen Gründen – Politik hin, Politik her – für die Begnadigung, obwohl es nichts nützen sollte.

Mein Gott, was weiß die heutige, politisch interessierte Jugend von den gräßlichen Gewissensfragen, mit denen wir ständig konfrontiert waren! Wir kämpften doch als Idealisten für eine soziale, christliche Gesellschaftsordnung, gegen Hitlers Diktatur, die ethische Grundsätze mißachtete; jetzt aber sollte man eine Meinung äußern, ob ein Mörder begnadigt oder hingerichtet werden sollte.

Den Vorabend des 12. 2. 1934 verbrachten Gleißner, einige Freunde und ich, völlig ahnungslos bezüglich der kommenden Ereignisse, in der Bar des Hotels Weinzinger. Ich weiß es noch wie heute . . . Ich gehe auf der Landstraße am Hotel Schiff vorbei, in dessen Erdgeschoß das Zentralkino war, und lese die Anzeige zu dem Film „Csibi, der Fratz". Noch viele Wochen sollte diese Reklame zerschossen und zerfetzt herunterhängen, denn im Hotel Schiff sind ja die Februar-Kämpfe ausgebrochen. Wir sitzen also in der Bar, und der Besitzer singt zur Gitarre sein Lieblingslied: „Es klopft an der Tür, und ich rufe herein! Und herein tritt, was glaubt ihr, die Liebe". Wie still und ruhig war doch damals ein Tanzlokal, in gedämpfter Atmosphäre. Da sagt plötzlich Gleißner zu mir: „Alfred, weißt du, wie ich mich fühle? Mir ist, als säßen wir auf einem Vulkan." Er sollte rechtbehalten. Wir brechen um die zweite Morgenstunde auf. Am nächsten Morgen gehe ich, wie tagtäglich, zur Straßenbahn an der Endstation der Mozartstraße und fahre in die Stadt. Vor der Kreuzung Landstraße – Mozartstraße stockt plötzlich der Verkehr. Wir hören Schüsse. „Alles aussteigen!" Durch Nebengassen eile ich in mein Büro und informiere mich über die Ereignisse. Anläßlich einer Hausdurchsuchung der Polizei in den frühen Morgenstunden im Hotel Schiff waren die Kämpfe ausgebrochen, weil der Schutzbundführer Richard Bernaschek den Befehl zum bewaffneten Widerstand gegeben hatte. Von dort aus breiteten sich die Kämpfe in ganz Österreich aus. Aber diese Ereignisse sind ja hinlänglich bekannt. Die Nacht vom 12. zum 13. Februar war etwas ungemütlich. Denn rings um Linz wurde gekämpft. Natürlich hatten wir im Landessekretariat nichts mit der Leitung der militärischen Operationen zu tun, auch nichts mit der Koordination zwischen Landesregierung und militärischer Führung. Aber immerhin waren wir das Koordinations- und Informationszentrum zwischen der Landesregierung und der politischen Organisation im ganzen Land. Pausenlos läutete daher das Telefon, wollten unsere Funktionäre draußen Auskünfte von uns, und verlangten wir von ihnen Berichte, ob es bei ihnen ruhig sei oder gleichfalls Kämpfe ausgebrochen seien. Engsten telefonischen Kontakt hatten wir mit dem Rundfunksender am Freinberg, der unter Leitung meines Maturakollegen Alfred Klimesch stand, und den ich in diese Position gebracht hatte. Die Situation war für ihn äußerst prekär, denn in seiner allernächsten Nähe, beim Gasthof „Jägermayr", verlief die Frontlinie, so daß jederzeit mit der Besetzung des Senders durch den Schutzbund gerechnet werden mußte. Begreiflich, daß Klimesch ein etwas mulmiges Gefühl hatte, das ich ihm ständig auszureden versuchte. Aber immerhin übertrug sich auf mich seine Besorgnis, sodaß ich mich in der Nacht mit meinem Freund Putz in die Kampfstellungen des Militärs begab. Etliche Jahre nach 1945 konnte ich Klimesch in den Vorstand der Enns-Kraftwerke bringen, damit er auf diesem Umweg in die Position des Generaldirektors der O.Ö. Kraftwerke AG (OKA) berufen werden konnte, die er bis 1977 inne hatte.

Alle meine Mitarbeiter aus der ersten Stunde, die nach 1945 höchste Stellungen besetzten, verdanken diese einem ehernen Grundsatz. Sie waren von der Qualifikation her ganz erstklassige Leute. Aber in politisch schwierigen Zeiten darf nicht übersehen werden, daß nicht nur Sachwissen, sondern auch Loyalität und Verläßlichkeit zu den wichtigsten Voraussetzungen gehören. Man kann ja nicht in seiner nächsten Umgebung, wenn man auf einem Pulverfaß sitzt, Männer um sich haben, die den Dolch im Gewande tragen . . . Mit dem Problem des umstrittenen Proporzes werde ich mich daher in einem anderen Zusammenhang noch eingehend beschäftigen.

Eines Tages berief Bundeskanzler Dr. Dollfuß unseren Landesführer, Dr. Gleißner, nach Wien und übertrug ihm das Amt eines Staatssekretärs im Landwirtschaftsministerium. Damit wurde die Frage seiner Stellvertretung als Landesführer aktuell, denn damals waren die Verkehrsverbindungen zwischen Wien und Linz – ich denke nur an die nicht ausgebauten, von jedem Autofahrer gefürchteten Strengberge – noch etwas schwierig. Jedenfalls konnte Dr. Gleißner von Wien aus die Vaterländische Front seines Heimatlandes nicht dirigieren. Auf Vorschlag Gleißners faßte daher Bundeskanzler Dollfuß als „geschäftsführenden Landesführer" für Oberösterreich den damaligen Landesrat Dr. Franz Lorenzoni ins Auge. Dieser war ein höchst ehrenwerter Mann und als Landesobmann des christlichen Kleinhäusler- und Landarbeiterbundes politisch angesehen und geschätzt. Das aber paßte einem gewissen jungen Mann namens Dr. Maleta nicht, der es selbst mit der Begründung werden wollte, daß er doch allein die ganze Last des Aufbaus der V.F. in Oberösterreich getragen habe und weiter tragen müsse. Nun ja, die Jungtürken von heute werden für einen solchen Karrierewunsch bestimmt Verständnis haben; und die Alten von damals verhielten sich nicht anders als die Alten von heute. Warten wir ab, wie es einmal die heutigen Jungen als Alte erleben werden . . .

Wenn ich objektiv bin, muß ich rückblickend sagen, daß Lorenzoni mir gegenüber gewisse Vorzüge besaß, denn er war ein reifer Mann in den sogenannten besten Jahren, mit Ansehen und politischer Erfahrung. Ich hingegen wollte, und zwar erst wenige Monate nach meiner Doktor-Promotion, in eine der mächtigsten Positionen des Landes aufsteigen. Verständlich daher, daß diese Forderung Erstaunen, Verärgerung und Kopfschütteln zur Folge hatte. Aber der Vorteil der Jugend bestand zu allen Zeiten darin, daß sie sich in ihrem stürmischen Vorwärtsbegehren nicht von weisen Mahnungen bremsen läßt. Nun, schließlich kommt es im Leben auf den Erfolg an, ob er jetzt durch Weisheit, oder durch Mut zum Risiko erreicht wird. Ich dachte mir also: „Ein bißl Weisheit und ein bißl Risiko, dann wird es schon klappen." Gedacht, getan!

In den Redoutensaal des Linzer Theatergebäudes war eine Führertagung der Vaterländischen Front und des Heimatschutzes einberufen worden, bei der Dr. Gleißner den Namen seines Vertreters nennen sollte. Tatsache war, daß weder Dollfuß noch Gleißner auch nur im Schlaf daran dachten, meinen Wunsch zu erfüllen und auf Dr. Lorenzoni zu verzichten. Da beschloß ich einen Coup auf Biegen und Brechen. Ich vereinbarte mit dem bereits erwähnten Redakteur Gustav Putz, dem innenpolitischen Ressortchef des *Linzer Volksblattes,* daß er am Tag der Landeskonferenz in der damals noch bestehenden Abendausgabe der Zeitung, im sogenannten *Sechs-Uhr-Abendblatt,* folgende Meldung bringen sollte: „Nach vertraulichen Informationen wird bei der heutigen Führertagung der Vaterländischen Front Dr. Gleißner mitteilen, daß Bundeskanzler Dr. Dollfuß zum geschäftsführenden Landesführer Dr. Alfred Maleta ernannt habe." In Hunderten Exemplaren sollte sodann die Zeitung mit dieser Meldung auf den Bänken der Delegierten, vor deren Erscheinen, verteilt werden, sodaß jeder die Notiz schon vor Beginn der Tagung lesen könnte.

Und so geschah es auch! Allerdings ging ich dann in der Abendstunde mit etwas gemischten Gefühlen zum Landestheater. Ausgerechnet am Aufgang zum Redoutensaal begegnete mir Dr. Heinrich Gleißner. Niemals noch habe ich, weder vorher noch nachher, den guten Heinz, dessen Charme und Liebenswürdigkeit sprichwörtlich sind, so wütend gesehen wie damals. Er brüllte schon von weitem: „Du Kerl, eine solche bodenlose Frechheit, na, du wirst etwas erleben. Einen Schmarr'n wirst du Landesführer der V.F.!"

Wir gehen also gemeinsam die Stufen hinauf und betreten den Saal, der bereits von den Delegierten voll besetzt war. Auf der Bühne vorne befindet sich die Kolping-Kapelle. Wir schreiten durch den Mittelgang, links und rechts begrüßt von stürmischen „Heil"-Rufen. Ich befürchtete, daß mein Lächeln auf Grund meines belämmerten Seelenzustandes vielleicht etwas künstlich wirkte. Jetzt sitzen wir oben am Präsidium, Dr. Gleißner eröffnet die Tagung und hält sein politisches Referat. Plötzlich stockt er, dreht sich um, schaut mich böse an . . . „Aus ist's", denke ich. Den Kopf in die Hand gestützt, höre ich gewissermaßen schon die „Posaunen des Jüngsten Gerichts". Da, plötzlich höre ich in meinem Traumzustand wieder die Stimme Gleißners: „Kameraden, wir sind zusammengekommen, damit ich Euch den Namen meines Nachfolgers nenne . . ." Wache ich, oder träume ich? Gleißner erhebt die Stimme: „Kameraden, wie Ihr heute schon im *Sechs-Uhr Abendblatt* gelesen habt, heißt mein Nachfolger Dr. Alfred Maleta . . ."

Trommelwirbel, Trompetenstöße, Aufspringen der Delegierten, Heil-Rufe, schmetternde Fanfaren; ich stehe benommen da, den Arm zum Gruß erhoben, Heil, Heil, Heil! Und schon stimmt die Kolpingmusik, eine Blech-Kapelle, in voller Lautstärke die Ersatz-Bundeshymne an: „Oh, du mein Österreich". Ich war Landesführer von Oberösterreich, ein Jahr nach meiner Doktor-Promotion!

Viele Jahre später haben Gleißner und ich dann und wann über dieses Ereignis gesprochen und darüber gelächelt. Gleißner sagte mir: „Weißt, es war ein spontaner Entschluß; ich wußte ja gar nicht, wie Dollfuß reagieren würde. Aber du hast mir mächtig imponiert. Ich dachte: der Kerl ist schon richtig in unserer verrückten Zeit! Auch Dollfuß hat gelacht, als ich ihm darüber berichtete." Vielleicht ist in diesem Zusammenhang nochmals eine Rückblendung am Platz, nämlich eine Analyse jener Eindrücke, die das Denken und die politische Überzeugung von uns jungen Menschen damals beeinflußten und prägten. Junge Leute brauchen Vorbilder, zu denen sie aufblicken können. Aber wo gab es solche unter den Führern der damaligen Christlichsozialen Partei? Mit einem Beispiel, das mich persönlich tief beeindruckte, möchte ich unseren damaligen Gemütszustand erläutern. So erinnere ich mich an ein persönliches Handschreiben, das Miklas an meinen Freund Gustav Putz, Redakteur des *Linzer Volksblattes,* richtete. Dieses Schreiben, voll von Korrekturen, Streichungen und Tintenklecksen, verriet seine ablehnende Haltung zu Dollfuß und seine tiefe innere Erregung. Ursache dieses empörten Briefes war ein Artikel von Gustav Putz über die Politik des Bundeskanzlers, mit dessen zustimmendem Inhalt er nicht einverstanden war. Deshalb legte er in seinem Schreiben die Gründe dar, die ihn zur Ablehnung des Doll-

91

fuß-Regimes bewogen. Wir beide waren davon keineswegs beeindruckt, sondern sagten uns, „weshalb schreibt er Briefe an einen machtlosen Journalisten, und macht nicht Politik, gestützt auf die Exekutive und das Bundesheer? Weshalb setzt er als Oberkommandant die Soldaten nicht gegen die linken und rechten Bürgerkriegsarmeen in Marsch?" Natürlich hätte das ein Risiko bedeutet, denn mit einer solchen Aktion hätte der Bundespräsident auch Schiffbruch erleiden können. Aber eine derart mannhafte Haltung hätte uns jungen Leuten imponiert. Er hätte schließlich auch mit List und diplomatischem Geschick in Gesprächen mit Führern der beiden Großparteien seine Maßnahmen verständlich machen und raffiniert absichern können. Es gab nämlich, sowohl bei den Sozialdemokraten als auch bei den Christlichsozialen, Männer genug, denen die Radikalisierung in beiden Lagern große Sorge bereitete. Ich denke dabei an die christlichsozialen Bauernführer in Niederösterreich; und ich erinnere an die in die Geschichte eingegangene Warnrede Leopold Kunschaks im Wiener Gemeinderat, in der er sagte: „Man möge einlenken, bevor wir an Gräbern stehen und weinen." Auch in den Reihen der Sozialisten, vor allem in Niederösterreich, waren viele ähnlicher Ansicht. Ich verweise bloß auf Oskar Helmer. Wie also war die Wirkung des Briefes auf Putz und mich? Wir setzten uns nicht mit der Frage auseinander, ob Miklas' Ablehnung der Politik des Bundeskanzlers gerechtfertigt oder falsch war; sondern wir fragten uns, weshalb er nicht als echtes „Mannsbild" mit Mut für seine Überzeugung eintritt. Das hätte uns imponiert und nachdenklich gemacht. So aber schien die notwendige Vitalität und Dynamik doch bei Dollfuß zu liegen. Miklas hat allerdings, in den allerletzten Tagen Österreichs, noch tapfer und charaktervoll gehandelt, aber in der damaligen Situation war er völlig hilflos und entschlußlos.

So bestand also die Wirkung des Briefes lediglich darin, daß wir zur Überzeugung gelangten, es müsse ganz einfach anders werden; es müsse mit mutigeren Männern und anderen politischen Formen ein Ausweg aus der verfahrenen innenpolitischen Situation gesucht und gefunden werden. Auch für das Verhalten der drei Nationalratspräsidenten bei der Selbstausschaltung des Parlaments in jener historischen Sitzung, in der alle drei den Vorsitz niederlegten, empfanden wir nur Verachtung. Ich hätte mich als Präsident des Nationalrates in einer ähnlichen Situation sicher nicht wie ein „Dirndl vom Tanz" hinweggeschlichen.

Nach den Februar-Ereignissen war es dann soweit, daß die oberösterreichische Landesregierung, deren Umbildung schon lange vorher immer wieder gefordert worden war, tatsächlich zurücktrat. Der Nachfolger des zurückgetretenen Landeshauptmannes Dr. Josef Schlegel, der ohne Zweifel ein ehrenwerter Mann und aufrechter Demokrat war, war natürlich Dr. Heinrich Gleißner. Nach seiner Wahl zum Landeshauptmann veranlaßte ich das Aufziehen der rot-weiß-roten Fahne mit dem Kruckenkreuz, des Symbols der V.F., vor dem Landhaus.

Der Weg bis dahin war allerdings nicht einfach, denn gegen die Person Dr. Gleißners bestanden anfänglich seitens des Heimatschutzes nicht unerhebliche Bedenken. So marschierte ich denn höchstpersönlich mit dem Landesführer des Heimatschutzes, Heinz Wenninger, zu Dr. Gleißner in dessen Büro. Das Gespräch verlief erfolgreich. Wir drei einigten uns über die Zusammensetzung der neuen Landesregierung, in der Gleißner Landeshauptmann und Wenninger Landeshauptmannstellvertreter werden sollte. In echt österreichischer Mentalität saßen allerdings auch die meisten der soeben gestürzten, christlichsozialen Landesräte wieder in der neuen Landesregierung. In Italien oder Deutschland wäre ein solcher Kompromiß völlig undenkbar gewesen. Es entbehrt nicht einer gewissen Pikanterie, wenn ich jetzt ein Ereignis nach 1945 vorwegnehme. Damals bin ich mit dem Sozialisten Ludwig Bernaschek, dem Bruder des Februar-Kämpfers Richard Bernaschek, gleichfalls zu Dr. Gleißner gegangen, um eine Verständigung zu erzielen. Mußten also seinerzeit bei Wenninger die Zweifel an der Verläßlichkeit Dr. Gleißners für den neuen Staat beseitigt werden, so natürlich bei Bernaschek die Zweifel an dessen mittlerweile erfolgtem demokratischen Läuterungsprozeß. Beide gingen von Dr. Gleißner begeistert weg.

Nach den Februar-Ereignissen übersiedelten wir vom Taubenmarkt auf die Landstraße, in das Hotel Schiff, in jene Büros, in denen vorher die sozialdemokratische Landesparteileitung residierte. Im Zuge der nun einsetzenden, allmählichen Konsolidierung vollzog sich in allen Bundesländern nunmehr automatisch der Einbau des Heimatschutzes in die „Vaterländische Front". Sichtbarer Ausdruck dieser Entwicklung war, daß die jeweiligen Landesführer des Heimatschutzes als Landesführerstellvertreter in die V.F. eingegliedert wurden. Der gleiche Vorgang vollzog sich in den Gauen, Bezirken und Ortsgruppen der V.F. Jeder Gauleiter, Bezirksleiter, Ortsleiter erhielt einen Stellvertreter; und zwar automatisch den jeweiligen Gauführer, Bezirksführer und Ortsführer des Heimatschutzes. Aber trotz dieser „Verschmelzung" ging der Heimatschutz nicht vollständig in der V.F. auf, sondern blieb weiterhin als selbständige Organisation bestehen. Das führte zu einer geradezu grotesken Situation, nämlich der Einnistung einer faschistischen Bewegung im Körper einer anderen „faschistischen" Organisation. Könnte man sich das bei Hitler oder Mussolini vorstellen?

Immerhin hatte sich die V.F. allmählich zu einer „Einheits-Organisation" entwickelt, wenngleich sie ganz und gar nicht einer wirklich „totalitären" Einheitspartei glich. Ich persönlich befand mich nach wie vor in einer zwiespältigen Lage, denn weder der Heimatschutz noch die christlichen Gewerkschafter betrachteten mich als ihren Mann. Da gab es den sogenannten „Scharmüller-Kreis", dem die unmittelbaren Freunde und Mitarbeiter des Landesführers Wenninger angehörten. Obwohl ich formal seit meiner Studentenzeit dem Heimatschutz angehörte, so nahm ich an seinen Zusammenkünften, trotz ständiger Einladungen, nicht teil. Das bedarf natürlich einer Begründung. In meinen Universitätsjahren gehörten fast alle Studenten einem eigenen Heimatschutz-Bataillon an; innerhalb dieses bildeten die katholischen Studenten eine eigene Heimatschutz-Kompanie. Meine einzige „militante" Leistung bestand jedoch lediglich darin, daß ich mich beim großen Heimwehr-Aufmarsch in Graz als persönlicher Adjutant der Frau Landeshauptmann Rintelen auf der Ehrentribüne befand und mir den zakkigen Vorbeimarsch meiner Kameraden von dort oben, genüßlich lächelnd, anschaute. Das hatte ein gutmütiges Spottlied meiner Bundesbrüder von der Carolina zur Folge; gutmütig deshalb, denn schließlich war ich ihr Senior, den sie verehrten. Es lautete:

> „Wer ist der größte G'fretta, G'fretta
> im ganzen Regiment?
> Das ist der Fred Maleta, Maleta,
> der g'hört schon längst ‚darennt'!"

Dieses Lied dürfte also ein glaubwürdiges Alibi für eine wenig trutzige, „heimwehr-faschistische" Vergangenheit sein.

Dafür hatte ich abends die interessante Gelegenheit, im unmittelbaren Gefolge des Fürsten Starhemberg einer Siegesfeier in der Kaiserbar in Graz beizuwohnen. Ich war wohl der einzige, der nicht betrunken war und deshalb völlig nüchtern den großen Führer analysierte. Nebstbei bemerkt: Starhemberg war wirklich ein bildfescher Mann, dem die Frauenherzen zuflogen. Ich erinnere mich an den grenzenlosen Jubel der Zuschauer beim Aufmarsch, an dessen Spitze der „Fürst" marschierte.

Wenn heute Sozialisten diese Zeilen kritisch lesen, dann muß ich sofort Erinnerungslücken aufpolieren. Es gehörte dem Scharmüller-Kreis auch ein gewisser Dr. Zamponi an, der sich tagtäglich in der Umgebung seines großen Gönners, des Landesführers Wenninger, in dessen Gunst sonnte. Er trug auch ständig seinen Heimwehr-Hut mit Hahnenstoß! Aber nach 1945 wurde er, offenbar in einem „Läuterungsprozeß", der Staranwalt der SPÖ von Oberösterreich und Mitglied der sozialistischen Landtagsfraktion! Auch Negrelli, zu jener Zeit der Arrangeur der Festtribünen bei Großkundgebungen der Vaterländischen Front, wurde nach 1945 Chefredakteur des sozialistischen Parteiorgans von Oberösterreich, des *Linzer Tagblattes*. Man lasse also mir gegenüber Milde walten, denn der „G'fretta Maleta" hatte auf seinem Gefieder viel weniger „Heimwehr-Eierschalen" kleben . . .

Wir gelangen jetzt zu einem hochinteressanten Kapitel. Es handelt sich um meine Berufung zum Ersten Sekretär der Arbeiterkammer. Ich wollte es aus guten Gründen werden; einerseits aus echtem Interesse, andererseits war mir klar, daß ich neben Wenninger in der V.F. auf die Dauer keine Rolle spielen konnte. Wieso? Wie bereits erwähnt, wurde in allen Bundesländern der jeweilige Landesführer des Heimatschutzes automatisch Landesführerstellvertreter der V.F. Lediglich in Oberösterreich gab es plötzlich zwei Stellvertreter, denn schließlich war ja noch ich vorhanden. Nach dem Ausscheiden Dr. Gleißners aus der Bundesregierung und seiner Rückkehr in die Funktion des Landesführers war natürlich meine Funktion als geschäftsführender Landesführer beendet. Aber als Dank und Anerkennung erhielt ich damals Funktion und Titel eines Landesführerstellvertreters. Das war aber keine Dauerlösung, denn die Heimwehr bestand auf der Durchführung des Paktes, der in Wien für ganz Österreich abgeschlossen war. Andererseits hatte ich durchaus kein Talent zum Spielen einer zweiten Geige.

Da zeigte sich plötzlich eine Möglichkeit, mich auf gutem Wege loszuwerden, indem man mich auf den Posten eines Ersten Sekretärs der Arbeiterkammer „abschob". Sei dem, wie es auch sei; auf jeden Fall verdanke ich der Unterstützung von Gleißner und Wenninger meine Berufung in die Kammer, die angesichts einer allgemeinen Welle der Empörung ansonsten sicher nicht durchzusetzen gewesen wäre. Es gab ja Neider, ernstzunehmende Konkurrenten und vor allem Leute, die mich wegen meiner Jugend und meiner mangelnden Erfahrung für gänzlich ungeeignet hielten. Niemand konnte damals wissen, nicht einmal ich selbst, daß meine Berufung für mich die große Stunde der Bewährung in einer führenden Rolle bei der Auseinandersetzung zwischen V.F. und verwaisten sozialistischen Arbeitern werden sollte. Die Öffentlichkeit konnte auch nicht wissen, daß mich dieser Aufgabenbereich faszinierte, weil ich seit frühester Gymnasiastenzeit in meinen Interessen völlig auf die Gesellschaftswissenschaften ausgerichtet war. Ich benutzte also die Absichten Gleißners und Wenningers, mich loszuwerden, als Schubkraft und Motor für meine Pläne! Es war eine ähnliche Taktik und Vorgangsweise, wie sie sich später, im Jahre 1945, wiederholen sollte. Mich interessierte eine Karriere auf Bundesebene, und ich wollte deshalb in den Nationalrat. Da gab es jedoch mächtige Gegner, die dies verhindern wollten. Bei einem Verbleib im Lande hätte man jedoch nicht verhindern können, daß ich automatisch Mitglied der Landesregierung und sogar Landeshauptmannstellvertreter geworden wäre. Die ÖVP hatte nämlich fünf Regierungssitze zu besetzen, und da ich Landesobmann des AAB war, so wäre ich natürlich ebenso, wie die Landesobmänner des Wirtschaftsbundes und des Bauernbundes, Mitglied der Landesregierung geworden. Auch der Landeshauptmannstellvertreter wäre mir sicher gewesen, weil man ja nicht zwei Vertreter der Selbständigen zum Landeshauptmann und Landeshauptmannstellvertreter hätte erküren können. Ich tat also so, als ob ich in die Landesregierung wollte, und so boxten mich meine „Freunde", um dies zu verhindern, als Nationalratskandidaten durch. So lachte ich mir denn ins Fäustchen. In diesem Zusammenhang sei auf ein interessantes Phänomen verwiesen. In sämtlichen Koalitionsregierungen nach 1945 saßen Vertreter der Bundesländer. Alle kamen an die Reihe, selbst die Kleinsten, gelegentlich sogar gleichzeitig mit zwei Vertretern. Es gab nur eine Ausnahme, nämlich – Oberösterreich! Erst nach vielen, vielen Jahren erhielt das drittgrößte Bundesland einen Regierungssitz! Mißachtung seitens der Bundeskanzler? Wahrhaftig nicht . . .!

Am 12. 3. 1934 begann ich meine Tätigkeit als Erster Sekretär. Der äußere Rahmen, mein Büro im Linzer Kammergebäude, war zwar wunderschön, aber ansonsten stand mein Sessel in einem richtigen Wespennest. Ich war in feindlicher Umgebung, denn sämtliche Angestellte waren Sozialisten. Ich hatte sie zwar nicht gekündigt, sondern beibehalten, aber nur wenige dankten mir dies. Für diese Menschen war ich ein Eindringling, ein Faschist, ein Usurpator. Obendrein war ich im ganzen Haus der Jüngste und somit ein Chef, über den man sich nicht ganz zu Unrecht lustig machte. Irgendwie hatte ich für ihr Verhalten Verständnis und auch dafür, daß sie vor mir Angst hatten und vor einer ungewissen Zukunft bangten. Ich spürte sofort, daß man mich hineinlegen wollte, aber ich dachte: „Darauf könnt ihr lange warten . . .“ Da war ein gefährliches „Eck“, etwa die Unterschrift der Akten, die ich alle verantwortlich zeichnen sollte. Ich ahnte düster, daß man mich dabei aufs Glatteis führen wollte, denn schließlich hatte ich vom Inhalt der Akten wirklich keine Ahnung. Was also tun? Ich gab einen Ukas heraus, daß sämtliche Abteilungsleiter ihre Akten allein unterschreiben dürften, für deren Inhalt sie voll verantwortlich seien, und begründete dies treuherzig mit meinem Vertrauen, das ich in ihre Loyalität hätte . . .

Es gab unter den Angestellten auch einen „Renommierboy“ aus dem blauen Lager, einen gewissen Dr. Liefler. Er war ein großer, stattlicher Mann, aber ansonsten eine etwas köstliche Figur. Als Beispiel eine heitere Episode: In den letzten Wochen vor dem endgültigen Zusammenbruch im Jahre 1938 wurde auf Druck der sogenannten „Betont-Nationalen“ eine Art „Ersatz-Abzeichen“ für das verbotene Hakenkreuz eingeführt. Es glich in etwas größerer Ausfertigung dem Abzeichen des Turnerbundes Jahn. Eines Tages erschien Dr. Lieffler in der Kammer und hatte auf dem rechten Revers seines Sakkos das V.F.-Bändchen und am linken Revers das NSDAP-Ersatzabzeichen. Das ganze Haus lachte, nur er merkte es nicht. Einer der angesehensten, sozialistischen Kammerangestellten, namens Ludwig Müllner, wurde später mein guter Freund. Er war nach 1945 Bezirkshauptmann von Linz-Land, also in der sowjetischen Besatzungszone. Einen anderen, namens Dr. Hiermann, beriefen wir in den Landtag, dem er dann auch nach 1945 wieder als sozialistischer Abgeordneter angehörte. In jener Zeit lernte ich Männer kennen, die in der Zweiten Republik eine besondere Rolle spielen sollten. Da war einmal der neu ernannte Präsident der Grazer Arbeiterkammer, Josef Krainer, also jener Mann, der viele Jahre später ein bedeutender Landeshauptmann der Steiermark werden sollte. Er bewies schon damals seine Fähigkeiten, denn schließlich war er vor seiner Berufung Obmann der Landarbeiter, also in einer Position, die ihn gerade nicht zum Kammerpräsidenten eines bedeutenden Industriegebietes prädestinierte. Sein Erster Sekretär war Dr. Peter Krauland, der später in der ersten Koalitionsregierung Minister für die verstaatlichten

Betriebe war. Krauland kannte ich bereits aus meiner Studentenzeit. Er hatte schon damals jene Eigenschaften, die ihn zwar in Führungspositionen brachten, aber auch gefährdeten.

Dann kam es zur Gründung des Gewerkschaftsbundes, dessen leitender Sekretär ich gleichfalls wurde, weil ja die Arbeiterkammern als Geschäftsstellen der Landeskartelle ausersehen waren. Das bedeutete zusätzliche Arbeit, weil ich die Landesorganisationen von der Pike auf organisieren mußte. Aber darin hatte ich schon Übung durch den vorangegangenen Ausbau der V.F. Er war freilich wesentlich schwieriger, weil die Organisation durch die Vielfalt der Gewerkschaften viel komplizierter war. Aber die Schilderung der Ereignisse in der Arbeiterkammer und im Gewerkschaftsbund sind Inhalt eines eigenen Kapitels.

Eines Tages wurde im Rahmen der Vaterländischen Front die sogenannte *Soziale Arbeitsgemeinschaft* (SAG) gegründet. Sie war seitens des Generalsekretariats der V.F. als eine soziale Beratungsstelle gedacht. Aber wir Jungen sahen in ihr die Keimzelle einer künftigen vaterländischen Arbeiterbewegung. Das mußte zwar erst erkämpft werden, aber immerhin wurden Landes-, Bezirks- und Ortsstellen geschaffen. Das Mißtrauen gegen mich hatte jedoch zur Folge, daß zum Landesobmann der SAG von Oberösterreich nicht ich, sondern ein gewisser Loidl ernannt wurde. Dieser war ein hoch angesehener Mann aus der christlichen Arbeiterbewegung. Ich selbst wurde zum geschäftsführenden Landesobmann bestellt, also wieder eine echt österreichische Lösung. Loidl fühlte sich jedoch mir gegenüber nicht als „Aufpasser", sondern spielte eine politische Beschützerrolle. So hatte ich also praktisch zwei große Organisationen gleichzeitig aufzubauen. Einerseits den Gewerkschaftsbund, andererseits die „SAG", die sich gleichfalls in Bezirks- und Ortsgruppen gliederte.

## UNSER „KREIS"

Man könnte ihn als eine „Avantgarde" bezeichnen, die sich in jener Zeit zwar zu dem Regime bekannte, ihm aber kritisch gegenüberstand. Es handelte sich um ungefähr gleichaltrige Personen christlichsozialer Herkunft, aber sozialpolitisch äußerst engagiert. Wir waren persönlich gute Freunde, die sich immer wieder, vor allem bei jedem meiner Wiener Aufenthalte, zu Diskussionen und Aktionsabsprachen trafen. Uns einte die Überzeugung, daß ohne Autonomie für den Gewerkschaftsbund und die „SAG" die Bemühungen des Regimes um Gewinnung der Arbeiterschaft völlig aussichtslos seien. Die Problematik, über die wir also diskutierten, ist die gleiche, die ich in den vorangegangenen Kapiteln eingehend geschildert habe.

Diesem Kreis gehörte vor allem mein Intimfreund, Dr. Nikolaus Hovorka, an. Er spielte auch nach 1945 als Chefredakteur der Zeitschrift *Freiheit* des Arbeiter- und Angestelltenbundes (ÖAAB) eine Rolle. Er war ein kultivierter Mann, hochintellektuell, und galt im ÖAAB als Gesellschaftstheoretiker und Sozialreformer auf christlich-naturrechtlicher Basis. Er war persönlich kein Kämpfer, der führend bei Aktionen hätte eingesetzt werden können; aber er war ein Mann des geschliffenen Wortes und einer goldenen Feder. Wir beide diskutierten in jener Zeit nicht allein die Problematik in der Beziehung zwischen Regime und ehemals sozialistischer Arbeiterschaft, sondern auch die Problematik, die sich aus dem Begriff „zweiter deutscher Staat" ergab. Über dieses erregende Problem werde ich im einschlägigen Kapitel noch eingehend berichten.

Zur abschließenden Bewertung unserer persönlichen Beziehung sei über eine Episode aus dem Jahre 1945 bereits jetzt berichtet. In den ersten Tagen nach der Befreiung diskutierten wir eine ganze Nacht über die Problematik „Lager oder Klasse", somit über den künftigen „Standort" der christlichen Arbeiterbewegung in der Zweiten Republik; ob „Verbleib" im Lager oder nicht! Bereits vor 35 Jahren erschien uns also eine Problematik aktuell, die Pater Büchele und seine „progressiven" Christen erst heute „neu" entdeckten . . .

Weitere Mitglieder dieses Kreises waren: Dr. Viktor Matejka, Universitätsprofessor Dr. August Maria Knoll, Chefredakteur Dr. Rudolf Kalmar, Redakteur Dr. Bernhard Birk und Fritz Werber. Sie alle waren, mit Ausnahme von Fritz Werber, mit mir, nach Hitlers Machtergreifung, im Konzentrationslager Dachau. Dr. Matejka war vielleicht schon damals in unserem Kreis der radikalste Kritiker des Regimes, der sich zwar auf Grund seiner christlichen Herkunft zum christlichen Ständestaat bekannte, aber in seinen Reformvorschlägen eine starke Linksanfälligkeit bewies. Nach 1945 wurde er kommunistischer Stadtrat von Wien. Es war für ihn ein Zwischenspiel, ähnlich wie bei Nikolaus Hovorka, der nach 1945 als Obmann der österreichisch-sowjetischen Gesellschaft für eine relativ kurze Zeit in kommunistisches Fahrwasser geriet. Ein interessanter Mann war Prof. August Maria Knoll, ein besonders guter Freund von mir, der etliche Jahre nach 1945 in einen grundsätzlichen Gegensatz zum damals noch konservativen, gesellschaftspolitischen Kurs der Kirche geriet, so daß ihn sogar Kardinal Dr. König öffentlich rügte. Heute wäre dies sicher nicht mehr der Fall, weil inzwischen die Kirche ihre Haltung gegenüber den politischen Parteien weitgehend revidierte und überdies im katholischen Lager eine sogenannte progressive Entwicklung eingetreten ist. Knoll wäre heute dort sicher mit Freuden aufgenommen.

Dr. Rudolf Kalmar war ein sehr bekannter Journalist, auch nach 1945, und im österreichischen Medienbereich wahrhaftig kein Unbekannter. Rudi war ein kultivierter, feinsinniger Geist, der unter der grausamen Wirklichkeit von Dachau ganz besonders litt. Ich weiß noch genau, wie sehr ich dort gegen seine seelischen Depressionen ankämpfte.

Dr. Bernhard Birk war ein biederer Mann aufrichtiger Gesinnung, der aus dem Lager der Ostmärkischen Sturmscharen kam. Fritz Werber war ein lieber

Kerl, ein Jude, Herausgeber der *Sozialpolitischen Korrespondenz*, in der er für die Verbreitung unserer Auffassungen mannhaft kämpfte. Er unterstützte uns bei der *Arbeiterwoche*, die im beschlagnahmten Vorwärtsverlag gedruckt wurde. Sie war für damalige Verhältnisse ein avantgardistisches Organ. Seine Spur verlor sich dann in der Emigration.

Eines Tages wurde die Funktion eines Staatssekretärs für Arbeiterfragen in der Bundesregierung geschaffen, der als Koordinationsfaktor aller sozialen Bemühungen gedacht war. Natürlich war ich daran sehr interessiert, und spekulierte insgeheim mit der Möglichkeit meiner Berufung. Tatsächlich berief mich eines Tages Bundeskanzler Dr. Schuschnigg zu einer Aussprache zu sich. Offensichtlich wollte er mich testen, und sich restlose Klarheit über meine Auffassungen verschaffen. Es war ein hochinteressantes Gespräch, wie es angesichts des hohen geistigen Formates des Bundeskanzlers nicht anders zu erwarten war. Aber politisch redeten wir aneinander vorbei. Schuschnigg sah im neuen Staatssekretär eine Art von „Beschwichtigungs-Apostel", während ich in dieser Funktion den Vorkämpfer und Beschützer einer Entwicklung erblickte, die letzten Endes zur vollständigen Autonomie des Gewerkschaftsbundes und der Schaffung einer politischen Arbeiterbewegung führen sollte. Darüber sprach ich also offen mit dem Kanzler, was offensichtlich wenig diplomatisch war. Ich hätte nämlich meine Weisheiten für mich behalten sollen, und mich vorerst auf den Sessel in der Regierung setzen müssen. Überdies machte ich noch einen schweren Fehler. Ich war nämlich ein sehr eleganter Bursche, was heute bekanntlich wenig schadet, aber damals scheel angesehen wurde. In der primitiven Vorstellung der klein-bürgerlich-gesinnten Funktionäre der christlichen Gewerkschaften verband sich nämlich die Figur eines Arbeiterführers mit einem nahezu proletarischen Gehabe, der am besten in einer härenen Kutte einherschreiten sollte. Ich war also nicht nur suspekt bei der Heimwehr, sondern auch bei den christlichen Gewerkschaftern, deren Stallgeruch ich nicht hatte; freilich aus völlig entgegengesetzten Gründen. Das hatte sogar nach 1945 noch eine Fernwirkung. Damals war Leopold Kunschak Bundesobmann des ÖAAB. In einer Bundesleitungs-Sitzung stand eines Tages zur Debatte, welchen Mann wir in die Bundesregierung entsenden sollten. Dort war nämlich ein Minister ohne Portefeuille für Arbeitnehmerfragen vorgesehen. Meine Kollegen schlugen mich vor. Aber Leopold Kunschak lehnte mich mit folgender klassischen Bemerkung ab: „Der Maleta kommt dafür nicht in Frage, der ist ja ein Doktor, und das wäre doch für die Arbeiterbewegung ein Rechtsruck . . ."! Das war also damals noch der Geist der Laudongasse gegenüber Akademikern. Es gab lediglich zwei Ausnahmen, nämlich unseren Gesellschaftstheoretiker Dr. Lugmayer, und Dr. Hemala, den Vater von Frau Hilde Figl. Aber diese Ausnahmen bestätigen lediglich die Regel. Erst viel später habe ich als Bundesobmann des ÖAAB den Weg für Intellektuelle und junge Menschen frei gemacht, was die übergescheiten Jungtürken von heute offenbar nicht wissen. Immer wieder kann man nämlich in Büchern und Zeitungen lesen, daß wir älteren Politiker jungen Menschen keine Chancen geben, weil wir um den eigenen Sessel „fürchten". Einmal sagte ich aus Anlaß eines solchen lächerlichen „Geschreibsels": „Wenn mich einmal ein Junger von meinem Sessel gegen meinen Willen stürzt, dann ist es höchste Zeit; dann hätte er es nicht erst heute, sondern schon vorgestern machen müssen."

Zurück zu meinem Gespräch mit Schuschnigg. Das Ende war, daß er nicht mich, sondern Hans Rott zum Staatssekretär bestellte. Rott kam aus der christlichen Postlergewerkschaft, war hochanständig, sehr schlicht und brav, aber zwischen seiner Auffassung und meiner bezüglich des Aufgabenbereiches des Staatssekretärs bestanden Welten. Einige Jahre später, und zwar Anfang März 1938, kam es dann zu einer zweiten Aussprache mit Schuschnigg. Bei dieser teilte er mir mit, daß er mich in den nächsten Tagen zum Staatssekretär ernennen werde. Das wurde auch der Presse bekanntgegeben. Jetzt überstürzten sich die Ereignisse. Der Verband der Auslandspresse lud mich noch zu einer Aussprache ein, in der ich meine Auffassungen über die Art der Ausübung meiner Funktion als Staatssekretär schildern sollte. Das tat ich auch. Aber am selben Abend fand in der Hofburg der sogenannte „Frontball" statt, zu dem alles geladen war, was im damaligen Österreich Rang und Namen hatte. Er sollte als großes, glanzvolles gesellschaftliches Ereignis über die Bühne gehen. Plötzlich bemerkte ich in der unmittelbaren Umgebung Schuschniggs steigende Unruhe. Wie ich bald erfuhr, war ihm in dieser Stunde die Einladung – besser gesagt, der Befehl – zu dem historischen Besuch bei Adolf Hitler auf den Berghof zugegangen. Von einer Feststimmung war naturgemäß von da ab nicht mehr die Rede. Schuschnigg trat noch in der Nacht seine Reise auf den Obersalzberg an. Nach seiner Rückkehr von Berchtesgaden war die Frage des Staatssekretariats überhaupt nicht mehr aktuell.

Wenige Tage später erschien bei mir ein Mann, der schon öfters bei mir vorgesprochen hatte und offensichtlich eine maßgebliche Persönlichkeit der Illegale war. Er sagte zu mir: „Herr Doktor, das Ende Österreichs ist nur mehr eine Frage von Tagen. Flüchten Sie, wir brauchen Sie in der Emigration!" Mit diesen Worten legte er mir einen gültigen englischen Paß, versehen mit allen Stempeln und Visen, auf den Tisch und daneben einen Scheck, ausgestellt auf einen nicht unerheblichen Betrag englischer Pfund. Ich lehnte dieses Angebot ab . . . Die nachfolgenden Ereignisse am 11., 12. und 13. 3. sind einem späteren Kapitel vorbehalten.

# Lehr- und Lernjahre eines V.F.-Führers

In den Jahren 1933 bis 1938 habe ich in Oberösterreich insgesamt drei große Organisationen gegründet und völlig ausgebaut, überdies eine vorhandene reorganisiert.

Da war erstens die Vaterländische Front, über deren Gründung, Ausbau und Gliederung bereits eingehend berichtet wurde;

zweitens der Gewerkschaftsbund, der gleichfalls aus dem Nichts völlig neu geschaffen werden mußte. Bei diesem gab es zwei Organisationsprinzipien; erstens mußten die einzelnen Gewerkschaften bis in die letzte Ortsgruppe hinunter gegründet werden; und zweitens ergab sich die Notwendigkeit ihrer örtlichen Zusammenfassung. Es waren dies die sogenannten „Orts- und Bezirkskartelle", deren Spitze unser Landeskartell des Gewerkschaftsbundes war.

Drittens gab es die Soziale Arbeitsgemeinschaft, die gleichfalls in Orts- und Bezirksstellen gegliedert war.

Letztlich war die weiterbestehende Arbeiterkammer zu reorganisieren, und zwar nach folgenden Gesichtspunkten: Erstens wurden sogenannte „Amtsstellen" in den wichtigsten Bezirkshauptstädten gegründet, zweitens wurde das Land mit einem Netz sogenannter „Freiwilliger Helfer" überzogen, die natürlich gleichfalls Angestellte waren.

Aus jener Zeit sind mir viele Mitarbeiter in Erinnerung. Da war einmal Leopold Radlmeir, vor 1933 Landessekretär der christlichen Gewerkschaften. Er war ein gewachsener Gewerkschafter mit großer Erfahrung und unbändigem Fleiß. Aus dieser Zeit habe ich viele ehemalige Sozialisten in Erinnerung, die meine engsten Mitarbeiter waren. So etwa im Innviertel Amtsleiter Kaiser, oder in Gmunden Strasser, der nach 1945 sozialistischer Vizebürgermeister wurde; oder etwa in Vöcklabruck Alois Kopp, der nach 1945 Präsident des Unfallkrankenhauses wurde.

Diese vielseitigen Aufgaben hatten natürlich auch bei mir einen inneren „Entwicklungsprozeß" zur Folge, weil mich jede dieser organisatorischen Aufgaben mit völlig neuen Perspektiven der Beurteilung zum Zwecke ihrer Bändigung konfrontierte. Natürlich konnten diese Organisationen nicht allein vom grünen Tisch aus aufgebaut werden, sondern erforderten engste persönliche Kontakte, worauf ich beim Bericht über die V.F. bereits hingewiesen habe. Mit anderen Worten heißt das, daß ich in vielen Versammlungen zu sprechen hatte. Dabei beschränkte ich mich nicht nur auf offizielle Gewerkschaftskonferenzen, sondern sprach auch in Hunderten kleiner Versammlungen, zu denen ich ehemalige Arbeiter-Funktionäre der Sozialistischen Partei und der freien Gewerkschaften eingeladen hatte. In stundenlangen Diskussionen ließ ich sie frei reden, brüllen, und mir ihre Anklagen ins Gesicht schleudern. Aber am Schluß gingen wir in gegenseitigem Respekt auseinander. Immerhin hatte ich ihr Vertrauen und etliche Mitarbeiter gewonnen.

In diesen Diskussionen lernte ich, der ich bis dahin vom grünen Tisch aus die soziale Frage lösen wollte, die Arbeiter erst richtig kennen. Allmählich wandelte sich, innerlich mir anfangs selbst gar nicht bewußt, mein primitives sozialistisches Feindbild, zu dem ich erzogen worden war. Ich erkannte, daß für die Masse der Proletarier der Sozialismus ein Religionsersatz, ein echter Glaube war, der ihnen aus dem irdischen Elend zu einem halbwegs erträglichen Leben in dieser Welt verhelfen sollte. Mir wurde das tiefe Ethos der arbeitenden Menschen bewußt. Ich wurde überrascht von ihrem Bildungshunger und ihrem Drang nach politischem Wissen, wenngleich es einseitig vermittelt und geprägt war. Ich verglich insgeheim diese Diskussionen mit den sozialistischen Arbeitern mit so manchen Versammlungen im bürgerlich-bäuerlichen Lager und registrierte bestürzt den oft vorhandenen Unterschied zwischen dem geistigen Niveau da und dort. Ich erkannte, daß es sich um anständige Menschen handelte und begriff, daß sie sich aus ihrer Not befreien wollten und ihr Dasein als Proletarier nicht als unabwendbares Schicksal betrachteten. Es ging um Freiheit von Hunger und Not, um wirtschaftliche Existenz-Sicherung, und um Vorsorge bei Krankheit, Unfall und Alter. Immer öfter ging ich nachdenklich heim und dachte: „Was würde denn ich tun, wenn ich ein Proletarier wäre und meine geliebte Frau verhärmt und arm zu Hause wissen würde? Was kann man denn von einer Mutter an politischer Einsicht verlangen, wenn ihr Baby hungert?" Natürlich hielt ich nach wie vor die Lehre des orthodoxen Marxismus für einen Fehlweg, einen Irrtum und ein politisches Unglück. Aber für mich waren diese marxistischen Arbeiter auf einmal nicht mehr „Teufel", „Unmenschen", sondern Menschen, die für ein besseres Leben kämpften. In diesen Stunden wurde mir auch klar, weshalb der Marxismus heute noch in der ganzen Welt – obwohl in Schismen und Häresien aufgespalten, und wissenschaftlich weitgehend widerlegt – eine unglaubliche, revolutionäre Kraft entfaltet. Einen „Glauben" kann man eben nicht wissenschaftlich widerlegen. Haben wir vergessen, daß sich im alten Rom, im Zirkus des Nero, gläubige Christen als lebende Fackeln verbrennen ließen? Aus einem Mann, der auszog, um als „Lehrer" zu bekehren, war ich plötzlich zu einem „Lernenden" geworden.

So war mir auf einmal sonnenklar, daß der neue Staat nur dann Aussicht auf Erfolg bei seinem Bemühen um die Gefolgschaft ehemaliger sozialistischer Arbeiter gewinnen könnte, wenn diese von seinem tiefen sozialen Reformbewußtsein auch innerlich überzeugt werden konnten. So ging ich also meinen eigenen

Weg, den ich für richtig hielt. Er trug mir das endgültige Mißtrauen seitens des Heimatschutzes ein, natürlich aber auch die Todfeindschaft der nationalsozialistischen Illegalen. Denn worum ging es eigentlich? Der christliche Ständestaat befand sich in einem Wettlauf mit der Zeit. Einerseits wollte die Regierung die ehemals sozialdemokratische Arbeiterschaft, die zu dieser Zeit ein politisches Vakuum war, als Kraft zur Verteidigung gegen die Nationalsozialisten gewinnen; andererseits wollten diese die verbitterten sozialistischen Arbeiter gegen die Regierung auf die Barrikaden hetzen. Das ist ja auch das Geheimnis, warum so viele Schutzbündler nach dem Februar 1934 Mitglieder der SA geworden sind. Dies leugnen zwar heute die Sozialisten, aber ich selbst bin im Gefängnis von SA-Leuten geohrfeigt worden, die ursprünglich Schutzbündler waren, und ihre Wut gegen uns vaterländische Funktionäre auf diese Weise abreagierten. Ich konnte das menschlich irgendwie begreifen.

Jedenfalls war mir klar geworden, daß wir nur dann mit dem Ständestaat überleben werden, wenn wir innerhalb der Arbeiterschaft eine geistige Kraft mobilisieren könnten, wie eine solche ja immer wieder in der sozialistischen Bewegung sichtbar war. Ich zermarterte mir daher den Kopf, wo hiefür ein Ansatzpunkt gefunden werden könnte. Bei diesem Nachdenken kam mir der uralte Gegensatz von reinen Politikern und reinen Gewerkschaftern innerhalb der sozialistischen Bewegung in Erinnerung. Durch die sozialistische Arbeiterbewegung zog sich doch seit Jahrzehnten die Debatte um die Frage des Vorranges in der Zielsetzung. Politischen Ideologen war eine Verbesserung der sozialen Lage der Arbeiter innerhalb des kapitalistischen Systems ein Greuel, weil hiedurch nach ihrer Auffassung, sicher nicht ganz unberechtigt, der revolutionäre Impetus geschwächt würde. Sozialistische Gewerkschafter hingegen sagen sich: „Besser der Spatz in der Hand, als die Taube auf dem Dach". Diese Problematik zog sich doch für jeden, der kein Brett vor dem Kopf hatte, wie ein roter Faden durch die Geschichte der sozialdemokratischen Bewegung. Sie ist auch der Hintergrund für die Tatsache, daß es in der sogenannten „Weimarer Republik" *zwei* sozialistische Parteien gegeben hatte; nämlich einerseits die demokratischen „Mehrheits-Sozialisten" und andererseits die radikale „unabhängige sozialistische Partei". Es ist ganz einfach eine Frage um Strategie und Taktik; aber auch eine Gewissensfrage, ob man der lebenden Generation allein alle Opfer und Lasten auf dem Wege zum Sozialismus aufbürden darf. Diese Problematik spiegelte sich ja auch in der Auseinandersetzung zwischen den marxistischen Theoretikern. Man denke bloß an den evolutionären Theoretiker Bernstein. Übrigens stand diese Auseinandersetzung schon an der Wiege der sozialistischen Arbeiterbewegung; man denke an Lassalle und Karl Marx.

Ein besonders eindrucksvolles Versammlungserlebnis war die nachfolgend geschilderte Episode. Eines Tages erschien in meinem Büro der Landessekretär der Gewerkschaft der Transportarbeiter und teilte mir bedrückt mit, daß er nachmittags in der großen Kantine der Schiffswerft vor den Dockern eine Gewerkschafts-Versammlung abhalten müsse. Diese waren zwar bei uns organisiert, aber fast durchwegs sozialistische und kommunistische Illegale. Er befürchtete deshalb einen stürmischen Verlauf der Konferenz. Der langen Rede kurzer Sinn war, daß er offensichtlich Angst hatte, und ich ihn daher begleiten möge. Kurz entschlossen sagte ich zu. In der riesigen Kantine war eine große M-Tafel aufgestellt, an deren drei langen Tischreihen einige Hundert Dockarbeiter saßen. Sie waren bereits in sehr aufgeregter Stimmung, denn in der Augusthitze hatten sie schon etliche Krügl Bier getrunken, die nicht gerade zur Beruhigung der Gemüter beitrugen. Auch der Anblick dieser halbnackten Mannsbilder, mit ihren derben Muskelpaketen, war gleichfalls nicht beruhigend. Landessekretär Moser hielt also, leicht stotternd, sein geplantes Referat, immer öfter von stürmischen Zwischenrufen unterbrochen. Es war wirklich etwas mulmig. Plötzlich stürmte ein Arbeiter in die Kantine und brüllte: „Da draußen ist Staatspolizei! Wir sind freie Bürger, wir brauchen keine Aufpasser!" Das löste schlagartig einen unglaublichen Tumult aus. Allgemeines Geschrei, schon flogen Bierkrügl in unsere Richtung zum Präsidium. Einer in der Masse sprang auf und schrie: „Die da droben mit ihren roten Krawatten, die sollen verschwinden!" Wir beide hatten nämlich Landestrachten an, zu welchen bekanntlich rosa Krawatten gehören. Der Landessekretär erbleichte, verstummte, und seine Sekretärin verkroch sich unter den Tisch. Im Nu war die Versammlung ein brüllender Hexenkessel.

Da sprang ich auf den Sessel, den Tisch, und ging langsam zwischen den Bierkrügln auf dem Mittelbalken, Hände in die Hüften gestemmt, mitten in die tobende Masse. Tödliches Schweigen . . . „Ja, was glaubt's denn ihr eigentlich? Glaubt ihr, daß ich mich vor euch fürchte? Ich brauche keine Staatspolizei zu meinem Schutz, sie soll verschwinden. Mit euch werd' ich schon allein fertig!" Atemlose Stille, dann brach ein tosender Applaus los. Die Situation war gerettet. Seit dieser Stunde war ich bei den Hafenarbeitern persönlich ganz groß im Kurs, bis zum Untergang des Ständestaates. Das heißt natürlich nicht, daß diese Illegalen sich plötzlich politisch bekehrt hatten, aber sie respektierten unseren Mut. Natürlich verbreitete sich diese Geschichte in Windeseile durch Mundfunk in ganz Oberösterreich. Jedenfalls war ich seit dieser Stunde für alle Arbeiter ein anerkannter Gesprächspartner.

Nach der Rückkehr aus dieser Versammlung träumte ich des Nachts einen Traum, den ich schon oft geträumt hatte. Eine tiefenpsychologische Erklärung dürfte nicht allzu schwierig sein. So war ich in meinem ganzen Leben immer nur auf Seite der Verteidiger eines bestehenden Systems! Sicher auf Grund intellektueller Vernunftgründe; aber wer ist schon frei von Emotionen, wenigstens in Träumen? Überdies hatte ich mich schon oft gefragt, ob ich eigentlich – in einer gegebenen Situation – das Zeug zu einem echten Volkstribunen in mir hätte. Es gab zwar Großkundgebungen mit tosendem Applaus und rasselnden Schlägern, wenn ich etwa an die MKV-Versammlung in Klosterneuburg denke. Aber im Grunde war auch dort meine rasante Angriffsrede nur eine Verteidigung überkommener Wertbegriffe im bestehenden System. So träumte ich denn manchmal in stillen Stunden folgenden Traum! Wenigstens einmal ein revolutionärer Führer sein: Alles niederreißen, schöpferisch aus dem Nichts ein Neues schaffen, den Willen fanatisierter Massen nach dem eigenen Willen kneten; auf einer Tribüne stehen, die Johlenden mit Worten striemen, faszinieren, eine Fahne der Revolution entrollen, und als ihr Messias an der Spitze der fanatisierten Janitscharen eine neue Ordnung schaffen. Manchmal analysiere ich die modernen Terroristen, was sie richtig, was sie falsch machen. Sie wollen das Bestehende zerstören, und überlassen es dem Zufall, ob aus dem Chaos, wie von selbst, die von ihnen ersehnte neue Zeit erwächst. Aber sie treiben damit jene Massen, die aus sozialen Gründen ihre Anhänger sein müßten, in die Arme der Verteidiger des bestehenden Systems . . .

Auch die aus den Revolutionen im Osten gewordenen, längst privilegierten Establishments sind nicht die Fackelträger einer neuen Zeit! Das ist ja der Vorwurf der chinesischen Kommunisten an die herrschende Klasse in der Sowjetunion. Mao bewies zwar sicheren Instinkt mit seiner „permanenten Revolution", mit der er die auch in China sich stets neu bildenden Establishments zerschlagen wollte. Aber er war ein marxistischer Dogmatiker der „Gleichheit". Er mußte scheitern, denn sein Traum widerspricht der menschlichen Natur.

In dem Kapitel über meine Erlebnisse im Konzentrationslager werde ich mich daher mit dieser gesellschafts-politischen Problematik, nämlich der ständigen Bildung von privilegierten Schichten in einer angeblich vollständig gleichen Gesellschaft, eingehend auseinandersetzen.

Diese intellektuelle Erkenntnis, diese letzte Weisheit, war sicherlich der tiefste Grund, daß meine revolutionären Sehnsüchte und insgeheimen Träume eben nur Träume geblieben sind. Ich war ein junger Mensch, und deshalb gleichfalls emotionell; aber ich habe immer mittels des Intellekts solche Emotionen in den Griff bekommen. Aber irgendwie blieb ein menschliches Verständnis für jugendliche Idealisten, die für ihre verrückten Ideale bedingungslos ihr Leben opferten; etwa ein Che Guevara, und wie sie alle hießen. Aber aus all dem sollten wir dennoch eine Lehre ziehen!

Zur Bändigung revolutionärer Situationen, etwa in Südamerika, bedarf es neuartiger Einfälle; es genügen nicht verrostete Waffen aus dem Zeughaus unserer gesellschafts-politischen Prinzipien. Dieser Problematik widmet der Verfasser ein eigenes Kapitel! Dazu gehört auch die Überlegung, daß wir in unserer Fürsorge für die Jugend wahrscheinlich vieles falsch machen. Wir schenken ihnen Spielplätze und Stipendien, ermöglichen tolle Reisen, und erziehen sie damit gleichsam zu Maden im Wohlfahrtsspeck unserer Gesellschaft, statt sie als Idealisten und Kämpfer zu begeistern. Wissen wir denn, ob nicht schon in absehbarer Zeit unsere Gesellschaft solche Kämpfer brauchen wird?

Nach dieser Abschweifung wieder zurück zum Thema. Mir war auf Grund all dieser Erlebnisse und Eindrücke klar geworden, daß alle die sogenannten „Befriedungsaktionen" und sonstigen Bemühungen zur Gewinnung der Arbeiterschaft keine Aussicht auf einen durchschlagenden Erfolg hätten, ganz abgesehen davon, daß die Vielfalt der Bemühungen in ein vernünftiges System gebracht werden mußten. „Also könnten wir denn nicht", so fragte ich mich, „aus der sozialistischen Arbeiterschaft jene Kräfte gewinnen, die von Haus aus nicht sozial-revolutionär, sondern sozial-evolutionär dachten?" Aus diesen Überlegungen entstand 1936 mein Buch „Der Sozialist im Dollfuß-Österreich". Sein Inhalt war ein Niederschlag meiner soeben geschilderten Lehr- und Lernjahre, und hat daher in erster Linie, neben einer historischen Darstellung der Entwicklung seit dem 12. 2. 1934, apologetischen Charakter. Daher beinhaltete es vorerst eine Durchleuchtung der psychologischen Situation, sowie der Mentalität im Denken der Arbeiter. Sie sollten davon überzeugt werden, daß man mit ihrem Denken vertraut sei und nach geeigneten politischen Methoden suche. Andererseits sollten die Männer des Regierungslagers endlich erkennen, daß jedes Bemühen um die Gefolgschaft der sozialistischen Arbeiter, ohne Rücksicht auf deren Mentalität, völlig aussichtslos sei. Hier zeigt sich schon im Ansatz meine komplizierte „Zwei-Fronten-Stellung". Es war in Wahrheit eine ideologische Gratwanderung zwischen zwei gegensätzlichen Polen. Daraus erklärt sich, daß der wesentliche Inhalt des Buches der Versuch eines „Substanzprovisoriums" sein mußte. Mit dessen Hilfe hoffte ich, zwischen den beiden politisch-weltanschaulichen Lagern gemeinsame, und zwar tragfähige ideologische Berührungspunkte zu finden. Dabei galt es drei Schwierigkeiten zu überwinden: erstens die Problematik um die Begriffe „Klasse" und „Klassenkampf"; zweitens die Problematik der Schaffung einer „Pluralität", welche die Tatsache nur *einer* politischen Bewegung mit der Notwendigkeit eines politischen Sonderinstrumentes für die Arbeiterschaft ermöglichte; und drittens die Problematik, die sich aus der Tatsache ergab, daß im besten Fall eine Pluralität der politischen Instrumente, nicht aber „geistiger Substanzen" erreicht werden konnte. Schließlich war Österreich zu jener Zeit nicht allein ein „Ständestaat", sondern ein Staat, der sich vom Grundsatz her zu christlichen Werten bekannte. Schließlich hieß es bereits in der Präambel der Verfassung, daß Österreich sie im Namen Gottes erhalte. Über dieses Problem einer weltanschaulichen Pluralität konnte ich freilich nicht schreiben, weil eine solche Forderung radikal das Ende meines, an sich schon an der Grenze des Möglichen verlaufenden Versuches einer tragfähigen Reform bedeutet hätte. Aber immerhin umfaßte der ideologische Teil, also der Versuch eines „Substanz-Provisoriums", volle 60 Seiten.

Das Buch fand in der Arbeiterschaft gewaltige Verbreitung und Resonanz. Die illegale Arbeiterzeitung berichtete eingehend darüber und kommentierte es sehr ausführlich, natürlich negativ. Nebstbei bemerkt: Die illegale Arbeiterzei-

tung war im Kleinformat, auf dünnstem Papier gedruckt, und zwar in der Tschechoslowakei. Chefredakteur war Dr. Otto Bauer in eigener Person. Sie gelangte
in Tausenden von Exemplaren nach Österreich, trotz aller Maßnahmen der Zoll-
behörden und der Gendarmerie. Niemand geringerer als der sozialistische Innenminister Oskar Helmer in der Koalitionsregierung der Zweiten Republik erzählte mir kurz vor seinem Tod, daß er mein Buch im Gefängnis ausführlichst gelesen habe.

# Sonderfall „Austrofaschismus"

Das vorliegende Kapitel beinhaltet eine Analyse der beiden Gesellschaftsmodelle, aber auch ihre widersprüchliche Interpretation aus der Sicht der gegnerischen Lager. Für die einen war und ist noch heute die ständestaatliche Ära ident mit einem faschistischen System; die anderen sahen in ihr das Modell einer Staats- und Gesellschaftsordnung, von der sie einen Ausweg aus der damaligen parlamentarischen Malaise erhofften. Beide Gruppen irrten offensichtlich, und zwar in wesentlichen Punkten. Es bedarf daher einer nüchternen Analyse der beiden Gesellschaftsmodelle aus *intellektueller* Schau.

Die *emotionellen* Faktoren und realpolitischen Gegebenheiten als motorische Kräfte der tatsächlichen Entscheidungen sind Gegenstand anderer Kapitel. Wir alle sind zwar subjektiv befangen; aber bemühen wir uns wenigstens um eine möglichst objektive Schau, selbst wenn wir von lieb gewordenen Wertvorstellungen – das gilt für beide „Lager" – Abschied nehmen müßten.

Eine erste Überlegung zeigt, daß sämtliche „Faschismen" in die Kategorie autoritärer Systeme einzuordnen sind; sich jedoch wesentlich von „nicht-faschistischen" autoritären Regierungsformen unterscheiden. Bürgerliche Diktaturen etablieren sich lediglich im Rahmen der bestehenden staats- und gesellschaftsrechtlichen Ordnung, während faschistische Systeme sie „verändern" wollen. Sie möchten die Gesellschaft von der Substanz her „erneuern", und zwar durch neue gesellschaftliche Bindungen. Sie sehen nämlich die Ursache der heutigen „Zerfallserscheinungen" der Gesellschaft in der liberalen Wirtschafts- und Gesellschaftsordnung. Auch der parlamentarische Rechtsstaat wird abgelehnt, weil man ihn als „Produkt" der in sich zerfallenden, liberalen Gesellschaftsordnung als „Medizin" zur Beseitigung der Krankheitserscheinungen für völlig ungeeignet hält.

Aus dieser Perspektive ist es völlig logisch, daß in faschistischen Ideologien der Begriff „Ganzheit" eine wesentliche Rolle spielt. Aus faschistischer Sicht läßt sich nämlich der Zerfall des traditionellen Gemeinschaftsbewußtseins – also der alten ideologisch-strukturellen „Ganzheit" – nur durch einen „neuen" Gemeinschaftsbegriff überwinden. Von einer solchen Totalität erwartet man sich die Überwindung der „Negativ-Folgen" der pluralistischen Gesellschaft.

Aber man muß dabei unterscheiden zwischen dem „Totalitäts"-Begriff als Gesellschaftsmodell und seinem jeweiligen geistigen Gehalt.

Aus solchen Gedankengängen ergibt sich für den Faschismus der Nachweis der Existenzberechtigung einer totalitären Diktatur; denn logischerweise kann über den „Inhalt" einer neuen „Ganzheit" auf parlamentarischem Wege keine Einigung erzielt werden. So fühlt sich denn der Faschismus zur Gewaltanwendung berufen und berechtigt. Es hat zwar diese Gedankengänge kein faschistischer Theoretiker so nüchtern und präzise formuliert; aber sie sind aus deren „bombastischen", literarischen Ergüssen herauszulesen.

Der Faschismus ist auf jeden Fall wesensverwandt mit totalitären Systemen völlig anderen geistigen Gehaltes, etwa der marxistisch-kommunistischen Gesellschaftsphilosophie; denn man kann wohl kaum bestreiten, daß etwa die Farbbezeichnungen „rot" oder „braun" lediglich ein anderes Vorzeichen für die *gleichen* gesellschaftlichen Strukturen sind. Diktatur bleibt Diktatur, Totalität bleibt Totalität, egal, ob sie mit Begriffen wie „Rasse" oder „Klasse" begründet werden. Das gesellschaftspolitische Phänomen des Faschismus in unserer Zeit bedürfte natürlich einer eingehenden Analyse, die jedoch den Rahmen dieser Darstellung sprengen würde. In diesem Zusammenhang zeigt sich freilich auch ein Dilemma der heutigen demokratisch-pluralistischen Gesellschaft. Mit welchen Methoden könnte nämlich sie den heutigen, ideologisch-strukturellen Zerfallsprozeß stoppen und zu einer neuen, gemeinsam respektierten Wertordnung, also „Ganzheit", führen? Eine faszinierende Aufgabe . . .

Aus dem Ganzheitsdenken totalitärer Systeme resultiert das Prinzip der Willensbildung von „oben" nach „unten"; und ist es gleichfalls folgerichtig, daß die gesellschaftlichen Institutionen und Organismen keine „Eigenberechtigung" und keine „Eigenständigkeit" besitzen. Im Rahmen einer Totalitären Gesellschaft haben sie lediglich den Charakter von „Hilfsorganen". Damit wird gleichsam das Kind mit dem Bade ausgeschüttet! Weil deren schrankenlose Autonomie zum Chaos führte, wird jede natürliche, autonome Eigenberechtigung überhaupt bestritten. Es ist eine Roßkur nach dem Muster Dr. Eisenbarts.

So kam es im faschistischen Italien zur Bildung der „Korporationen", und im nationalsozialistischen Deutschland zur Gründung der Deutschen Arbeitsfront (DAF), in denen Arbeitgeber und Arbeitnehmer einheitlich zusammengefaßt und von den Repräsentanten der Ganzheit autoritär geleitet wurden.

Der sogenannte Zerfallsprozeß hatte nicht nur geistige Hintergründe, sondern auch solche aus der sozialen Wirklichkeit. Die moderne Industriegesellschaft ist gekennzeichnet durch die Existenz von „Klassen" und somit dem aus ihrer natürlichen Gegensätzlichkeit resultierenden, sogenannten „Klassenkampf". Selbstverständlich gefährdete auch dieser die Einheit der Gesellschaft und „zerklüftete" somit die „Ganzheit". Immerhin war damit die Frage nach der Entstehungsursache und des weiteren Entwicklungsprozesses der Klassengesellschaft automatisch zur Diskussion gestellt. Sie bedurfte einer Antwort, selbst dann, wenn man marxistische Begründungen als einseitig doktrinär empfindet und deshalb ablehnt. Kein Zweifel, daß die Überwindung und Beseitigung der Klassen, zumindest ihrer offensichtlichen Mängel, ein aktuelles Problem in unserer Zeit darstellt. Es konfrontiert uns mit der Frage, ob der gegebene „Funktionalismus" der Klassen entschärft, somit positiv „umfunktioniert" werden kann, und mit welchen Methoden dies erreichbar ist. Natürlich haben auch die Faschisten dies unbewußt empfunden, aber bei der theoretischen Untersuchung dieser Problematik machten sie es sich allzu leicht. Entweder leugneten sie überhaupt die Klassen, deren Existenz jedoch ganz einfach nicht zu leugnen ist; oder sie erhofften sich deren „Beseitigung", zumindest deren „Fehlfunktionen", durch völlig untaugliche Mittel.

Zur Koordination der gegensätzlichen Interessen genügt nicht eine rein organisatorische Zusammenfassung, geschweige denn eine autoritäre Führung. Es bleibt dabei ja die wesentliche Frage des maßgeblichen „Einflusses" auf die wirtschaftlichen und sozialen Entscheidungen der autoritären Führung offen. Eine Änderung der äußeren „Organisationsformen" der sozialen Gruppen verändern doch nicht die innewohnenden Tendenzen. Vulkanische Kräfte können ja gleichfalls nicht durch einige Dämme am Ausbruch gehindert werden.

Ein Ansatzpunkt für gesellschaftsreformatorische Überlegungen wäre vielleicht die Tatsache gewesen, daß durch die moderne Entwicklung zum Sozial- und Wohlfahrtsstaat eine weitgehende Umformung der gegebenen Klassensituationen eingetreten ist. Aber diese Entwicklung ist ja erst nach 1945, also nach dem Ende der faschistischen Ära, sichtbar geworden. Aber Gesellschaftstheoretiker sollten eigentlich künftige Entwicklungen und die Möglichkeiten ihrer Beeinflussung „voraus" zu denken sich bemühen. Die Gesellschaftslehren des Faschismus waren also weitgehend oberflächlich und widersprüchlich. Immerhin sind sich nicht nur die Gegner des Faschismus, sondern auch eigene Anhänger dieser Widersprüche bewußt geworden. Deshalb hat die nationalsozialistische Führung, trotz Beibehaltung des Privateigentums an den Produktionsmitteln, die Verfügungsgewalt der Eigentümer, zumindest mit Worten, weitgehend beschränkt. Aber selbst das empfand man im eigenen Lager als Unzulänglichkeit. Man sprach daher von einer „Zweiten Revolution", durch welche der wahre nationale Sozialismus erst endgültig verwirklicht werden sollte. Man erinnere sich der beiden Brüder Strasser, die Hitler schließlich abschob. Erst durch diesen Schritt gewann er ja endgültig das Vertrauen und die Unterstützung der deutschen Industrie. Auch der bekannte Fall Röhm spielt in dieser Auseinandersetzung eine Rolle.

Versuchen wir jetzt eine Definition des „Faschismus" aus marxistischer Perspektive. Für diese ist er lediglich eine ideologische Tarnung einer sogenannten bürgerlichen „Klassendiktatur". Nach dieser Doktrin fühlte sich die „Bourgeoisie" – ausgelöst durch wirtschaftliche und politische Krisen, sowie den daraus resultierenden, revolutionären Bewegungen – in ihrer privilegierten Klassenherrschaft gefährdet. Daher erwartete sie den Schutz ihrer Klasseninteressen nicht mehr durch müde bürgerliche Parteien, sondern nur mehr durch eine, und zwar ideologisch getarnte, bürgerliche Diktatur.

Überdies war die Leugnung der Klassen durch faschistische Theoretiker, die für echte Marxisten eine verlogene Behauptung ist, zusätzlich auch deshalb falsch, weil in der angeblich klassenlosen Gesellschaft des Faschismus die Klasse des privaten Großkapitals vorhanden blieb und mittels ihrer wirtschaftlichen Macht die Gesellschaft nach wie vor beherrschte.

Mit diesen Thesen geriet der Marxismus freilich in ein Dilemma. Schließlich waren die bürgerlichen Kapitalisten relativ gering an Zahl; während die faschistischen Parteien, die vom Großkapital als Werkzeuge benutzt wurden, unbestreitbar echte Massenbewegungen waren. Daraus ergab sich für marxistische Theoretiker das schwierige Problem, daß Menschen, die keine kapitalistischen Eigeninteressen hatten, sich als politische „Handlanger" manipulieren ließen.

Sie lösten diesen Widerspruch durch den Hinweis auf die Existenz sogenannter „deklassierter" Schichten ehemals herrschender Eliten. Man verwies dabei auf ehemals kaiserliche Berufsoffiziere, aber auch andere Mitglieder der bürgerlichen Gesellschaft, die sowohl ihre wohlsituierte wirtschaftliche Existenz als auch ihre angesehene gesellschaftliche Stellung durch die turbulenten Zeitereignisse endgültig verloren hatten. Diese an Zahl nicht geringen Schichten wurden nach marxistischer Auffassung noch zusätzlich durch Massen arbeitsloser Proletarier, die in der Wirtschaftskrise ihre Existenz sowie ihr proletarisches „Bewußtsein" verloren hatten, ergänzt. Es stellt sich tatsächlich die Frage, weshalb diese deklassierten Schichten nicht Anhänger des Marxismus wurden, denn schließlich waren sie ja in eine „proletarische Klassensituation" hinabgesunken.

So befanden sich denn die marxistischen Theoretiker in folgendem Dilemma: Nach ihrer Theorie hatte am Faschismus lediglich eine schmale Schicht der Großbourgeoisie ein echtes Klasseninteresse; und andererseits folgten diese „Neo-Proletarier" nicht marxistischen Parolen, sondern verteidigten eine bürgerliche Ordnung, die nicht mehr ihren wahren Interessen entsprechen konnte. Suchen wir daher für dieses Phänomen eine Erklärung, die wohl nur mit dem Hinweis auf psychologische Faktoren gefunden werden kann! Diese „Neo-Proletarier" waren nach ihrer ganzen Erziehung und Vergangenheit „Anti-Marxisten", ein Feindbild, das in ihnen nach wie vor lebendig blieb. Sie suchten zwar gleichfalls nach einer „Veränderung" der Gesellschaft, von der sie sich wieder sozialen Aufstieg und Existenz erwarteten. Dies schien ihnen der Faschismus zu garantieren, denn auch er hatte, so wie die Marxisten, eine „gesellschaftsverändernde" Programmatik. Der Hinweis auf die Dürftigkeit der faschistischen Programmatik kommt deshalb nicht zum Tragen, weil die Masse dieser Neo-Proletarier gesellschaftspolitisch völlig ungeschult war. Überdies hatte in den Augen dieser Menschen der Marxismus Schuld an der Zerstörung der alten Ordnung und somit ihrer eigenen sozialen Deklassierung. Vom „Mörder" erwartete man sich nicht das Verhalten eines „Arztes"!

Die Faschisten hingegen waren mit einer völlig anderen ideologischen Schwierigkeit konfrontiert. Im Grunde war nämlich ihr „Ganzheits-Begriff" lediglich eine leere Worthülse, die erst mit irgendwelchen Inhalten gefüllt werden mußte. Ihre politischen Schlagworte entsprachen zwar propagandistischen Bedürfnissen, die ohne Zweifel wirksam waren; aber für eine ideologische Substanz der neuen Ganzheit waren sie doch zu dürftig. Denn „Negativ-Bilder" der demokratisch-pluralistischen Gesellschaft sind lediglich eine Kritik des gesellschaftlichen „Ist-Zustandes", aber noch lange keine Aussage zur geistigen Substanz der ersehnten Ganzheit. Da zeigte sich – einerseits für den Heimatschutz, andererseits auch für die Nationalsozialisten – ein Ausweg in der modernen Ganzheitslehre von Othmar Spann, über welche zu jener Zeit in studentischen und intellektuellen Kreisen sehr viel diskutiert wurde. Überall schossen Diskussionszirkel, sogenannte „ständische Arbeitsgemeinschaften", wie die Pilze aus dem Boden. Faschistischen Kreisen mußte Spanns These von der „Gliedhaftigkeit" der Gesellschaft, wenigstens anfänglich, imponieren. Die Nationalsozialisten beeindruckte sicherlich noch überdies das „deutsch-völkische" Bekenntnis Othmar Spanns. Trotzdem kam es später zu einer endgültigen Trennung, weil offenbar erkannt wurde, daß der Begriff „Gliedhaftigkeit" eine Eigenfunktion der Glieder nicht ausschließt. Für die Nationalsozialisten war eine solche undenkbar, und für Othmar Spann ganz einfach nicht verzichtbar. Oft wird Spanns Lehre mit der Theorie vom „Ständestaat" verglichen. Das jedoch scheint mir völlig falsch zu sein, weil offensichtlich gegensätzliche Grundprinzipien vollständig übersehen werden. Der „Ganzheitsbegriff" Spanns schließt nämlich demokratische Strukturen der Gesellschaft aus, während nach der Theorie des „Ständestaates" demokratische Wahlen von unten nach oben selbstverständlich sind. Wenn nämlich, nach der Lehre Spanns, die „Ganzheit" aus einer „Wechselbeziehung" der Individuen und der Gesellschaft besteht, dann kann man doch den „Eigenwillen" der Individuen durch Verweigerung von Wahlen nicht kastrieren.

Mit der vorangegangenen Ausleuchtung der ideologischen Strukturen faschistischer Systeme sollte die Voraussetzung für den Nachweis erbracht werden, weshalb der sogenannte „Austrofaschismus" als „Sonderfall" bezeichnet werden kann. Seine politischen Führer befanden sich in einem inneren Dilemma. Einerseits empfanden sie die Rückkehr zum parlamentarischen System – ob mit Recht oder Unrecht, wurde an anderer Stelle untersucht – als völlig aussichtslos. Andererseits scheuten sie vor der Übernahme eines echten faschistischen Systems zurück. Einerseits waren sie doch, zumindest die Männer aus dem christlichsozialen Lager, Demokraten; andererseits nicht blind für den Zeitgeist, der die Massen ihrer bisherigen Wähler für den Faschismus empfänglich machte. Schließlich hatten sie bei den letzten demokratischen Wahlen immer mehr Mandate verloren, und strömten diese Wähler entweder zur Heimwehr oder zu den Nationalsozialisten. Die marxistischen Kritiker der politischen Führer jener Zeit übersehen vollständig diesen Sachverhalt!

Da schienen die damals vieldiskutierten, päpstlichen Enzykliken „Rerum Novarum" und „Quadragesimo Anno" ein tragfähiger Ausweg zu sein. Die Ständestaatstheorie war ja, wenigstens oberflächlich gesehen, nicht totalitär, denn seine Organe sollten nicht ernannt, sondern von unten nach oben gewählt werden. Diese Politiker waren ohne Zweifel gläubige Katholiken, aber irgendwie doch – naive Gemüter! Ich selbst schließe mich davon nicht aus. So übersahen sie eine Schwierigkeit, mit der sie später konfrontiert wurden. Sie lag im Widerspruch des grundsätzlichen Bekenntnisses zu demokratischen Wahlen und der Notwendigkeit einer autoritären Führung, welche schließlich ja die Ursache jener beanstandeten Übergangsbestimmung, nämlich einer vorläufigen Ernennung der Organe, waren.

Ferner war ihre fromme Grundhaltung Ursache schwerer psychologischer Fehler bei Einführung der ständischen Verfassung. Sie begann mit den Worten: „Durch den Willen Gottes erhält das österreichische Volk diese Verfassung". In weiten, selbst katholischen Kreisen wurde dies als Blasphemie empfunden. Zwar bekannte sich die Mehrheit der Österreicher zum römisch-katholischen Glauben, aber die Zahl des gläubigen Kirchenvolkes war wesentlich geringer; und überdies war selbst ein Teil dieser Minderheit mit halbfaschistischen Formen gleichfalls nicht einverstanden.

Auf den Unterschied in der Entwicklung der Vaterländischen Front einerseits, und jener der echten faschistischen Bewegungen andererseits, habe ich bereits verwiesen. Letztere waren „eineiig", während man die Vaterländische Front in ihrer Entstehung und programmatischen Entwicklung als „vielzellig" bezeichnen muß. Dieser Sachverhalt zeigt noch ein weiteres, geradezu groteskes Phänomen. Die Heimwehr, die gleichfalls erst allmählich sich zu einem totalitären Programm bekannte, nistete sich – wie eine Made im Speck – im Körper der Vaterländischen Front ein. Es gab daher einen merkwürdigen „Dualismus", der in echten faschistischen Bewegungen völlig undenkbar gewesen wäre. Man stelle sich etwa die Reaktion Hitlers oder Mussolinis auf eine derart komische Entwicklung vor . . .

Ohne Zweifel war daher der sogenannte „Austrofaschismus" ein Zwitter „sui generis", der bereits im Keim zwei verschiedene Interpretationen der gemeinsam geplanten, ständestaatlichen Gesellschaftsordnung in sich trug. Für die Heimwehrmänner war die demokratische Interpretation des Ständestaates durch die Christlichsozialen ein „Verrat" an den faschistischen Prinzipien. Sie sprachen daher von verderblichen „marxistischen Eierschalen" und demokratischen „Relikten". Andererseits war für viele Christlichsoziale die faschistische Interpretation des Ständestaates durch die Heimwehr ein „Verrat" an dessen demokratischer Grundstruktur. Über die daraus resultierenden politischen Auseinandersetzungen innerhalb des vaterländischen Lagers habe ich an anderer Stelle bereits ausführlich berichtet.

Überdies gab es auch im organisatorischen Bereich einen wesentlichen Unterschied, den man mit den Worten „ein-teilig" und „zwei-teilig" präzisieren kann. In Italien und Deutschland waren in den Korporationen und der Deutschen Arbeitsfront die Arbeitgeber und Arbeitnehmer „ein-teilig" zusammengefaßt; in Österreich hingegen kann man von einem „zwei-teiligen" Prinzip sprechen.

In den sogenannten „Berufsständen" wurden nämlich diese beiden Interessenvertretungen zwar gleichfalls zusammengefaßt, aber „paritätisch" und „gleichberechtigt". Somit war, zumindest theoretisch, die Gleichberechtigung der „Sozialpartner" – wie man heute sagen würde – verfassungsmäßig verankert. Die tatsächlichen Beschränkungen der Autonomie waren daher nicht verfassungsrechtlich, sondern lediglich als Ausnahme für eine Übergangszeit gedacht.

Die echte Schwierigkeit für die Zukunft, so sehe ich es wenigstens heute, ergab sich natürlich aus dem Gegensatz zwischen der „pluralistischen Wirklichkeit" der Gesellschaft und ihrer „einheitlichen" christlichen Verfassungsstruktur. Daher gab es auch für Gesinnungsgruppierungen in der Verfassung keinen Vertretungskörper. Hier liegt natürlich ein echter Ansatzpunkt für die demokratische und marxistische Behauptung, daß auch der Ständestaat ein faschistisches System gewesen sei.

Natürlich gab es auch noch andere Denkfehler. Man konnte einfach nicht ein mittelalterliches Gesellschaftsbild auf die moderne Industriegesellschaft übertragen. Abgesehen von den völlig anderen Produktionsverhältnissen unterscheiden sich auch die sozialen Strukturen ganz wesentlich. Ich verweise bloß auf das totale Fehlen eines modernen Industrie-Proletariates im Mittelalter. Die Institutionen zum Ausgleich der Gegensätze zwischen den Berufsständen und Klassen genügten daher nicht. Es wären Ansatzpunkte für eine „Umformung" der gesellschaftlichen Wirklichkeit notwendig gewesen. Genau das ist das Thema meines bereits mehrmals zitierten Buches aus jener Zeit.

Allerdings war der Grundgedanke der Parität zwischen Arbeitgebern und Arbeitnehmern richtig, weil er einem echten demokratischen Prinzip entsprach. Ich verweise bloß auf die „Paritätische Lohn- und Preiskommission" in der Zweiten Republik, die ich einmal, natürlich nur im Spaß, als das Organ eines modernen „marxistischen Ständestaates" bezeichnete . . .

So kann man wohl sagen, daß der Ständestaat letzten Endes zwar ein untaugliches Mittel zur Erhaltung der Selbständigkeit Österreichs war, aber mildernder Umstand ist sicher die Tatsache, daß auch alle anderen Mittel – einschließlich der Rückkehr zum parlamentarischen System – zu deren Erhaltung untauglich gewesen wären.

In diesem Kapitel ging es um den Nachweis, daß die „Gesellschaftskonzepte" des echten Faschismus und des Ständestaates „nicht ident" sind, weil sie in Grundprinzipien weit auseinanderklaffen. Hier stand ja nicht zur Debatte, ob der damals gewählte Weg klug war oder nicht! Jedenfalls war er der Versuch einer Verlegenheitslösung, von der man glaubte, daß demokratische Elemente erhalten bleiben könnten. Der sogenannte „Austrofaschismus" war somit tatsächlich ein echter „Sonderfall"!

# Bewältigte Vergangenheit

Die Jahre 1932 bis 1938 umfassen eine dramatische Epoche der neuösterreichischen Geschichte. Da der Autor in jener Zeit als junger Mensch in die Politik hineingewachsen ist, kann er aus persönlichem Erleben einen kleinen Beitrag zur Ausleuchtung des damaligen Zeitgeschehens leisten. Darüber hinaus berichtet er nicht allein aus tagespolitischer Perspektive über jene Fakten. Ihn faszinierte schon immer auf Grund seines gesellschaftsphilosophischen Erkenntnisdranges und seines Ringens um tragfähige Grundfesten einer gesellschaftspolitischen Ordnung das Ausleuchten der Hintergründe, des Unterschwelligen, des Emotionellen, also jener psychologischen Faktoren, die das politische Denken und Verhalten der handelnden Personen prägte und beeinflußte. Mit anderen Worten: Ihm geht es um das Sichtbarmachen jener Denkvorstellungen und Wunschträume, welche die wahre Wirklichkeit des Lebens sind, weil sie den lebenden Menschen so zeigen, wie er denkt, beeinflußt wird, sich irrt, aber auch sein Schicksal meistert. Überdies ist ja ein Hauptanliegen seiner Memoiren ein Beitrag zur „Bewältigung" der Vergangenheit, weil eine gesicherte, von allen Staatsbürgern respektierte geistige Substanz die beste Garantie für die Existenz des Staates ist. Sicher: Die Zweite Republik ist nicht mehr in Frage gestellt, sie ist im Gegensatz zur Ersten Republik völlig unbestritten. Aber kein Staat kann aus seiner Geschichte „austreten". Niemand kann Geschehenes ungeschehen machen; egal, ob er die Ereignisse an sich bejaht oder verneint. Die lebenden, kommenden und versunkenen Generationen Österreichs sind eine Schicksalsgemeinschaft aus Vergangenheit, Gegenwart und Zukunft. Deshalb ist die eigene politische Vergangenheit in das allgemeine Geschichtsbewußtsein der Staatsbürger zu „integrieren". Damit komme ich zu einer ersten Feststellung: Wir können nicht aus der Perspektive einer einzelnen Partei wie ein Totenrichter der antiken Sage die arme Seele wegen ihrer Fehler und Sünden überprüfen, wenn sie der Fährmann Charon über den Lethe führt. Es bedarf daher einer Überprüfung, ob die modernen Österreicher tatsächlich ihre stürmische Vergangenheit „bewältigt" haben, oder ob es noch immer „unbewältigte" Relikte gibt.

In Festreden, bei feierlichen Anlässen bekennen sich zwar die Redner sämtlicher Parteien dazu, daß die Vergangenheit endgültig „bewältigt" sei; in den tagespolitischen Auseinandersetzungen zwischen den Parteien gibt es jedoch noch immer emotionelle Ausbrüche, die das Fortwirken „unbewältigter" Werturteile erkennen lassen. Deshalb stellte sich der Verfasser als Angehöriger der Gründer-generation der Zweiten Republik oftmals die Frage, ob im lebensnotwendigen „Verkraftungsprozeß" unserer brisanten Vergangenheit nicht etwa ein gewisser Stillstand eingetreten ist. Man sollte nicht lächerliche „Stürme im Wasserglas" verursachen, wenn rings umher tödliche Gefahren die freie Welt bedrohen, in deren Sog wir jederzeit gelangen können. Deshalb ist der Inhalt des Buches, nochmals sei es betont, nicht allein gedacht als ein wissenschaftlicher Beitrag zur Geschichte, sondern als ein echtes politisches Bemühen um eine endgültige „Vergangenheitsbewältigung". Der Verfasser bekennt offen, daß er mit seiner Ausleuchtung historischer Wahrheiten nicht die Absicht verfolgt, persönliche Fehler oder solche seiner politischen Gesinnungsgemeinschaft zu beschönigen oder gar zu verschweigen; aber diese Grundhaltung herber Selbstkritik verleiht ihm gleichzeitig die moralische Berechtigung, auf Fehler der Gegenseite hinzuweisen, die nach seiner tiefen Überzeugung von dieser tatsächlich begangen wurden. Alle politischen Gruppen müssen sich zu der Weisheit des Satzes bekennen, der besagt „Irren ist menschlich, im Irrtum aber verharren unmenschlich!" Der Verfasser muß in diesem Zusammenhang darauf verweisen, daß im nichtsozialistischen Lager ein starkes Unbehagen vorhanden ist. Die Ereignisse in der Ersten Republik, insbesonders im Ständestaat, wurden nämlich durch eine quantitativ weit überwiegende, und zwar einseitige sozialistische Geschichtsschreibung kommentiert. Daher ist eine fundierte Beurteilung des historischen Geschehens aus einer gegensätzlichen Perspektive notwendig und berechtigt. Sicher sind die ergänzenden Kommentare des Verfassers zum damaligen Zeitgeschehen gleichfalls subjektiv und einseitig, aber zur richtigen Deutung geschichtlicher Ereignisse, vor allem der Motive der handelnden Personen bedarf eine objektive Geschichtsschreibung einer vollständigen Palette sämtlicher Farbnuancen. Er beharrt dabei nicht einseitig stur auf Vorurteilen seiner eigenen Vergangenheit, sondern er bekennt seine Bereitschaft zu einem sachlichen, wissenschaftlichen Kreuzen der Klingen vorhandener Argumente und Gegenargumente; er schreibt also nicht zur eigenen „Rechtfertigung", erhofft sich aber auch von der Gegenseite ein solches Springen über die „Schatten der eigenen Vergangenheit".

Beginnen wir also mit einer Analyse. Im Jahre 1945 hatten die Mitglieder der Koalitionsregierung, die im Jahre 1934 in gegnerischen Lagern kämpften, ihre politische Vergangenheit insoweit bewältigt, daß sie im Interesse Österreichs zusammenarbeiten konnten. Sie hatten aus der Geschichte tatsächlich gelernt und erkannt, daß sie nicht alte Fehler wiederholen durften, die zum Untergang Österreichs geführt haben und die Erringung der Souveränität und Freiheit des jungen Staates endgültig blockiert hätten. Aber das hieß noch lange nicht, daß sie auch seelisch ihre Vergangenheit endgültig bewältigt hatten. Letzten Endes war das ja auch die Ursache des „Nichtzustandekommens" einheitlicher Lehrpläne für den Geschichtsunterricht, vor allem der Ereignisse des Februar 1934; eine Unterlassungssünde, die psychologisch zwar begreiflich war, aber ein peinliches „Nicht-wissen" der jungen Österreicher um die eigene Geschichte als nachteilige Folge zeitigte.

Deshalb haben Bundeskanzler Dr. Bruno Kreisky und ich in unserer Eigenschaft als Präsidenten der „Theodor Körner-Stiftung" und des „Leopold Kunschak-Preises" ein gemeinsames Kuratorium gegründet und dessen wissenschaftliche Kommission mit der Aufgabe betraut, alle Hintergründe des Jahres 1934 auszuleuchten. Das geschah nicht so sehr wegen der erhofften wissenschaftlichen Erkenntnisse an sich, sondern aus dem Wissen, daß die Bewältigung der Vergangenheit in den Gehirnen der Menschen unserer Zeit eines psychologischen Beitrages bedarf. Die Probleme der Zukunft können eben nicht aus dem Geist emotioneller Erinnerungen der Vergangenheit gemeistert werden. Wenn bereits elf Jahre nach dem Februar 1934, also im Jahre 1945, die Gründergeneration dieses Staates die Vergangenheit in der Praxis weitgehend bewältigt hatte, dann dürfen die noch lebenden Angehörigen dieser Generation nicht zusehen, daß 35 Jahre später, also 1980, die Erben mit dem Feuer zündeln, weil sie in ihrer Blasiertheit mit dem sogenannten „Wohlfahrtsstaat" nichts anzufangen wissen. Wo ist die Zeit, in der man oftmals hörte „wenigstens noch einmal in meinem Leben möchte ich eine weiße Semmel essen . . .". Fast denkt man an das weise Sprichwort: „Wenn es dem Esel gut geht, dann geht er aufs Eis tanzen . . .". Aber es gibt nicht nur Junge, die mangels an Erfahrung es nicht besser wissen, sondern auch uneinsichtige Alte, die ganz einfach nicht vergessen können.

Erst kürzlich habe ich bei einer Diskussion in der Wissenschaftlichen Kommission des „Körner-Kunschak-Kuratoriums", bei der einige unbelehrbare Alte gehässig in der Vergangenheit herumgestochert haben, mit aller Deutlichkeit gesagt, es sei für Österreich ein Glück gewesen, daß nicht sie, sondern andere Sozialisten im Jahre 1945 die Koalitionsregierung gebildet hätten . . .

So ist denn jetzt mein Beitrag, meine Analyse des damaligen Zeitgeschehens fällig. Man darf nicht übersehen, daß wir alle, nämlich die Angehörigen der älteren Generation, eine politische „Vergangenheit" besitzen. So war etwa ich davon überzeugt, daß Dr. Engelbert Dollfuß einen Schicksalsauftrag zu erfüllen hätte, während man ihn im sozialistischen Lager aus tiefster Überzeugung für einen Rechtsbrecher, Diktator und Faschisten hielt. Weshalb sollte ich jedoch meine damalige Überzeugung leugnen oder gar mich dessen schämen. Irgendwie schweigt man ja schamvoll im bürgerlichen Lager heute über die eigene Vergangenheit . . . Was soll also die Beschuldigung politischer Gegner, sie hätten eine peinliche politische Vergangenheit, für Nutzen bringen? Jeder Angehörige unserer Generation hatte infolge der höheren Gewalt eines turbulenten Zeitgeschehens eine solche, wenn nicht sogar – mehrere politische Vergangenheiten! Maßstab für die Bewertung einer Person kann doch nicht sein, daß sie eine solche hatte, sondern nur die Art und Weise, wie sie von ihr innerlich bewältigt wurde. Deshalb konnte ich in der Zweiten Republik, trotz meiner sogenannten austrofaschistischen Vergangenheit, hohe Staatsfunktionen aus tiefem demokratischen Verantwortungsgefühl innehaben. Ganz einfach deshalb, weil ich Demokratie nicht in einem langweiligen Lehrbuch des Verfassungsrechtes erlernte, sondern aus dem Lehrbuch des Lebens, nämlich des persönlichen Schicksals und der persönlichen Erfahrung eines totalitären Regimes. Wie wäre es auch anders denkbar?

Lassen wir doch einmal vor unserem geistigen Auge den Film unseres Lebens ablaufen. Marschierte unsere Generation nicht immer hinter den Fahnen ständig „neuer" Zeiten? Die Jungsozialisten sangen einst mit Überzeugung und Ergriffenheit das Lied „Mit uns ist die *neue* Zeit!" Und gleichfalls aus Überzeugung und innerer seelischer Ergriffenheit sangen die Anhänger des Ständestaates „Mit Dollfuß in die *neue* Zeit!" Für die Nationalsozialisten war der Glaube an ein „Tausendjähriges Reich" germanischer Substanz und Führung die *neue* Zeit eines Herrenmenschentums, durch dessen Zucht und Ordnung die menschliche Gesellschaft von aller morbiden Dekadenz, von jüdischer Rassenschande endgültig gereinigt würde. Die italienischen Faschisten träumten visionär von der *neuen* Zeit eines wiedererstandenen zweiten „Imperium Romanum". Für orthodoxe Marxisten war und ist Lenin der Prophet jener *neuen* Zeit des endlich verwirklichten, alten Menschheitstraumes einer Gesellschaft, in der für alle Zukunft die Klassengegensätze überwunden sind und der Arbeiter in einem Paradies auf Erden – frei von Entfremdung, Ausbeutung, Demütigung und sozialer Verachtung – als freier Mensch glücklich und gesichert leben würde. Hunderte Millionen Menschen in der Dritten Welt glauben heute an die *neue* Zeit ihrer endgültigen Befreiung von Kolonialismus, Imperialismus, Demütigung und Ausbeutung durch den verruchten weißen Mann. In Österreich kam nach dem Zusammenbruch des Dritten Reiches die *neue* Zeit der wiedererstandenen Demokratie in der Zweiten Republik. Und trotz dieser relativ glücklichen Periode, in der wir nach stürmischen Episoden – Ständestaat und Drittes Reich – friedlich leben, dräuen schon wieder *neue* Zeiten, von der wirklichkeitsfremde Utopisten, Visionäre und Terroristen träumen, daß sie frei von „repressiver" Toleranz sein würde; von einer Gesellschaft, die nicht von „Konsumidioten" bevölkert wird und im „Wohlstandsspeck" erstickt, und in welcher der Staat nicht durch „Zwänge" den freien Menschen „manipuliert". Sogar unter den Anhängern der bestehenden rechtsstaatlichen Ordnung sind viele auf der Suche nach einer besseren, neuen Demokratie, die durch restlose Gleichheit der Chancen, der Mitbestimmung, der Einkommen sowie der sozialen Wertschätzung in das glückhafte Endzeitalter einer wahrhaft sozialen, menschenwürdigen Gesellschaft führen soll; wobei freilich völlig übersehen wird, daß selbst – theoretisch angenommen – bei vollständig materieller und rechtlicher Erreichung des ersehnten Zieles wesentliche Fragen offen bleiben, die das Menschenherz bewegen und somit entscheidende Faktoren des politischen Geschehens sind und bleiben. Es sind dies die seelischen Probleme von Leid und Glück, Krankheit, Liebe, Leidenschaft und Tod . . . Manchmal gleichen wirklich die Menschen auf ihrer Suche nach den aufgehenden Strahlen der Sonne einer wahrhaft neuen Zeit geistig Verirrten, die nächstens flackernde Irrlichter auf sumpfigen Mooren mit echtem Sonnenlicht verwechseln. Man sollte auch ganz nüchtern nicht vergessen, daß angesichts des raschen Wechsels der politischen Regime ein besorgter Vater seine Familie vor gefürchteten persönlichen Nachteilen schützen, und erhoffte Vorteile nützen will. Menschen, Menschen sind wir alle . . .!

Angesichts dieses wahrhaft dramatischen Geschehens in unserem Jahrhundert, dem ständigen Wandel der politisch-ideologischen Strukturen im europäischen Kulturbereich, fragt man sich tatsächlich, wo Ursache und Schuld hiefür zu suchen seien. Die Antwort der revoltierenden Jugend ist zu billig, wenn sie der älteren Generation Fehler und mangelnde Voraussicht vorwirft; wobei sie völlig übersieht, daß sie bereits selbst Fehler macht, die ihr ganz sicher einst die eigenen Söhne und Enkel gleichfalls als persönliche „Schuld" ankreiden werden. Aber das war immer so und wird wohl ewig auch so bleiben. So einfach ist daher die Antwort auf die „Schuldfrage" nicht, denn wir alle sind an diesem Schicksalsrad der Zeit, dessen Speichen sich als ständig neue Zeiten drehen, mit unserem Einzelschicksal angekettet. Jedenfalls erklärt sich aus diesem Wechselspiel ständig neuer Zeiten das Phänomen, daß die Menschen unseres Jahrhunderts von den verschiedensten und widersprüchlichsten Ideen emotionell angesprochen wurden, sich begeisterten und opferbereit selbst ihr Leben einsetzten. So ist es denn kein Wunder, daß wir alle eine andere Vergangenheit besitzen, die anders ist als die Gegenwart, zu der wir heute uns bekennen. Überzeugungen sind somit kein krimineller Tatbestand, wie die Fanatiker in allen Lagern glauben, sondern gleichen jener Kugel, die im Roulette über rote und schwarze Felder rollt. Wenn Hamlet in seinem Monolog zum Totenschädel sagt: „Sein oder Nichtsein, das ist die Frage", so können wir heute angesichts des Zeitgeschehens sagen „Wahrheit oder Irrtum, das ist die Frage". Selbst das Bürokratenhirn des römischen Statthalters Pontius Pilatus sinnierte angesichts der geifernden Hohen Priester mit dem Stoßseufzer: „Was ist Wahrheit?" Er hätte also sicher nicht dem Tribunal der Totenrichter angehören können, welche die armen Seelen beim Überschreiten des Hades aus dem Reich des Lebens in die Unterwelt mit der Frage von Schuld und Sühne für die Irrtümer in ihrem Erdenwandel quälen. Das mystische Geheimnis in der pluralistisch-demokratischen Gesellschaft und rechtsstaatlichen Ordnung basiert also letzten Endes auf der Erkenntnis des weisen Sokrates, von dem der Ausspruch „Ich weiß, daß ich nichts weiß" überliefert ist.

Dazu kommt aber noch eine zweite Überlegung, die ich in die Frage kleide: Wieso war ich als junger Mensch „anfällig" für faschistische Ideen? Aus Dummheit? Aus Bosheit? Aus Ehrgeiz, aus egoistischem Klassendenken? Das ist doch alles Unsinn. Natürlich mögen solche Gründe für politische Entscheidungen mancher Personen maßgeblich gewesen sein. Das gilt freilich für alle Lager. Aber bei Menschen, die ernstlich um die Wahrheit ringen, und die dann eine politische Entscheidung getroffen haben, stellt sich das Problem ganz anders. Keine Angst, ich werde es nicht theoretisch zergliedern, sondern am Beispiel meines persönlichen Erlebens sichtbar machen. Ich habe mich bereits als junger Mensch für das politische Geschehen lebhaft interessiert. So erinnere ich mich, daß ich an einem Staatsfeiertag, damals noch der 12. November, in Linz an der offiziellen Republik-Feier als Zaungast teilgenommen habe. Sie fand statt auf der Promenade vor dem Landestheater, mit Festgästen, Ansprachen, Salut der Ehrenkompanie und dem Absingen der Bundeshymne. Kein Mensch sang mit, denn niemand kannte Text und Melodie. Sie war eben das unbekannte musikalische Symbol eines ungewollten Staates.

Als junger Mensch stellte ich mir jedoch die Frage, weshalb das Bundesheer bereits um acht Uhr früh durch die Seitenstraßen „schleichen" mußte? Warum marschierte es nicht über die Landstraße zum Hauptplatz, der allein einen würdigen Rahmen für das gemeinsame Bekenntnis aller Staatsbürger zur neuen Staatsform abgegeben hätte? Merkwürdige Republik; und die soll ich lieben, wenn nicht einmal die Erwachsenen zu einer gemeinsamen Feier fähig sind? Der Grund für das Schleichen durch Seitenstraßen war ganz einfach der, daß die Landstraße und ihre sämtlichen Zufahrtsstraßen für den Aufmarsch des Republikanischen Schutzbundes, also einer militanten Parteiorganisation, blockiert waren. Ich begriff ganz einfach nicht, daß die offiziellen Behörden einer Parteikundgebung weichen mußten; ganz abgesehen davon gab es in den Straßen keine rot-weiß-roten Fahnen, sondern nur rote, die in der gesamten bürgerlichen Welt unheimliche Angstgefühle auslösten.

Aber natürlich stand ich Punkt 10 Uhr auf der Landstraße unter den Zuschauern und betrachtete den Aufmarsch des Schutzbundes. Ich erinnere mich sehr genau, daß dieser mit Windjacken und Mützen adjustiert war, die den Uniformen der roten Armee in der Sowjetunion ähnlich sahen.

Was registrierten also im Unterbewußtsein die Bürger, und somit auch ich? Über unsere Rücken kroch eine „Ganslhaut", weil wir unwillkürlich an das blutige Geschehen erinnert wurden, das mit der Vorstellung eines „Bolschewiken" untrennbar verbunden war. Man erinnerte sich der Schreckensherrschaft Belá Kuns in Ungarn, sowie an die kurzfristige „Räte-Republik" in Bayern. Die mitgetragenen Plakate des Schutzbundes, die als Ideal für die österreichische Zukunft die „Diktatur des Proletariats" anpriesen, verursachten natürlich, daß jeder von uns dachte, „um Himmels Willen, da marschiert ja eine Bürgerkriegsarmee, die einmal mit uns ähnliches aufführen könnte!" Ich erinnere mich daran, daß im bürgerlichen Lager die neugebildete Volkswehr gleichfalls als eine Revolutionsarmee betrachtet wurde. Freilich übersah man völlig, daß aus einem militärischen Zusammenbruch nur mit vielen Kompromissen und Zugeständnissen an die zeitbedingte Situation überhaupt eine staatliche Exekutive geschaffen werden kann. Für alle diese seelischen Imponderabilien hatte die intellektuelle Führung der Sozialdemokratie keinerlei „Gespür". Andererseits war dem primitiven bürgerlichen Denken die meisterhafte Dialektik des hochintellektuellen Dr. Otto Bauer ein Buch mit sieben Siegeln. Natürlich waren in der damaligen Sozialdemokratie nicht nur gute Demokraten, sondern auch überzeugte Revolutionäre. Aber gerade die Überbrückung dieser Gegensätze war ja das Hauptanliegen der Dialektik Dr. Otto Bauers, der zwar ein faszinierender Formulierer, niemals aber ein Mann der Tat und Revolution war. Er beruhigte mit seinen revolutionären Phrasen die Revolutionäre und rettete somit die Einheit seiner Partei; aber gleichzeitig verschreckte er das Bürgertum und trieb es in die Selbstschutzorganisationen. Jedenfalls war Otto Bauer ein Abgott der sozialistischen Arbeiter, die zu seinen Füßen gläubig, wie vor einem Buddha, saßen. In Wahrheit war er ein „Unentschlossener", ein Gefangener der eigenen Phraseologie, die bei den Arbeitern revolutionäre Hoffnungen und bei den Bürgerlichen Ängste vor einer baldigen Revolution erregte. Das sollte den Arbeitern erst nach seiner Emigration in die ČSR bewußt werden, was letzten Endes auch die Ursache war, daß er seinen politischen Nimbus gänzlich verlor.

Natürlich stand ich auch bei Aufmärschen des Heimatschutzes als interessierter Zuschauer auf der Straße. Wie war hier die psychologische Reaktion? Von einem etwa sechzehnjährigen Buben kann man doch wahrhaftig nicht verlangen, daß er bereits über alle gesellschaftspolitischen und realpolitischen Hintergründe Klarheit besitzt. Da marschierten also die Heimatschützer in einer Uniform, welche allen Zuschauern schon deshalb das Herz höher schlagen ließ, weil sie mit ihrem Hahnenstoß auf der Gebirgsmütze an die berühmtesten Regimenter Altösterreichs erinnerten, nämlich die „Tiroler Kaiserjäger" und die „Kaiserschützen".

Jetzt stelle man sich bildhaft vor, ich wäre über den Hades gefahren und von den Totenrichtern mit dem Spruch empfangen worden: „Du verruchter, elender Heimwehr-Faschist, du Klassenkämpfer und Arbeitermörder . . .!" Was will ich also damit sagen? Man kann doch um Himmels Willen das Reifen einer politischen Überzeugung, beeinflußt durch ein turbulentes Zeitgeschehen, nicht beurteilen wie ein Strafrichter, der vor sich einen Einbrecher, Räuber oder Mörder stehen hat. Einbruch, Raub und Mord sind völlig unbestritten einheitliche Wertbegriffe, während politische Einflüsse umstritten sind.

Trotzdem höre ich gegen diese meine Argumentation von sozialistischer Seite Einwände. Man bewilligte mir daher, obwohl ich nicht boshaft sein möchte, eine kleine Leihgabe aus dem marxistisch-dialektischen Waffenarsenal. Gibt es im Marxismus nicht eine „Milieutheorie", nach der die menschliche Natur nicht „eigenständig" ist, wie es die personalistische Gesellschaftsauffassung lehrt, sondern geprägt wird vom sogenannten „Überbau", der das Handeln der Menschen beeinflußt, lenkt und somit beweisen will, daß es eigentlich gar keine freie Willensentscheidung gibt?

Ich möchte jedoch gegenüber sozialistischen Einwänden meine Argumentation nicht allein auf persönliches Erleben stützen. Mein bester Freund im Konzentrationslager war Major Eiffler, Stabschef des Republikanischen Schutzbundes während des Bürgerkrieges im Jahre 1934. Wir führten viele politische Gespräche über jene Zeit. Da wir keine Zuhörer hatten, so mußten wir auch nicht Propagandareden halten, sondern wir diskutierten ehrlich und versuchten, uns in die Gedankengänge des damaligen Gegners „hineinzudenken"; etwa, was man vom politischen Gegner befürchtete, und was man selbst beabsichtigte. Zwischendurch gab es natürlich auch andere Gespräche. So schilderte mir der Herr *von* Eiffler, einstens k.u.k. aktiver Offizier, in offensichtlich seliger Rückerinnerung an seine Jugendzeit, etwa den Unterschied von „Ball bei Hof" und „Hofball"; berichtete er über die protokollarische Vorgangsweise, wenn eine Erzherzogin tanzen wollte. Zum Hofball wurden nicht nur die Mitglieder des kaiserlichen Hauses und der Adelsfamilien eingeladen, sondern auch die höchsten Würdenträger des Reichsrates, der Armee, der Behörden, obersten Gerichte, und sogar der Kardinal. Zur Teilnahme am „Ball bei Hof" wurden jedoch lediglich die Paladine des Kaisers, also die Oberhäupter der großen Adelsfamilien, geladen. Hinter jeder Erzherzogin stand ihr persönlicher Adjutant, ein Mitglied der „Arcieren-Leibgarde", deren Angehörige nur Offiziere waren. Wollte sie tanzen, dann sagte der Adjutant zu dem so Ausgezeichneten etwa folgendes: „Herr Leutnant, ihre kaiserliche Hoheit, die Frau Erzherzogin Marie Valerie, gestattet Ihnen einen Tanz." Dieses Protokoll galt auch dann, wenn die „Frau Erzherzogin" ein ganz junges Mädchen war. Sogar den Unterschied im Schnitt der Uniformen konnte er mir schildern. Die Waffenröcke, die beim „Hofball" getragen wurden, waren nicht die alltäglichen Paraderöcke, sondern hatten einen Schnitt aus den achtziger Jahren des vorigen Jahrhunderts. Plötzlich, zwischen diesen begeisterten Schilderungen, erzählte er mir etwa folgendes: „Da bin ich mit meinen Schutzbündlern auf offenen Lkws, mit flatternden roten Fahnen, über den Semmering gefahren, um in Graz einen Aufmarsch des Heimatschutzes zu sprengen." Ich lachte schallend auf und fragte: „Was bist du eigentlich wirklich? Ein Schwarz-gelber oder ein Marxist?" Was will ich damit sagen? Auch er war ein Kind seiner Zeit, erzogen in kaiserlichen Traditionen, und erst dann hineingewachsen in die Funktion eines Generalstabchefs der sozialistischen, antihabsburgischen Partei. Also auch an ihm, nicht nur an mir, klebten die „Eierschalen" unserer Vergangenheit. Was hätten eigentlich ihn die Totenrichter bei seiner Fahrt über den Hades in die Unterwelt gefragt . . .??? Was erwartet man sich denn von einem Menschen in einer Zeitenwende? Berechtigt ihr Schicksal, ihre Vergangenheit, zu kriminellen Schuldsprüchen . . .?

Meine Bitte an die Wissenschaftliche Kommission des Körner-Kunschak-Kuratoriums geht also dahin, daß sie bei ihrer Geschichtsforschung und Kommentierung politischen Verhaltens nicht allein intellektuell-ideologische Werturteile fällen, sondern sich stets den ganzen Menschen vor Augen halten möge. Der Mensch wird eben nicht nur gelenkt durch seinen Verstand und Intellekt, er wird auch emotionell beeinflußt. Nebstbei bemerkt, auch intellektuelle Argumente müssen nicht automatisch zur Bejahung des Marxismus führen, sondern man kann mit ihrer Hilfe ihn auch widerlegen. Wollen wir also die Vergangenheit tatsächlich bewältigen, dann müssen wir unsere Jugend mit der vollen „Wirklichkeit" des Lebens vertraut machen.

In dieser Kommission wurden sicher viele wertvolle Ergebnisse gezeitigt, aber wir müssen uns der Tatsache bewußt sein, daß trotz allem Bemühen um eine einheitliche Interpretation in einigen wesentlichen Fragen an der eigenen traditionellen Überzeugung festgehalten wird. Das gilt für die Teilnehmer aus allen politischen Richtungen. Wesentlich sollte jedoch sein, daß man den gegnerischen Standpunkt wenigstens insofern respektiert, indem man dem Gegner „subjektive Glaubwürdigkeit" zubilligt. Kein Zweifel, daß jede Meinung aus der Sicht persönlichen Erlebens „subjektiv" gefärbt ist, selbst dann, wenn man sich ehrlich um eine möglichst objektive Aussage bemüht.

Ich möchte diese Passagen mit einer kleinen, boshaften Bemerkung beenden, die aus persönlichen Erlebnissen verständlich ist. Wie oft habe ich im Parlament die ein wenig groteske Tatsache erlebt, daß manche alte Parteipolitiker, nach stürmischen Debatten, in der Milchbar friedlich mit dem beschimpften Gegner beisammen saßen. Da war dann plötzlich deren „verruchte" politische Vergangenheit vergessen. Aber jede Medaille hat zwei Seiten. Auch diese Gespräche in der Milchbar beweisen im Grunde, daß die Vergangenheit trotz aller wilden Beschimpfungen weitgehend bewältigt ist. Nur eines lasse man sich von mir jetzt sagen: die Demokraten in allen politischen Parteien sollten nicht vergessen, daß ihr Kampfgetümmel von der Jugend allzu wörtlich genommen werden könnte. Politisch interessierte Jugend ist ehrlich und glaubt an Ideale. Sie könnte daher solche Worttiraden ernstnehmen und in Kampfparolen verwandeln, die einmal großen Sympathisantengruppen des Terrorismus vorangetragen werden könnten. Schließlich erleben wir heute den Einbruch von Horden hemmungsloser, revolutionärer, wilder Fanatiker und blutrünstiger Terroristen in unsere pluralistische Gesellschaftsordnung, deren verworrenes Denken mit einer „Antithese" zu Sokrates definiert werden könnte. Sie würde besagen: „Ich weiß, daß ich restlos alles weiß!" Für diese Fanatiker ist ihre primitive Überzeugung die Weisheit und Wahrheit schlechthin, aus der sie in ihrer geistigen Beschränktheit für sich das Recht ableiten, sie einer überwältigenden Mehrheit des Volkes, gegen dessen Willen, mit Gewalt aufzuoktroyieren. Es ist eine geradezu perverse Aneignung, Umfunktionierung und Überdimensionalisierung des Dogmas der päpstlichen

Unfehlbarkeit, das heute selbst kein Papst mehr in der ursprünglichen Form für sich in Anspruch nimmt. Mit solchen Menschen gibt es leider keine Diskussion. Sie wäre vergleichbar der Vorgangsweise eines Arztes, der einem Irren dessen Überzeugung, er sei der große Napoleon, mit Vernunft und Argumenten ausreden wollte. Dieses brisante Problem der Gegenwart wird uns in einem anderen Zusammenhang noch eingehend beschäftigen.

So können wir denn neuerlich in den Sog einer sogenannten „neuen" Zeit geraten, die Gegensätze auslöst und letzten Endes wieder auf die Barrikaden führt. Angesichts der ständig neuen Zeiten im zwanzigsten Jahrhundert sind wir ganz einfach nicht davor gefeit, daß neuerlich aus geistig-strukturellen Tiefen eine solche gleich einem Lavastrom aus dem Vulkan herausbricht und uns zu überfluten droht. Demokraten können daher für ihre parteipolitische Überzeugung nur mit Ideen und Gedanken streiten, weil sie dafür Verantwortung tragen, daß nicht in einem Streit, der die evolutionären Grenzen sprengt, die Freiheit des einzelnen neuerlich verlorengeht. Wenn wir uns die Demokratie, den Rechtsstaat und eine Gesellschaftsordnung freier Menschen erhalten wollen, dann müssen wir uns dessen klar bewußt sein, daß jede Gesellschaftsideologie für die Verwirklichung ihres Zieles sich eines evolutionären oder revolutionären Weges bedienen kann. Das Parlament und seine demokratischen Spielregeln sind daher deshalb so wichtig, damit in den geistigen Auseinandersetzungen unserer Zeit der evolutionäre Weg gesichert bleibt. Revolutionäre Auseinandersetzungen müssen um jeden Preis vermieden werden, weil sie im Falle Österreichs, in seiner Grenzlage zwischen West und Ost, zum Untergang des Staates führen würden. Nur eine geistige Fundierung, nicht aber Polizeimethoden, garantieren eine freie, menschenwürdige Gesellschaft.

Vergessen wir doch nicht, daß wir im Europa der Gegenwart gewissermaßen einen zweiten Religionskrieg erleben, wenngleich dessen Motivation zwar nicht konfessionell-religiöser, sondern säkularer Natur ist. Aber sowohl die einstigen Religionskriege wie heute die weltlich-ideologischen Auseinandersetzungen sind gleich im Ausgangspunkt und Anspruch auf Heilscharakter für die Menschheit. Religionskriege kennen keine Staaten und respektieren keine Grenzen, sondern erfassen und erfüllen mit ihren Ideen die Menschen über alle Grenzschranken hinweg. Das jeweilige Mekka muß daher nicht ident sein mit der Hauptstadt des eigenen Vaterlandes, sondern liegt anderswo, irgendwo in einem auserwählten Land, nach dem Gesinnungsgenossen, wie einst Moses mit seinem auserwählten Volke auf der Flucht vor dem Pharao, aus tiefster Überzeugung pilgern. So war es zur Zeit der Reformation und der Gegenreformation; und so ist es heute in der aufwühlenden Auseinandersetzung zwischen den Prinzipien der Freiheit und des Kollektivismus. Die menschliche Natur ist nun einmal sowohl Subjekt wie auch Objekt der Geschichte. Dazu kommt in unserer säkularisierten Zeit, daß sie zusätzlich auch der alleinige Maßstab für die Bewertung von Ideen ist. Daraus erklärt sich ja das Phänomen des Schwindens und Schmelzens bislang absolut gültiger Wertmaßstäbe in der Gegenwart; und wird verständlich der Tanz der „Relativitäten" im ideologischen und gesellschaftspolitischen Bereich.

Es handelt sich also in Wahrheit um ein faszinierendes gesellschaftsphilosophisches und gesellschaftspolitisches Problem, dessen Nichtbewältigung – nicht nur im österreichischen, sondern im gesamteuropäischen Bereich – gleichbedeutend wäre mit dem restlosen Zerfall der gemeinsamen geistigen Substanz unserer pluralistischen Gesellschaft, somit der Anfang vom Ende ihrer realpolitischen Existenz.

Deshalb sind Antworten auf diese Fragestellungen notwendig, denn der Ruf nach Veränderung an sich, nach dem Fortschritt an sich, genügt nicht; die wahre Frage heißt nämlich, wohin die Veränderung zielt und führt, ob in einen Abgrund, in das Chaos oder in eine neue Ordnung.

Ich selbst versuche in meinem zweiten Buchentwurf, „Die Zeit der neuen Zeiten", diese Hintergründe auszuleuchten. Sicher: Es gibt eine Flut von Literatur, die sich schon längst mit der Sinndeutung des Zeitgeschehens eingehend beschäftigt. Aber fast alle diese Bücher beschreiben lediglich den „Ist-Zustand" der Gegenwart, unterlassen jedoch die Untersuchung des historischen Prozesses, der zu diesem führte. Die Menschen unserer Zeit wollen jedoch keine Beschreibung dieses Ist-Zustandes, der ihnen unbehaglich ist. Sie sehnen sich nach einer Antwort, die ihnen einen Ausweg in eine gesicherte Zukunft glaubwürdig verspricht. Eine moderne, neo-konservative Erneuerungsbewegung müßte daher in einer solchen „Heils-Sehnsucht" verwurzelt sein. So sind wir also auf der Suche nach dem „ruhenden Pol" in der Erscheinungen Flucht der „ständig neuen Zeiten" in unserem Jahrhundert. Ohne Sinndeutung der Zeit ist kein Werturteil über die Gültigkeit oder Nichtgültigkeit der alten Wertvorstellungen in unserer Gesellschaft denkbar. Aber eine Integration unserer geistigen Substanz ist eine Überlebensfrage Europas. Ich möchte sie mit folgendem Beispiel erläutern: Was nützt die militärisch bestgeschulte Armee, ausgerüstet mit den modernsten Flugzeugen und Panzern, wenn die Soldaten nicht an die Fahne glauben, die ihren Reihen als Symbol einer gemeinsamen Idee vorangetragen wird? Was nützt also Europa sein Wirtschaftspotential, seine Technik, sein Wohlstand, seine rechtstaatliche Ordnung, wenn seine Bewohner in gegensätzlichen Ideologien geistig zerrissen sind, die den Willen zu einer gemeinsamen Verteidigung lähmen? Es bedarf somit einer übergeordneten, geistigen Substanz, in die sich in echt pluralistischer Weise sämtliche Teilauffassungen integrieren lassen. Selbst die Menschenrechte, zu denen man zwar nach wie vor gemeinsam sich bekennt, unterliegen verschiedenen Interpretationen. „Teile" dürfen ganz einfach nicht zu „Totalitäten" werden, weil sie das Gemeinsame sprengen würden. Die „Teile" und das „Ganze" funktionieren reibungslos nur als kommunizierendes Gefäß. Dieser kurze Hinweis auf mein geplantes Buch wurde deshalb in meine Memoiren aufgenommen, weil ich etwas sehr Wesentliches damit sichtbar machen will. Alle Fakten, über die ich in meinen Memoiren berichte, sind doch bereits von Historikern durchleuchtet, dargestellt und kommentiert worden. Ich jedoch möchte nicht nur einen kleinen, zusätzlichen Beitrag leisten, durch den vielleicht da und dort noch Unbekanntes zur Kenntnis gebracht wird; nein, für mich geht es um die Ausleuchtung der geistigstrukturellen Hintergründe in der vordergründigen, tagespolitischen Auseinandersetzung zwischen den Parteien. Nach dieser einleitenden Analyse der Zeitsituation wollen wir uns jetzt den Teilanalysen zuwenden, die für die Jahre zwischen 1933 und 1938 charakteristisch sind.

# Der Traum vom „Reich" –
## eine historische Bewußtseinsspaltung

Durch all die Jahrhunderte einer ruhmreichen Geschichte bekannten sich die Bewohner des heutigen Staatsgebietes von Österreich stets zum deutschen Volkstum. Erst in den Jahren nach 1945 wurde die These einer eigenständigen österreichischen Nation geboren und politisch aktuell. Dieses „Deutschbewußtsein" der Österreicher führte in den Jahren 1932–1938 zu politischen Turbulenzen, die am 13. 3. 1938 das – scheinbar endgültige – Ende Österreichs zur Folge hatten. Die Ereignisse und ihre Vorgeschichte bedürfen daher einer nüchternen Analyse. Erst diese ermöglicht uns abschließend eine Diagnose der „geistigen Substanz" der Republik in unseren Tagen.

Die Staatsbürger Neuösterreichs waren seelisch belastet durch den Zusammenbruch des alten Großreiches der Donaumonarchie, der geradezu katastrophale politische und wirtschaftliche Auswirkungen zur Folge hatte. Sie waren die Ursache des Zweifels an der Existenz und Lebensfähigkeit des neuen Staates. Kein Wunder also, daß sich die Österreicher von einem anderen Großraum wirtschaftliche Geborgenheit erhofften. Die heutige junge Generation kann das wohl kaum verstehen; aber für ihre Großeltern war das Leben in einem „Großraum" eine solche Selbstverständlichkeit, daß ihnen nach dessen Zusammenbruch die Suche nach einer neuen Geborgenheit geradezu selbstverständlich schien. Ganz abgesehen von diesen politisch-wirtschaftlichen Faktoren darf auf die „nationale" Komponente nicht vergessen werden. Jedenfalls schien für alle diese ideellen, politischen und wirtschaftlichen Schwierigkeiten der Wunsch nach Anschluß an Deutschland, die sogenannte „Weimarer Republik", der ideale Ausweg zu sein.

Natürlich waren die Österreicher mit dem Erbe der nationalen Auseinandersetzungen im einstigen Vielvölkerstaat zusätzlich belastet, in dem sie als Deutsche, als die sie sich verstanden, einst eine wesentliche Rolle spielten.

„Deutsch" war die Amtssprache der Bürokratie und des Militärs in der Donaumonarchie; und als „Deutsche" empfanden sich die Menschen auf dem Staatsgebiet der neuen Republik. Wieso?

Es gab schon eine „innerdeutsche Problematik" im alten Reich, die sich in einer spannungsreichen Auseinandersetzung um die Sinndeutung der wahren Aufgabe des Deutschtums im Vielvölkerstaat manifestierte. Diese Führungsrolle der Deutschen, zu der alle sich bekannten, wurde jedoch aus zwei verschiedenen Gesichtspunkten kommentiert. Die einen sahen ihre politische Aufgabe als „Erste unter Gleichen"; die anderen interpretierten sie aus dem Gesichtspunkt einer „Höherwertigkeit" der Deutschen. Eine weitgehende Entnationalisierung der fremdsprachigen Völker, zumindest eine weitgehende Zurückdrängung ihrer völkischen Eigenentwicklung, schien ihnen daher nicht nur berechtigt, sondern sie fühlten sich hiezu verpflichtet. Angesichts dieses geistigen Zwiespalts innerhalb des deutschen Lagers werden viele turbulente politische Ereignisse in der Donaumonarchie verständlich; so etwa die stürmische Auseinandersetzung um die Sprachenverordnung der Regierung Badeni, durch welche die Tschechen für ihre Sprache in ihrem Stammgebiet endlich die Gleichberechtigung erhielten!

Ob so oder so; jedenfalls war zwar alles dies in der Ersten Republik vorbei, denn die Voraussetzung dieses Zwiespaltes, nämlich der Bestand des Vielvölkerstaates, war nicht mehr vorhanden. Aber erhalten blieb hintergründig das Problem einer neuen Sinndeutung des Deutschtums in Neuösterreich, denn nach wie vor empfanden sich die Österreicher ganz bewußt als Deutsche. Drei Fragen standen also aktuell im Raum, die entschieden werden mußten; erstens die Frage, ob die Existenz eines eigenen Staates Österreich politisch überhaupt berechtigt sei und nicht die Deutschen Österreichs gleich „heim ins Reich" geführt werden sollten; zweitens der Zweifel an seiner wirtschaftlichen Lebensfähigkeit; und drittens die Frage, ob er in seiner Umwelt überhaupt politische Überlebenschancen habe. Schließlich bot sich die „Weimarer Republik" als politischer Großraum an, der das wirtschaftliche Überleben garantierte; und gleichzeitig die Erfüllung alter Sehnsüchte verhieß.

Damit sind wir an der Nahtstelle für eine Auseinandersetzung mit dem erst in der Zweiten Republik geprägten, neuösterreichischen Nationsbegriff. Begreiflich, daß diese Problematik erst nach 1945 aktuell und sichtbar wurde. Erstens gab es keinen Großraum Deutschland mehr, und zweitens konnte die wirtschaftliche Lebensfähigkeit Österreichs nicht mehr bezweifelt werden, weil sie durch völlig andersartige Gegebenheiten eindeutig bestätigt wurde. Jedenfalls bedarf eine Antwort auf die Frage einer österreichischen Nation vorerst eines Hineinblendens in den Begriff „Nation" an sich. Man bezeichnet damit entweder ein Staatsvolk, oder andererseits das, was man in der deutschen Sprache „Volkstum" nennt.

Unter einem „Volkstum" ist eine geistige Einheit zu verstehen, geworden aus einer gemeinsamen Vergangenheit, gelebt in der Wirklichkeit von heute, so daß es als ein unbestrittenes geistiges Fundament für jede künftige völkische Entwicklung angesehen werden kann. In Österreich gibt es eine zusätzliche „Deutung" des Begriffes „Nation", der uns sonst nirgendwo begegnet. Für Italiener und Franzosen etwa bedeuten die Begriffe „Nation" und „nationale Gesinnung" eine „Identität" mit ihrem Staat, aber auch mit ihrem Volkstum und dessen ererbter Tradition. In Österreich hingegen bezeichnen die gleichen Begriffe groteskerweise eine „Gegensätzlichkeit" zum Staat, zu dessen Tradition und erst recht zu einer „Eigenständigkeit" des völkischen Bewußtseins. Das Wort „national" betont also nicht die Zugehörigkeit zu Österreich, sondern zum gesamten deutschen Volk, ja mehr noch, zum deutschen Staat, unter Leugnung der Eigenberechtigung eines österreichischen Staates. Dieses Phänomen verzeichnen wir nicht erst seit Gründung der Ersten Republik, sondern es war bereits in der alten Donaumonarchie relevant. Schon damals gab es radikale „nationale Kreise", etwa um Schönerer, deren politisches Ziel die Auflösung des Vielvölkerstaates und der Anschluß seiner deutschsprachigen Bewohner an das Kaiserreich der Hohenzollern war.

Noch in der Zweiten Republik war dieser geistige Hintergrund Ursache tagespolitischer Auseinandersetzungen. Man denke etwa an den Streit, ob der Gedenktag des österreichischen Staates „Nationalfeiertag" oder „Staatsfeiertag" genannt werden sollte. Bei dieser Polemik spielten in den Argumenten und Contra-Argumenten die Hinweise auf die Begriffe „Nationalrat", „Nationalbank" etc. . . . . eine nicht unwesentliche Rolle.

Kein Wunder also, daß die Anhänger der These von der Existenz einer „österreichischen Nation" in einen „Zwei-Fronten-Krieg" verwickelt sind: erstens gegen jene sogenannten „Nationalen", welche auf Grund ihres Deutsch-Bewußtseins die Eigenstaatlichkeit, insbesonders aber eine volkstumsähnliche Eigenständigkeit Österreichs bestreiten; und zweitens gegen jene, die sich zwar bewußt als Österreicher, aber dennoch als Deutsche fühlen.

Der geistige Hintergrund für diese Auseinandersetzung ist wohl in einem beiderseitigen Angstgefühl zu suchen. Das gilt sowohl für die Anhänger des neuösterreichischen Nationsbegriffes als auch für deren Gegner. Die einen erhoffen sich von dem Bekenntnis zu einer eigenständigen „österreichischen Nation" die endgültige Absicherung der Existenz des Staates vor neuen Anschlußideen. Eine eigene geistige Fundierung und eine eigene geistige Substanz des Staates Österreich scheinen ihnen dafür Garantie zu sein, daß die aus dem allgemeinen „Deutsch-Bewußtsein" resultierenden Gefahren endgültig gebannt bleiben. Die anderen befürchten offensichtlich durch ein „Ja" zum österreichischen Nationsbegriff Auswirkungen, die letzten Endes zu einer Preisgabe des Bekenntnisses zum deutschen Volkstum und der Zugehörigkeit zum deutschen Kulturkreis führen könnten.

Diese Ängste waren bereits Jahre vorher erstmals sichtbar, und zwar in der Auseinandersetzung um die Herausgabe eines österreichischen Wörterbuches, in dem alle „Austriazismen" aufgezeichnet werden sollten. Die Gegner dieses Planes bezeichneten es als „hurdestanisch", weil der damalige Unterrichtsminister, Dr. Felix Hurdes, Pate dieses Gedankens war. Offensichtlich sahen sogenannte „völkische Kreise" in diesem Wörterbuch einen ersten Schritt zu einem „holländischen Weg". Bekanntlich waren die Holländer in ihrem Ursprung Niedersachsen und zählten somit insgesamt zum deutschen Volkstum. Durch den eigenen

Staat, vor allem jedoch die Entwicklung des niedersächsischen Dialektes zu einer eigenen Schriftsprache, vollzog sich tatsächlich die Entstehung einer neuen Nation im Sinne des Volkstums-Begriffes.

In den tagespolitischen Auseinandersetzungen um die Begriffe „Nation" und „Staat" wurde in Österreich ein Ausweg gesucht und auch gefunden. Man sprach von Staatsbürgern „deutscher Zunge", ein Begriff, der einerseits mit der Existenz Österreichs als Staat vereinbar war, und der andererseits das Bekenntnis zur gesamtdeutschen Kulturgemeinschaft, sowie zur gesamtdeutschen Geschichte und Tradition, nicht außer Kraft setzte und unterband. Es handelte sich dabei um einen Vorschlag von Julius Raab. Freilich ist damit das Problem der „österreichischen Nation" noch nicht vollständig gelöst.

Wieso war alles das so schwierig und bedurfte einer Entwicklung durch Jahre und Jahrzehnte? Die Antwort ergibt sich aus der Frage nach dem Begriffsinhalt des Wortes „Österreich". Er bezeichnet nicht, wie die Worte „England", „Frankreich" oder „Spanien", einen in sich stabilen, sondern einen sich wandelnden elastischen Begriff. Das heutige Österreich ist ja nicht ident mit jenen Territorien, die im Wandel der Jahrhunderte mit dem Namen Österreich bezeichnet wurden. Was also ist Österreich? Der Großraum der alten Donaumonarchie? Er ist zerstört! Jenes universale Deutschland, das politisch geformt war im sogenannten „Heiligen römischen Reich deutscher Nation", dessen Hauptstadt Wien war? Das alles ist verblichen! – Und dennoch verblieb es als eine „irreale Realität"; formte es irgendwie jenes Geschichtsbewußtsein, welches letzten Endes als Ursache der Spannungen um den Inhalt des „Deutsch-Bewußtseins" in der Ersten Republik anzusehen ist, die dann zum bitteren Ende am 13. 3. 1938 führten. Man könnte dies alles bildhaft mit einem letzten Sonnenstrahl vergleichen, der im seelischen Geschichtsbewußtsein der Österreicher – zwar unbewußt, aber dennoch – von jener Sonne stammt, die einst ein Weltreich überstrahlte, innerhalb dessen Grenzen sie niemals unterging. Letzte Erinnerung an jenes „Casa d'Austria", das Haus Österreich, das einst die vielsprachigen Völker Zentraleuropas mit Hilfe des sie ergänzenden, umgebenden, durchdringendem Deutschtums in einer geistigen Einheit zusammenfaßte und regierte!

Österreich, was bist du also? Sicherlich ein „Torso" und doch nicht lediglich ein Rest von dem, was übrig blieb, als den ihn einstens Clemenceau, der große Hasser Österreichs, bezeichnete! Oder bist du etwa, wenngleich ein Torso, so doch jener Staat, in dem das Herz der Vergangenheit schlägt; mit einem Hirn, das in seinem Denken Vergangenheit, Gegenwart und Zukunft integriert? Was bist du also, Österreich? Ein deutsches Land? Der „zweite" deutsche Staat, wie Schuschnigg ihn bezeichnete? Oder der „dritte" von derzeit drei deutschen Staaten, neben der „Bundesrepublik" und der „Deutschen Demokratischen Republik"? Und wenn deutsch, welche Spielart der zwei Grundauffassungen vom wahren Wesen des Deutschtums, die einst die Geister schieden und die Waffen klirren ließ, spiegelst du in deiner tiefsten Seele? In welcher Weise hast du in deinem heutigen Deutsch-Bewußtsein die einstigen Gegensätze von „großdeutsch", „kleindeutsch", „alldeutsch" und „großösterreichisch" verkraftet?

Österreich, jetzt willst du sogar eine eigene Nation sein? Aber welcher Art ist sie denn eigentlich? Lediglich eine Staatsnation, oder ein neues, eigenständiges Volkstum? Etwa eine restlose „Ausgliederung" aus dem Deutschtum und Sonderentwicklung gleich Hollands, oder lediglich eine Verkrustung, Einigelung gleich dem Deutschtum in der Schweiz?

Verehrter Leser, halten Sie diese hingestreuten Fragen für Phantasie, als eine irreale Träumerei neben der realen Wirklichkeit des Lebens? Wäre es so, dann wäre dieses Zurückblenden in die Vergangenheit lediglich ein interessanter Gegenstand für die Historiker, die sie zu objektiver Forschung verpflichtet.

Für mich handelt es sich jedoch um eine Ausleuchtung der geistigen Hintergründe des politischen Geschehens, denn sie waren und sind gestaltende Faktoren der nun mehr als sechzigjährigen Geschichte Neuösterreichs. Sie waren Ursache der Fieberschauer der Ersten Republik, und sie standen an der Wiege der Zweiten Republik; sie waren Faktoren der Diskussion um die Frage, ob und inwieweit die Vergangenheit endgültig bewältigt sei. Schließlich: Waren sie nicht auch Ursache programmatischer „Eiertänze" im freiheitlichen Lager in den letzten Jahren? Und „stochern" nicht immer wieder bei großen Wahlkämpfen „geistige Feldwebel" in den Propagandazentralen sämtlicher Parteien bei ihrer Suche nach wirksamen Wahlparolen in der Vergangenheit herum? Könnten sie auf ein Echo bei den Wählern hoffen, wenn nicht in der „geistigen Substanz" Neu-Österreichs sich die Vergangenheit in einem „Integrationsprozeß" befinden würde?

Der langen Rede kurzer Sinn: Wir befinden uns auf dem Wege zu einer eigenständigen, österreichischen Nation in einem Entwicklungsprozeß, dessen Zeitablauf ich jetzt in vier Phasen schildern möchte.

*Erste Phase:* Das „Deutsch-Bewußtsein" der Österreicher; die daraus resultierenden politischen Fakten bei Gründung der Ersten Republik; die Problematik um den Begriff „Neutralität".

*Zweite Phase:* Die Periode des „Ständestaates"; Ursachen des Begriffes „zweiter deutscher Staat"; geistige Hintergründe der vielseitigen Interpretation des Begriffes „Deutschtum"; was also ist der „wahre" deutsche Staat?

*Dritte Phase:* Die Zeit der Zugehörigkeit zum „Dritten Reich"; eine Analyse der „Eigenständigkeits-Gefühle" im österreichischen Nationalsozialismus; die Wurzeln meiner sogenannten „Befriedungspolitik" als österreichischer Politiker der Nachkriegszeit.

*Vierte Phase:* Die Zeit nach 1945; Ursachen der Konsolidierung des Staates; das Problem der österreichischen Nation.

# ERSTE PHASE:
## DAS „DEUTSCH-BEWUSSTSEIN" DER ÖSTERREICHER

Diese möchte ich einleitend verdeutlichen an persönlichen Eindrücken und Erlebnissen. Deshalb sei mir jetzt eine Rückblendung in die Zeit der Ersten Republik gestattet, die ich selbst als junger Mensch erlebte; und vor allem als Universi-
tätsstudent bewußt empfand. In Österreich war damals alles „deutsch". Nicht allein die sogenannten deutsch-völkischen Institutionen, sondern auch die christlichen Vereine betonten ein ausgeprägtes „Deutsch-Bewußtsein". Trotz ihrer
schweren weltanschaulichen Gegensätze in der damaligen Zeit stimmten sie im
Bekenntnis zum Deutschtum völlig überein; mehr noch, die christlichen Vereine
befanden sich geradezu in einer ewigen „Verteidigung" ihres Deutschbekennt-
nisses, angesichts der ewigen „Vorwürfe" und des „Zweifels", daß sie es damit
nicht ernst meinen könnten. „Ohne Juda, ohne Rom, erbauen wir Germanias
Dom", so hörte man es im völkischen Lager. Der größte Vorwurf gegen das
christliche Lager der sogenannten Schwarzen kennzeichnet deren Bezeichnung
als „Ultramontane", also von Menschen, für die der Blick nach „jenseits der Berge", also nach Rom, in das Internationale, Universale, somit „Fremdmäßige"
vorrangig sei vor dem völkischen Bekenntnis. So wird verständlich, daß sich die
christlichen Turn- und Gesangsvereine als christlich-*deutsch* bezeichneten. Die
katholischen Mittelschulverbindungen, die Hochschulverbindungen im CV, KV
etc. bezeichneten sich als katholisch-*deutsche* Korporationen. Die allgemeine
Studentenvertretung nannte sich „*Deutsche* Studentenschaft", und nicht wie
heute „Österreichische Hochschülerschaft". Selbst der Dachverband der katholischen Studenten nannte sich „Katholisch-*Deutsche* Studentenschaft". So war ich
selbst in der Steiermark der Vorsitzende des „KDAA", also des „Katholisch-
*Deutschen* Akademikerausschusses". Später dann, in der Zeit des Ständestaates,
wurden innerhalb dieser Katholisch-Deutschen Studentenschaft in Wien zwei
Strömungen sichtbar; die einen bekannten sich zum „Anschluß", die anderen zu
Dollfuß.

Bekannte Namen seien als Symbol dieser Strömungen genannt; einerseits
Dr. Arthur Seyß-Inquart, und andererseits Dr. Heinrich Drimmel. Seyß-Inquart
löste auf Befehl Görings Schuschnigg als Bundeskanzler ab und rief die Reichs-
wehr „zu Hilfe". Nach dem Anschluß wurde er Reichsstatthalter der Ostmark,
und später dann Reichskommissar für das besetzte Holland. Auf Grund der Ver-
urteilung durch das Nürnberger Kriegsverbrechertribunal wurde er dann mit anderen Nazi-Größen hingerichtet.

Dr. Heinrich Drimmel hingegen bekannte sich zum „zweiten deutschen
Staat" und wurde in der Zweiten Republik Bundesminister für Unterricht. Trotz-
dem bin ich davon überzeugt, daß er für den Gedanken einer „österreichischen
Nation" kein Verständnis haben dürfte.

Selbst die Deutschen Schulvereine waren nicht einheitlich, sondern weltanschaulich gespalten. Der Sinn eines Schulvereines war die finanzielle Sorge für den Bestand des deutschen Schulwesens in national gemischten Bezirken. Dennoch hatten die sogenannten Völkischen ihren eigenen „deutschen" Schulverein „Südmark" und die Christlichsozialen ebenso einen „deutschen" Schulverein „Ostmark". Heute erscheint uns dies alles geradezu absurd und grotesk.

Ich erinnere mich als Student an Sonnwendfeiern, die auch im christlichen Lager als ein „deutsches" Erbe angesehen wurden; und ich erinnere mich an eine wildfremde Frau, die plötzlich neben mir wie irr brüllte: „Ich bin so glücklich, daß ich eine Deutsche bin!" In Großkundgebungen österreichischer Studenten wurde am Schluß das Deutschland-Lied gesungen, nicht etwa die österreichische Bundeshymne. Als diese erste Hymne der Republik im Ständestaat, obwohl sie textlich und melodisch wirklich schön war, beseitigt und durch eine neue Hymne ersetzt wurde, da gab es eine groteske Mischung von österreichischem und gesamtdeutschem Bewußtsein. Man wählte zwar die Melodie nicht deshalb, weil sie in der Bundesrepublik als Nationalhymne gesungen wurde, sondern weil es sich um die altösterreichische Haydn-Hymne handelte. Den Text aber nahm man von Ottokar Kernstock, der in diesem gleichfalls das „Deutschtum" überschwenglich verherrlichte. Ottokar Kernstock, der sogenannte „Burgpfaff von der Festenburg", war jener katholische Priester, bei dessen Tod nicht die katholischen, sondern die „schlagenden", also die völkischen Studentenkorporationen chargierten. Das war eine demonstrative Geste, weil Kernstock für sie ein sogenannter „deutscher" Priester war. Es hieß doch in einem Gedicht über ihn, daß er „selbst im Priesterrock nicht deutscher Art vergessen" hat.

Angesichts dieses allgemeinen Deutsch-Bewußtseins der Österreicher ist es denn kein Wunder, daß bei Gründung der Republik im November 1918 für den neuen Staat die Bezeichnung Deutsch-Österreich gewählt wurde; und man in der Verfassungsurkunde die deutschsprachigen Gebiete Böhmens dem österreichischen Staatsgebiete zurechnete. Überdies konstituierte sich der neue Staat Deutsch-Österreich als Teil der deutschen Republik, sodaß also der Anschluß zwar einseitig, aber immerhin bereits vorweggenommen wurde.

Der Friedensvertrag von St. Germain zog aber durch diese Rechnung einen dicken Strich. Anschluß und Name wurden verboten, und der neue Staat hatte sich „Republik Österreich" zu nennen. Ebenso durften die Sudetendeutschen, vormals als Deutsch-Böhmen bezeichnet, dem neuen Staat nicht angehören, sondern das ehemalige Kronland Böhmen wurde mit all seinen Einwohnern, sowohl den Tschechen als auch den Deutschen, dem neuen Staate Tschechoslowakei zugerechnet. Name und Eigenexistenz des Staates Österreich entsprachen also einem Diktat der Sieger . . .

Auch die Programme der politischen Parteien spiegelten diese Problematik wider. Sämtliche Parteien Österreichs bekannten sich zum Anschluß. Die Stärke dieses Anschlußdenkens ist auch an der Tatsache zu erkennen, daß die sozialistischen Emigranten in London nach 1938 sich gegen die Aufstellung einer österreichischen Exilregierung deshalb wehrten, weil sie als ihr Kriegsziel zwar die Vernichtung des nationalsozialistischen Regimes, aber auch die Errichtung einer sozialistischen deutschen Republik betrachteten, der auch Österreich angehören sollte. Erst kürzlich hörte ich im „Renner-Institut" den Vortrag eines jungen sozialistischen Historikers, der in diesem das Bekenntnis zum „Anschluß" in den Programmen der österreichischen Sozialdemokratie eindeutig bewies.

Sicher spielte für die Ablehnung einer österreichischen Exilregierung auch Dr. Otto Habsburg eine Rolle, der damals sich bemühte, durch seine guten Beziehungen in den USA entweder selbst Mitglied dieser Regierung zu werden, oder wenigstens durch einige seiner Anhänger in diesem Exilkabinett vertreten zu sein. Aus dieser Zeit stammt auch der Ausspruch eines führenden Emigranten, daß die Sozialdemokraten nicht daran dächten, Otto Habsburg nach siegreicher Unterwerfung Hitler-Deutschlands als Befreier Österreichs in Wien einziehen zu lassen. Ganz abwegig war diese Befürchtung nicht, weil Otto Habsburg ein Bataillon Exil-Österreicher aufgestellt und der US-Armee eingegliedert hatte.

Für die national-liberalen Kreise Österreichs war es selbstverständlich, daß ihre Partei – sie wechselte mindestens ein halbes Dutzend Mal den Namen – den Anschluß als Hauptforderung im Programm hatte. Schließlich war ihr alldeutsches Bekenntnis von bereits ehrwürdiger Tradition.

Nur die Christlichsozialen befanden sich in einem echten Dilemma ihrer innersten Gefühle. Schließlich waren sie in der Vergangenheit immer treue Gefolgsleute Großösterreichs und des Hauses Habsburg, aber die Donaumonarchie war endgültig zerfallen. Somit standen sie vor einem Trümmerhaufen ihrer Programmatik. Freilich gab es auch nach 1918, besonders in bäuerlichen Kreisen, eine starke demokratische und republikanische Strömung, als deren sichtbarster Exponent Prälat Johann Nepomuk Hauser, der Landeshauptmann von Oberösterreich, angesehen wurde. Hauser war ein schlichter Priester und ein echter Volksmann. Ich erinnere mich noch an seine bescheidene, kleine Wohnung in einem einstöckigen Bürgerhaus. Somit war ihr „Ja" zum Anschluß für viele Christlichsoziale eine stille Kapitulation vor einer historisch scheinbar unvermeidbaren Entwicklung; aber auch der Erkenntnis, daß die Österreicher in einem neuen Großraum Zuflucht finden müßten. Der heutigen Generation ist längst nicht mehr bewußt, welche seelische Belastung der Zusammenbruch des alten Reiches für die Österreicher allein schon deshalb war, weil sie immer in einem „Großstaat" lebten und in ihrem Denken daher zu ihrem neuen „Kleinstaat" keine innere Beziehung fanden; ganz abgesehen davon, daß sie seine Lebensfähigkeit bezweifelten. Die Weimarer Republik war jedoch ein solcher Großraum, der Schutz und Geborgenheit verhieß. Daraus erklärt sich, daß bei den damals üblichen Volksabstimmungen selbst viele Christlichsoziale sich zu einem Anschluß an

Deutschland bekannten. Sogar Schuschnigg, der spätere Bundeskanzler im Abwehrkampf gegen Hitler-Deutschland, trat damals in Tirol bei einer Volksabstimmung für den Anschluß ein.

Selbst die kommunistische Partei, die freilich damals keine Rolle spielte, war für den Anschluß. Ihre ablehnende Haltung nach 1945 erklärt sich aus völlig anderen Motiven. Da infolge der Grenzlage heute praktisch nur ein Anschluß an die Bundesrepublik in Frage käme, welche in der kommunistischen Welt als Feind gewertet wird, so erklärt sich daraus ihr Bekenntnis zur neuentdeckten österreichischen Nation. Es wäre sicher anders, wenn Österreich an die kommunistische Deutsche Demokratische Republik grenzen würde. Aber wie dem auch immer sei; es gibt heute kein großes Deutschland mehr, sondern nur zwei deutsche Staaten; und überdies ist in Österreich die Anschlußidee völlig abgestorben, auch in jenen Kreisen, welche sich nicht zur „österreichischen Nation" bekennen, sondern die Österreicher als Deutsche nach wie vor zum deutschen Kulturkreis rechnen.

In jener Zeit wurde erstmals der Vorschlag eines „Neutralitäts-Status" für Österreich erwogen. Es sollte, gleich der Schweiz, seine Existenz als selbständiger Staat hiedurch zusätzlich abgesichert werden. Dieser Vorschlag stieß auf völlig taube Ohren, und ich erinnere mich noch sehr genau, daß eine „Verschweizerung" des österreichischen Staates ganz allgemein belächelt und überhaupt nicht ernst genommen wurde. Kein Zweifel, daß für diese Ablehnung die innere Fixierung der Österreicher auf den Anschluß anzusehen ist. Der Vorschlag war also dem Denken der Österreicher innerlich so fremd, daß er kaum ausgesprochen, auch schon wieder in Vergessenheit geriet. Heute wird dies bei Festreden zur Neutralität freilich ein klein wenig anders dargestellt . . .


ZWEITE PHASE:
DIE PERIODE DES „STÄNDESTAATES"

Es stellt sich die Frage, weshalb Schuschnigg in seinem Abwehrkampf gegen Hitler nicht die These einer „österreichischen Nation" vertrat, sondern Österreich immer als „zweiten deutschen Staat" bezeichnete. Selbst im Dollfuß-Lied hieß es: „Er gab für Österreich sein Blut, ein wahrer *deutscher* Mann"; und selbst seine Abschiedsrede im März 1938 beendete Schuschnigg mit einem *deutschen* Wort. An sich hätte in diesem Abwehrkampf der Begriff „österreichische Nation" doch eine weit glaubwürdigere Parole sein müssen, aber die Österreicher bekannten sich auch damals nach wie vor als Deutsche.

Ich erinnere mich an viele Gespräche mit Nikolaus Hovorka. Uns war der oben erwähnte Widerspruch bewußt. Auf der Suche nach einem Ausweg erschien uns der Begriff „zweiter deutscher Staat" nur dann propagandistisch wirksam zu verkaufen, wenn ihm ein glaubwürdiger Sinngehalt verliehen werden konnte. Es war also eine Unterscheidung zwischen dem von Österreich repräsentierten *wahren* Deutschtum und dem *falschen* Deutschtum Adolf Hitlers fällig. Für die heutige Generation wird diese Unterscheidung ein Buch mit sieben Siegeln sein. Deshalb bedarf es einer genauen Analyse, die nur durch eine systematische Darstellung der verschiedenen Interpretationen des Deutschtums-Begriffes in jener Zeit zu finden ist.

Man muß dabei unterscheiden zwischen den Begriffen „großdeutsch", „kleindeutsch", „alldeutsch" und „großösterreichisch". Der Begriff „großdeutsch" läßt sich auf die universale Reichsidee des Mittelalters zurückführen, die von der altrömischen Reichsidee abgeleitet wurde. Man sprach daher vom „Heiligen römischen Reich deutscher Nation". Es war dies ein loser politischer Zusammenschluß von Völkern verschiedenster Nationalität, in dem die Deutschen als Bindeglied wirksam waren und die Vorherrschaft besaßen. In der Idee vom „Reich" symbolisierte sich die Einheit der Völker und Staaten; und in der Idee vom Kaiser, des Nachfolgers der altrömischen Cäsaren, repräsentierte sich der universale Herrscher des christlichen Abendlandes. Dieses „Reich" war somit eine föderativ-europäische Gemeinschaft und keine nationale Vorherrschaft eines privilegierten Volkes über andere Völker. Daraus erklärt sich folgerichtig, daß Könige von Böhmen selbst tschechischen Geblütes deutsche Reichsfürsten sein konnten. Dieses „Reich" war also im Grunde universal, weltweit und geradezu eine Antithese des späteren alldeutschen Reichsgedankens. Unter diesem verstand man die Sammlung aller Deutschen in einem großen, national einheitlichen Staat. Die ursprünglich alldeutsche Idee besaß sogar die Präpotenz, daß sie fremdblütige Völker, wie etwa die Tschechen, beherrschen und weitgehend „entnationalisieren" wollte. Das war ja die Ursache des sogenannten „Badeni-Rummels" in der alten Monarchie, weil sich die Alldeutschen gegen dessen Sprachenverordnung wehrten, mit der er der tschechischen Sprache Gleichberechtigung verlieh. Aus der Distanz eines Jahrhunderts ist weiters zu erkennen, daß diese Einstellung der Deutschen bei den Tschechen jene Haßgefühle auslöste, die nach dem Zweiten Weltkrieg zur Vertreibung aller Deutschen führten.

In den letzten Jahrzehnten der Donaumonarchie waren die Alldeutschen, weil sich gegen die Germanisierung Widerstände ergaben, für die Zertrümmerung des Habsburger-Reiches und die Heimkehr der Deutsch-Österreicher in das deutsche Mutterland. Die ursprüngliche universale Reichsidee erhielt später auch die Bezeichnung „großdeutsch"; wobei daran zu erinnern ist, daß dieser Begriff in späteren Jahren einem ihn einengenden, den Sinn verändernden Bedeutungswandel unterzogen wurde. Die sogenannte Reichsgründung im Schloß von Versailles im Jahre 1870, bei welcher der König von Preußen zum Deutschen Kaiser proklamiert worden war, galt als sogenannte „kleindeutsche" Lösung. Diese wurde von den Anschlußfreunden in Österreich als eine Vorstufe All-

deutschlands stürmisch begrüßt. Sie waren für die Zertrümmerung des Donau-
staates und den Anschluß an das Reich der Hohenzollern. Es war dies ein Hoch-
verrat an Österreich, denn man hatte vollständig vergessen, daß während des allmählichen Zerfalls des alten Reiches Preußen und Österreich um die Vorherrschaft im deutschen Raum und eine Erneuerung Deutschlands aus ihrer Perspektive kämpften. Die Farben des neuen Reiches waren „schwarz-weiß-rot", eine
Symbiose zwischen dem „Schwarz-Weiß" Preußens und dem „Weiß-Rot" des
Deutschen Bundes.

Damit gelangen wir automatisch zum Begriff „großösterreichisch", der letzten
Endes als eine organische Weiterentwicklung aus dem ursprünglichen Begriff
„großdeutsch" durch territoriale Einengung anzusehen ist. Man erinnere sich der
Pläne des Fürsten Schwarzenberg, der ein kühnes Konzept für dieses „Großösterreich" entwarf. Es war ein Zusammenschluß deutscher Länder mit den nicht-deut-
schen Völkern unter Habsburgs Zepter. Schlußfolgernd ergibt sich daraus, daß
nach der Bildung des kleindeutschen Hohenzollern-Reiches, das die weitgesteck-
ten großösterreichischen Pläne endgültig begrub, die verbleibenden habsburgischen Erblande in der Donaumonarchie gleichfalls als Großösterreich bezeichnet
wurden; jedenfalls im Gegensatz zum heutigen Kleinösterreich. Diese Donaumonarchie war territorial zwar kleiner, aber in der Grundstruktur mit dem alten Großösterreich, letzten Endes also der wahren großdeutschen Idee ident, weil *nach wie
vor* deutsche und nicht-deutsche Völker in einer gemeinsamen politischen Konstellation zusammengeschlossen waren. Es bestand also eine einheitliche, geistig-poli-
tische Tradition seit jener Zeit, in der die Habsburger als römisch-deutsche Kaiser
den Schwerpunkt des universalen Reiches vom Rhein nach Wien verlagert hatten.
Daher ist es kein Zufall, daß die alte deutsche Kaiserkrone in der Schatzkammer
von Wien verwahrt ist und man sie auf der Hofburg noch heute, in Stein gemeißelt,
sehen kann . . . Der Begriff Großösterreich unterlag also einem mehrmaligen Bedeutungswandel. Denn nach dem Zerfall des „Deutschen Bundes", jenem eigenartigen Interim zwischen dem endgültigen Zerfall des „Heiligen römischen Reiches
deutscher Nation", also Großdeutschlands, im Jahre 1806 bis zur Errichtung des
kleindeutschen Hohenzollernstaates im Jahre 1870, war die großösterreichische
Idee die politische Klammer zwischen den deutschen und den fremden Völkern. In
der letzten Phase, also nach Errichtung der Republik im Jahre 1918, somit eines
deutschsprachigen Kleinösterreichs, beinhaltete der Begriff „Großösterreich" eine
Bezeichnung für die alte Donaumonarchie.

Als Schlußfolgerung ergibt sich das interessante Phänomen, daß die Begriffe
„Großdeutschland" und „großdeutsches Reich", die von Adolf Hitler verwendet
wurden, nicht als ident mit dem alten universalen Begriff des Reiches und Großdeutschlands anzusehen sind. Sie beinhalten eine Manipulation ererbter Begriffe.
In Wahrheit war Adolf Hitlers sogenanntes „Drittes Reich" ein alldeutscher Natio-
nal- und Großstaat.

Dieses Verwechslungsspiel war allerdings schon vorhitlerischer Herkunft, denn die im Jahre 1870 im Schloß von Versailles erfolgte Reichsgründung und Kaiserkür war aus historischer Perspektive gleichfalls lediglich die Gründung eines deutschen Nationalstaates unter einem nationalen Großkönig mit dem Titel Kaiser. Nebstbei bemerkt: Auch Napoleons Kaisertum hatte nichts gemein mit der universalen Kaiseridee, sondern war lediglich eine pompöse Bezeichnung für den Begründer einer Großmacht.

Warum all diese langatmigen Ausführungen? Ganz einfach deshalb, weil alle diese Geschichtsbilder und Geschichtsvorstellungen – teils bewußt, teils unbewußt – in den Österreichern der Schicksalsjahre 1933–1938 noch lebendig waren. Daraus erklärt sich der scheinbare Widerspruch, warum Dollfuß und Schuschnigg sich immer als „Deutsche" bezeichneten und sich trotzdem gegenüber dem Anschlußgedanken in Abwehrstellung befanden.

Hier liegt also der tiefste Sinn zum Verständnis des Begriffes „zweiter deutscher Staat", denn Hitler repräsentierte den „alldeutschen Nationalstaat", während der „zweite deutsche Staat" Österreich in einem späten Nachklang die alte universale Reichsidee symbolisierte. Damit bin ich jetzt bei dem Punkt, der zu beweisen war; nämlich der Tatsache, daß Österreich als sogenannter „zweiter deutscher Staat" das echte, wahre, universale Deutschtum repräsentierte; jenes Deutschtum, das zum Unterschied von den alldeutschen Fanatikern eine völlig andersgeartete geistige Substanz besaß.

Natürlich war dieses Konzept völlig irreal, weil die machtmäßigen Voraussetzungen für eine Ausstrahlung in den deutschen Raum ganz einfach nicht gegeben waren. So konnte die These vom „zweiten deutschen Staat" niemanden abschrecken oder faszinieren; sie erschien ganz einfach als eine fadenscheinige Begründung.

Dieses Konzept hätte nämlich eines „Gegenangriffes" in den deutschen Raum bedurft; ein Konzept, das von Schuschnigg jedoch nicht propagiert werden konnte, weil die ausländischen Staaten sich gegen jede Form einer deutschen Konzentration gewehrt hätten; egal, ob es die eines Hitler-Deutschlands oder eines föderativen Reichsgedanken gewesen wäre. So stand denn Österreich in seinem Abwehrkampf auf einem verlorenen Posten, weil es jenes ideologische Gewicht, das über seine Grenzen hinaus eine gewisse Ausstrahlungskraft besessen hätte, nicht ins Spiel bringen konnte.

Jetzt stelle ich mir selbst eine kritische Frage! Was haben denn all diese historischen Reminiszenzen für einen Sinn? Darauf werde ich jetzt eine überraschende Antwort geben, nämlich die, daß Adolf Hitler selbst sie irgendwie ernstgenommen hat.

In den Geschichtsbüchern moderner Historiker kann man lediglich lesen, daß Hitlers Griff nach Österreich – abgesehen von seiner alldeutschen Ideologie – deshalb erfolgte, weil er sich durch ihn eine Stärkung der wirtschaftlichen Potenz des Reiches, eine Stärkung seiner Wehrkraft durch österreichische Soldaten und eine starke strategische Ausgangsposition für den geplanten Vorstoß in den Balkanraum erhoffte. Das stimmt alles! Nur hat man vollständig darauf vergessen, daß Hitler, der echten politischen Instinkt besaß, sich der möglichen Gefahr bewußt war, die sich aus diesem andersartigen „Deutschtumsbegriff" möglicherweise für ihn im eigenen Land hätte ergeben können. Er wußte ganz genau, daß in seinem Reiche nicht nur demokratisch-republikanische Widerstände gegen sein Regime unterirdisch wirksam waren, sondern auf Grund der alten Verbundenheit – etwa des Rheinlandes und der ehemals vorderösterreichischen Länder – mit Wien, noch immer politische Sympathien für Österreich und seine Eigenart vorhanden waren. In diesen Ländern war noch nicht ganz vergessen, daß einstmals Wien der Sitz auch ihres Kaisers gewesen war; und das Traditionsbewußtsein der Österreicher, das im Kampf gegen Hitler jetzt so sichtbar wurde, war für sie nicht nur eine Erinnerung an die gemeinsame universale Reichsidee von einst, sondern auch der überraschenden Erkenntnis, daß sie im einstigen Herzland Österreich noch immer politische Ausstrahlung besaß. Hitler befürchtete also Sympathien in breiten Kreisen Deutschlands für Österreich, die in einer revolutionären Situation einen zusätzlichen Brand auslösen könnten. Nicht umsonst entführte er später die tausendjährige Krone des Reiches aus der Schatzkammer in Wien, weil er sich im Besitz dieses Symbols des alten Reiches als dessen legaler Erbe präsentieren wollte.

So zeigt sich denn in der Person Schuschniggs die persönliche Tragik und das Dilemma des österreichischen Deutschen, der gegen den Anschluß kämpfte. Es war zwar ein utopisches Konzept, aber es hatte eine echte geistige Substanz. Jedenfalls radierte Hitler Österreich aus, nicht allein aus den bereits erwähnten strategisch-wirtschaftlichen Gründen, sondern zusätzlich auch deshalb, weil dieser sogenannte „zweite deutsche Staat" für ihn immerhin auch eine politische Gefahr bedeutete. Natürlich war die Kleinstaaterei in Deutschland, die durch Versailles 1870 beendet wurde, eine Verfallserscheinung; aber lediglich der Form, nicht aber der geistigen Substanz des universalen Reiches.

Dieses Geschichtsbild mag trotz aller Sachargumente als phantastisch bezeichnet werden. Aber ist es das wirklich? Ich bin nicht dieser Meinung! Vergessen wir doch nicht, daß nach dem Ersten Weltkrieg Frankreich die Bildung eines süddeutschen Staates an der Mainlinie versuchte, wobei es zu dessen Rechtfertigung Argumente nützte, die uns in den obigen historischen Rückblicken begegneten. Dieser Plan wurde zwar von den Süddeutschen damals entschieden abgelehnt, weil sie das wahre französische Motiv, nämlich die Schwächung Deutschlands, richtig erkannten. Aber diese historischen Erinnerungen, die im französischen Plan lediglich zur Tarnung ihres deutschen Vasallenstaates dienen sollten, waren natürlich im Zusammenhang mit Österreich völlig anders zu bewerten.

So war denn in Schuschniggs Abwehrkampf der sogenannte „zweite deutsche Staat", angesichts der „deutschbewußten" Einstellung der Österreicher, eine unvermeidbare Notwendigkeit; aber gleichzeitig machtmäßig ein zu stumpfes Instrument. Die Entschlüsse Schuschniggs als verantwortlicher Staatsmann wurden daher ausschließlich von realpolitischen Erwägungen diktiert. Er hielt eine propagandistische „Gegenoffensive" für völlig aussichtslos, weil er einerseits den Mut der Deutschen zu einer Revolution für nicht gegeben ansah; und andererseits wohl mit Recht befürchtete, daß ein solcher Aufruf noch am gleichen Tag den Einmarsch Hitlers in Österreich zur Folge haben könnte. Über diese Problematik habe ich einmal mit Schuschnigg, in Erinnerung meines Gespräches mit Nikolaus Hovorka, ausführlich gesprochen . . .

Schuschniggs Staat war also in Wahrheit, wie es die spätere Entwicklung auch bestätigte, das letzte Verlöschen der alten Reichsidee, denn das Jahr 1945 konfrontierte uns mit einer völlig neuen Situation. Über diese Entwicklung und das Entstehen einer völlig neuen geistigen Substanz, nämlich der Idee von der österreichischen Nation, wird ausführlich zu berichten sein.


## DRITTE PHASE

Bei Besprechung dieser Phase müssen wir vorerst von einer zwar üblichen, aber sehr primitiven Denkschablone Abschied nehmen. Die Nationalsozialisten in Österreich waren nach ihrer ideologischen, politischen und sozialen Herkunft und ihrer inneren Entwicklung kein in sich geschlossenes, einheitliches Lager. Dieser formale Eindruck entstand nur äußerlich durch das gemeinsame Parteiabzeichen, die einheitlichen Uniformen und die hierarchische Struktur der Organisation. Aber selbst in diesem Endstadium, also nach der Machtergreifung, gab es verschiedene Strömungen, freilich anderer Art als früher im national-freiheitlichen Lager; aber dennoch sind ihre geistigen Wurzeln bereits in der Vergangenheit aufzuspüren. Diese „Anti-Österreicher" waren halt auch nur Österreicher! Versuchen wir also, dies mittels einer nüchternen Analyse zu beweisen.

Wieso maße ich mir darüber ein Urteil an? Weil ich Gelegenheit zu vielen Gesprächen und Diskussionen hatte. Ich erinnere an den Besuch mit Geli Raubal bei Adolf Hitler, über den ich berichtet habe; ebenso an mein Gespräch mit Gauschulinspektor Foppa nach meiner Rückkehr aus dem KZ Dachau.

Die österreichischen Nationalsozialisten waren zwar für den Anschluß, aber nicht für die restlose Auslöschung des Staates. Auch sie waren sich einer gewissen Eigenständigkeit der Deutschen in Österreich bewußt. Selbst nach dem Anschluß war für sie Österreich nicht „gleichwertig" irgendeinem anderen binnendeutschen Land, etwa Sachsen, Bayern, Württemberg . . ., um nur einige zu nennen. Sie stellten sich Österreich als einen regional autonomen, dem Reich rechtlich koordinierten, aber eigenen Staat vor. Jedenfalls war die Auslöschung des Namens Österreich, seine Ausradierung von der Landkarte durch Bildung selbständiger „Reichsgaue" nicht ihre Erfindung, sondern ausschließlich und allein Hitlers Idee. Er beließ dem einst österreichischen Gebiet nicht einmal den Namen „Ostmark", obwohl er in der ursprünglichen nationalsozialistischen Propaganda Verwendung fand. Mit dem Wort Ostmark sollte eindeutig unterstrichen werden, daß Österreich kein koordinierter, sondern integrierter Teil des deutschen Reiches sei, praktisch seine Schutzmark und Grenze gegen Osten. Es war ja dies der Grundgedanke der Keimzelle Österreichs, des Herzogtums der Babenberger. Aber aus dieser Ostmark ist später dann Österreich erstanden, ein Strahlungszentrum einmaliger Art und eine eigenständige geistige Zentrale. Der Österreicher Hitler wußte dies, fürchtete dies, und wollte daher auch nur leiseste Ansätze für eine künftige Entwicklung seiner Ostmark zu einer gewissen Eigenständigkeit vernichten. Ein regional autonomes, kooperiertes Österreich, wie die österreichischen Nazi sich das ursprünglich vorstellten, hätte immerhin Wien als ein Zentrum belassen, wodurch es natürlich, nach einer gewissen Zeit, zu einer Polarität zwischen Wien und Berlin hätte kommen können. Hitler hatte einen richtigen Instinkt, denn in den österreichischen Nationalsozialisten waren noch, ihnen freilich völlig unbewußt, Restbestände ihrer österreichischen Eigenart vorhanden. Man kann eben nicht aus der Haut, in der man geboren wurde . . .

Der ganze Machtkampf innerhalb der NSDAP in Österreich ist hiefür ein eindeutiger Beweis. So ist denn die Ausschaltung der Österreicher aus den führenden Positionen der NSDAP und ihr Ersatz durch Leute aus dem sogenannten „Altreich" nur eine logische Konsequenz und Vorbeugung. Baldur von Schirach als Gauleiter von Wien sei hier als Personifikation und nicht mißzuverstehendes Symbol genannt. Die Überflutung der Führungspositionen der Partei in Österreich war daher kein Zufall, sondern Absicht. Natürlich gibt es im geschichtlichen Geschehen nicht nur politische Hauptfaktoren, sondern auch sehr menschliche Begleiterscheinungen. Für Tausende Funktionäre der NSDAP aus Deutschland bedeutete ein Posten in Österreich einen höheren Rang und eine bessere Karriere. Es war dies ein ähnliches Phänomen wie die Tatsache, daß die Reichsdeutschen nach dem Anschluß Österreich wie ein Heuschreckenschwarm überschwemmten und gewissermaßen kahl fraßen. Hier gab es ja noch volle Lebensmittelläden und Geschäfte, eine einmalige Gelegenheit zur Hamsterei für Menschen, die im Altreich schon längst keinen freien Markt mehr hatten, sondern mit Bezugskarten ihre wichtigsten Bedürfnisse decken mußten. Hitler raubte den Goldschatz der Nationalbank und „bezahlte" ihn mit „Eintopf-Süppchen" aus dem bayrischen Hilfszug.

Vor diesem Hintergrund möchte ich jetzt meine sogenannte „Befriedungspolitik" erläutern. Ich war ja in Österreich einer jener Männer, welche die nationalsozialistischen Ausnahmegesetze für wenig wirksam hielten. Sie erschienen mir für die Ausrottung nationalsozialistischen Gedankengutes als ein völlig untaugliches Instrument, mit dem man nur das Gegenteil erreichte.

Daher ist jetzt das Aufzeigen des Unterschiedes zwischen meiner „Befriedungspolitik" und jener von Dr. Alfons Gorbach und vieler anderer Parteifreunde fällig. Alle diese betrieben, wenngleich aus verschiedenen Motiven, diese sogenannte „Befriedungspolitik". Man wußte, daß zu irgendeinem Zeitpunkt die ehemaligen Nationalsozialisten nicht mehr von Wahlen ausgeschlossen werden konnten. Sie rechneten daher mit der Tatsache, daß auch diese Wähler angesprochen werden müßten und wahrscheinlich jener Partei Gefolgschaft schenken würden, die sie von den unangenehmsten Auswirkungen der NS-Gesetzgebung vorzeitig befreite. Sicher waren dabei, so etwa bei Gorbach, auch menschliche Gefühle maßgebend. Gorbach war ein gütiger Mensch, der keine Rache kannte und daher für die Worte „niemals vergessen" kein Verständnis aufbrachte. Alle diese Überlegungen und Gefühle waren auch mir nicht fremd. Aber für mich war das Lager Glasenbach, in dem Tausende Nationalsozialisten aus Gründen der Sicherheit „verwahrt" gehalten wurden, keine Stätte, in der irregeleitete Menschen für die Demokratie „umgeschult" werden konnten. Für mich war es ganz einfach eine „Schulungsburg", in der fanatisch verbliebene Nationalsozialisten alle die Tausenden Parteigenossen, die längst wie Ratten das sinkende Schiff verlassen und sich retten wollten, ideologisch weiterschulen konnten; für irgendeine Zukunft, von der sie glaubten, daß sie doch wieder einmal kommen könnte . . . Mit nüchternem Hausverstand sagte ich mir daher: „Schluß mit Glasenbach." Der einzig mögliche Gesichtspunkt in der Politik ist der Satz: „divide et impera, teile und herrsche." Spalten, spalten, mußte also die Devise sein. Oder wollte man strafen und sich rächen? Solche Gesichtspunkte sind in der Politik völlig unzweckmäßig. Nur durch langfristige Versöhnungspolitik konnten die ehemaligen Nationalsozialisten in den Staat integriert werden; und konnte jene Partei, welche hiezu als erste die Möglichkeiten bot, auf Anhänger aus der Masse der obdachlos gewordenen, ehemaligen Nationalsozialisten hoffen. Das war eine nüchterne Rechnung, die aber gar nicht so einfach durchzuführen war. Es gab nämlich unter den seinerzeit von den Nationalsozialisten politisch Verfolgten viele Menschen, die einfach nicht vergessen konnten. Die Sozialisten glaubten dieser Stimmung Rechnung tragen zu müssen, und affichierten bei der Wahlwerbung für den Nationalrat im Jahre 1945 Plakate mit dem Text: „Nazi nach Sibirien." Das war freilich eine unbeabsichtigte Hilfe für die Volkspartei zur Erreichung ihrer absoluten Mehrheit im Parlament, denn die Angehörigen der Inhaftierten und der durch die NS-Gesetze benachteiligten einstigen Parteigenossen wählten sie fast zur Gänze.

Freilich erkannten die Sozialisten ihren Fehler bald, und Innenminister Oskar Helmer stellte völlig neue Weichen. Er hatte viele persönliche Kontakte zu sogenannten „Ehemaligen", damit diese durch „Mundfunk" das schlechte Image der

SPÖ noch vor dem nächsten Wahlgang „retuschierten". Zur Tarnung seiner diesbezüglichen Bemühungen benutzte er ein sehr geschicktes Ablenkungsmanöver. Ich hatte nämlich den Bundeskanzler Raab, Parteifreunde und etliche „Ehemalige" auf unseren Landsitz in Oberweis zu einer Besprechung eingeladen. Die nachträgliche Behauptung, daß dort ein „Bündnis" mit der NSDAP geschlossen wurde, war natürlich glatter Unsinn. Es gab ja keine NSDAP, keine Organisation; mit wem hätte man daher verhandeln sollen? In Wahrheit ging es um eine „reine Optik", mit der deutlich sichtbar gemacht werden sollte, daß die ÖVP keine Rachegedanken hege, und für die Liquidation der NS-Gesetzgebung eintrete. Schließlich bestand damals noch das Sondergesetz für die sogenannten „Belasteten". Tatsächlich ging von der Konferenz in Oberweis die Initiative zur Liquidation der Ausnahmegesetzgebung aus. Schließlich mußte man auch damit rechnen, daß eines Tages das Verbot einer dritten Partei – des traditionellen Sammelbeckens der sogenannten „nationalen" Kreise – seitens der Alliierten aufgehoben würde. Angesichts dieser Wahrscheinlichkeit galt es, zwei Gefahren zu vermeiden: eine staatspolitische und eine parteipolitische! Es mußte verhindert werden, daß die wiederzugelassene dritte Partei sich aus Haß und Rache ein radikal-neofaschistisches Programm geben könnte. Parteipolitisch bestand natürlich ein Interesse, daß die Mandatszahl der neuen Partei über ein beschränktes Ausmaß nicht hinauswuchs. Ihre kommenden Wähler waren ja zum Großteil jene, die 1945 der Volkspartei zur absoluten Mehrheit verholfen hatten. Mit dieser absoluten Mehrheit war natürlich, nach Zulassung der dritten Partei, nicht mehr zu rechnen; aber immerhin sollte der zu erwartende Mandatsverlust in Grenzen bleiben, damit wenigstens die relative Mehrheit für die Volkspartei gesichert bliebe.

Oskar Helmer wußte das alles ganz genau, er war schließlich ein kluger Kopf. Jedenfalls wollte er der Volkspartei einen dicken Strich durch die Rechnung machen; und überdies vor der Weltöffentlichkeit beweisen, daß ausschließlich und allein die Sozialisten Garanten einer demokratischen Entwicklung in Österreich wären. Aus diesem Grund mußte die Volkspartei einer „neonazistischen" Anfälligkeit verdächtigt werden ...

So hatte denn die Verleumdungskampagne über die Vorgänge in Oberweis nicht nur innenpolitische, sondern auch internationale Auswirkungen. Das kleine Oberweis wurde in den bedeutendsten Zeitungen der Welt genannt. Auch innenpolitisch kam es sogar im eigenen Parteilager zu Mißverständnissen. Selbst der damalige Generalsekretär der Partei, Minister Felix Hurdes – der als Südtiroler immer Oberweis mit „Obermais" verwechselte, was ihm nicht abzugewöhnen war – hatte weltanschauliche Bedenken. Er sah schon die Grundstruktur der ÖVP als christlich-demokratische Partei gefährdet! Aber mit der Zeit konnte ich meinen Freund Felix überzeugen, daß er da eine politische Strategie und Taktik mit dem Programm verwechselt habe, und wir lachten dann darüber bei einem Glas Wein.

Zum Abschluß sei noch eines heiteren Ereignisses gedacht. Eines Tages erhielt ich von einem Hotelier in Traunkirchen einen wütenden Brief des Inhalts, daß ich als ÖVP-Politiker kein Verständnis für den wirtschaftlichen Notstand des Gastgewerbes habe. Ich hätte diese Konferenz nicht in unserem Landsitz in Oberweis, sondern in seinem Wirtshaus abhalten sollen, was für ihn eine tolle internationale Reklame gewesen wäre . . .

## VIERTE PHASE

Das Jahr 1945 konfrontierte die Österreicher mit einer völlig neuen Situation. Schließlich hatte Deutschland die größte Niederlage in seiner tausendjährigen Geschichte erlitten, die es dem „größten Feldherrn aller Zeiten" zu verdanken hatte. Die Österreicher verloren in der Realität des alldeutschen Reiches, für das sie so große Opfer an Freiheit, Gut und Leben erbringen mußten, alle Illusionen und wurden vollständig ernüchtert. Durch ein historisches Ereignis von einmaligem Ausmaß war ihnen ihre „Eigenart" bewußt geworden; empfanden sie die Existenz des wiedererstandenen österreichischen Staates als eine natürliche Selbstverständlichkeit, und völlig spontan als einen „kostbaren Besitz". Ihre Zugehörigkeit zum deutschen Volk war kein Gegenstand der Diskussion mehr und hatte daher jeden politischen Akzent und damit jede politische Brisanz verloren. Man kann also heute mit vollem Recht das Deutschtum der Österreicher mit jenem der Deutsch-Schweizer vergleichen.

Auch die Schweiz ist irgendwie ein Sonderfall, aber nicht vergleichbar mit jenem Hollands. In diesem hat sich tatsächlich eine selbständige, völlig neue, völkische Entwicklung vollzogen, die wir bereits analysiert haben. Die Schweiz hingegen war gleichfalls seit jeher deutsches Land und ist heute im Bewußtsein der Bevölkerung eine echte Staatsnation. Es gibt jedoch kein „Schweizer Volkstum" im Sinne Hollands, obwohl der alemannische Dialekt Umgangssprache ist. Er wurde aber nicht zur Schriftsprache, jenem ersten Schritt zu einem neuen Volkstum. Die Schweizer bezeichnen sich als Deutsche, jedoch klar und eindeutig als „Deutsch-Schweizer". Diese Bezeichnung darf aber nicht mit dem Begriff „Deutsch-Österreicher" verglichen werden, denn diese beiden Bezeichnungen haben völlig verschiedene Begriffsinhalte. Die „Deutsch-Österreicher" verstanden darunter ein politisches Bekenntnis, nämlich den Willen zum Anschluß. Die „Deutsch-Schweizer" hingegen verstanden hierunter lediglich ihre Zugehörigkeit zum deutschen Kulturkreis, ohne jegliche politische Konsequenzen. Daher gab es dort weder einen Wunsch nach „Anschluß", geschweige denn eine Spannung zwischen den Begriffen „Staat" und „Volksbewußtsein". Heute kann man jedoch mit vollem Recht die Begriffe „Deutsch-Schweizer" und „Deutsch-Österreicher" gleichsetzen. Denn die Deutschen Österreichs bejahen heute eindeutig die Eigenexistenz eines österreichischen Staates und vereinbaren dies völlig harmonisch mit ihrer Zugehörigkeit zum deutschen Volk und Kulturkreis. Der beste Beweis hiefür ist wohl die Tatsache, daß darüber nicht geredet wird, weil man über eine Selbstverständlichkeit nicht zu reden braucht. Selbst die FPÖ bekennt sich heute mehrheitlich zu dieser Auffassung.

Freilich konfrontiert uns diese Situation mit dem neuen Begriff einer „österreichischen Nation". Aber ich glaube, daß selbst die Anhänger dieses Gedankens keine „holländische" Entwicklung wollen. Infolgedessen beinhaltet der Begriff „österreichische Nation" nichts anderes als das Bewußtsein einer ererbten, charakterlichen „Eigenständigkeit" des deutschen Volkstums in Österreich, sowie ein eindeutiges Treuebekenntnis zu diesem Staat, seiner Tradition und seiner wahrhaft großen Geschichte.

Es gibt allerdings noch andere, wesentliche Unterschiede zwischen „einst" und „jetzt", die nunmehr in einer knappen Analyse ausgeleuchtet werden sollen.

*Einst,* in der Ersten Republik, wurde dieser Staat in seiner Daseinsberechtigung angezweifelt; *heute,* in der Zweiten Republik, wurzelt er im Bewußtsein der Bevölkerung als eine Selbstverständlichkeit.

*Einst* erwuchsen aus den gesellschaftspolitischen Leitbildern der Parteien Totalitätsansprüche, die der Gesamtheit im allgemeinen Zerfall des Gemeinschaftsbewußtseins mit Gewalt ihre eigenen Gemeinschaftsauffassungen aufzwingen wollten; *heute* hingegen ordnen sich in der pluralistischen Gesellschaft die verschiedenartigsten gesellschaftspolitischen Leitbilder im Geiste der Toleranz und des demokratischen Wettbewerbs in ein sie überdachendes Gemeinschaftsbewußtsein ein.

*Einst* betrachteten soziale Gruppen von Staatsbürgern diesen Staat als ein vorhandenes Machtinstrument zum Schutze ihrer Privilegien, die anderen als ein zu eroberndes Machtinstrument für eine revolutionäre Umgestaltung der Gesellschaftsordnung; *heute* wird der Staat von allen sozialen Gruppen als ein die Rechte aller schützendes, gemeinsames Eigentum empfunden.

*Einst* kennzeichneten diesen Staat Klassendünkel, Standesunterschiede, Klassenhaß; *heute* werten wir die Menschen im privaten Umgang nicht nach ihrer Stellung im Arbeitsprozeß, sondern als Gleiche unter Gleichen.

*Einst* gab es turbulente soziale und wirtschaftliche Kämpfe; *heute* treffen sich Sozial- und Wirtschaftspolitik in ihren gemeinsamen Zielen der Produktionssteigerung, der Sicherung der Vollbeschäftigung und der Hebung des allgemeinen Lebensstandards.

*Einst* waren die Farben Rot-Weiß-Rot blasse Symbole eines Staates, der verneint und als Durchgangsstadium empfunden wurde; *heute* ist die Bejahung der Farben Rot-Weiß-Rot nicht mehr Sache weniger Patrioten, sondern aller Österreicher.

*Einst* war das Bekenntnis einer eigenständigen Wesensart der Österreicher ein politisches Anliegen nur jener, deren Geschichtsbild noch von der großösterreichischen Vergangenheit geprägt war; *heute* ist das Wiederfinden und Wiederentdecken der inneren Natur und Wesensart des Österreichers gemeinsame Sache des gesamten Volkes, selbst jener Staatsbürger, die einstmals auf Grund ihres großdeutschen Geschichtsbildes Österreich verneinten; auch die sogenannten „Nationalen" bekennen sich zum Staate Österreich.

Aus all dem Gesagten ergibt sich auch eine völlig neue Perspektive in der Beurteilung des Gedankens der Neutralität. Wir erinnern uns, daß diese einstmals auf Grund der inneren Anschlußsehnsucht schon von Anbeginn eine Totgeburt war. Jetzt aber wird sie innerlich bejaht, weil dieses Volk frei und unabhängig bleiben will, sich also von der Neutralität eine zusätzliche Garantie hiefür erhofft.

Ähnliche Wandlungen wie im österreichischen Geschichtsbewußtsein haben sich, gewissermaßen spiegelgleich, auch in der Bundesrepublik vollzogen; sowohl in ihrer offiziellen Politik gegenüber Österreich als auch im Verhalten der Bevölkerung. Die Existenz eines österreichischen Staates wird in der Bundesrepublik als unbestrittene Selbstverständlichkeit respektiert. Man erinnert sich zwar der gemeinsamen Vergangenheit, aber diese historischen Fakten sind vergleichbar mit kostbaren Gläsern, welche von einer Familie in einer Vitrine als wertvolle Ziergegenstände verwahrt werden.

Wir gelangen zum Schluß. In vier Phasen haben wir den Werdegang des Österreich-Bewußtseins geschildert; und dabei nachgewiesen, daß der österreichische Staat in der vierten Phase seine „geistige" Substanz endgültig gefunden und völlig außer Streit gestellt hat.

Drücken wir dies mit einer Fahnensymbolik aus. In der alten Monarchie wurde nicht allein „Schwarz-Gelb" geflaggt, und in der Ersten Republik nicht ausschließlich „Rot-Weiß-Rot" gehißt. Daneben bauschten sich im Winde zahlreiche schwarz-rot-goldene Fahnen. Ich selbst habe an Kaisers Geburtstag die Fenster nicht nur mit schwarz-gelben, sondern auch mit schwarz-rot-goldenen Fähnchen geschmückt. Heute ist in Österreich dieser fast ein Jahrhundert alte Brauch in Vergessenheit geraten, und niemand denkt mehr an eine schwarz-rotgoldene Beflaggung. Wie erklärt sich dieses Phänomen?

Schwarz-Rot-Gold war das Symbol der deutschen Einheit, insbesonders aber eine Kampfansage an den Zerfall des alten Reiches in viele souveräne Kleinstaaten. Es waren die Farben der „Deutschen Burschenschaft", also jener Studentenorganisation, die sich dieser Entwicklung entgegenstellte. Studenten waren schon immer „Avantgardisten" aktueller Zeitsehnsüchte. Schwarz-Rot-Gold war somit das Bekenntnis zum deutschen Vaterland, und daher auch für die Deutschen in Österreich ein Symbol. Selbst die habsburgischen Kaiser hatten ursprünglich nichts gegen diese Fahne einzuwenden, denn schließlich wurden sie ja selbst durch die aufkommende Kleinstaaterei schrittweise entmachtet und dann aus Deutschland endgültig verdrängt. Erst später änderte sich diese ihre Einstellung, und zwar erst zu jener Zeit, in der von den Alldeutschen in der Donaumonarchie diese Farben zum Symbol ihrer anti-österreichischen, anti-habsburgischen Gesinnung „umfunktioniert" wurden. Ja, mehr noch, das Schwarz-Rot-Gold wurde eine Kampfparole zur Zerstörung der Donaumonarchie und des Anschlusses der Deutschen Österreichs an den Staat der Hohenzollern.

Schließen wir mit einer besinnlichen Rückerinnerung. Zum 80. Geburtstag Kaiser Franz Josephs versammelten sich die deutschen Fürsten unter Führung des Königs von Preußen, also des Deutschen Kaisers, zu einer Huldigung in Wien. Diese Huldigung für den Erben der alten römisch-deutschen Kaiser war ein letzter Abglanz der universalen, alten Reichsidee.

Alle diese Vergangenheiten haben wir heute endgültig bewältigt. Sämtliche Geschichtsbilder sind „integriert" in dem Bekenntnis zu einem neuen, modernen Österreich, das sich seiner Vergangenheit nicht schämt und sich stolz zu ihr bekennt.

Jetzt sei mir noch eine persönliche Bemerkung gestattet, weil ich sie auf den Lippen der Leser als stumme Frage spüre! War mein Hineinleuchten in die großdeutschen, kleindeutschen, alldeutschen und großösterreichischen „Vergangenheiten" zum Verständnis der „neu-österreichischen" Gegenwart wirklich nötig? Oder ist der Verfasser, obwohl er in der Republik sogar die Funktion des sogenannten „zweiten Mannes im Staat" bekleidete, nicht etwa in seinem Herzen kein wirklicher Demokrat und Republikaner? Ich will darauf eine klare Antwort geben, und zwar durch einen zusätzlichen Vergleich des Entstehungsmotivs der Schweizer und der österreichischen Neutralität . . .

Die Schweiz wollte innerhalb der konkurrierenden, europäischen Staaten ihre Freiheit und Unabhängigkeit bewahren und sich vor blutigen Kriegen schützen.

Die österreichische Neutralität hingegen liegt zutiefst in der gefährlichen Grenzlage zwischen Ost und West begründet. Ein wesentlicher Unterschied! Nur eine offene, ehrliche Politik gegenüber Moskau garantiert Österreichs Existenz als selbständiger Staat, trotz einer freien, westlichen Gesellschaftsordnung.

Die Neutralität ist also eine Sicherheitsgarantie, welche die Bewohner dieses Landes einst in der Donaumonarchie besaßen. Das geistige Erbe aus jener Zeit schenkte den Österreichern aber jene Eigenschaft, die sie heute zum Überleben brauchen; ihr Verständnis für die Nachbarvölker, deren Lebensrecht und die Bereitschaft zur Zusammenarbeit. Denn nach wie vor ist der Donauraum als geopolitischer Organismus existent. Er bedarf zwar neuer Formen der Koordination der Donauvölker, aber die Notwendigkeit der Koordination selbst kann nicht weggeleugnet werden. So symbolisiert denn heute die Flagge „Rot-Weiß-Rot" auch in diesem Sinne eine Aufgabe, zu der wir uns bekennen, weil wir nach wie vor das gleiche sind, wie all die Jahrhunderte vorher, nämlich – echte Österreicher!

# Utopien christlicher Politiker und jugendlicher Idealisten

Das folgende Kapitel ist wahrscheinlich der wichtigste Beitrag zur Zeitgeschichte, der in diesem Buch enthalten ist. Er beinhaltet eine systematische Darstellung der Auseinandersetzungen innerhalb des vaterländischen Lagers auf dem Arbeitnehmersektor, also der Arbeiterkammer, des Gewerkschaftsbundes und der Sozialen Arbeitsgemeinschaft (SAG). Der Verfasser dieser Niederschrift ist ein Augenzeuge, weil er in den genannten Organisationen in hohen Funktionen persönlich tätig war. Sein Bericht beinhaltet daher Fakten, die bislang wenig bekannt waren, wahrscheinlich sogar noch völlig unbekannt sind.

Einige Vorfragen wurden bereits geklärt:

So wurde die Frage, wieso der Verfasser in diesen hohen Positionen sich befand, bereits in dem Kapitel „Senkrechtstart des jungen Doktors" ausführlich behandelt.

Über die ideologischen Hintergründe der nachstehend geschilderten, konkreten Auseinandersetzungen wurde im Kapitel „Analyse des Unterschiedes der Gesellschaftsmodelle der faschistischen Systeme und des christlichen Ständestaates" gleichfalls schon eingehend berichtet.

Träger dieser Auseinandersetzungen waren einerseits der Heimatschutz und andererseits die Männer christlicher Gewerkschaftsherkunft. In ihnen personifizierten sich die aufeinanderprallenden, faschistischen und demokratischen Tendenzen.

Beginnen wir also mit der angekündigten Analyse, die auf drei verschiedenen Wertebenen darzustellen ist. Diese sind:

erstens der Problemkreis „Arbeiterkammer";

zweitens der Problemkreis „Gewerkschaftsbund";

drittens der Problemkreis „Soziale Arbeitsgemeinschaft (SAG)" und andere Befriedungsaktionen.

## PROBLEMKREIS „ARBEITERKAMMER"

Die Arbeiterkammern wurden in Österreich nach 1918 eingerichtet. Sie gab es in dieser Form nur bei uns; nämlich gesetzlich verankert und je eine für jedes Bundesland. Die Arbeiterkammer in Wien war vorgesetzte Dienststelle der Länderkammern. Nach den Februar-Ereignissen des Jahres 1934 war ihr Weiterbestand vorerst umstritten, denn sowohl seitens des Heimatschutzes als auch des Industriellenverbandes gab es Widerstände, wenngleich aus verschiedenen Motiven. Die Sicherung ihrer Weiterexistenz auch im Ständestaat war ein erster Erfolg des demokratischen Flügels im vaterländischen Lager. Ein eindrucksvolles Argument in diesem Kampf war der Hinweis, daß für die Regierung ihre Existenz geradezu einen „Alibi-Charakter" habe. Sie hatte ja sämtliche sozialistischen Arbeiterorganisationen und Vereine verboten, und konnte somit sagen, daß für diese Verbote politische Gründe maßgebend waren, während es sich bei der Arbeiterkammer um eine gesetzliche Institution zum Schutz der Arbeitnehmer handle, den sie nicht antasten wolle.

Aus dem erwähnten Verbot ergab sich noch ein weiteres schwieriges Problem. Es mußte verhindert werden, daß die beschlagnahmten Vermögen der verbotenen Vereine nicht dem staatlichen Fiskus anheim fielen, sondern ihr Fruchtgenuß für die Arbeiter erhalten blieb. Wir kämpften daher, daß die Verwaltung dieser Vermögen uns übertragen und somit nicht ganz dem ursprünglichen Zweck entfremdet wurden.

Die Arbeiterkammern hatten also nach 1934 einen zweifachen Funktionsbereich. Einerseits die Weiterbetreuung aller im ursprünglichen Gesetz vorgesehenen Funktionen; andererseits einen zusätzlichen Aufgabenbereich, von dem die Vermögenssicherung eben erwähnt wurde. Eine weitere, wesentliche Zusatzaufgabe war, daß die Kollektivverträge, die seinerzeit vor dem Februar 1934 von sozialistischen Gewerkschaften abgeschlossen worden waren, aufrechterhalten und nicht gekündigt wurden. Das war gar nicht so einfach, denn natürlich hätten die Unternehmerverbände bei dieser Gelegenheit sich von den Bindungen dieser Kollektivverträge nur allzu gern befreit. Es gab noch andere zusätzliche Aufgaben, über die in den Absätzen über den Gewerkschaftsbund und die Soziale Arbeitsgemeinschaft noch eingehend berichtet werden soll. An dieser Stelle sei lediglich auf die Entsendung von Arbeitervertretern in die Gemeindetage sowie die Mitwirkung bei Gründung der Werksgemeinschaften hingewiesen.

Diese enge Koordination ergab sich schon automatisch durch die Tatsache, daß die Arbeiterkammern nach Gründung des Gewerkschaftsbundes gleichzeitig dessen Geschäftsstellen auf Bundes- und Landesebene wurden. Daraus ergab sich eine personelle Identität der Angestellten. So war ich als Erster Sekretär der Arbeiterkammer gleichzeitig auch der Erste Sekretär des Landeskartells des Gewerkschaftsbundes.


## PROBLEMKREIS „GEWERKSCHAFTSBUND"

Jetzt komme ich zur Schilderung der dramatischen Auseinandersetzungen im vaterländischen Lager rings um die Gründung des Gewerkschaftsbundes. Für den

Heimatschutz war bereits die Beibehaltung der Arbeiterkammern eine große Konzession, die ihm abgerungen wurde; aber die Forderung nach Gründung von Gewerkschaften schlug gewissermaßen dem Faß den Boden aus. Sie widersprach ja völlig den faschistischen Prinzipien, die ich in einem einschlägigen Kapitel eingehend dargelegt habe. Gewerkschaften gab es ja in keinem faschistischen System. In Deutschland bestand die sogenannte „Deutsche Arbeitsfront (DAF)", in Italien das „Dopo-lavoro", die beide autoritär geleitete Organisationen waren, denen gleichzeitig auch die Arbeitgeber angehörten. Diese beiden Modelle nahm sich der Heimatschutz als Vorbild. So ist es denn verständlich, daß hinter den Kulissen des vaterländischen Lagers ein erbitterter Kampf um die Gründung von Gewerkschaften tobte. Dabei ergaben sich nachstehende Probleme, die ich übersichtlich skizzieren und strukturell eingehend analysieren werde.

*Problem 1:* Die christlichen Gewerkschafter und die katholischen Arbeitervereine waren auf Grund ihrer gewerkschaftlichen Vergangenheit und ihres in Fleisch und Blut übergegangenen, gewerkschaftlichen Denkens natürlich für die Gründung und Beibehaltung von Gewerkschaften. Der Heimatschutz war grundsätzlich dagegen, weil sie, wie wir schon gehört haben, den faschistischen Prinzipien völlig widersprachen. Gewerkschaften umfaßten lediglich Arbeitnehmer, während dem „Dopo-lavoro" und der DAF sowohl die Arbeitgeber als auch die Arbeitnehmer angehörten. Über die daraus resultierenden Probleme wird im gegebenen Zusammenhang noch eingehend zu sprechen sein.

*Problem 2:* Mit diesem wird die Frage aufgeworfen, ob eine durch die Regierung gebildete Gewerkschaft überhaupt als eine „echte" Gewerkschaft angesehen werden kann; denn natürlich waren seinerzeit sowohl die sozialistischen freien Gewerkschaften als auch die christlichen Gewerkschaften, aber auch die völkischen Gewerkschaften „echte" Gewerkschaften. Sie beruhten auf einem freiwilligen Zusammenschluß von Arbeitnehmern und der freien Wahl der Funktionäre durch die Mitglieder. Somit war natürlich bei den von der Regierung gegründeten Gewerkschaften die Streitfrage offen, ob sie eigentlich wirklich als frei, somit als „echt" angesehen werden könnten. Hier zeigt sich deutlich ein „Drei-Fronten-Krieg", in dem der demokratische Flügel sich befand. In den Augen der illegalen Sozialisten und Kommunisten waren natürlich die Regierungsgewerkschaften unfrei, gewissermaßen „Handlanger des Kapitals"; für den Heimatschutz waren sie ein „Fremdkörper" im faschistischen Staat; selbst gegenüber der Regierung waren sie zwar Gewerkschaften, aber doch nicht „echt", weil vorläufig freie Wahlen nicht zugelassen waren.

*Problem 3:* Darüber hinaus gab es noch eine grundsätzliche Streitfrage, und zwar innerhalb des christlichen Lagers; und zwar ob überhaupt eine neue „Einheitsgewerkschaft" gegründet, oder die alten „Richtungsgewerkschaften" beibehalten werden sollten, natürlich nur jene des nichtsozialistischen Lagers. Die christlichen Gewerkschaften erhoben nämlich einen „Monopolanspruch" und lehnten daher vorerst die Gründung des späteren Gewerkschaftsbundes ab.

Ich war, obwohl ein christlicher Politiker, gegen diesen Anspruch der christlichen Gewerkschafter, und zwar aus psychologischen Gründen. Ich sagte mir, daß es ohnehin schon überaus schwierig sein würde, ehemalige Sozialisten in der geplanten neutralen Einheitsgewerkschaft zu sammeln; und sah daher im Monopolanspruch der christlichen Gewerkschafter eine zusätzliche Erschwerung. Schließlich waren die sozialistischen Arbeiter durch Jahrzehnte im weltanschaulichen Gegensatz zum christlichen Lager erzogen worden. Die vergangenen Jahrzehnte waren ja erfüllt von schwersten politischen Spannungen zwischen Kirche und Sozialismus; und in der Gegenwart war die Kirche in den Augen der Arbeiter ein Bundesgenosse des Kapitals und des Faschismus. Der Monopolanspruch der christlichen Gewerkschaften erschien mir daher geradezu als eine politisch brisante Provokation.

Die christlichen Gewerkschafter und Arbeitsbündler waren daher auf mich sehr böse, denn mein Widerstand war für sie überraschend. Schließlich war ich christlicher Herkunft und Überzeugung; freilich niemals Mitglied einer christlichen Gewerkschaft oder eines katholischen Arbeitervereines. Man wollte meine Begründung mit dem Hinweis widerlegen, daß die christlichen Gewerkschaften nach Auflösung der sozialistischen Gewerkschaften einen riesigen Zulauf aus dem sozialistischen Lager hätten. Das war zwar richtig, aber ich täuschte mich nicht über die vordergründigen Ursachen dieses Sachverhaltes hinweg. In der damaligen Notzeit wollten die Arbeiter nicht auf die wenigen materiellen Vorteile verzichten, die ihnen die Gewerkschaften boten. So hatten diese zum Beispiel für Notfälle einen Unterstützungsfonds, der deshalb wichtig war, weil es damals, trotz vieler oder gerade wegen vieler Arbeitsloser, noch die sogenannte „Aussteuerung" gab. Unter dieser verstand man das endgültige Ausscheiden aus der Arbeitslosenunterstützung nach lang anhaltender Arbeitslosigkeit. Die Angst vor einer Aussteuerung war daher für jeden Proletarier-Haushalt ein Alptraum.

*Problem 4:* Bei diesem handelt es sich um die Zusammenfassung artverwandter Gewerkschaften in Berufsverbänden; und letztlich die Zusammenfassung dieser in einem Gesamtverband, nämlich dem Gewerkschaftsbund. Mittlerweile waren nämlich zwei Entscheidungen gefallen; einerseits der Verzicht der christlichen Gewerkschaften auf ihren Monopolanspruch und andererseits das gemeinsame „Ja", einschließlich des Heimatschutzes, zur Gründung von Gewerkschaften.

Die Berufsverbände gliederten sich in folgende Hauptgruppen, nämlich: „Industrie", „Gewerbe", „Handel und Verkehr" und „freie Berufe".

Die Arbeitgeberverbände waren nach den gleichen Gesichtspunkten, also spiegelgleich, in Berufsverbänden zusammengefaßt. Sie bildeten daher mit dem

entsprechenden Berufsverband der artverwandten Gewerkschaften den sogenannten „Berufsstand". Der Kontakt und die Koordination der Interessen erfolgte in paritätisch zusammengesetzten „berufsständischen Ausschüssen". Diesen oblag vor allem der Abschluß von Kollektivverträgen. Dies widersprach natürlich den faschistischen Prinzipien, was der Vergleich mit der Deutschen Arbeitsfront und dem „Dopo-lavoro" eindeutig beweist. Für echte Faschisten war
die österreichische Regelung eine getarnte „Wiederzulassung" der Klassen, und
damit der drohenden Gefahr eines neuen „Klassendenkens" ausgesetzt, das somit auch im neuen Staat zu Klassenkämpfen führen könnte.

Natürlich reagierten die roten Illegalen empört gegen diese Lösung, und zwar
aus zwei Gründen: einerseits aus ihrer ideologischen Überzeugung, daß der von
der Regierung gegründete Gewerkschaftsbund keine echte Gewerkschaft sei;
aber andererseits doch ein wenig auch aus der Befürchtung, daß am Ende die Vaterländische Front aus den Reihen der sozialistischen Arbeiter Anhänger gewinnen könnte. Gerade an dieser Stelle ist ein Blick in die Zukunft interessant. Wir
haben heute in der Zweiten Republik die alte demokratisch-parlamentarische
Verfassung, die keine Berufsstände kennt. De facto besitzen wir jedoch im sogenannten „Beirat für Wirtschafts- und Sozialfragen" und in der „Paritätischen
Lohn- und Preiskommission", in denen Arbeitgeber und Arbeitnehmer gleichberechtigt vereinigt sind, ein berufsständisches, allerdings auf freiwilliger Basis
funktionierendes Organ. Dieser Vergleich wird zwar seitens der Sozialisten ideologisch bestritten, aber im Grunde entsprechen diese heutigen Organe funktionell denen der ständischen Verfassung. In dieser waren sie freilich „institutionali-
siert", während sie heute auf einer freiwilligen Vereinbarung zwischen den Ar-
beitgeberverbänden und dem Gewerkschaftsbund basieren. Das Problem ihrer
„Institutionalisierung" wurde zwar gelegentlich diskutiert, aber nie verwirklicht.
Diese Problematik werde ich in einem anderen Zusammenhang, nämlich der Par-
lamentsreform, eingehend erörtern. Aus Spaß bezeichnete ich gelegentlich die
„Paritätische Kommission" als ein Organ des „austromarxistischen Ständestaates" Österreich.

*Problem 5:* Bei diesem handelt es sich um die sogenannte „Autonomie" des
Gewerkschaftsbundes. Es war deshalb aktuell, weil die Arbeiterkammern und
der Gewerkschaftsbund anfänglich in starker Abhängigkeit vom Sozialministerium waren. Praktisch handelte es sich um einen bürokratischen Zentralismus,
der sich im Widerspruch zu den Grundprinzipien einer Gewerkschaftsbewegung,
aber auch des Ständestaates an sich befand. Der demokratische Flügel im Gewerkschaftsbund kämpfte daher für die Beseitigung zentralistischer Fesseln, somit also für die vollständige Autonomie des Gewerkschaftsbundes. Natürlich gab
es dann seitens des Heimatschutzes wieder Schwierigkeiten, denn im Grunde
wollten diese den Gewerkschaftsbund, wenn sie ihn schon nicht verhindern konnten, wenigstens an einem „Gängelbande" halten. Man wird sich daher fragen,

weshalb der demokratische Flügel anfänglich die bürokratische Einschränkung der Bewegungsfreiheit akzeptierte. Die Antwort ist sehr einfach: Man sagte aus zwei Gründen „ja“; erstens einmal als „Beruhigungspille“ gegenüber dem Heimatschutz, und zweitens wollte man das Pferd einmal besitzen, im Stall haben und es dann vom Zaumzeug nachträglich befreien. Man handelte daher nach dem Grundsatz der Salamitaktik, nach der die Wurst in Scheiben abgeschnitten wird.

Der Kampf um die Autonomie war also der Beginn einer zweiten Entwicklungsphase. Mit dieser begann der eigentliche Kampf um die allmähliche „Entfesselung“ von der bürokratischen Vormundschaft. Diese politische Entwicklung möchte ich an einem persönlichen Erlebnis bildhaft verständlich machen. Mein unmittelbarer Vorgesetzter als Erster Sekretär war im Sozialministerium ein gewisser Sektionsrat Dr. Hoffmann. Eine lächelnde Randbemerkung: Das Sozialministerium befand sich damals in der Hanuschgasse, und zwar in jenem Trakt, der heute die Bundestheaterverwaltung beheimatet; und von dem ich damals nicht wissen konnte, daß ich nach 1945 durch Jahrzehnte in diesem Hause wohnen werde. Oft spielten sich entscheidende Phasen meines Lebens in denselben Räumen ab, worüber noch viel zu erzählen sein wird.

Dr. Hoffmann befand sich mir gegenüber in einer gewissen Verlegenheit; einerseits war er bürokratisch mein Vorgesetzter, andererseits war ich auf Grund meiner Funktion als Landesführerstellvertreter der V.F. ein politisch einflußreicher Mann, der ihm natürlich schaden oder nützen konnte. Unsere Gespräche vollzogen sich daher in einer Atmosphäre überfließender Liebenswürdigkeit; seine Weisungen und meine Widerborstigkeit glichen Torten aus Bittermandeln mit einem Zuckerüberguß.

Sozialminister war zu jener Zeit Dr. Josef Dobretsberger, der in dieser Funktion einen Widerspruch in sich zu verkraften hatte. Einerseits war er unser oberster Chef und hatte daher als Kontrollorgan Sitz und Stimme in der Zentrale des Gewerkschaftsbundes. Andererseits entwickelte sich dort der „Aufpasser“ in der Praxis zu einem Helfer und Beschützer unserer Autonomiebestrebungen. Er war eben ein kluger politischer Kopf. Ich selbst kannte ihn bereits aus meiner Grazer Studentenzeit, in der ich sein Hörer in Nationalökonomie war.

Sein Eintreten für unseren Gewerkschaftsbund verhüllte eigentlich eine innere, intellektuelle Bruchlinie. Dobretsberger war zwar nach Herkunft und Überzeugung ein Anhänger der Christlichsozialen Partei; aber in seinem Wirtschafts- und Sozialdenken zutiefst ein „Manchester-Liberaler“. Kein Wunder also, daß sein Buch „Der christliche Ständestaat“ dem aufmerksamen Leser diesen inneren, geistigen Widerspruch enthüllte. In diesem verteidigte er zwar den Ständestaat, aber hinter jeder Formulierung waren die Pferdefüße seiner im Grunde wirtschaftsliberalen Überzeugung sichtbar. Wie dem auch sei, jedenfalls unterstützte uns Dobretsberger bei unseren Bemühungen um die Ausweitung der Autonomie. Mit seinem Nachfolger als Minister, dem Heimatschützer Odo Neustädter-Stürmer, war es bedeutend schwieriger. Er sollte gewissermaßen als „Bremser" weitere gesellschaftspolitische Entwicklungen, die den faschistischen Prinzipien widersprachen, möglichst verhindern. Mein Vizepräsident in der Arbeiterkammer, Stefan Berghammer, war sein Freund und Intimus; kein Zufall, denn schließlich war ja gerade ich ein Exponent einer fortschrittlichen Entwicklung, die seitens des Heimatschutzes als gefährlich angesehen wurde.

*Problem 6:* Bei diesem handelt es sich um die Zulassung von freien Wahlen im Gewerkschaftsbund, die schließlich ein Wesenselement echter Gewerkschaften sind; im konkreten Fall jedoch wahrhaftig ein „heißes Eisen" waren. Die ehemals christlichen Gewerkschafter in der Führungsspitze des Gewerkschaftsbundes befanden sich in einem äußerst schwierigen, inneren Dilemma. Denn einerseits waren für sie freie Wahlen in den Gewerkschaften eine Selbstverständlichkeit, denn in diesem Geiste waren sie erzogen worden und hatten sie ihre alten Gewerkschaften geleitet. Andererseits war der Ausgang einer völlig unkontrollierten Wahl von unten nach oben im Gewerkschaftsbund, der Zehntausende Mitglieder zählte, eine ganz große Unbekannte. Zwar hatten die christlichen Gewerkschafer immerhin auch eine starke Anhängerschaft, so daß sie sicher einen großen Teil der Funktionen hätten retten können; aber die Mehrheit der Mitglieder kam aus den ehemals sozialistischen Gewerkschaften, sodaß natürlich die wichtigsten Funktionen, etwa der Präsident und andere höchste Mitarbeiter, hätten verloren gehen können. Natürlich hätte man in einem gegenseitigen Geschäft „do ut des" vereinbaren können, daß jene christlichen Persönlichkeiten, die den Sozialisten den Zugang zur demokratischen Mitbestimmung wieder ermöglicht hatten, wiedergewählt würden. Aber mit wem hätte man verhandeln sollen? Überdies gab es noch ein anderes, äußerst schwieriges Problem. Die Mitarbeit ehemaliger Sozialisten durfte nicht zur Wiederbelebung marxistischen Gedankengutes führen. Das war ja der Haupteinwand des Heimatschutzes. Überdies widersprachen freie Wahlen seinen faschistischen Prinzipien. Sie bedeuten in der Praxis die völlige Umkehr des faschistischen Prinzips „von oben nach unten" in das demokratische Prinzip „von unten nach oben".

Es war ein ähnliches Dilemma, in dem sich überhaupt sämtliche Institutionen des Ständestaates befanden. Bekanntlich hatte Altbundeskanzler Dr. Ender, ein echter Vorarlberger Demokrat, der die ständische Verfassung entworfen hatte, in dieser natürlich echte Wahlen für alle Vertretungskörper vorgesehen. Aber es gab eine Übergangsbestimmung, nach der diese Wahlen erst zu einem späteren Zeitpunkt vorgenommen werden sollten. Daher waren die Abgeordneten der obersten Organe im Staat vorerst durch Ernennung berufen worden. In Wahrheit befanden sich ja die Regierung und die Vaterländische Front in einem ähnlichen Dilemma wie die Führung des Gewerkschaftsbundes. Das Ganze endete sodann mit einem Kompromiß zwischen den Machtgruppen des vaterländischen Lagers. Die Heimatschützer bemühten sich bei diesem Kompromiß um eine möglichst geringfügige Verwässerung ihrer faschistischen Prinzipien. Die christlichen Gewerkschafter hingegen hatten gewissermaßen zwei Seelen in ihrer Brust, einerseits ihr Bekenntnis zum demokratischen Prinzip, andererseits die Angst vor einer Unterwanderung durch die staatsfeindlichen, illegalen Gruppen.

Was also tun? Man einigte sich auf eine Art „Probegalopp", praktisch also der Durchführung einer ersten Phase in dem Entwicklungsprozeß zu allgemeinen Wahlen. Das geschah mit dem Gesetz über die sogenannten „Werksgemeinschaften" und die Wahl ihrer Funktionäre. Werksgemeinschaften waren nichts anderes als die seinerzeitigen Betriebsräte. Man vermied jedoch bewußt dieses Wort, weil mit der Bezeichnung „Betriebsrat" die Vorstellung einer Klassenkampforganisation verbunden war, die über die reine Interessenvertretung der Betriebsangehörigen hinaus im Grunde sozialistische, gesellschaftspolitische Ziele anstrebten. Irgendwie war die Bezeichnung „Werksgemeinschaft" auch ein Mittel zur Beruhigung des Heimatschutzes, aber auch der Arbeitgeberorganisationen, die mit der Wiedereinführung von Betriebsräten keine reine Freude hatten. So sollten die Werksgemeinschaften lediglich eine reine Interessenvertretung der Betriebsangehörigen sein, von der man sich allerdings zusätzlich eine Gewinnung der Arbeiter für den neuen Staat erhoffte.

Die roten Illegalen behaupteten natürlich, daß es sich bei den Wahlen in die Werksgemeinschaften nicht um freie Wahlen handeln würde, weil die Kandidaten von „oben" her ausgewählt werden sollten. Das war teilweise richtig und gleichzeitig völlig falsch! Die Kandidaten wurden zwar formal von oben ausgewählt, aber de facto auf Grund von Vorschlägen der Belegschaften. Ich hatte seinerzeit in meiner Schrift „Drei Jahre Landeskartell des O.Ö. Gewerkschaftsbundes" eine diesbezügliche Statistik veröffentlicht. Von Hunderten Personalvorschlägen aus den Reihen der Belegschaften wurden in ganz Oberösterreich höchstens drei oder vier Personen nicht akzeptiert. Das hatte mehrere Ursachen. Schließlich saß in Oberösterreich ich selbst an einem wesentlichen Schalthebel der Auswahl, und alle meine Mitarbeiter in den Bezirken richteten sich nach meinen Direktiven. Jedenfalls konnten wir eine gewaltige Beteiligung verzeichnen, und fanden die Kandidatenlisten fast durchwegs die Zustimmung der Belegschaften. So war mit den Wahlen in die Werksgemeinschaften tatsächlich ein erster Schritt zu einer Demokratisierung der Arbeiterbewegung getan.

Vielleicht ist jetzt, zum besseren Verständnis der Hintergründe der internen Auseinandersetzungen im vaterländischen Lager, eine genaue Analyse der Mitglieder des Gewerkschaftsbundes am Platz. Der Gewerkschaftsbund hatte einen ungeheuren Zulauf und konnte auf einen gewaltigen Mitgliederstand verweisen, der sich jedoch zum Großteil aus den Reihen der ehemaligen sozialistischen Arbeiter rekrutierte. Natürlich waren wir gegenüber der Tatsache nicht blind, daß ein Teil dieser neuen Mitglieder von den Illegalen beeinflußt wurde; ja noch mehr, daß viele Illegale dem Gewerkschaftsbund zum Zweck seiner Unterwanderung und des Hineinwachsens in seine Funktionen bewußt beigetreten waren. In der sozialistischen Geschichtsdarstellung von heute schaut das natürlich anders aus! Nach dieser Kommentierung waren selbstverständlich die meisten Mitglieder in Wahrheit „Illegale". In Wirklichkeit gab es jedoch „solche" und „solche"; also auch Mitglieder, die zu einer echten Mit- und Zusammenarbeit bereit waren. Ich gebe aber zu, daß eine zahlenmäßige Abschätzung jener beiden Gruppen unerhört schwierig ist.

Es gab aber noch ein anderes wichtiges Problem, mit dem wir konfrontiert waren. Es handelt sich dabei um die Zusammensetzung der „Gemeindetage" in ganz Oberösterreich. Die Berufung der Gemeinderäte erfolgte gleichfalls nach dem ständischen Prinzip, so daß vorerst ein Schlüssel für die einzelnen Berufsgruppen ausgehandelt werden mußte. Natürlich beanspruchten die Bauern die meisten Mandate, aber auch die Wirtschaft erhob, so etwa in den größeren Ortsgemeinden, ziemlich hohe Forderungen. Natürlich bemühten wir uns, daß in sämtlichen Ortsgemeinden auch Arbeitervertreter zum Zuge kamen. Das war auch der Fall, aber doch nicht in befriedigendem Ausmaß. Somit lag das Problem nach wie vor am Tisch und bedurfte einer nachträglichen Korrektur, die dann auch von uns mit aller Energie angestrebt wurde. Tatsächlich konnten wir eindrucksvolle Erfolge erzielen. In dieser Phase bestand bereits die Soziale Arbeitsgemeinschaft, die sich sehr entschieden bei den Verhandlungen auf Bezirks- und Gemeindeebene einschaltete. Die enge Koordination mit ihr war deshalb nicht allzu schwierig, weil ich ja in Personalunion nicht nur der Erste Sekretär des Landeskartells des Gewerkschaftsbundes, sondern auch der geschäftsführende Landesobmann der Sozialen Arbeitsgemeinschaft war.

Vielleicht ist in diesem Zusammenhang ein Briefwechsel zwischen mir und dem bekannten Professor Dr. Anton Pelinka interessant. Er hat vor einigen Jahren ein bemerkenswertes Buch unter dem Titel „Stand oder Klasse" geschrieben, in dem er sich mit der damaligen Zeit auseinandersetzt. Alle historischen Fakten waren wirklich sehr sorgfältig gesammelt und verarbeitet. Allerdings bewertete er alle Verhaltensweisen der führenden Männer zu jener Zeit aus heutiger Perspektive. Auch mein Buch „Der Sozialist im Dollfuß-Österreich" war für ihn eine wertvolle Quelle, die er ausführlich benutzte. Freilich waren alle Zitate so ausgewählt, daß sie seine eigenen Thesen zu stützen schienen. Ich schrieb ihm daher einen ausführlichen Brief, in dem es unter anderem hieß: „Aber gerade diese Tatsache (nämlich die Auswahl der Zitate) ist der erste Anknüpfungspunkt für meine kritischen Bemerkungen, denn die Auswahl der Passagen bedarf in erster Linie jene, die das Regime verteidigen, nicht aber jene der kritischen Distanz. Dieser Sachverhalt ist allerdings verständlich, wenn ich mir vergegenwärtige, daß Menschen von heute, die gewohnt sind, ihre Gedanken völlig unzensuriert auszusprechen und niederzuschreiben, sich in die Atmosphäre einer Diktatur schwer hineindenken können. Denn über jeder Veröffentlichung von damals hing das

Damokles-Schwert der Zensur und des Verbotes. Man war daher zu einer Art ‚doppelbödiger‘ Schreibweise gezwungen, die jene Gedanken, die nicht offen ausgesprochen werden konnten, für den wissenden Leser von damals ‚zwischen den Zeilen‘ erkennen ließ. Mein Buch war irgendwie am äußersten Rande dessen, was eine Diktatur gerade noch als ‚systemgerecht‘ verkraften konnte. Wenn man mir damals eine gewisse ‚Narrenfreiheit‘ gewährte, so vielleicht nicht zuletzt deshalb, weil ich als prominenter Funktionär der Vaterländischen Front und CVer mit den führenden Personen eng befreundet war, den man überdies ohne propagandistisch negative Auswirkungen auch nicht maßregeln konnte. Zum Beweis dieser kritischen Grundhaltung lege ich Ihnen die Ablichtung eines Artikels, der in der bereits zitierten *Arbeiterwoch* unter dem Titel ‚Klarheit tut ‚not‘ erschienen ist. Natürlich fanden meine vom jugendlichen Idealismus getragenen, und daher auch etwas irrealen Vorstellungen von einer Versöhnung zwischen Regime und sozialistischer Arbeiterschaft auch ihre Gegner: einerseits die NSDAP, die mir durch meine Verhaftung am 12. 3. 1938 die Quittung überreichte, und andererseits der Heimatschutz, der natürlich – wie sie selbst ja immer wieder ausführen – ein wesentlich anderes Konzept verfolgte.“

Wie sehr ich mit diesem Brief recht hatte, beweist ein Sachverhalt, der mir erst kürzlich bekannt wurde. Hofrat Dr. Rudolf Neck, Generaldirektor des österreichischen Staatsarchivs, fand eines Tages einen Staatspolizeiakt, aus dem hervorging, daß ich ohne mein Wissen unter staatspolizeilicher Kontrolle stand. Damit beende ich jetzt die Analyse der inneren Auseinandersetzungen im Gewerkschaftsbund.

## DIE SOZIALE ARBEITSGEMEINSCHAFT

Die SAG wurde durch einen Erlaß des Generalsekretärs der Vaterländischen Front als Sozialreferat im Rahmen der V.F. gegründet. Nach diesem Konzept war sie lediglich eine Art soziale Hilfsstelle, somit ein Interventionsorgan zur individuellen Betreuung der Mitglieder der V.F. in sozialen Notlagen. Aus meiner Sicht und der meiner Freunde sollte sie jedoch zur Keimzelle für eine vaterländische, politische Arbeiterbewegung werden. Diese widersprach natürlich dem Grundgedanken der ständischen Verfassung! Schließlich gab es ja nur *eine* politische Bewegung, nämlich die V.F., neben der keine andere politische Bewegung geduldet werden konnte.

Die politischen Parteien – nicht allein die staatsfeindlichen, sondern auch die regierungstreuen – waren daher verboten und aufgelöst. Auch die Richtungsgewerkschaften waren aufgelöst, zumindest ihrer gewerkschaftlichen Funktion entkleidet. Ihr Weiterbestand, etwa der christlichen Gewerkschaften, hatte lediglich privaten Vereinscharakter.

Vor diesem politischen Hintergrund sollte also plötzlich eine politische Arbeiterbewegung neu begründet, geduldet und sogar Träger maßgeblicher Funktionen werden? Kein Wunder also, daß es erbitterte Widerstände gab, nicht nur im Heimatschutz, sondern auch in anderen vaterländischen Kreisen.

Für den Heimatschutz, worauf bereits mehrmals hingewiesen wurde, bedeutete es eine weitere, und zwar entscheidende Durchlöcherung der faschistischen Staats- und Gesellschaftsordnung.

Aber abgesehen davon war es auch eine Durchlöcherung des Gesellschaftsprinzips des christlichen Ständestaates, wenigstens in seiner damaligen Interpretation.

Daraus ergaben sich zwei Schwierigkeiten, die es zu überwinden galt. Einerseits war dieser Staat nach Berufsständen geordnet, die ihre höchste Spitze im sogenannten Bundeswirtschaftsrat besaßen. Die kulturellen Organisationen waren im sogenannten Bundeskulturrat vertreten. Ein politisches Parlament gab es jedoch daneben nicht. Der Staatsrat war zwar ein politisches Organ, hatte aber mehr den Charakter eines Oberhauses, obwohl er beiden anderen Kammern nicht über-, sondern lediglich beigeordnet war. Wohin also hätte eine politische Arbeiterbewegung ihre Vertreter entsenden sollen? Ein kleiner Ausweg war die Entsendung von Arbeitervertretern seitens der Berufsstände in den Bundeswirtschaftsrat, ähnlich wie die Vertretung von Arbeitern in die Gemeindetage.

Andererseits entsprach natürlich auch eine vaterländische, politische Arbeiterbewegung einem völlig andersartigen Organisationsprinzip. Sie war eine Querverbindung durch alle Berufsstände von Menschen nach dem Gesichtspunkt ihres sozialen Status; somit einer Klasse, wie die Sozialisten nicht ganz zu Unrecht sagen. Ich hatte daher in meinem Buch den Begriff „Sozialstand" verwendet, der einerseits dem sozialen Status nach der sozialen Wirklichkeit entsprach, der Funktion nach jedoch die Thesen vom Klassenkampf verneinen, aber dennoch einer echten Interessenwahrung auf politischem Gebiete dienen sollte.

Angesichts all dieser Schwierigkeiten stellt sich die Frage, weshalb ich dennoch für eine politische Arbeiterbewegung eingetreten bin. Ich bringe in Erinnerung, was ich bereits mehrmals ausgesprochen und eingehend begründet habe. Der Ständestaat konnte nach meiner aus vielen Diskussionen gewonnenen Überzeugung mit einer Gewinnung der Arbeiterschaft nur rechnen, wenn die in dieser vorhandenen evolutionären Kräfte von ihrer völligen Gleichberechtigung überzeugt werden konnten. Das war aber nur mit Hilfe einer politischen Arbeiterbewegung zu erreichen, weil sie allein das Bewußtsein einer politischen Kraft vermitteln konnte.

Aus diesen Gründen wollten ich und meine Freunde die Soziale Arbeitsgemeinschaft zu einer solchen entwickeln. Auf diesem Wege gelangen viele Erfolge, denn die „SAG" wurde als Organisation mit Bezirks- und Ortsgruppen aufgebaut. Tatsächlich konnte sie auch eine starke politische Tätigkeit entfalten, die allerdings noch nicht viel mehr als eine erste Entwicklungsstufe war. Es wurde bereits berichtet, wie sehr sie sich etwa bei der Bildung der Gemeindetage einschalten konnte und wie hilfreich sie sich bei der Auswahl der Kandidaten für die Werksgemeinschaften bewährte. Das alles war ohne Zweifel ein Erfolg, der zu weiteren Hoffnungen berechtigte.

Mit äußerstem Mißtrauen beobachtete man daher jeden meiner Schritte. Deshalb wurde ich, obwohl ein Vorkämpfer der SAG oder vielleicht gerade deshalb, nicht als Landesobmann bestellt. Aber immerhin ernannte man mich zum geschäftsführenden Landesobmann, also wieder eine echt österreichische Lösung. In diesem Entwicklungsstadium befand sich also die vaterländische, politische Arbeiterbewegung zum Zeitpunkt der Auslöschung Österreichs durch Hitler.

## ANDERE BEFRIEDUNGSAKTIONEN

An dieser Stelle ist in erster Linie Dr. Ernst Karl Winter zu erwähnen, der in aufrichtiger Gesinnung mit Sozialisten diskutierte, und dennoch von der Staatspolizei – im Gegensatz zu mir – nicht nur geschützt, sondern überdies von Dollfuß ganz offiziell zum Vizebürgermeister der Stadt Wien ernannt wurde. Diese Funktion sollte ihm bei den Arbeitern Ansehen verleihen, und die Überzeugung stärken, daß er tatsächlich ein Mann mit Vollmachten seitens der Regierung sei. Aber diese Aktion mußte ganz einfach deshalb scheitern, weil er praktisch solche Vollmachten nicht hatte. Er hatte auch kein konsequent durchdachtes, politisches Programm, sondern einen wirklichkeitsfremden, utopischen Plan. Eine Rückkehr zum alten Parlamentarismus, die er innerlich für richtig hielt, konnte er nicht erreichen, weil er für derart weitgehende Zusagen seitens Schuschnigg natürlich keine Vollmachten besaß. Auch sein Gedanke eines Bündnisses zwischen der Arbeiterschaft und Habsburg im Rahmen einer „sozialen Monarchie" war auf Grund der gegebenen außen- und innenpolitischen Situation gleichfalls völlig weltfremd. Ganz abgesehen davon, daß eine soziale Monarchie die Arbeiter nicht begeistern konnte, weil in ihren Reihen zu jener Zeit der Name Habsburg wie ein rotes Tuch wirkte. Nur ein reiner Intellektueller, wie es Dr. Winter war, konnte sich also von einem derartigen Programm einen Erfolg erhoffen. Er unterschied sich also wesentlich in Programm, Strategie und Taktik von den Vorstellungen des demokratischen Flügels im Gewerkschaftsbund. Ich weiß natürlich heute, daß auch meine Zielsetzungen als weltfremde Pläne eines jugendlichen Idealisten angesehen werden müssen. Aber, nüchtern gesehen, waren meine Vorstellungen einer allmählichen Umgestaltung des Ständestaates wesentlich realistischer. Freilich spielte der Zeitfaktor eine Rolle, denn der Ständestaat befand sich in einem Wettlauf mit der Zeit. Ich war daher zum Unterschied von ihm zwar für die Beibehaltung der ständischen Verfassung, aber für ihre etappenweise Demokratisierung bis zur Schaffung eines echten politischen Parlaments – und zwar in Form der Umwandlung des sogenannten Staatsrates. *Mein* Trugschluß war, daß der Ständestaat überleben könnte; aber *sein* Trugschluß lag in der Überschätzung seiner Kompetenzen. Niemals hätte Schuschnigg die Umwandlung Österreichs in eine soziale Monarchie gestatten können, selbst wenn er es innerlich gewollt hätte. Über die Beziehungen Schuschniggs zu Dr. Otto Habsburg wird noch an anderer Stelle zu reden sein.

In den letzten Tagen vor dem Einmarsch Hitlers besuchte mich Dr. Winter in der Arbeiterkammer. Bekanntlich hatte Dr. Schuschnigg nach seiner Rückkehr aus Berchtesgaden das österreichische Volk zu einer Wahl aufgerufen, deren Ausschreibung ja der unmittelbare Anlaß zum Eingreifen Hitlers war. Wir befanden uns mitten in den Wahlvorbereitungen; in der Arbeiterkammer lagerten Berge von Plakaten und Flugblättern, die zur Verteilung vorbereitet waren. Dr. Winter begleitete mich anschließend in das Landestheater zu einer Landeskonferenz, in welcher die Vertrauensmänner des Gewerkschaftsbundes und der SAG von mir noch die letzten Richtlinien für die Vorbereitung und Durchführung der Wahl erhalten sollten. Nach der Konferenz bat ich ihn um seine Mitwirkung und Unterstützung, und stellte dafür einen größeren Geldbetrag zur Verfügung. Er nahm diesen dankend an, sagte zu und fuhr sogleich über die Grenze. Ich habe erst wieder nach vielen Jahren, und zwar nach seiner Rückkehr aus Amerika, in der Zweiten Republik von ihm gehört!

## DIE STAATSSEKRETÄRE FÜR ARBEITERSCHUTZ

Alle diese schwierigen politischen Probleme hätten natürlich einer sorgfältigen Steuerung von oben her bedurft. Nach meiner Auffassung wäre hiezu der Staatssekretär für Arbeiterfragen in der Bundesregierung berufen gewesen.

Ich selbst hatte eigentlich gehofft, daß ich mit dieser Funktion betraut würde. Aber die Wahl Schuschniggs fiel auf andere Personen. Über meine ergebnislose Aussprache mit Schuschnigg habe ich im Kapitel „Senkrechtstart" bereits eingehend berichtet, sodaß ich mich jetzt nicht zu wiederholen brauche.

In jener Zeit wurde auch mein Buch „Der Sozialist im Dollfuß-Österreich" geschrieben. Es wurde eine Sensation. Am Graben in Wien prangte es in der Auslage einer Buchhandlung neben einem anderen sensationellen Buch, dessen Autor der Rektor der Anima in Rom, Bischof Alois Hudal, war. Die beiden Bücher hatten allerdings eine gegenteilige Tendenz. Hudal versuchte einen Brückenschlag der Kirche zum Nationalsozialismus, ich hingegen bemühte mich um die Gefolgschaft der sozialistischen Arbeiter im Kampf gegen den Nationalsozialismus. Jedenfalls waren beide Bücher hochaktuell, denn sie behandelten die brisantesten Fragen der österreichischen Innenpolitik; nämlich die Auseinandersetzung mit zwei mächtigen, wenngleich verbotenen Oppositionsströmungen. Begreiflich, daß sie reißenden Absatz fanden.

## ABSCHLUSS

Jetzt wäre noch über eine kleine Episode zu berichten, die zwar erst im Jahre 1945 spielt, aber ein sinnvoller Abschluß für dieses Kapitel ist. Sie ist ein Beweis, daß meine Bemühungen zu jener Zeit doch nicht ganz sinnlos waren. In den ersten Monaten des Jahres 1945 erschien eines Tages der Präsident der Linzer Arbeiterkammer, Kandl, in meiner Wohnung. Er war jener Mann, der in den Februar-Tagen des Jahres 1934 durch das vaterländische Regime als Präsident der Arbeiterkammer abgesetzt, nach 1945 jedoch wieder in seine ehemalige Funktion eingesetzt worden war. Ich war über seinen Besuch daher äußerst überrascht, mehr noch freilich über das Angebot, das er mir machte. Er sagte nämlich, daß ich sein Erster Sekretär (Arbeiterkammerdirektor) werden solle! Ich war geradezu sprachlos, denn ich hatte mit allem anderen, nur nicht mit einem solchen Angebot gerechnet. „Aber, Herr Präsident", so sagte ich zu ihm, „ich bin doch einer jener Männer, die Sie seinerzeit als Präsident entfernten, und überdies bin ich kein Sozialist!" ‚Das spiele keine Rolle', antwortete er mir, ‚ich müsse nämlich wissen, daß ich mir im sozialistischen Lager durch meinen Einsatz für die Arbeiter in der ständestaatlichen Ära Anerkennung und Respekt verschafft habe. Ich brauche auch nicht der SPÖ beizutreten, freilich dürfe ich mich auch nicht anderwärts, etwa in der ÖVP, politisch betätigen.' Mir war natürlich klar, daß er auf längere Sicht, wenn schon nicht gleich am ersten Tag, mit meinem Beitritt zur sozialistischen Partei gerechnet hatte. Er respektierte natürlich mein „Nein", und wir schieden in einer Atmosphäre der gegenseitigen Wertschätzung und des gegenseitigen Respektes.

Erst kürzlich hat der Präsident des Gewerkschaftsbundes, Anton Benya, bei einer Festansprache, in seiner Eigenschaft als Nationalratspräsident, auf meine Tätigkeit in jener Zeit verwiesen. Desgleichen tat dies Frau Bundesminister für Wissenschaft und Forschung, Dr. Hertha Firnberg, im Beisein des Bundespräsidenten und des Kardinals, in ihrer „Laudatio" anläßlich der Verleihung des Titels „Professor" an mich. Ich wertete dies als ein Bekenntnis zur Zusammenarbeit der beiden großen Parteien im gemeinsamen Interesse unseres Vaterlandes Österreich. Parteipolitische Gegensätze müssen zwar ausgetragen werden, aber in beiden Lagern muß es immer Menschen geben, die miteinander reden können. Das war ja auch das Geheimnis der großartigen Erfolge der Koalitionsregierung, der wir den Staatsvertrag verdanken . . .

# Die realpolitischen Gegebenheiten
# 1933–1938

## DIE „SACHANALYSE"

Man wird sich fragen, weshalb ich über dieses Thema schreibe, und darauf verweisen, daß bereits eine Flut von Literatur über diesen Zeitabschnitt vorhanden ist. Das ist sicher richtig. Dennoch bedürfen diese Kommentare einer Ergänzung aus bislang wenig beachteten Perspektiven; ebenso auch einer Korrektur, denn sie sind meist einseitig aus sozialistischer Schau geschrieben und prägen somit weitgehend das öffentliche Urteil über jene Zeit. Ich fühle mich zu einer solchen Korrektur berechtigt und sogar verpflichtet, weil ich Ohrenzeuge vieler intimer Diskussionen in Führungskreisen war, in denen das Für und Wider eines richtigen Verhaltens in kritischen Situationen eingehend erörtert wurde.

So versuche ich denn jetzt eine Analyse der realpolitischen Gegebenheiten in jener Zeit. Als „Ausgangspunkt" der Untersuchung stelle ich die These sozialistischer Kritiker in den Raum, in der behauptet wird, daß die Rückkehr zur parlamentarischen Regierungsform Österreichs Souveränität und Eigenstaatlichkeit gerettet hätte. Ich werde mich daher mit allen „Argumenten" und sämtlichen „Contra-Argumenten" eingehend auseinandersetzen. Es geht mir dabei wirklich nicht um eine blinde Verteidigung des damaligen Systems, denn ich selbst befinde mich, vor meinem eigenen Gewissen, auf der Suche nach der Wahrheit. Es hätte wirklich keinen Sinn, noch heute Auffassungen zu verteidigen, von denen man damals glaubte, daß sie richtig seien, die sich aber nachträglich als falsch erwiesen. Es geht mir jedoch ganz entschieden um die Widerlegung von Thesen, an denen sozialistische Kritiker noch heute festhalten, obgleich sie meiner Meinung nach falsch sind. Ich weiß, daß der Abschied von liebgewonnenen Überzeugungen schwierig ist, aber wir sollten tatsächlich zuerst vor der eigenen, und dann erst vor der fremden Türe kehren.

In erster Linie gilt es also zu beweisen, daß die Behauptung, die Rückkehr zur parlamentarischen Regierungsform hätte die Eigenstaatlichkeit gerettet, auf einer völlig unrealistischen Beurteilung der Machtverhältnisse in jener Zeit beruht. Ich gebe aber zu, daß nicht allein die Sozialisten, sondern auch die Männer der Vaterländischen Front sich irrten. Schließlich war deren Glaube, daß durch den Ständestaat die Souveränität gerettet werden könne, gleichfalls ein Irrtum, denn tatsächlich hat die geschichtliche Entwicklung auch diesen Wunschtraum widerlegt. Allerdings: Offen bleibt trotzdem die Frage, ob der Verlust der Eigenstaatlichkeit durch das damalige Regime nicht doch für etliche Jahre verzögert wurde? Aber ich stelle das nicht als Behauptung in den Raum, sondern schlage vor, daß wir erst am Schluß dieses Kapitels, nach Abwägung der Argumente und Contra-Argumente, uns darüber ein endgültiges Urteil bilden.

Somit versuche ich jetzt eine nüchterne Ausleuchtung der damaligen realpolitischen Gegebenheiten:

*Erstens:* Hat man denn vollständig vergessen, daß bei den letzten freien Wahlen in Österreich 1932, nämlich bei den Landtagswahlen in Wien, Niederösterreich und Salzburg, die Nationalsozialisten, unter Einhaltung sämtlicher demokratischer Spielregeln, einen „Erdrutsch" zu ihren Gunsten verzeichnen konnten? Hat man total vergessen, daß draußen im Reich die Nationalsozialisten in völlig freien Wahlen zur stärksten Partei Deutschlands wurden? Freie Wahlen in Österreich im Jahre 1933 hätten die NSDAP vielleicht noch nicht zur absolut stärksten, aber ganz bestimmt zur relativ stärksten Partei gemacht. Damit hätte sie den gleichen Weg beschreiten können, den sie im Reich so erfolgreich vorexerzierte; nämlich, auf völlig legale Weise, Machtpositionen zu besetzen, die sie dann erfolgreich zur Einzementierung einer Diktatur benutzte. Natürlich läßt sich nachträglich darüber streiten. Dollfuß war sicherlich von diesem Alptraum erfüllt, der ihn Schritt für Schritt zu autoritären Maßnahmen veranlaßte, die als „Bremsversuche" zu werten sind.

Man erinnere sich doch an die Notverordnungen des sicher sehr demokratischen Reichskanzlers Brüning, mit denen er sich mühsam über jede Klippe hinwegzuretten suchte. Das ist nun einmal eine historische Wirklichkeit, die nur allzu gern vollständig vergessen wird. Wie heißt es in einem Sprichwort? „Es ist nicht wahr, was einfach nicht wahr sein darf!"

*Zweitens:* Ist man sich darüber klar, daß auch die Rückkehr zum Parlamentarismus eine „Ausnahmegesetzgebung" erfordert hätte? Da höre ich bereits den Einwand demokratischer Kritiker von heute: „Warum denn nicht?" Begründet wird dieser Standpunkt mit einer „moralischen" Berechtigung gegenüber einer drohenden Diktatur. Ich möchte keineswegs eine solche moralische Berechtigung bestreiten, stelle jedoch die Frage nach der Möglichkeit ihrer realpolitischen Durchsetzung. Auf welche Weise hätte man, bei Rückkehr zum parlamentarischen System, etwa die NSDAP als relativ stärkste Partei auf ihrem Weg zur Diktatur durch Gesetze hindern können? Hat man denn die Rolle Görings im Reichstag vergessen, der als Präsident des Hauses diese Funktion nicht pflichtgemäß zur Verteidigung des Rechtsstaates einsetzte, sondern sie zu dessen Beseitigung mißbrauchte? Ein nationalsozialistischer Präsident des Nationalrates in Österreich hätte nach dem gleichen Rezept gehandelt. Somit wäre man also gleichfalls mit dem Problem eines „Verfassungsbruches" konfrontiert gewesen, den man zwar moralisch hätte verteidigen können. Aber es geht nicht um die Moral, sondern um die Möglichkeit der Durchsetzung einer solchen Vorgangsweise. Einschränkungen der Machtfülle der NSDAP als relativ stärkste Partei hätten nämlich einer Änderung von Verfassungsbestimmungen bedurft, die bekanntlich eine Zweidrittel-Mehrheit erfordern. Aber selbst eine Koalition sämtlicher anti-nationalsozialistischer Parteien hätte dazu nicht ausgereicht. Somit hätte man logischerweise nur mit einfacher Mehrheit solche Verfassungsänderungen beschließen können, die natürlich rechtlich gleichfalls ein Verfassungsbruch gewesen wären. Natürlich hätte man diese versuchen und moralisch rechtfertigen können; aber glaubt man wirklich, daß ein nationalsozialistischer Innenminister nicht zur „Wahrung der Verfassung" eingegriffen hätte? Selbst, gesetzt den unwahrscheinlichen Fall, daß es keine Nationalsozialisten in der Regierung gegeben hätte; glaubt man wirklich, daß die Nationalsozialisten sich das hätten gefallen lassen, angesichts der Tatsache, daß sie in freien Wahlen zur stärksten Partei geworden sind? Dieses Bewußtsein der Stärke, in Verbindung mit dem Kampfeswillen ihrer Anhänger, hätte naturgemäß zu einem Bürgerkrieg geführt. „Natürlich hat es den sowieso gegeben", wird man einwenden; sicher, nur mit dem kleinen Unterschied, daß die autoritäre Regierung Dollfuß' vor den Augen der Weltöffentlichkeit behaupten konnte, die Nationalsozialisten seien in Österreich eine zwar radikale, aber bedeutungslose *Minderheit!* Eine Behauptung, die naturgemäß nach einer freien Parlamentswahl illusorisch gewesen wäre; selbst dann, wenn die NSDAP nur zweitstärkste Partei geworden wäre.

*Drittens:* Es bedarf jetzt einer außenpolitischen Analyse, die mit einem eindrucksvollen, persönlichen Erlebnis eingeleitet sei. Eines Tages besuchte mich in der Arbeiterkammer in Linz die berühmte Herzogin von Atholl, eine Verwandte des englischen Königshauses. Sie wurde die „rote Herzogin" genannt, weil sie während des spanischen Bürgerkrieges nicht nur mit ihren Sympathien, sondern auch persönlich im Lager der Republikaner anwesend war. Sie trat recht „englisch" auf, nämlich sehr herablassend und belehrend, und trotz meines Bemühens, ihr die Situation zu erklären, zeigte sie dafür überhaupt kein Verständnis. Sie kritisierte vor allem die Bindung Österreichs an die sogenannten „römischen Protokolle". Daher erklärte ich der Herzogin das Dilemma der österreichischen Außenpolitik und sagte, daß die Preisgabe des Bündnisses mit Mussolini erst möglich sei, wenn wir seitens anderer Staaten echte Garantien hätten. Ich fragte sie daher sehr direkt: „Hoheit, würde England bei einer Aggression Hitlers, so wie Mussolini es bewiesen hatte, zum Schutze Österreichs militärisch eingreifen?" Sie war darüber maßlos empört, und meinte, das sei nicht ihre Sache. Ich bat sie daher, ob sie nicht wenigstens, im Rahmen ihres großen Einflußbereiches, sowohl im konservativen als auch im sozialistischen Lager Englands, dafür eintreten könne, daß Voraussetzungen geschaffen werden, die eine Verlagerung der außenpolitischen Orientierung Österreichs möglich machen würden. Sie müsse doch verstehen, daß die Preisgabe eines Hilfspaktes nur durch dessen Ersatz

durch einen anderen, gleichwertigen Hilfspakt möglich sei. Sie war darüber maßlos schockiert, denn sie war ja nicht gekommen, um sich belehren zu lassen, sondern um uns von den Fehlern unserer Politik zu überzeugen. Sie rauschte also völlig indigniert ab, und ich bin davon überzeugt, daß ich in ihrem Tagebuch keine
besonders gute Verhaltensnote erhalten habe.

Die Frage nach dem richtigen außenpolitischen Verhalten glich damals wirklich einer Quadratur des Zirkels. Alle österreichischen Gesandtschaften berichteten, daß man im Ausland nicht im Schlafe daran denke, uns zu helfen. Frankreich taumelte von einer Regierungskrise in die andere und war außenpolitisch
ganz einfach weggetreten. Sooft wir in Österreich vor einer schwierigen Entscheidung standen und auswärtige Unterstützung suchten, war Frankreich gerade
handlungsunfähig. Bekanntlich treffen mit der vorläufigen „Weiterführung der
Geschäfte" betraute, aber de facto zurückgetretene Regierungen keine politischen Entscheidungen. Oder hat man etwa die vielen Besuche führender briti-
scher Persönlichkeiten bei Adolf Hitler in Berlin, einschließlich des englischen
Thronfolgers, des Prince of Wales, vergessen, die sich alle um Hitlers Gunst bemühten? Ein englischer Botschafter in Berlin erklärte sogar, was die Österreicher
denn eigentlich wollen, schließlich seien sie doch „Deutsche"!

Die Kleine Entente hingegen war sich nur einig in „Negativ-Bekenntnissen".
Sie war anti-habsburgisch, letzten Endes anti-österreichisch, und dachte nicht im
Schlaf daran, uns irgendwie zu helfen. Für die Kleine Entente galt der Grundsatz:
„Lieber Hitler als Habsburg." Insbesonders Jugoslawien steuerte einen solchen
Kurs. Die Kleine Entente ließ sogar ihren Bundesgenossen, die Tschechoslowa-
kei, im Stich, obwohl sie durch Bündnispakte zu einer Hilfeleistung verpflichtet
gewesen wäre. Man kann einwenden, daß sie dazu nicht in der Lage war. Aber
wieso mißt man mit „zweierlei Maß"? Gnade für die Kleine Entente, Strenge für
Österreich?

*Viertens:* In diesem Punkt handelt es sich um das Problem Mussolini, das bei
den sozialistischen Kritikern des damaligen außenpolitischen Kurses Österreichs
eine ganz besondere Rolle spielt. Ich möchte die Analyse dieses Sachverhaltes
mit einem Gedanken einleiten, den ich in der bisherigen Literatur vollständig
vermisse. Die Führer der Vaterländischen Front waren in ihrer ganzen traditionellen Gefühlswelt „altösterreichisch". Das heißt mit anderen Worten: Sie lieb-
ten, wie alle Österreicher, zwar das Land Italien, seine wunderbare Kultur, seine
Ferienlandschaft, sowie die Italiener als Volk, aber nicht – die italienische Politik!
Hat man denn total vergessen, daß für das alte Österreich Italien schon immer der
Erbfeind war, so wie es einst eine „Erbfeindschaft" zwischen Deutschland und
Frankreich gegeben hat? In der Gefühlswelt dieser Altösterreicher war Wien die
Haupt- und Residenzstadt des Herrschers von Großösterreich. Ausgerechnet sol-
che Menschen sollten es als „schmeichelhaft" empfinden, daß Wien im Rahmen
der Römerprotokolle machtmäßig nichts anderes war als die bessere Provinz-

hauptstadt eines italienischen Satellitenstaates? Man verdeutliche sich das an einem aktuellen Beispiel aus der Gegenwart. Prag, Warschau, Bukarest etc. sind Hauptstädte von Satelitenstaaten der mächtigen Sowjetunion – ob mit Begeisterung, steht wohl auf einem anderen Blatt.

An diesem Beispiel wird sichtbar, was ich sagen möchte. Ich habe mich daher schon immer gewundert, daß sozialistischen Historikern bei Schilderung dieses Zeitabschnittes niemals dieses psychologische Phänomen bewußt wurde. Ich will nicht annehmen, daß ein solcher Hinweis absichtlich unterlassen wurde, weil er die Politik des ehemaligen Regimes, wenigstens in einem wesentlichen Punkt, verständlich machen würde. Lediglich die Heimwehrführer empfanden echte Sympathien, aber aus völlig anderen Gründen. Für sie war das faschistische Italien der natürliche Bundesgenosse im Kampf um die Durchsetzung ihrer faschistischen Prinzipien.

Aber meine Kritik richtet sich nicht allein gegen die sozialistischen Historiker, sondern auch gegen jene des bürgerlichen Lagers. Für diese wäre doch dieser Gesichtspunkt von maßgeblicher Bedeutung gewesen! Kurz und gut, der italienische Kurs war für die Männer christlichsozialer Herkunft eine nüchterne Zweckmäßigkeitsfrage und wahrhaftig keine Herzensangelegenheit!

Ähnliches gilt auch für Benito Mussolini. Auch er liebte Österreich nicht, und auch für ihn war die Verteidigung Österreichs eine Zweckmäßigkeitsfrage. Er schützte Österreich solange es ihm nützte, und er ließ Österreich ohne Hemmungen und Gewissensbisse fallen, wenn diese Politik für ihn zum Nachteil wurde. Die Richtigkeit dieser These beweist ja seine Kursänderung zum Zeitpunkt des Abessinienkrieges. Mussolini träumte den Traum eines neurömischen Imperiums. Für ihn war nicht mehr die Adria allein Italiens „mare nostro", sondern er betrachtete das Mittelmeer als das neue, das größere „mare nostro". Für diese Politik der Wiedererrichtung des römischen Imperiums suchte Mussolini, der sich schon insgeheim als Cäsar Imperator Augustus fühlte, im Donauraum eine Rückendeckung. So kam es zum Abschluß der Römerprotokolle zwischen Italien, Österreich und Ungarn. Mussolini war zu jener Zeit ein Faktor, mit dem weder der in sich zerstrittene und überdies feige freie Westen noch die Kleine Entente fertig wurden; selbst Hitler nicht, weil er sich zum Zeitpunkt seiner außenpolitischen „Entfesselungs-Aktionen" keinen zusätzlichen Streit im faschistischen Machtbereiche leisten konnte. In der gleichen verzweifelten, außenpolitischen Situation, wie damals der Ständestaat, wäre auch eine wiederhergestellte demokratische Republik Österreich gewesen. Das zu leugnen, entspricht nicht der historischen Realität von damals, sondern ideologisch-propagandistischen Bedürfnissen. Der freie Westen hat ja auch sein geliebtes Kind, die ČSSR, in der Stunde der Gefahr ganz einfach „sitzen" lassen. Der „Millimetternich" Dr. Dollfuß, wie er – teils liebevoll, teils boshaft – vom Volksmund bezeichnet wurde, hatte von den westlichen Politikern eine weit realistischere Vorstellung. Nicht Phrasen, sondern Taten sind Figuren auf dem Schachbrett der internationalen Politik.

Es wäre auch völlig falsch, zu sagen, daß im Lager der Vaterländischen Front die Gefahr eines Ausgleiches zwischen Hitler und Mussolini auf Kosten Österreichs, auf Grund einer veränderten Situation, nicht rechtzeitig gesehen wurde. Aber man dachte „kommt Zeit, kommt Rat"; es war irgendwie die Politik eines Vogel Strauß, dem freilich nichts anderes übrig blieb, als seinen Kopf in den Sand zu stecken . . .

*Fünftens:* Es stellt sich jetzt die Frage, weshalb Schuschnigg nicht zur Vermeidung eines unpopulären Weges – nämlich Verhinderung des „Anschlusses" mit Hilfe der Römerprotokolle – durch den Versuch eines Vorstoßes einen Ausweg in Richtung „Donau-Konföderation" gesucht hat. Irgendwie hatte der Gedanke einer Föderation der Nachfolgestaaten der alten Donaumonarchie viel für sich, war doch diese wirtschaftlich geradezu eine ideale Einheit und politisch eine Schutzbastion der in ihr vereinten, kleinen Völker gegenüber dem Zugriff begehrlicher Großmächte. Dieser Gesichtspunkt wurde ja auch später durch die Ereignisse bestätigt. Aber dieser Weg war vermauert, wie bewiesen werden soll. Das soll allerdings nicht heißen, daß in den Nachfolgestaaten der Gedanke einer Konföderation keine Anhänger besessen hätte. Aber es war so, wie heute bei den Bemühungen um die Einigung Europas: Jeder der Nachfolgestaaten sah dieses Problem aus seiner eigenen Perspektive.

In Prag, vor allem Beneš, sympathisierte man mit dem Gedanken, unter der Voraussetzung, wenn als Zentrum die Tschechoslowakei und Prag durchgesetzt werden könnte. Gegenüber einer solchen Lösung bestanden jedoch starke Ressentiments in Österreich, weil man – wenn schon, denn schon – sich als Zentrum nur Wien vorstellen konnte. Überdies gab man im Denken des Volkes den Tschechen ein gerüttelt Maß an Schuld am Zerfall der Donaumonarchie, und empfand man die Vorstellung, daß ausgerechnet die Tschechoslowakei Zentrum einer Donauföderation werden sollte, geradezu als eine Provokation. Es darf auch nicht übersehen werden, daß ein Eintreten für eine solche Föderation der illegalen NSDAP Auftrieb gegeben hätte. In Österreich hatte man auch nie vergessen, daß nach 1918 Pläne zur Aufteilung Österreichs bestanden. Man erinnerte sich an den Vorschlag eines slawischen Korridors durch unser Land.

In Budapest regten sich gleichfalls Widerstände gegen einen solchen Plan, weil dies aus der dortigen Perspektive eine freiwillige Zustimmung zur endgültigen Perfektionierung der neuen ungarischen Grenzen bedeutet hätte. Diese wurden aber innerlich nie anerkannt; im Gegenteil, man erhoffte sich bei günstiger Gelegenheit ihre Revision.

Zum Abschluß noch einige außenpolitische Bemerkungen. Natürlich hätte Mussolini sich einem solchen Plan widersetzt, weil durch ihn seine Absichten, die er mit den Römerprotokollen verfolgte, endgültig zerschlagen worden wären. Für Adolf Hitlers Deutschland hätte die Donaukonföderation eine Durchkreuzung seiner Absichten bedeutet, sodaß er erbitterten Widerstand geleistet hätte. Vom freien Westen hingegen, dem dieser Plan sympathisch hätte sein müssen, war gleichfalls keine Hilfe zu erwarten. Dieser Westen war ja, wie wir bereits gehört haben, in sich uneinig und handlungsunfähig. Die Kritiker der Römerprotokolle müssen also endgültig zur Kenntnis nehmen, daß es überhaupt keinen Weg zu ihrer Vermeidung gegeben hat.

*Sechstens:* Da wir bis jetzt sämtliche Probleme des außenpolitischen Kurses der Regierung Schuschnigg einer genauen Analyse unterzogen haben, so soll abschließend auch ein oft geäußerter Vorwurf untersucht werden. Er wird nicht allein von sozialistischen Kritikern erhoben, sondern ist auch weitgehend Gemeingut bürgerlicher Geschichtsschreiber. Es handelt sich dabei um den Vorwurf, daß Schuschnigg beim Einmarsch Adolf Hitlers dem Bundesheer nicht den Schußbefehl gegeben hat. Oberflächlich betrachtet, scheint die Behauptung glaubwürdig, daß dies für Österreich Vorteile gehabt hätte; erstens die Bildung einer Emigrationsregierung, die dann von allen Staaten diplomatisch anerkannt worden wäre; und zweitens, daß dann bei den Staatsvertrags-Verhandlungen nicht der Vorwurf einer „Mitschuld" Österreichs am Kriege hätte erhoben werden können. Tatsächlich war es ja nicht einfach, einen solchen Passus bei der Formulierung des Staatsvertrags-Textes zu verhindern. Das alles klingt sehr glaubwürdig, nur hat offensichtlich niemand das Problem des Schußbefehls konsequent und logisch bis zum Ende durchgedacht. Aber es gehört doch wirklich nicht viel Phantasie dazu, sich vorzustellen, daß der Einsatz des Bundesheeres einen Partisanenkrieg seitens der Nationalsozialisten ausgelöst hätte. Die österreichischen Nationalsozialisten hätten sich, in Erwartung des endgültigen Sieges, wahrhaftig nicht davon abhalten lassen. Jetzt stelle man sich einmal die Situation bei den Staatsvertragsverhandlungen vor, wenn Hitler, durch Mitwirkung von kämpfenden Österreichern, diesen Staat besetzt hätte! Dann hätte man die Mitschuld Österreichs nicht nur allein mit Worten behaupten, sondern auch tatsächlich beweisen können. De facto hätte das Bundesheer einen Zwei-Fronten-Krieg führen müssen, wobei es völlig offen ist, ob in einer solchen Situation nicht zumindest Teile davon gemeutert hätten. Selbst wenn es auch lediglich nur eine einzige Kompanie gewesen wäre, so hätte man in der politischen Propaganda aus der Mücke einen Elefanten gemacht. Das autoritäre Regime hat gegenüber der Welt immer behauptet, daß die Nationalsozialisten in Österreich eine zwar relativ starke, aber immerhin doch bedeutungslose Minderheit sei. Mit einer solchen Behauptung wäre es dann endgültig vorbei gewesen. Was will ich damit sagen? Der Schußbefehl – besser gesagt, seine Folgewirkungen – hätten uns bei den Staatsvertragsverhandlungen viel größere Schwierigkeiten bereitet, als der Nichteinsatz des Bundesheeres durch Schuschnigg.

Man gestatte mir abschließend eine Bemerkung. Politische Entscheidungen kann man im nachhinein nicht emotionell oder aus parteitaktischen und parteiideologischen Gesichtspunkten bewerten, sondern nur kühl und sachlich mit Argumenten der Logik, die der Situation der damaligen Zeit entsprechen.

*Siebentens:* Man wird jetzt verstehen, weshalb ich erst zum Abschluß auf das Schicksal der Tschechoslowakei verweise. Sie besaß ein funktionierendes, demokratisches System, ein Parlament und eine mit parlamentarischer Mehrheit abgestützte Regierung. Sie besaß überdies ein zahlenmäßig starkes, bis an die Zähne bewaffnetes Heer, in Vergleich zu welchem, was Stärke und Bewaffnung anbelangt, die österreichische Armee geradezu lächerlich ausgerüstet war. Schwere Panzer waren verboten, und ich erinnere mich noch an die Holzattrappen von Panzern, mit denen Manöver abgehalten wurden.

Dennoch wurde Staatspräsident Hácha nach Berlin befohlen, und er wagte nicht, diese „Einladung" abzulehnen. Ohne Schuß und Gegenwehr kapitulierten das funktionierende demokratische System und die starke tschechische Armee. Die Wahrheit ist, daß die Tschechoslowakei von den großen Demokratien im Westen verraten und verkauft wurde. Die Kleine Entente war zwar ihr Bundesgenosse, aber auch diese ließ sie, vor Angst schlotternd, im Stich. Entgegen der Warnung Churchills, des einzigen westlichen Staatsmannes mit Verstand, träumte man von einer Verständigung mit Hitler. Man denke an das Münchner Treffen und die gesamte sogenannte „Appeasment-Politik". Schritt für Schritt hatte man kapituliert; so beim Einmarsch im Rheinland, bei der Wiederaufrüstung, bei der Beseitigung des Danziger Korridors, und jetzt sogar in der Frage der Tschechoslowakei, bei der man die Abtretung der deutschsprachigen Gebiete international sanktionierte. Kein Wunder also, daß man angesichts solcher Hirngespinste bereit war, Österreich zu opfern und hilflos seinem Schicksal überließ. Erst viel später, längst nach der Auslöschung Österreichs, kam es anläßlich der Errichtung des sogenannten „Protektorates" zu einem Stimmungsumschwung.

Man nehme also endgültig Abschied von der weltfremden Illusion, daß Österreich bei Wiedereinführung des Parlamentarismus seine staatliche Existenz gerettet hätte. Selbst bei einem Militärbündnis zwischen Österreich und der Tschechoslowakei hätte Hácha kapitulieren müssen. Die Frage also, ob ein Ausgleich mit den Sozialisten die innenpolitische Situation erleichtert hätte, ist ein völlig anderes Problem. Hier stand lediglich zur Diskussion, ob ein solcher Ausgleich die außenpolitische Situation verändert hätte, was sicher nicht der Fall gewesen wäre. Natürlich bedarf es trotzdem einer Untersuchung dieses innenpolitischen Aspektes.

Schuschnigg hatte zu jener Zeit innerhalb der Vaterländischen Front den Heimatschutz bereits völlig zurückgedrängt und fast restlos entmachtet. Das hatte freilich zur Folge, daß große Teile der Anhänger der Heimatschutzbewegung mit fliegenden Fahnen zum Nationalsozialismus übergingen. Sie erwarteten sich von ihm die Durchsetzung des faschistischen Systems, bei welcher der Heimatschutz gescheitert war. Das ergab eine weitere Schmälerung der Machtbasis der Vaterländischen Front. Schuschnigg war also zu jener Zeit neuerlich mit der Frage konfrontiert, ob und in welcher Weise man zu Gesprächen mit den illegalen

Sozialisten bereit sein sollte. Solche Gespräche haben stattgefunden, und ich selbst habe über meine Bemühungen um Kontakte zu diesen Kreisen bereits eingehend berichtet. Aber die Medaille hat auch eine Kehrseite. Jedes Gespräch mit den Sozialisten beunruhigte jene Kreise des Bürgertums und der Bauernschaft, denen noch der Schreck vor dem Austromarxismus in den Knochen saß. Das hätte also einen weiteren schweren Aderlaß an Anhängern bedeutet, wobei Schuschnigg jedoch im Zweifel war, ob ein Arrangement mit den Sozialisten zwar eine schwache Mehrheit in der Bevölkerung gesichert, aber innerhalb dieser Mehrheit das eigene Lager nicht entscheidend geschwächt hätte. So war tatsächlich alles in Fluß geraten. Sicher wäre beim Ausgleich mit den Sozialisten Schuschnigg zwar für eine gewisse Zeit, aber nicht auf Dauer Kanzler geblieben, weil seine eigene Basis viel zu schwach geworden wäre. Ich weiß nicht, ob ihm dies alles damals glasklar vor Augen stand. Aber jedenfalls haben ihn solche Befürchtungen beeinflußt und gelähmt. Die Sozialisten machen ihm heute diese Unterlassung sehr zum Vorwurf. Es dürfte jedoch nicht so sehr böser Wille, sondern innere Rat- und Hilflosigkeit gewesen sein, die ihn bestimmten und die wenigen Gespräche mit der illegalen Führung der Sozialisten fruchtlos verlaufen ließen. Er hatte immerhin in der Person Watzecks einen Sozialisten zum Staatssekretär ernannt, der dann tatsächlich solche Gespräche vermittelte. Aber zu jener Zeit war bereits alles viel zu spät.

## DR. KURT VON SCHUSCHNIGG

Ein Zeitgeschehen wird nicht allein durch sachliche Argumente ausgeleuchtet, sondern bedarf eines Hineinblendens der Charaktere und der Eigenschaften führender Persönlichkeiten, die eine maßgebende Rolle dabei spielten. Das gilt in erster Linie für die beiden Kanzler Dr. Engelbert Dollfuß und Dr. Kurt von Schuschnigg.

Zusätzlich scheint es mir auch eine moralische Pflicht zu sein, an Charakterbildern Korrekturen vorzunehmen, wenn sie aus politischen Gründen einseitig verzeichnet wurden. So erschien es mir schon immer feige, daß wir alle – nämlich jene ÖVP-Politiker der Nachkriegszeit, die zwischen 1934 und 1938 Verantwortung getragen haben – über dieses Kapitel ihres Lebens schweigen.

Sicher: Selbst in der Ära der Großen Koalition haben die Sozialisten, und zwar aus parteitaktischen Gründen, uns die ständestaatliche Vergangenheit vorgeworfen. Lediglich parteitaktisch deshalb, weil sie ja nicht mit uns hätten zusammenarbeiten dürfen, wenn sie an unserer demokratischen Gesinnung tatsächlich Zweifel gehegt hätten . . .

Aber nicht durch Schweigen, sondern nur durch echte Selbstkritik widerlegt man Vorwürfe und bestätigt man die Echtheit einer demokratischen Gesinnung.

Der beste Akt der Verteidigung ist überdies der Vorschlag, daß auch die Gegenseite Selbstkritik üben sollte. Wahrhaftig, es sollte jeder vor der eigenen Türe kehren, denn dadurch wird am besten die Glaubwürdigkeit verbleibender, nicht widerlegbarer Argumente unterstrichen.

Schließlich und endlich glaube ich, daß Dr. Engelbert Dollfuß, trotz seiner vielen politischen Fehler, die wir heute – im Rückblick! – klar erkennen, Anspruch auf Ehrenrettung hat; denn Blut ist eine edle Tinte der Sühne, die Schuld und Irrtum auslöscht.

Dies gilt in gewissem Sinne auch für Dr. Kurt von Schuschnigg, denn in ihm spiegelt sich der tiefe Widerspruch zwischen seinen inneren Charaktereigenschaften und seinem tatsächlichen, politischen Verhalten in jener Zeit.

Deshalb sind die nachfolgenden Zeilen eine Lanze für die politisch umstrittenen Persönlichkeiten Dollfuß und Schuschnigg aus patriotischem und menschlichem Respekt...

In sozialistischen Kommentaren jener Zeit gilt Dr. Schuschnigg als Diktator. Formal und funktionell kann man das auch kaum bestreiten. Aber es war diese Funktion kein von ihm angestrebtes Ziel, keine bewußte Absicht, wie ein Vergleich mit anderen modernen Diktatoren – etwa Hitler, Mussolini und Lenin – eindeutig beweist. Diese schufen sich eine politische Bewegung in bewußter Absicht, weil sie von ihrer Berufung und den von ihnen vertretenen Ideen durchglüht waren. Schuschnigg hingegen war ein Diktator aus Pflichtbewußtsein. Gegen diese Behauptung wird man zwar sicher protestieren, aber wenn ich Einwände gelten lasse, dann möchte ich zumindest den Vorwurf auf ein „mißverstandenes" Pflichtbewußtsein einschränken. Mit dieser Formulierung wird anerkannt, daß er subjektiv, aus ethischer Überzeugung, richtig zu handeln glaubte.

Schuschnigg war ein Herr, ein Kavalier der alten Schule, der Typ eines vom noblen fransiko-josephinischen Stil geprägten k.u.k. Offiziers; gleichzeitig ein typischer Intellektueller und von einer blendenden Rhetorik. Politiker und Journalisten der Gegenwart könnten sich an seiner restlosen Beherrschung der deutschen Sprache wahrhaftig ein Beispiel nehmen.

Vom Inhalt her war er freilich in erster Linie nur ein Redner für intellektuelle Kreise, dem sämtliche Attribute eines Volkstribunen fehlten. Vor allem war er kein Demagoge, welches Talent Hitler in meisterhafter Weise beherrschte. Neben Schuschnigg wirkte Dollfuß als Redner eher mittelmäßig, jedoch hatte er eine Ausstrahlung, die Schuschnigg völlig fehlte. Dieser war korrekt bis in die Fingerspitzen, und jede Korruption, wie sie heute leider üblich ist, wäre bei ihm undenkbar gewesen.

Trotzdem wurde er von unserem „Kreis", über den ich bereits berichtete, heftig kritisiert. So erinnere ich mich an ein diesbezügliches Gespräch mit Dr. Viktor Matejka nach einer Großkundgebung. Wir fanden den Inhalt der Rede Schuschniggs zu abstrakt, dogmatisch und zu wenig elastisch. Der Grundtenor unseres

Meinungsaustausches war, daß Schuschnigg wieder einmal die reale politische „Wirklichkeit" in ein Prokrustes-Bett seiner intellektuellen Scheuklappen gespannt habe.

Freilich konnte er gelegentlich auch einfache Zuhörer begeistern. So erinnere ich mich an jene große Sitzung im alten Reichsratssaal des Parlamentes, in der Schuschnigg, nach seiner Rückkehr vom Berghof, den dort anwesenden Abgeordneten, Vertretern der Behörden, sowie der politischen Bewegung in einer mitreißenden und aufwühlenden Rede berichtete. Ich selbst saß unter den Zuhörern und berichte daher als Ohrenzeuge. Nebstbei bemerkt: Manchmal erinnerte ich mich an dieses eindrucksvolle Erlebnis, wenn ich im gleichen Saal, viele Jahre später, als Präsident des Parlamentes den Vorsitz führte.

Schuschniggs Rede wurde durch Lautsprecher auf die Ringstraße übertragen, wo Tausende Anhänger der Vaterländischen Front, aber auch viele sozialistische Arbeiter versammelt waren. Sie gerieten derart in Ekstase, daß es im Anschluß an die Rede zu großen Straßenwirbeln kam, in denen einmal die „Nicht-Nationalsozialisten" die Szene völlig beherrschten und alles restlos verprügelten, was sich an protestierenden Nazis nur ein wenig bemerkbar machte. Dieser Taumel vaterländischer Begeisterung war ein denkwürdiges Phänomen, wenn man sich daran erinnert, daß Wochen später gleichfalls Zehntausende Wiener Adolf Hitler zujubelten.

Schuschnigg war aus Überzeugung ein Monarchist und Anhänger des Hauses Habsburg, wie es auf Grund seiner Herkunft und Erziehung im Geiste altösterreichischer Tradition, vielleicht verständlich ist. Aber diese monarchistische Gesinnung hinderte ihn nicht an einer realistischen Beurteilung der Lage. Ich kenne seinen Briefwechsel mit Otto Habsburg, weil er mich bei Gelegenheit um meine Meinung fragte. Nebstbei bemerkt: Ich kenne auch den Briefwechsel, der viele Jahre später zwischen Bundeskanzler Raab und Otto Habsburg stattfand.

Jedoch zurück zu Schuschnigg. Anrede und Form seiner Briefe zeigten den tiefen Respekt vor dem Chef des Erzhauses. Dem Inhalt nach waren es natürlich Absagen an die massiven Wünsche Otto Habsburgs.

Schuschnigg wäre an sich der ideale Ministerpräsident in einer demokratischen Republik gewesen, aber sicher kein autoritärer Führer aus innerer Berufung in einem Staatsnotstand. Er war der Typus jener Vorzugsschüler, die mit Fleiß und Ausdauer die Prüfung absolvieren. Sicher: Er besaß einen blendenden Intellekt, aber ihm fehlten Instinkt und das sogenannte „G'spür". Daraus erklärt sich denn sein politisches Verhalten als Nachfolger von Dollfuß in dessen Funktionen als Bundesführer und Bundeskanzler. Gewissenhaft verwaltete er das ihm anvertraute Erbe, aber er besaß nicht die schöpferische Intuition zum Auffinden neuer Wege in geänderten Situationen. Die Vaterländische Front erstarrte in ihrer äußeren Organisationsform und ihrem politischen Verhalten zu einer scheinbar echten, faschistischen Staatspartei, während sie ideologisch ein Zwitter war, wie an anderer Stelle bereits nachgewiesen wurde. Einige simple Beispiele sollen diese Behauptungen beweisen: In Deutschland wurde im Anschluß an die Nationalhymne automatisch als zweite Hymne das Horst-Wessel-Lied gespielt, so die Einheit von Staat und Partei symbolisierend. In starrer Nachahmung verfügte Dr. Schuschnigg, daß in Österreich nach der Bundeshymne das Dollfuß-Lied zu spielen sei. In Deutschland gab es, neben der SA, die SS als Eliteorganisation. In Österreich schuf Schuschnigg nach diesem Beispiel das sogenannte „Sturmkorps"; gleichfalls mit schwarzen Uniformen, das aber, zum Unterschied zur SS, kleinst an Zahl und von völliger Bedeutungslosigkeit gewesen ist.

Schuschnigg leitete einen „Vereinheitlichungs-Prozeß" der vielen militanten Organisationen ein. So wurde an Stelle der aufgelösten Wehrverbände – des Heimatschutzes, des Freiheitsbundes, der Sturmscharen und der christlich-deutschen Turnerschaft – die sogenannte „Frontmiliz" geschaffen, in die alle Restbestände dieser Organisationen eingeschmolzen wurden. Ebenso wurde an Stelle der vielen Jugendorganisationen das einheitliche „Jung-Vaterland" gebildet. Eine Ausnahmestellung hatte lediglich die katholische Jugend; aber mit dieser wurde selbst Mussolini in seinem totalitären, faschistischen Italien nicht fertig. Man sieht also, daß sein rein intellektuelles Denken sich nach Äußerlichkeiten orientierte und zu einer organisatorischen Gleichschaltung führte, während die inneren Spannungen, gärenden Ideen und sich wandelnden Vorstellungswelten vollständig unberücksichtigt blieben.

Aber immerhin war Schuschnigg schlau, wie die spätere Ausbootung Starhembergs beweist. Mit dessen „Entmachtung" beendete er den inneren Dualismus der vaterländischen Bewegung. Als Trost für die Absetzung Starhembergs ernannte er ihn in der Bundesführung der V.F. zum Referenten für das „Mutterschutzwerk". Die Vorstellung, daß Starhemberg, der große Freibeuter von Frauenherzen, plötzlich treu und bieder ausgerechnet die Mütter sittsam betreuen sollte, löste allgemeines Gelächter aus. Boshafte Zungen behaupteten, daß es sich dabei wohl um die ledigen Mütter verflossener Liebesaffären gehandelt haben muß. Die Entmachtung schien mir richtig, aber gegen diese demütigende Form hätte ich mich an Starhembergs Stelle massiv gewehrt.

Oft stellte ich mir nachträglich die Frage, wie sich wohl Dollfuß in den letzten Wochen vor dem Anschluß verhalten hätte. Fast bin ich der Überzeugung, daß dieser mit seinem natürlichen Instinkt nicht an überkommenen Formen festgehalten, sondern listig und geschmeidig Auswege gesucht hätte; womit freilich nicht behauptet wird, daß dies in einer solchen Situation auch tatsächlich genützt hätte.

Irgendwie glich der Untergang Österreichs dem Verlöschen der Abendsonne. Viele führende Männer jener Zeit gehörten einer sterbenden Schicht an. Ich denke an den alten Oberst Walter Adam, den Landeskommandanten von Oberösterreich, General Wöhrle, den Staatssekretär General Zehner, der später dann ermordet wurde. Sie alle waren, wie überhaupt die Offiziere des Bundesheeres in der Ersten Republik, noch von altösterreichischer Tradition geprägt. Ich sehe sie vor mir stehen, in nonchalanter Eleganz und Lässigkeit nach dem unnachahmlichen Vorbild des alten Kaisers. Ich höre noch das kameradschaftliche „Du" im Offizierskasino. „Du, Herr Oberst", sagte etwa der Major zum Regimentschef. Ebenso höre ich das Grußwort „tschau", oder das lässige Kommando „kommod stehen". Das alles kam mir 1955 ins Bewußtsein, und zwar nach Wiedererrichtung des Bundesheeres. Die Offiziere waren für mich, in ihrem zackigen Auftreten und ihren Umgangsformen, ganz einfach Preußen in österreichischer Uniform. Sie hatten nicht mehr die Nonchalance Franz Josephs, sondern einen „Ladestock" im Rücken. Sie konnten persönlich nichts dafür, denn schließlich waren sie Erziehungsprodukte der Deutschen Wehrmacht . . .

Oh, du mein Österreich! Wie vieles ist doch in den Jahren der Nazizeit in Verlust geraten, nicht nur in Sprache und Lebensstil, sondern in allen möglichen Lebensbereichen; so etwa in den Bezeichnungen von Lebensmitteln und Speisekarten. In dieser Abendsonne verschwinden das Wiener Kaffeehaus, das man in völlig gleicher Weise in Prag, Krakau, Agram und Czernowitz finden konnte. Es verschwindet das freundliche Schönbrunner-Gelb, das seinerzeit im weiten Bereich der Donaumonarchie die offiziellen Gebäude schmückte. Und man hört nicht mehr das sogenannte „Schönbrunner-Deutsch", jenen wunderbaren Wiener Dialekt, den auch der alte Kaiser sprach, wie man auf alten Schallplatten noch hören kann. Selbst in der „Josefstadt" sterben jene Schauspieler aus, die ihn noch beherrschten. An seine Stelle treten in der neuen Führungsschicht sehr bodenständige Wiener Dialekte; aber man gestatte mir, daß ich dies mit Schweigen übergehe . . .

Vielleicht wird man fragen, was diese Vergleiche in einem Kapitel über das Zeitgeschehen verloren haben? Sie gehören hierher, denn sie kennzeichnen die Abenddämmerung, den Untergang jener wunderbaren Sonne, die einmal das wahre Österreich war.

## DR. ENGELBERT DOLLFUSS

Wohl für jeden profilierten Politiker gilt Schillers Zitat: „Durch der Parteien Gunst und Haß umstritten, schwankt sein Charakterbild in der Geschichte". Dies gilt insbesonders auch für Bundeskanzler Dr. Engelbert Dollfuß, dem Begründer der Vaterländischen Front, von dem ich bereits berichtet habe, daß er zum Zeitpunkt ihrer Gründung selbst noch nicht genau wußte, was sie eigentlich werden sollte; eine faschistische Staatspartei oder nicht! Er wetterte zwar gegen den Parteienstaat, aber er hatte lediglich nebulose Vorstellungen von der Vaterländischen Front als einer allgemeinen Plattform für jene Menschen, die sich aus

Überzeugung zu Österreich bekannten. Aber vielleicht ist dieses Schwanken, diese scheinbare Unentschlossenheit, gerade ein Beweis seines angeborenen Instinktes. Er „witterte" gewissermaßen nach allen Windrichtungen, bevor er sich zu Maßnahmen entschloß. Das war nicht Grundsatzlosigkeit, denn sein Ziel war eindeutig die Rettung Österreichs vor der tödlichen Bedrohung Hitlers. Sein „Wittern" glich dem Suchen eines Jagdhundes nach der Fährte ...

Für die Sozialisten ist er bis heute ein Faschist und überdies – was am schwersten wiegt – ein „Arbeitermörder", der das Parlament lahm legte und im blutigen Bürgerkrieg des Februar 1934 die Kämpfer für Demokratie und Freiheit niederknüppelte.

Für die deutsch-völkischen Kreise Österreichs war er ein Verräter am deutschen Vaterlande, der sich dem angebeteten Führer Adolf Hitler in blutverräterischer Weise und Verblendung widersetzte.

Für die anderen jedoch war er ein großer österreichischer Patriot, ein Märtyrer und Blutzeuge, dessen politische Verhaltensweise sich aus der verzweifelten, außenpolitischen Situation Österreichs und der verfahrenen, innenpolitischen Konstellation erklärte – ein Mann, dem man vertraute, daß er aus neuen Perspektiven eine tragfähige und dauerhafte Ordnung schaffen könnte. Für das nicht-sozialistische Lager Österreichs ist es bezeichnend, daß Dollfuß totgeschwiegen wird. Man respektiert zwar seine mutige Haltung und patriotische Gesinnung, aber man unterläßt schamhaft einen Versuch zum Verständnis seiner Politik; denn man ist sich natürlich heute seiner Fehler und des Versagens der ständestaatlichen Idee bewußt, wobei man gleichzeitig unbewußt die Sozialdemokratie von ihrer historischen Mitschuld exkulpiert.

So ist es denn verständlich, daß bisher nur wenige Versuche einer Einordnung der Persönlichkeit Engelbert Dollfuß' in das österreichische Geschichtsbewußtsein unternommen wurden; und daß seine Ehrenrettung einem Engländer namens Gordon Sheperd vorbehalten blieb. Dollfuß glich irgendwie dem Helden einer antiken Tragödie, den die Macht des Schicksals lenkte und zerbrach. Wenn ich das zu seiner Verteidigung sage, so bin ich gleichfalls nicht blind für seine Unterlassungen und Fehler. Ich bemühe mich lediglich, sie aus dem Zeitgeschehen zu verstehen, weil ich aus vielen Gesprächen um sein inneres Ringen, seine Zweifel weiß.

Beginnen wir also mit einer Analyse seiner Persönlichkeit. In seinem beruflichen Werdegang war seine spätere Berufung nicht vorgezeichnet. Er galt als ein anerkannter Agrarpolitiker von Rang und Namen, der sich später mit völlig anderen Problemen auseinandersetzen mußte. Er war „deutsch" gesinnt, wie damals alle Österreicher, und hatte überdies eine Berlinerin zur Frau. Ausgerechnet dieser Mann wurde später zum Verteidiger Österreichs gegen Hitlers Aggressionen. Nach seiner ganzen Herkunft war er gesinnungsmäßig ein überzeugter Demokrat, der trotzdem später zu einem autoritären Führer wurde; äußerlich von kleinem Wuchs, und vielleicht gerade deshalb erfüllt von einem starken Selbstbewußtsein. Ich erinnere an meine bereits geschilderten, ersten Begegnungen mit Dollfuß beim CV-Kommers in Graz und bei der CV-Tagung in Koblenz. Meine ursprüngliche, gefühlsmäßige Einstellung war daher geprägt von Antipathie, die sich später dann in Respekt verwandelte.

So erinnere ich mich an eine Fahrt mit ihm an einem Sonntag zu bäuerlichen Verwandten in Tulln. Wir saßen im Obstgarten des Bauernhauses auf roh gezimmerten Bänken, und rings um uns lagen im Gras oder saßen auf den Bäumen die jungen Burschen aus dem Dorf. Dollfuß sprach für diese schlicht und einfach über Österreich. Ich habe die damalige Stimmung und das gläubige Vertrauen der jungen Burschen bis heute nicht vergessen.

Dollfuß war ein Vollblut-Politiker mit Fingerspitzengefühl, den man mit einem Akrobaten in einem Zirkuszelt vergleichen könnte. Er koordinierte die inneren Spannungen im vaterländischen Lager zwischen den Männern christlichsozialer Herkunft und dem Heimatschutz, und er spielte geschickt auf dem Klavier der inneren Spannungen, die im Heimatschutz selbst vorhanden waren. Da gab es einen Dr. Richard Steidle, einen Fürsten Starhemberg, und den Maria-Theresien-Ritter Major Emil Fey; aber darüber soll in einem anderen Zusammenhang noch eingehend berichtet werden. Zwischen den Charakteren von Dollfuß und Schuschnigg, ihrer Herkunft und ihren persönlichen Interessen bestanden geradezu Welten.

Das Resumée all der Analysen, mit denen ich seine Beweggründe zu durchleuchten suchte, läßt erkennen, daß er nicht von Anbeginn an eine Diktatur anstrebte. Er wurde einerseits durch die außenpolitischen Konstellationen auf diesen Weg gedrängt. Ferner darf man auch die schwerwiegende Tatsache nicht vergessen, daß der nichtsozialistische Bevölkerungsteil zutiefst von einer anti-parlamentarischen und pro-faschistischen Grundhaltung beeinflußt wurde. Angesichts der wirtschaftlichen Not beeindruckte überdies der wirtschaftliche Aufschwung in Italien und Deutschland. Diese Menschen unter einen Hut zu bringen, glich fast wirklich einer Quadratur des Zirkels.

Die persönlichen Bemerkungen über ihn sollten daher eine Ehrenrettung für den Mann sein, der trotz aller Irrtümer Anspruch auf ein gerechtes Urteil hat, weil er an Österreich glaubte, und für dieses sein Leben als Märtyrer hingab. Wollen wir daher in Gedanken einen Strauß rot-weiß-roter Blumen auf sein Grab legen, denn dieses Rot-Weiß-Rot war vor ihm, in der Ersten Republik, ein verfemtes, ungeliebtes, ja sogar verspottetes Symbol. Selbst für die Sozialisten, die sich zu ihm bekannten, waren es lediglich die Farben eines Staates, an dessen Zukunft und Eigenexistenz sie nicht glaubten. Sein Verdienst ist es, daß diese Farben zu einem echten Symbol des Vaterlandes wurden. Heute ist das Bekenntnis zu Rot-Weiß-Rot ein Gemeinbesitz des ganzen Volkes. Während damals um einen neuen österreichischen Patriotismus, um ein eigenes Staatsbewußtsein erst gerungen wurde, bekennen wir uns heute gemeinsam zu diesem Staat, und zwar für alle Zukunft. Diese Tatsachen sollten doch Wunden der Vergangenheit heilen helfen und zu einer objektiven Beurteilung seiner Persönlichkeit wenigstens einen kleinen Beitrag leisten.

## ERNST RÜDIGER VON STARHEMBERG

Mit einem persönlichen Erlebnis möchte ich die Schilderung seiner politischen Persönlichkeit und seines Charakters schlagartig sichtbar machen. Eines Tages hatte ich eine Vorsprache im Generalsekretariat der Vaterländischen Front Am Hof in Wien, und zwar beim persönlichen Stabschef Starhembergs, dem mir gut bekannten Major Mayer. Seine ersten Worte an mich waren: „Entschuldigen Sie mich heute, ich habe keine Zeit – wir sind ja so *glücklich,* daß der Bundesführer *endlich einmal* in Wien und im Büro ist!" Das ist eine wörtliche Zitierung, die ich noch heute geradezu fotografisch im Gedächtnis habe. Starhemberg hielt zwar große Reden, organisierte Aufmärsche, aber ansonsten war er mehr in den Nachtbars, auf der Jagd und auf Urlaub im Ausland, was ihn schließlich zufällig vor der Verhaftung durch Hitlers Schergen rettete. Er war sicherlich ein politischer Kopf, was ihm freilich nichts nützte, weil zur Erreichung politischer Ziele Ideen allein zu wenig sind; sie bedürfen harter Arbeit und Selbstdisziplin. Er war ein geborener Volkstribun; aber von einer hemmungslosen Demagogie und Ausdrucksweise. Man denke bloß an seine Rede auf dem Rathausplatz in Wien, in der er „Asiatenköpfe" rollen ließ. Freilich gilt für ihn das Sprichwort: „Nichts wird so heiß gegessen, wie gekocht". Ansonsten aber war er von einer unfaßbaren Bequemlichkeit, sogar in jener Zeit, in der er als Bundesführer die entscheidende Schlüsselposition in seinen Händen hielt. Ein Hitler oder Mussolini hätte in einer solchen Situation die Macht an sich gerissen und den Staat in seinem Sinne restlos umgeformt. Jedenfalls hätte man keinen von diesen zum Referenten für „Mutterschutz" degradieren können.

Die politische Laufbahn Starhembergs als junger Mensch begann als Oberschlesienkämpfer. Angesichts dieser Vorgeschichte als „nationaler Kämpfer" war es überaus bemerkenswert, daß er sich nachträglich zu einem Kämpfer für Österreichs Selbständigkeit entwickelte. Ich kenne viele Einzelheiten seines Lebens sehr genau, weil wir mit seiner zweiten Frau Marielies, einer geborenen Gräfin Salm, befreundet waren, und eine Nichte meiner Frau mit dem Fürsten Salm verheiratet war. Marielies lebte in Gmunden, zusammen mit dem Gesandten Theodor Hornbostel, einem Berufsdiplomaten, der in der Dollfuß-Schuschnigg-Ära Generalsekretär im Außenministerium war. Ich kannte ihn bereits aus jener Zeit und befreundete mich mit ihm während unserer gemeinsamen Haft im Konzentrationslager Dachau. Hornbostel spielte auch nach 1945, als ein Verbindungsmann zwischen der Österreichischen Volkspartei und der Industriellenvereinigung eine Rolle. Durch meine Funktion als Generalsekretär der Partei hatte sich unsere ursprüngliche Beziehung zusätzlich vertieft. Immer wieder trafen wir einander auch später zu interessanten Aussprachen, denn unser Landsitz in Oberweis ist ja nicht weit entfernt von Gmunden. Auch Hornbostel war ein Kavalier und Diplomat altösterreichischer Tradition.

Ebenso kam ich zu vielen Informationen über Starhemberg durch dessen Freund Dr. Ludwig Draxler, der im Ständestaat als Vertreter des Heimatschutzes einige Zeit Finanzminister war. Ich kannte ihn schon aus dieser Zeit; aber echte Freunde wurden wir erst im Konzentrationslager Dachau, in dem wir gemeinsam wahrhaftig Blut und Wasser schwitzten. Wir schaufelten in der Gluthitze des Augustes mit hängenden Zungen einen tiefen Graben, bei dem wir bis über die Knie im Grundwasser standen und zu einem Höllentempo angetrieben wurden.

Ein Busenfreund und Gefährte Starhembergs in feuchtfröhlichen und weiberfrohen Stunden war Fritz Mandl, für die Sozialdemokratie geradezu ein rotes Tuch. Ursache war die sogenannte „Hirtenberger Affäre“, die ihm den Spitznamen „Patronenmandl“ eintrug. Als Besitzer der Patronen- und Waffenfabrik in Hirtenberg wollte er einige Waggons mit Waffen und Patronen, natürlich falsch deklariert, nach Ungarn zur Unterstützung des Reichsverwesers Horthy schicken, der bei den Sozialdemokraten als Erzreaktionär galt. Schutzbündler entdeckten die Waffenschiebung, was turbulente Auseinandersetzungen zur Folge hatte. Das änderte freilich nichts daran, daß der schlaue Mandl es sich in der Zweiten Republik mit den Sozialisten „richtete“. Er verkaufte nämlich an eine ihnen nahestehende Stelle seine Patronenfabrik und hatte somit seit damals seine Ruhe.

In erster Ehe war er mit der berühmten Tänzerin Heddy Lamar verheiratet, die seinerzeit in der Presse für sich Schlagzeilen verzeichnen konnte. Sie agierte als erste Nackttänzerin im Film. Bis zu seinem Tode vor wenigen Jahren hing ihr Ölgemälde als nackte Tänzerin in seiner Wiener Wohnung. Der schlaue Mandl handelte seinerzeit gar nicht schlau, denn er kaufte aus Eifersucht die Kopien der Nacktfilme; aber immer wieder tauchten neue auf . . . Mandl fungierte als Finanzmann Starhembergs und gehörte nach 1945 jenem Kreise des Industriellenverbandes an, dem die ÖVP als „bürgerliche“ Partei viel zu weit „links“ stand. Da der Generalsekretär Maleta als Exponent dieser Richtung galt, so gab es gelegentlich wenig erfreuliche Auseinandersetzungen zwischen mir und Mandl.

Da ich in diesem Buch immer wieder versuche, seinen Inhalt durch heitere Anekdoten aufzulockern, so sei denn jetzt ein Erlebnis aus Cap d'Antibes geschildert. Dort gab es das sogenannte „Eden Rock“, das eleganteste und nobelste Bad an der Côte d'Azur. Mandl saß wie ein Pascha, umgeben von einem Gefolge seiner privaten Gäste, an einer Tür ins Freie, durch die sämtliche hübsche Badenixen an ihm vorüberdefilieren mußten. Der alte Sünder! Seine Gäste stöhnten vor Hunger, weil sie erst zu später Mittagsstunde, und zwar in mühsamem „Gänsemarsch" durch dornig-buschiges Gelände zu seinem Haus marschieren durften. Eines Tages entdeckte er mich, worüber ich nicht gerade glücklich war. Jedenfalls lud er mich auf sein großes Motorboot ein, damit ich seinen starken Rolls-Royce-Motor bei einer wilden Fahrt auf der bewegten See bewundern könne. Er stand am Volant wie ein Piratenhäuptling. Ein Dutzend gelangweilter Playboys des Jet-set lümmelte an Deck. Er kurvte durch die fast stürmisch bewegte See hinüber in die sogenannte „Bucht der Millionäre". An deren Steilküste befand sich sein wetterfestes Strandhaus, in nobler Nachbarschaft zu den Strandhäusern der Du Pont's und anderer Größen des amerikanischen und internationalen Finanz- und Wirtschaftskapitals. Beim Ankerwerfen verwickelte sich die Plastik-ankerkette um die Schiffsschrauben. Wir hatten Mühe, schwimmend an das Ufer zu gelangen. Er aber – mir ist diese wilde Szene noch immer bildhaft in Erinnerung – stürzte sich vom Ufer in die wildbewegten Fluten, zwischen den fletschenden Lippen ein breites Messer mit den Zähnen haltend. Er sah wie ein Sioux-Indianer aus, zutiefst braun gebrannt, sehnig und mit seiner Hakennase; es fehlte lediglich die Häuptlingsfeder. Er tauchte, immer wieder Luft holend, und zerschnipselte gemeinsam mit dem Schiffsboy Stück für Stück das Plastikankerseil. Das war Fritz Mandl! Nicht nur ein erfolgreicher Kapitalist mit Ellenbogen, sondern auch privat ein antiker Herrschertyp. Schöne Frauen umkreisten ihn wie Planeten das Zentralgestirn, die Sonne.

In seinem Chalet war ich einmal Gast bei einem tollen Nachtfest unter Lampions und Palmen, in luxuriöser Aufmachung. Die Tafel, an der die Gäste in langen Abendkleidern und weißen Smokings saßen, war gedeckt mit Kristall und Silber. Unter den Gästen waren die bereits erwähnten Playboys und etliche seiner berühmten Nachbarn aus der Bucht der Millionäre, die ein interessantes Erlebnis für mich waren. Als Politiker lernt man wirklich eine breite Palette von Menschen kennen, zwischen arm und reich, hoch und niedrig, intelligent und dumm; in Gefängnissen, einsamen Wirtshäusern und auch in Palästen. Ich möchte all das nicht missen, denn die Summe all dieser Erfahrungen ermöglichen psychologisch richtige Verhaltensweisen auf dem Weg zur Erreichung der gesetzten Ziele.

Was ist aber die Pointe der Geschichte? Viele seiner privaten Gäste, die bei ihm wohnten, waren Leute mit vornehmen Namen, aber wenig Geld; sie verlebten auf seine Kosten einen wunderbaren Urlaub und nahmen daher ihr „Sklavendasein", das er ihnen rücksichtslos auferlegte, demütig in Kauf.

Die Tafel war also beendet, aber es standen dutzende nicht ausgetrunkener Champagnergläser auf dem Tisch. Da, ich traute meinen Augen nicht, ging eine echte Herzogin von Glas zu Glas und spülte den restlichen Inhalt in sich hinunter. Verlegen sagte sie zu mir: „Man muß die Feste feiern, wie sie fallen. Wir wurden in der Heimat enteignet und aus ihr vertrieben. Daheim kann ich mir keinen Champagner leisten . . ."

Seine letzte Gattin war gleichzeitig auch die jüngste all seiner verflossenen Lebensgefährtinnen und Ehefrauen. Sie war, wie das Leben schon so spielt, die Tochter einer Couleurdame meiner Carolina aus meiner Studentenzeit. Portal der Universität! Ich fahre vor zur Doktor-Promotion! Wer wartet dort auf mich? Die künftige Mutter der späteren Frau Mandl. Noch heute besitze ich davon ein Foto. Sie war eine Baroneß Amschi Obermayer und befreundet mit der Komtesse Irmi Chorinsky. Aber über diese Episode meines Lebens habe ich bereits berichtet.

## DR. OTTO HABSBURG

Der Briefwechsel zwischen Schuschnigg und Otto Habsburg wurde bereits erwähnt. Er glich dem Florettgefecht zweier Männer, die zwar einander schätzten, aber bezüglich einer politischen Rolle Ottos gegensätzliche Überzeugungen vertraten. Otto Habsburgs Pläne, Taktik, aber auch sein Dilemma und seine Fehler bedürfen daher einer Untersuchung. Er war, und ist noch heute, ein Mann voll brennendem politischen Ehrgeiz, der damals – nicht ganz zu Unrecht – eine Chance für sein politisches Wirken in Österreich zu besitzen glaubte. Die legitimistische Bewegung in Österreich, die zwar seit jeher, und auch damals, nicht sehr stark war, hatte natürlich durch das Wiederaufleben der österreichischen Tradition, eines eigenständigen staatlichen Bewußtseins, das sich aus dem Abwehrkampf gegen Hitler zwangsläufig entwickelte, eine gewisse „Aufwertung" erhalten. Denn schließlich waren diese Monarchisten die gegen den Anschlußbazillus immunsten Anhänger der staatlichen Selbständigkeit Österreichs. Dr. Otto Habsburg spielte daher mit dem Gedanken, daß er selbst Nachfolger Schuschniggs als Bundeskanzler werden müßte, weil er seine Person als sichersten Garanten der Souveränität Österreichs hielt. Zu dieser Selbsttäuschung trugen auch die vielen „Ehrenbürger-Ernennungen" Ottos bei. Er übersah nur, daß ihm diese nicht von frei gewählten Gemeindetagen verliehen wurden. Wir waren uns natürlich dieser Tatsache bewußt! Nebstbei bemerkt: Das blondgelockte Kind hatte sich mittlerweile zu einem schwarzen Lockenkopf entwickelt, wie dies ein großes Foto in der Auslage am Graben in Wien zeigte, auf dem er in der Uniform eines „Oberst-Inhabers" des Wiener Hausregimentes abgebildet war. Dr. Schuschnigg, der Otto gefühlsmäßig als Sohn und Erben seines letzten obersten Kriegsherrn betrachtete, befand sich in einem persönlichen Dilemma; einerseits voll Respekt und Traditionsbewußtsein; andererseits seine nüchterne Erkenntnis der realpolitischen Gegebenheiten, die den Wunsch Ottos als aussichtslos erscheinen ließen.

Das Dilemma Dr. Otto Habsburgs hingegen war grundsätzlich anderer Art, was ihm jedoch damals nicht bewußt zu sein schien. Gesetzt nämlich den Fall, daß Schuschnigg und maßgebliche Kreise der Vaterländischen Front für eine Kanzlerschaft Ottos eingetreten wären, so hätten diese ihre Zustimmung doch an ein „Ja" zur ständestaatlichen Verfassung gebunden. Aber, um tatsächlich ein echtes Konzentrationszentrum für alle patriotisch gesinnten Österreicher zu werden, hätte er natürlich die Zustimmung der illegalen Sozialdemokraten gebraucht, die nur, wenn überhaupt, durch das Versprechen der Rückkehr zum parlamentarischen Regime zu erhalten gewesen wäre. Aber selbst eine Preisgabe des ständestaatlichen Systems – was des Einverständnisses von dessen Anhängern bedurft hätte, das nicht zu erreichen gewesen wäre – hätte die außenpolitischen Schwierigkeiten nicht beseitigt. Praktisch hätte Otto einen Weg gehen müssen, wie ihn Jahrzehnte später Juan Carlos von Spanien einschlug. Aber der Vergleich hinkt aus zwei Gründen: Erstens war die außenpolitische Situation Spaniens eine völlig andere, weil sich der Westen durch Juan Carlos die Absicherung des Bündnisses Spaniens mit der NATO erhoffte; und zweitens saß Juan Carlos als Staatschef am Schalthebel der Macht, während Otto sich erst um einen solchen Schalthebel bemühte.

Das also waren die Schwierigkeiten Dr. Otto Habsburgs. Wahrhaftig eine Quadratur des Zirkels. So wurde denn von keiner Seite die Karte Otto Habsburg ausgespielt.

Aber immerhin war sein sichtbares „In-Erscheinung-Treten" ein Faktum, das die außenpolitischen Aktivitäten der Anrainerstaaten mobilisierte; nicht nur die Hitlers gegen Österreich. In den Hauptstädten der Kleinen Entente beobachtete man mit Argusaugen jeden Schritt des Prätendenten, der ja bei anderer Weichenstellung der Geschichte ihr Kaiser und König geworden wäre, und in deren Staaten noch Unzähliges an die Vergangenheit erinnerte. Selbst viele Jahre später, und zwar als Soldat der Wehrmacht, erlebte ich in Krakau, und nachträglich in Kroatien ehrfürchtig bewahrte Erinnerungen an Altösterreich. In einem kroatischen Bauernhof sah ich auf Fotos den Hausvater als österreichischen Soldaten, und entdeckte ich sogar ein Bild des alten Kaisers. In Krakau erlebte ich beim Friseur, daß dieser zwar furchtbar über die deutsche Besatzung schimpfte, aber ganz glückselig von der einstigen Zugehörigkeit zu Österreich erzählte. In einem Kaffeehaus berichtete mir der Ober voll Stolz und Rührung, daß er noch die große silberne Tapferkeitsmedaille besitze, die ihm der Kaiser persönlich an die Brust geheftet habe. Warum erzählte man das mir, trotz des Hasses gegen die Besatzung? Wahrscheinlich waren es meine Gebirgsjägeruniform und der österreichische Dialekt, die meine Herkunft auswiesen. Jahre später, anläßlich eines offiziellen Besuches als Nationalratspräsident in Polen, erlebte ich in Krakau Stunden in altösterreichischer Atmosphäre. In weinseliger Stimmung sangen wir abends mit unserer Begleitung österreichische Lieder und hörten den Radetzky-Marsch. Ich fragte mich, ob ich wache oder träume . . .

Begreiflich daher, daß man in den Regierungen der Nachfolgestaaten empfindlichst reagierte, wenn der Name Habsburg auch nur fiel. So war denn das endgültige „Nein" Schuschniggs verständlich, und der Traum Ottos, Bundeskanzler zu werden, ausgeträumt.

Vielleicht ist jetzt eine zusammenfassende Darstellung und Analyse des Gesamtproblems „Das Haus Habsburg in der Politik von heute" am Platz, wenngleich zeitlich teilweise zurückgeblendet, und teilweise vorausgeblendet werden muß. Aber die politischen Pläne Otto Habsburgs in den letzten Jahrzehnten, in der Gegenwart und für die Zukunft bieten hiefür eine günstige Gelegenheit.

Er hatte politische Ambitionen im „Ständestaat", über die soeben berichtet wurde.

Er löste, zwar unfreiwillig, im Parlament der Zweiten Republik den sogenannten „Habsburg-Rummel" aus.

Er hatte, gegen Ende des Zweiten Weltkrieges, vage Chancen im Zusammenhang mit nebulosen Plänen der Westalliierten bezüglich der „Neuordnung" im Donauraum.

Er hat noch heute politische Ambitionen, und zwar mit Zielrichtung „europäische Integration" und „Europaparlament".

Als Generalsekretär der Volkspartei hatte ich vor Jahren Gelegenheit zu einer persönlichen Begegnung. Anlaß für meinen Besuch bei ihm in Pöcking am Starnbergersee war sein Wunsch auf Rückkehr nach Österreich. Ich hielt sein Verhalten – nämlich die Verweigerung der Unterschrift unter die geforderte Verzichtserklärung – von seinem Standpunkt aus für eine schlechte Taktik. Er müsse doch, so sagte ich, in erster Linie Interesse an der Regelung seiner Vermögens- und Besitzverhältnisse haben. Von österreichischer Warte aus sah ich in seiner Rückkehr überhaupt keine Gefahr, wie es sich Jahre später auch tatsächlich erwies. Niemand dachte doch an die Wiedereinführung der Monarchie oder einer anderen Form politischer Betätigung, und ich war der festen Überzeugung, daß dies auch die Sozialisten nicht glaubten. Der spätere Habsburg-Rummel, über den noch berichtet werden soll, war für sie nur ein parteitaktischer Theaterdonner; kein Wunder für den politischen Beobachter. Jeder kannte ja die schillernde Taktik Pittermanns, der aus seinem Zylinderhut Kaninchen – gelegentlich auch Otto Habsburg – zauberte.

Mein Gespräch mit Otto habe ich in angenehmer Erinnerung. Er war ein interessanter Gesprächspartner von bemerkenswerter Liebenswürdigkeit. Otto ist ohne Zweifel ein geborener Homo Politicus von hoher Intelligenz. Freilich glaubte ich, in seiner Persönlichkeit eine innere Bruchlinie zu erkennen. Vor mir saß ein Mann, der von seiner Mutter als ehemaliger Kronprinz in habsburgischer Tradition erzogen, aber nachträglich durch seinen Aufenthalt in den USA in seinem Auftreten irgendwie beeinflußt und im Sinne des amerikanischen Lebensstils umgeformt worden war. Fallweise hatte ich nämlich den Eindruck, daß mit mir ein hochgebildeter, amerikanischer Spitzenjournalist diskutierte. Aber äußere Formen besagen nichts über den inneren Gehalt. Selbst im Vatikan empfängt heute der Papst Staatsbesucher nicht im Frack, sondern im dunklen Anzug. Das Gespräch war also hochinteressant, aber ergebnislos.

Jahre später gab es dann den sogenannten „Habsburg-Rummel" im Parlament. Der Anwalt Otto Habsburgs, mein einstiger KZ-Genosse und persönlicher Freund Dr. Ludwig Draxler, hatte zuerst beim Verfassungsgerichtshof, dann beim Verwaltungsgerichtshof eine Beschwerde eingebracht, welcher dieser zustimmte und Otto die Rückkehr gestattete. Das löste im Parlament einen ungeheuren Wirbel aus, und Justizminister Dr. Broda verglich die Verfassungsrichter mit Staatsstreichtheoretikern. Das hatte auf der Gegenseite natürlich einen stürmischen Protest zur Folge, weil diese die Äußerung des Ministers als einen Angriff auf ein rechtsstaatliches Fundament betrachtete. So steckte Pittermann den umstrittenen Otto Habsburg wieder in seinen Zylinderhut, und mit dem Rummel war es aus.

In diesem Zusammenhang gibt es eine heitere Episode zu berichten. Eines Tages erklärte uns nämlich im Parteivorstand plötzlich Dr. Hermann Withalm, der sich fanatisch für Otto Habsburg exponiert hatte, daß er ihn besuchen werde. Wir rieten ihm dringendst davon ab, aber er trat die Reise dennoch an. Nach seiner Rückkehr fielen wir jedoch aus allen Wolken. Dr. Withalm war über das Verhalten Ottos wütend und empört. Was war geschehen? Otto ließ den Generalsekretär der Volkspartei im Garten seines Hauses etliche Stunden warten, weil er vorerst eine Delegation ungarischer Aristokraten empfing. Nun, sehr geschickt war dieses Verhalten natürlich nicht! Man kann doch den mächtigen Generalsekretär der Regierungspartei nicht wegen des Besuches machtloser Emigranten warten lassen . . . Merkwürdig, daß in der österreichischen Öffentlichkeit niemand, nicht einmal die Sozialisten, davon Wind bekamen. Das hätte wohl einen Heiterkeitseffekt ausgelöst!

Natürlich waren unsere spöttischen Bemerkungen für Withalm nicht gerade angenehm; die harmlosesten waren noch, daß wir ihm ja von dieser Reise dringendst abgeraten hätten. Überdies waren wir der Meinung, daß er sich falsch verhalten habe. Er hätte Otto benachrichtigen müssen, daß seine Zeit kurz bemessen sei und er daher nicht auf ihn warten könne.

Aber nun zu der versprochenen Analyse. Tatsächlich hatte Otto Habsburg eine, wenngleich geringe Chance während und unmittelbar nach dem Zweiten Weltkrieg. Er hatte nämlich auf geschickte Art die Vorgangsweise der tschechischen Emigranten, die während des Ersten Weltkrieges in den USA gegen die Donaumonarchie konspirierten, nachgeahmt und das Vertrauen und die Wertschätzung des Präsidenten Roosevelt gewonnen. Kein Zweifel also, daß daher – solange die Frage, wo die zweite Front errichtet werden sollte, offen war – für Otto Habsburg ein ganz klein wenig Aussichten bestanden. Denn der Einmarsch der West-Alliierten anstelle der Sowjets in die Nachfolgestaaten der Donaumonarchie hätte zumindest die Diskussion um die Wiedererrichtung einer

Donaukonföderation ausgelöst, womit auch die Frage des Oberhauptes eines solchen Staatenbundes aktuell geworden wäre. Jedoch lediglich Churchill, der alte Fuchs, ist für die Errichtung der zweiten Front am Balkan eingetreten. Roosevelt hingegen ließ sich von „Onkel Joe"– wie man Stalin in den USA liebevoll, aber instinktlos nannte – einreden, daß diese zweite Front in Frankreich errichtet werden müßte. Stalin war – da kann man sagen, was man will – ein genialer Kopf. Bei Errichtung der zweiten Front am Balkan wären Polen, die Tschechoslowakei, Ungarn, Bulgarien und Rumänien niemals in sowjetische Abhängigkeit geraten. Mit seinem Vorschlag der zweiten Front in Frankreich schuf Stalin die Voraussetzungen für das heutige Sowjetimperium.

Natürlich glich der Einfluß Ottos einem Flaumgewicht, aber mit Hilfe seiner persönlichen Beziehungen zu einflußreichen Amerikanern vor allem aber Roosevelt, hätte er versuchen müssen, diesen in Richtung „Balkanfront" zu beeinflussen. Denn nur in einem solchen Fall hätte Otto eine leise Chance gehabt, daß im Donauraum vielleicht so eine Art „Vereinigte Staaten von Groß-Österreich" hätte errichtet werden können.

Das klingt vielleicht utopisch, aber darf ich mir eine grundsätzliche Bemerkung erlauben. Zum politischen Erfolg genügt nicht allein politischer Ehrgeiz, sondern dazu gehören: erstens eine weltpolitische Situation, zweitens ihr Erkennen, und drittens die Begabung, sie zu nützen! Ohne die Revolution von 1789 gegen das morsche, bourbonische System wäre auch das Genie Napoleon nicht Kaiser der Franzosen geworden, sondern verbittert als Oberst oder General in Pension gestorben. Die ganze Feldherrengenialität hätte nichts genützt, weil er sie nicht unter Beweis hätte stellen können.

Ohne die Zäsuren der Jahre 1914 und 1918 wäre der bereits vor 1914 pensionierte General Hindenburg niemals ein berühmter Heerführer, geschweige denn Reichspräsident der deutschen Republik geworden. Vielleicht hätte der letzte Kaiser Österreichs um seine Krone kämpfen müssen; natürlich wäre das Urteil der Geschichte – ob Mörder, Bluthund oder Erneuerer des Vaterlandes – vom Erfolg oder Mißerfolg abhängig gewesen. Der Triumvir Oktavian hat in Bürgerkriegen blutig gekämpft, aber gesiegt, und hat den Völkern der Antike als Kaiser die „Pax Romana" geschenkt.

Das Risiko des Entschlusses liegt einzig und allein bei der handelnden Person. Der sogenannte „Völkerkerker" Alt-Österreich galt und gilt als krankes Gebilde, das im Zeitgeist des Nationalismus im Denken der Völker dem Untergang geweiht war. Das ist das Urteil der Geschichte und in sämtlichen Geschichtsbüchern zu lesen. Aber ich behaupte, daß Österreich lediglich 20 Jahre hätte überleben müssen, dann wäre es bei einer zeitgemäßen Umformung geradezu der modernste Staat Europas geworden. Wir leben heute im Zeitalter der internationalen Zusammenschlüsse, des Absterbens nationalstaatlicher Ideen, des Europarates, des Europaparlamentes, der Montanunion etc. . . . Wir kämpfen um Pan-Europa; Österreich hätte also ein kleines Pan-Europa werden können, wenn es die kurze Zeitspanne des Wandels vom nationalen zum internationalen Denken in Europa überdauert hätte. Aber dazu hätte es des Mutes zum Risiko, genialer Entschlüsse, und vor allem einer Witterung für künftige Entwicklungen bedurft. Natürlich wird man sagen, das sei alles falsch; aber nur deshalb, weil es niemand – probiert hat! Kaiser Karl hätte sämtliche Opfer an Territorialverlusten und Zugeständnissen in Kauf nehmen müssen, nur um eines zu gewinnen – Zeit, Zeit, Zeit! Aber er war immer von mittelmäßigen Ratgebern umgeben. Die Restaurationsversuche in Ungarn waren politisch dumm, selbst wenn sie gelungen wären. Weshalb? Die Magyaren sind von einem unbändigen Nationalstolz erfüllt. Sie waren ja auch die Totengräber der alten Monarchie. Für sie ist die Stephanskrone das Symbol jenes großen Territoriums, das einst zu Ungarn gehörte. Ein habsburgischer König in Budapest hätte daher die Ansprüche der Stephanskrone auf die im Krieg verlorenen Territorien vertreten müssen, die von Nicht-Magyaren bewohnt werden und längst zu anderen Nationalstaaten gehören. Damit hätte er sämtliche Chancen auf Gefolgschaft bei allen anderen Völkern der alten Donaumonarchie verspielt. Man denke nur an die seinerzeit so habsburgtreuen Kroaten. Der Gedanke, daß man etwa von Ungarn aus die alte Donaumonarchie wiedererrichten könne, war daher psychologisch völlig falsch; ganz abgesehen von den außenpolitischen Schwierigkeiten. Auch das Verhalten Horthys gegenüber seinem König war kein Treuebruch, sondern Staatsräson. Eine Inthronisation Karls hätte die Kleine Entente sich wohl kaum gefallen lassen. Allerdings war sein staatspolitisches Verhalten „interessengleich" mit familiären Plänen. Dreimal darf man raten, weshalb Horthy sich das Amt des „Reichsverwesers" auf Lebenszeit verleihen und als „vererblich" erklären ließ . . .

In diesem Zusammenhang paßt ein Hinweis auf den gewaltigen Unterschied der Ausgangspositionen zwischen den abgesetzten Dynastien bei Versuchen für die Wiedererlangung des Thrones. Ein Beispiel soll diesen Gedankengang beleuchten. Italien und Frankreich etwa blieben nach Ausrufung der Republik die gleichen Staatsgebiete, bewohnt von den gleichen Völkern, erfüllt vom gleichen Staatsbewußtsein und der gleichen Tradition. Eine Rückkehr auf den Thron ist daher in diesen Staaten lediglich ein verfassungsrechtliches Problem. Das Reich der Habsburger jedoch existiert nicht mehr. Die kleine weltpolitische Chance der Errichtung einer Donaukonföderation nach dem Zweiten Weltkrieg war nur ein Windhauch der Geschichte. Daher sind sämtliche, aber auch schon sämtliche Chancen für das Haus Habsburg endgültig vorbei.

Offensichtlich weiß dies auch Otto von Habsburg. Damit gelangen wir zu einer neuen Perspektive seines politischen Verhaltens. Sein Interesse gilt Pan-Europa, und wenn ich mich in geheime, nicht ausgesprochene Hoffnungen hineindenke, dann ist die Vorstellung eines europäischen Staatenbundes der Hintergrund seiner derzeitigen politischen Aktionen. Daraus erklären sich seine einzelnen Handlungen.

Otto Habsburg ist führend engagiert in der Pan-Europa-Bewegung. Er war befreundet mit ihrem Gründer Richard Graf Coudenhove-Kalergi; und er ist jetzt ihr Präsident. Vielleicht, ich sage mit aller Deutlichkeit „vielleicht", hegte er Träume, daß beim Werden eines neuen Staatenbundes, bei der Wahl eines Oberhauptes der Name Habsburg eine Rolle spielen könnte. Schließlich war es jenes Haus, dem die Kaiser der großen europäischen Universalmonarchie entstammten. Aber dieser Staatenbund ist nicht entstanden, und somit gibt es auch keine Suche nach einem Oberhaupt . . .

Daraus erklären sich neue Aktionen in jüngster Zeit, durch die Otto Habsburg wieder in einen Dunstkreis der Kritik geraten ist. Es handelt sich um seine Kandidatur beim Europaparlament als Abgeordneter der bayrischen CSU. Österreichische Traditionalisten betrachteten dies als Verrat an Österreich; und Sozialisten als ein politisches Bekenntnis zu einer konservativen Partei. Man vergißt dabei, daß Österreich nicht Mitglied der EG ist; und man in diesen nur als Abgeordneter einer Partei entsendet werden kann. Es ist daher in Wahrheit kein parteipolitisches Bekenntnis zur CSU, sondern diese hat ihm lediglich die Möglichkeit des Hineinkommens in das Europaparlament geboten. In seiner Konzeption geht es offensichtlich um die Wahl zum Präsidenten des Europaparlaments. Aber auch diese Träume werden wohl kaum jemals in Erfüllung gehen, denn in der realen Wirklichkeit spielen bei der Wahl des Vorsitzenden Interessen der Staaten und Parteien die wesentliche Rolle. Inzwischen ist er auch nicht mehr der Jüngste.

Diese nüchterne Analyse seiner Pläne und Chancen hindert jedoch nicht eine Beurteilung der Persönlichkeit Otto Habsburgs. Er wäre sicher, wenn es keinen verlorenen Ersten Weltkrieg und Thronverlust gegeben hätte, ein ausgezeichnetes Oberhaupt eines reformierten Vielvölkerreiches Großösterreich geworden. Aber es ist ein wesentlicher Unterschied, ob man ein unbestrittenes Erbe antritt und lediglich zeitgemäß umformt; oder ob man sich eine völlig neue Ausgangsposition für mögliche Entwicklungen erst schaffen muß. Da genügt nicht mehr Intelligenz und Intellekt allein. Entscheidend ist in einem solchen Fall eine weltpolitische Situation, wie ich sie am Beispiel Napoleons und Hindenburgs geschildert habe.

Wenn jetzt etwa ein kleinkarierter Geist behaupten würde, daß ich mit meinen Darlegungen eine insgeheim monarchistische Gesinnung enthülle, dann wende ich mich nun an Dr. Bruno Kreisky! Ausgerechnet er als Sozialist hat nämlich den historischen Schlußstrich unter das Kapitel Habsburg gezogen. Er war viel zu gescheit, um nicht zu wissen, daß dieser ganze Habsburg-Rummel in seiner eigenen Partei ein längst überholter Unsinn war. Er war auch so klug, zu erkennen, daß er damit viele Sympathien in traditionsbewußten Kreisen gewinnen konnte. So empfing er denn Otto Habsburg offiziell im Bundeskanzleramt. Es gibt eine Fotografie, da sitzen unter dem großen Gemälde Kaiser Franz Josephs, an einem kleinen Tischchen der Bundeskanzler, Otto Habsburg, Coudenhove-Kalergi und meine Wenigkeit.

Aber schließlich ist sein Verhalten doch gar nichts Neues! Oder steuerte er etwa nicht einen neuen Kurs der Sozialisten gegenüber der Kirche? Hat nicht ausgerechnet er in seiner sozialistischen Regierung Aristokraten? Wenn etwa Bundeskanzler Dr. Klaus einen „Reichsfreiherrn von und zu Lütgendorf", also alten Uradel, in die ÖVP-Regierung aufgenommen hätte, dann wären wir von der linken Seite als Erzreaktionäre in der Luft zerrissen worden. Wie lautet das altrömische Sprichwort? „Quod licet Jovi, non licet Bovi – Was dem Jupiter erlaubt ist, das ist dem Rindvieh verboten".

„Acta sunt clausa – Die Akten (über den Fall Habsburg) sind geschlossen!"

# „Unperson" im Dritten Reich

## TODESSCHATTEN ÜBER ÖSTERREICH

In diesem Einführungsabschnitt kann ich mich kurz fassen, weil über wesentliche Phänomene dieser Zeit bereits in vorangegangenen Kapiteln berichtet wurde. Dennoch bedarf es einiger Ergänzungen; vor allem des „Juli-Abkommens 1936" und des darauf basierenden „volkspolitischen Referates". Nach Abschluß des Abkommens bot die innenpolitische Arena ein etwas friedfertigeres Bild. Natürlich war es eine trügerische Stille, denn im Grunde war dieses Abkommen eine sogenannte „Societas Leonina", von der jeder Vertragspartner sich eine günstigere Ausgangsposition für künftige unvermeidbare Auseinandersetzungen erhoffte. Hitler hatte es abgeschlossen, weil er unter die Terrorstrategie des Theo Habicht einen dicken Schlußstrich ziehen mußte; und die österreichische Regierung erhoffte sich zumindest eine längere Atempause, in der vielleicht durch ein unvorhergesehenes Ereignis eine Wende zu Österreichs Gunsten eintreten könnte.

Nach dieser kurzen Ausleuchtung der Hintergründe, die zum Vertragsabschluß führten, bedarf es jedoch einer Analyse des sogenannten „volkspolitischen Referates", das ja praktisch mit einem „trojanischen Pferd" verglichen werden kann. Ebenso bedarf es einer Klärung des Begriffes „Betont-Nationale", denn genau dieser Personenkreis sollte ja aus der Perspektive der Regierung durch das volkspolitische Referat angesprochen werden.

Unter „Betont-Nationalen" verstand man jene Menschengruppe, die zwar seit jeher in einer alldeutschen Tradition aufgewachsen war; aber auf Grund ihrer bürgerlichen Herkunft und Erziehung sich noch nicht zum Beitritt zur NSDAP entschließen konnte. Es war jener Personenkreis, von dem Hermann Foppa mir einst sagte, daß er, unbeschadet ihrer Gegensätzlichkeit zum Programm der NSDAP, in Adolf Hitler den geschichtlichen „Vollstrecker" uralter deutscher Sehnsüchte erblicken würde. An dieser Nahtstelle sieht man die Schwierigkeit im Konzept des Bundeskanzlers Schuschnigg. Er konnte ja nicht wirklich hoffen, daß diese Kreise im Endeffekt sich gegen den Anschluß stellen würden; aber vielleicht waren sie eine Stärkung jener Kräfte, die Österreich lediglich mit Deutschland „koordinieren" wollten. Alles das war jedoch nebulos und somit in Fluß. Im Generalsekretariat der V.F. wurde also das sogenannte „volkspolitische Referat" gegründet, durch das eine Art „Mitsprache" der betont-nationalen Kreise ermöglicht werden sollte. In Wahrheit benützten jedoch die Nationalsozialisten dieses Referat als eine „Einfallspforte" in die vaterländische Abwehrfront.

Relativ kurze Zeit nach dem „Juli-Abkommen 1936" hatte sich daher die innenpolitische Situation, trotz äußerer „Kampfstille", neuerlich verschlechtert. Unabhängig davon benützte nämlich Herr von Papen als deutscher Botschafter in Wien diese Position zur Aushöhlung des katholischen Widerstandes. Er war eine trübe Figur im Spannungsfeld der Auseinandersetzungen, über die jedoch schon so viel geschrieben wurde, daß es keiner weiteren Erläuterungen mehr bedarf.

Somit werde ich mich jetzt auf meine persönliche Rolle in den letzten Tagen des Kampfes um die Freiheit Österreichs beschränken. Nach der Rückkehr Schuschniggs von Berchtesgaden waren diese Tage von hektischer Betriebsamkeit erfüllt, galt es doch, die von Schuschnigg als letzte „Notleine" verkündete Volksabstimmung vorzubereiten. Dabei erinnere ich mich an folgendes Erlebnis:

Ich hatte die Bezirksobmänner des Gewerkschaftsbundes, aber auch der Sozialen Arbeitsgemeinschaft in den mittleren Saal der Arbeiterkammer zu einer Besprechung über die Durchführung der Wahl geladen. Im Verlauf der Sitzung rief mich die Staatspolizei an und warnte mich höchst aufgeregt, daß sich Tausende Demonstranten zu einem Marsch zur Arbeiterkammer versammelten. Man verlangte von mir, daß ich die großen Gittertüren des Hauptportals vor dem großen Vestibül schließen lasse. Ich verbot diese Maßnahme mit der Begründung: „Kommt nicht in Frage, daß diese Kerle uns für feige halten!" Mittlerweile waren die Demonstranten angelangt. Wir hörten das Getöse, und ich erinnere mich noch heute an den lauten Sprechchor: „Hinweg mit dem Maleta, dem Arbeiterverräter!" Plötzlich wurde mir eine Delegation der Demonstranten gemeldet, die ich auch – aufrecht stehend im Kreise meiner Mitarbeiter – tatsächlich empfing. Ungefähr zehn Mann marschierten herein und stellten sich vor mir in einer Reihe auf, mit zackigem Hakenschlag und dem Gruß „Heil Hitler". Meine Antwort: „Grüß Gott, meine Herren, was wünschen Sie?"

In dieser Delegation befanden sich der spätere Gauleiter von Oberösterreich, Eigruber, der spätere Bürgermeister von Linz, Sepp Wolkersdorfer, sowie der künftige kommissarische Leiter der Arbeiterkammer, Engstler. Diese Abordnung verlangte sofortige Aufnahme von Vertretern der NSDAP in die Leitungsorgane der Kammer und des Gewerkschaftsbundes. Ich lehnte dies strikt mit den Worten ab, ob sie denn nicht die österreichische Bundesverfassung kennen, in der diese Fragen doch eindeutig geregelt seien. Wenn sie daher Forderungen haben, dann mögen sie sich nicht an mich, sondern an die zuständigen Stellen in Wien wenden.

Stille, Erstarrung . . . Plötzlich wieder ein Hakenknall, und mit „Heil Hitler" marschierten sie ab. Mittlerweile waren von der lärmenden Menge auf der Straße Hunderte Personen in das Vestibül der Arbeiterkammer eingedrungen, und es bestand die Gefahr, daß sie das ganze Gebäude stürmten und demolierten. Da ging ich, ganz allein, langsam die breite Treppe hinunter und blieb mit verschränkten Armen auf dem letzten Absatz stehen. Ich schaute sie nur an – Schweigen . . . Ich kam mir vor wie ein Dompteur, wie ich es bereits früher einmal – bei meinem schon erwähnten Erlebnis auf der Schiffswerft – gewesen war. Ich schaute gleichsam durch sie hindurch . . . Plötzlich wichen die Massen zurück, hinausgedrängt von ihren eigenen Funktionären. Daraufhin ließ ich doch die Tore schließen; man braucht ja nicht zu übertreiben . . .! Draußen gab es ein Gebrüll und Wutgeheul, aber dann verliefen sich die Demonstranten doch allmählich, die von der Staatspolizei immerhin auf ca. zehntausend Mann geschätzt wurden.

## DIE NACHT VOM 11. ZUM 12. 3. 1938

Sie ist in meiner Erinnerung unauslöschlich eingegraben. Ich war mit meiner ersten, später verstorbenen Frau bei meiner Mutter, die auf dem Blumauer Platz in Linz ihre Wohnung hatte. Vom Fenster aus sah man die Bahnunterführung der auf diesen Platz breit einmündenden Wiener Reichsstraße.

Abenddämmerung . . . Das Radio tönte; wir hörten ergriffen und wie gelähmt die Abschiedsrede Schuschniggs . . . Sie schloß mit der Bundeshymne. Noch nie war mir ihre wunderbare Melodie so tief bewußt geworden! Sie symbolisierte in ihrer getragenen, langsam verstummenden Weise den Abschied von Österreich, von allem, was uns lieb und teuer war. Die Stimmung war in geradezu tragischer Harmonie dem „Land der Tänzer und der Geiger" angemessen. Funkstille . . . Plötzlich ertönte dieselbe Melodie, das Deutschland-Lied – zack, zack – mit seinem schnelleren Rhythmus. Ich verglich diese beiden Melodien in diesem Augenblick mit einem tropischen Schmetterling, dessen bunte Farbenpracht von einem derben Finger in ein stumpfes Grau verwandelt wurde.

Plötzlich sahen wir in der Ferne Fackeln, und der Lichterstrom einer riesigen Demonstration ergoß sich über den Platz, die das Ende des tausendjährigen Österreich und den Traum vom Beginn eines tausendjährigen Reiches aller Deutschen symbolisieren sollte. Wir saßen schweigend, wie gelähmt, jeder in Gedanken versunken . . . Da läutete es an der Türe! Wer es wohl sein mag? Verhaftung? Ich öffnete – draußen stand Alois Kopp, einer meiner Mitarbeiter im Gewerkschaftsbund. Er war von Vöcklabruck auf seinem Motorrad gekommen und sagte: „Maleta, worauf wartest du? Ich bringe dich sofort an die Grenze. Flüchte!"

Es war jener Alois Kopp, ein ehemaliger sozialistischer Arbeiterfunktionär, den ich schon lange in Verdacht hatte, daß er gleichzeitig für die sozialistische Illegale arbeitete. Er war nach 1945 in seiner Partei wieder ein großer Mann, nämlich Präsident der Unfallkrankenkasse, aber in der Stunde der Gefahr verhielt er sich wie ein echter Freund.

. Das war die Kehrseite jener Medaille, von der ich schon mehrmals berichtet habe; nämlich einerseits Untreue von solchen, mit deren Treue man gerechnet hatte; und Treue von jenen, von denen man in dieser Stunde keine Hilfe erwartet hätte.

12. 3. 1938: Am Morgen erklärte ich meiner Frau und meiner Mutter, daß ich mich in mein Büro in der Arbeiterkammer begeben wolle. Beide starrten mich entgeistert an, und meine Frau stotterte: „Ja, bist du denn verrückt geworden? Die bringen dich doch um!" Aber ich ließ mich nicht abhalten und sagte nur: „Ich lasse mir in Linz nicht nachsagen, daß ich feige gewesen wäre." Schließlich hatten wir uns für eine Idee exponiert, für die wir Gefolgschaft von unseren Mitarbeitern verlangten. Man konnte daher nicht sein Gesicht verlieren und kneifen, weil es jetzt gefährlich wurde. Irgendwie sagte ich auch, wie zu mir selbst: „Man muß auch an die Zukunft denken."

So marschierte ich zur Arbeiterkammer, die bereits von SA-Leuten besetzt war. Ein Scharführer rief mir zu: „Was woll'n S' denn, wer sand S' denn?" Die Frage war begreiflich, denn damals gab es noch kein Fernsehen, das den Menschen die Gesichter führender Politiker wie einen Steckbrief ständig vor Augen hält. So sagte ich: „Ich will in meine Kanzlei, ich bin der Dr. Maleta." Der Mann glotzte mich mit offenem Munde an und stotterte dann nur: „Was, *Sie* . . ." Dann ließ er mich von einem Mann mit gezogener Pistole in mein Büro hinaufführen, der dann die Türe absperrte. Da saß ich nun etliche Stunden, einsam und allein, ließ vor meinen Augen mein vergangenes Leben abrollen und meditierte über mein Schicksal in der Zukunft. Nach Stunden des Wartens wurde plötzlich die Türe aufgerissen und ungefähr ein Dutzend Personen strömte herein, angeführt vom neuen kommissarischen Leiter der Arbeiterkammer namens Engstler, der nicht weiter interessant war. Interessant waren jedoch die ihn begleitenden Personen! Da war mein Vizepräsident, Stefan Berghammer, der sich offenbar rechtzeitig in die Illegale abgesetzt hatte. Er trug eine breite Hakenkreuzarmbinde und ein Parteiabzeichen. Den gleichen „Aufputz" trug ein gewisser Dr. K. – sein Name sei schamhaft verschwiegen, weil er heute noch lebt –, dem ich als doppelten Bundesbruder von der „Nibelungia", Linz, und der „Carolina", Graz einen Posten als meinen Vertrauensmann in der Kammer verschafft hatte. Wenige Tage später war er Disziplinaranwalt in einem Verfahren gegen mich, durch das bewiesen werden sollte, daß ich nicht aus politischen Gründen, sondern wegen charakterlicher Defekte an die Luft befördert wurde. Den politischen Gegner moralisch hinzurichten, ist ja eine beliebte Methode politischer Revolutionäre!

Nach meiner Besichtigung als wildes Tier im Käfig durch die neuen Machthaber ließ man mich dann nach Hause gehen.

## 13. 3. 1938

Es war nach dem Mittagessen. Klein-Tilli, die mit der Nase noch kaum die Tischplatte erreichte, hatte ich zur Vorsicht mit dem Dienstmädchen weggeschickt. Ich saß mit meiner Frau in der Sitzecke des Herrenzimmers, ohne zu ahnen, daß uns nur mehr wenige Minuten von einem jahrelangen Abschied trennen sollten. Es läutete. Langsam ging ich zur Gangtür, öffnete sie, und herein marschierten sieben schwer bewaffnete SS-Männer. Ich traute meinen Augen nicht: Anführer war mein lieber Cartellbruder Dr. Anton Fellner, der mich seinerzeit als Senior der Norica mit seinen Bundesbrüdern in Graz als Senior der Carolina besucht hatte! Hochnäsig sagte er: „Sie wissen ja, weshalb Sie verhaftet werden?" Ein fragendes Hochziehen der Augenbrauen war meine Antwort. Er: „Wegen reichsfeindlicher Betätigung." Ich: „Das kann ich mir nur schwer vorstellen, denn schließlich ist das Dritte Reich ja erst vor wenigen Stunden ausgebrochen." „Schweigen Sie", brüllte er mich an, während die Hände seiner Begleiter an die Pistolen griffen. Dann ging er zum Schreibtisch. Hinter diesem hingen an der Wand das Alt-Herren-Diplom der Carolina, sowie meine schwarze Mütze und das schwarz-gold-weiße Band, die ihm nicht unbekannt waren. Boshaft dachte ich: Jetzt fehlt nur noch, daß die SS-Leute, die in meinem Schreibtisch wühlen, jenes Foto finden, auf dem ihr derzeitiger Anführer mit mir – Arm in Arm, beide in Couleur – beim Kaiser-Wilhelm-Denkmal am Deutschen Eck in Koblenz abgebildet war.

Es gibt wirklich pikante Augenblicke im Leben . . . Dann begann ein Spießrutenlaufen: Unten auf der Straße stand der Grüne Heinrich, der uns politische Verbrecher einsammelte, und in den Fenstern lagen die lieben Nachbarn, die mir hämisch nachblickten. Auf der Straße marschierte in diesem Augenblick eine Kompanie deutscher Schutzpolizei vorbei, die uns die neu gewonnene „Freiheit" garantierte.

Das Polizeigefängnis befand sich damals noch im Linzer Rathaus auf dem Hauptplatz. Für mich war es die Begegnung mit einer fremden Welt. Wir wurden in jener Sammelzelle eingepfercht, in der allnächtlich das Gesindel, Betrunkene und dergleichen mehr ihren Rausch ausschliefen oder auf eine Vernehmung warteten. Über mir prangte beziehungsvoll der Satz: „Alles ist vergänglich, selbst lebenslänglich". Ansonsten starrte alles vor ordinären Inschriften, sowie Schmutz, nochmals Schmutz und verfaulten Strohsäcken. Ein Besoffener in Handfesseln wurde hineingestoßen, auf mich geworfen und mit einer Kette an einem Mauerhaken befestigt. Er stieß mir seinen stinkenden Bierdunst ins Gesicht und schrie ständig: „Heil Hitler, mit alle drei Händ'!" Ich konnte mich nicht rühren. Und dann gab es Wanzen, Wanzen, die ich durch das über mein Gesicht gelegte Taschentuch in der Kerkerbeleuchtung wimmeln sah. Aber der Sinn dieser Darstellung ist ja nicht so sehr die Schilderung schrecklicher Erlebnisse, sondern die politische Analyse, die von Interesse sein wird.

Eines Tages wurden Gefangene zu uns hereingestoßen. Einer hieß Kahowetz und war ein illegaler Gauleiter der NSDAP von Oberösterreich. Sein Kamerad, dessen Namen ich vergessen habe, war sein illegaler SA-Brigadeführer. Das Geschehen rings um die beiden war der erste Anschauungsunterricht über die innere Struktur eines totalitären Regimes. Die Tür ging auf, ein Polizist brachte ihnen Rauchwaren und Bücher. Eine Stunde verging, die Tür ging auf, ein SA-Mann nahm ihnen alle diese Sachen wieder weg. „Komisch", fragte ich mich, „was wird hier eigentlich gespielt?" Da, plötzlich, nach einer weiteren Stunde, ging die Tür wieder auf, ein Polizist brachte ihnen die entfernten Rauchwaren und Bücher zurück . . . Das wiederholte sich noch mehrmals in den folgenden Tagen.

Was war der Hintergrund dieses, nennen wir es ehrlich, „Affenzirkusses"? Die österreichische Staatspolizei hatte in der Verbotszeit des öfteren illegale Organisationen der NSDAP aufgedeckt und auffliegen lassen. Bis zum Tage des Einmarsches des großen Messias gab es also eine Reihe von illegalen Gauleitern etc. unter seinen treuen Gefolgsmannen in Oberösterreich. Am Tag der Machtergreifung war zufällig Eigruber an der Spitze der Partei, der sofort alle seine Vorgänger vorsorglich hinter Schloß und Riegel setzte, damit sie dem Führer nicht unter die Augen kamen. Es hätte ja sein können, daß Adolf Hitler den einen oder anderen für geeigneter als den zufällig in der Funktion befindlichen Eigruber hätte halten können. Der Polizeipräsident von Linz, Dr. Plakolm, war sein Gegner und offensichtlich über die Verhaftung eines Vorgängers verärgert. Die Polizisten Plakolms brachten daher den beiden Häftlingen Rauchwaren und Bücher, und die SA-Männer Eigrubers beschlagnahmten diese wieder. Wer kann leugnen, daß meine politischen Freunde und ich schon in den ersten Stunden des Dritten Reiches mehr lernten als die jubelnden Massen draußen auf den Straßen!

Ich habe noch heute das Geschrei am Linzer Hauptplatz im Ohr, wo die Menge von Mittag bis in die Nacht hinein auf die Ankunft des Messias wartete. Längst waren die Schulkinder schon unruhig und müde, sodaß sie mit treudeutschen Sprechchören aufgemuntert werden mußten, etwa: „Lie-ber Füh-rer, komm' doch bald, uns-re Fü-ße sind schon kalt". Nun ja, jeder wie er kann . . .

Auf einer meiner Fahrten zum Verhör bei der Polizeidirektion in der Mozartstraße sperrte man mich in eine große Sammelzelle, in der eine Reihe von Personen bereits „einsaß", wie es so schön im Polizeijargon heißt. Darunter waren rund ein Dutzend Linzer Straßenmädchen, die sich allwöchentlich zur Kontrolle melden mußten. Sie schnatterten und taxierten mich wie der Jäger ein Stück Wild. Rauchen war zwar verboten, aber sie alle qualmten ihre Zigaretten. Da sagte plötzlich eine fesche Katz' mitleidig zu mir: „Armer Kerl, willst an Tschick?" Sie hob ungeniert ihr Röckchen und nestelte aus ihrem Strumpfgürtel zwei Zigaretten, rauchte eine davon an und schob sie mir in den Mund. Nun, was sollte ich tun? Ich grinste dankbar und dachte: „Ganovenehre! Jetzt habe ich Anteil an jenem eigenartigen Ehrenkodex, der in diesen Kreisen herrscht." Eigentlich war mir ja die Linzer Unterwelt, die sogenannte „Galerie", worüber ich bereits berichtete, bestens vertraut.

Blättern wir also im Buch meines Lebens eine Seite weiter. Da gab es in der Arbeiterkammer eine Sekretärin, die eine stinkfaule Person war und deshalb bei Beförderungen ständig übergangen wurde. Aber sie war doch nicht so dumm, um als „Nationale" nicht die Stunde des Aufbruchs einer neuen Zeit gründlichst für sich zu nutzen. Eine Folge davon war, daß ich auf der Treppe ihres Aufstiegs etliche Zähne opfern mußte, denn anläßlich einer Visitation des neuen Gestapochefs – natürlich eines „Piefke" – in unserer Zelle, schrie mich dieser in zackiger deutscher Aussprache an: *„Sie,* Sie also sind das Schwein, das deutsche Volksgenossen schikaniert!" und nannte ihren Namen. Und schon hatte ich zwei derartige Ohrfeigen erhalten, daß ich mit dem Schädel an die Wand krachte. Dabei war dieses Mädchen noch gar keine besondere Enttäuschung.

Anders war es mit meiner persönlichen Sekretärin, die ich wenige Tage vor dem Umbruch dabei ertappte, wie sie aus meinem Geheimschrank heimlich Akten entfernte. Ihre „Treue" krönte sie dann mit ihrer Aussage bei der Disziplinaruntersuchung, bei der sie sich stolz als Illegale bekannte.

Einer anderen Sekretärin begegnete ich später im Parlament, wo sie als Abgeordnete der Sozialistischen Partei tätig war. Ich hatte ja nach meinem Amtsantritt in der Kammer fast das ganze sozialistische Personal ungeschoren lassen, und diese Frau war sogar in meinem persönlichen Büro beschäftigt gewesen. Sie war mir gegenüber stets korrekt und loyal gewesen.

Täglich wurden wir für wenige Minuten im Hof des Rathauses im Kreis herumgetrieben. Vor mir marschierte, geneigten Hauptes, mein Chefsekretär, Dr. Otto Kranzlmayr, der Jahrzehnte später Staatssekretär werden sollte. Manchmal muß ich – angesichts dieses „Auf" und „Ab" in meinem Leben – wirklich lachen!

Wie ich da so im Kreise trotte, fühlte ich plötzlich gehässige Blicke auf mich gerichtet. Ich sah hinauf zu den Kolonnaden und erblickte dort eine dunkelhaarige, attraktive Frau, die haßerfüllt zu mir hinunterstarrte. Ihre Hand ruhte auf der Schulter eines SA-Mannes, der mich dann später – nach einer offensichtlich „aufklärenden" Berichterstattung über meine Person – in der Zelle einer gründlichen Spezialbehandlung unterzog, bei der ich alle Knochen spürte. „Armer Narr", dachte ich, „was hat dir das Weib wohl erzählt? Sicher nicht von ihrer bescheidenen Potiphar-Rolle in meinem Leben."

Einer der liebsten Kameraden der Zelle war Ernstl Mayer, der 1945 General der Gendarmerie wurde; ein aufrechter, mutiger Mann, den sie später in Dachau, wie Major Stillfried, in geradezu teuflischer Weise malträtierten. Aber davon ahnten wir bei unserem Geblödel noch nichts, denn schließlich und endlich kann man ja nicht nur Trübsal blasen. Warum sollte man auch nicht blödeln, wenn der Postdirektor von Linz sich auf dem verrosteten und verbeulten Blechkübel, der als Klosett diente, abquälte und peinlichst genau das kleine Blatt Papier immer erst säuberlich faltete und dann benützte . . . Der Befehl „kübeln" klingt mir noch heute im Ohr. Er besagte, daß man diesen schmutzigen Häfen hinaustragen und mit Fetzen reinigen mußte, die in ihrer quatschigen Fettigkeit wohl schon seit Jahren in Gebrauch waren.

Ich denke an den himmellangen, alten Bosniaken Mack, ein Mitarbeiter in unserer Linzer Gauleitung, der von seinen Heldentaten in der k.u.k. Armee zu berichten wußte. Er war Feldwebel bei den Bosniaken, aber seine aufheiternden Erzählungen passen wohl besser in eine Herrenrunde . . .

Ein wahrhaft tragisches Schicksal sollte mein Freund und Zellenkamerad Dr. Franz Ohnmacht erleben, ein Priester, der Vorsitzender der Katholischen Aktion Oberösterreichs war. Er wurde später im KZ derart mißhandelt, daß er nach seiner Rückkehr im Jahr 1945 nur mehr ein kleines, untergeordnetes Amt im Bischofshof ausüben konnte, obgleich ihm eine große Karriere sicher gewesen wäre, wenn nicht, ja wenn nicht die Behandlung im KZ Folgen gehabt hätte . . .

Abschließend möchte ich bemerken, daß viele SA-Männer, die uns bewachten, ursprünglich dem Republikanischen Schutzbund der Sozialistischen Partei angehört hatten. Warum erwähne ich das? Weil die Sozialisten diesen Vorwurf stets zurückweisen. Dabei ist es gar kein politischer Vorwurf, sondern lediglich ein Hinweis auf das turbulente Zeitgeschehen! Diese Männer haßten die Führer der V. F., weil sie im Jahre 1934 von ihnen eingesperrt worden waren und rächten sich daher ganz einfach auf primitive Weise. Menschen, Menschen sind wir alle . . .

In allen Parteien gab es doch Feiglinge, Verräter, die sogenannten „Märzveilchen", und auch Helden. In allen Parteien gab es Männer, die es sich nach 1945 wieder „richteten". Ich denke da an den besagten Dr. Anton Fellner, der nach 1945 Chefredakteur der sozialistischen Betriebszeitung bei der VÖEST wurde, wobei doch weder seine ursprünglich vaterländische noch später seine nationalsozialistische, illegale Vergangenheit eine besondere politische Empfehlung sein konnten.

Freilich hat später mein KZ-Kamerad Dr. Franz Blum, der frühere Chefredakteur des sozialistischen Parteiorgans, dieser Laufbahn ein jähes Ende gesetzt. Wenn später im Parlament die Vorwürfe faschistischer Vergangenheit auf die VP niederprasselten, dann mußte ich manchmal daran denken, daß jede Partei vorerst einmal vor der eigenen Türe kehren sollte . . .

Ich schließe die Erinnerung an meine Polizeihaft mit einem bitteren Erlebnis. Eines Tages warf uns die SA unter höhnischem Gelächter den *Völkischen Beobachter* in die Zelle, auf dessen Titelseite Kardinal Innitzer mit zum „deutschen Gruß" erhobener Hand den Führer und Reichskanzler Adolf Hitler im Hotel Imperial begrüßte. Bei allem Bemühen um politisches Verständnis erinnere ich mich daran, wie schwer es uns, den Kämpfern für die Kirche und für Österreich, fiel, dies innerlich zu verkraften. In diesem Zorn schworen wir einander damals, daß wir uns nie mehr sonderlich für die Kirche exponieren würden. Was haben die katholischen und priesterlichen „Jungtürken" von heute davon für eine Ahnung?

## TRANSPORT NACH DACHAU

Fronleichnamstag 1938. Plötzlich öffnete sich die Kerkerzelle: „Fertig machen! Auf geht's nach Dachau!" Wir waren ausersehen für den letzten der drei berühmten Österreich-Transporte, mit denen die gesamte Führungsschicht des österreichischen Staates nach Dachau befördert wurde. Seit Jahren bestand in München eine eigene Gestapo-Leitstelle für Österreich, in der die politischen Persönlichkeiten eines souveränen Staates gleich Kriminellen oder innerstaatlichen Hochverrätern registriert waren. Auf deren Befehl waren wir verhaftet worden und traten jetzt eine Reise in die Unterwelt an. Bereits beim Aussteigen aus dem „Grünen Heinrich" begann ein Spießrutenlaufen, vom Bahnhofsvorplatz bis zum Einstieg in die Waggons, durch ein Spalier der Dachauer SS, bedacht mit Fußtritten und Gewehrkolbenhieben. Wir torkelten in längst ausrangierte, uralte Waggons dritter Klasse, in deren Abteilen wir zu acht, wie Sardinen in der Büchse, eingepfercht wurden. Die Fenster waren verhängt, und wir hatten während der ganzen Fahrt in das Deckenlicht zu starren, bis die Augen schmerzten. Im Türrahmen stand ein SS-Mann. Fallweise ertönte sein Kommando: „Kopf herunter!", dem mit Schlägen des Pistolenschafts auf die Schädel nachgeholfen wurde. Mir gegenüber saß ein alter Jude, der – mit seinem ehrwürdigen weißen Haar und Bart und seinem Kaftan – dem Alten Testament entstiegen zu sein schien. Als wir mit den Köpfen unten waren, drückte er mir die Hand und flüsterte mir zu: „Mut, Herr Doktor, Gott wird uns helfen!"

Keine Situation kann so absonderlich oder schrecklich sein, daß ich nicht gesellschaftspolitisch „meditiere". Dieser Alte vor mir war eine wahrhaftig ehrfurchtgebietende Gestalt, wahrscheinlich von einer inneren Größe, an die der uns bewachende SS-Mann nicht mit dem kleinen Finger heranreichte. Ich dachte an Pharao und Moses, so wie ich heute daran denke, wie wenig sich die Welt geändert hat. Vor Jahrtausenden beteten die Menschen noch zur Mondgöttin Isis, während wir heute bereits auf dem Mond landen, aber noch immer wird der Ewige Jude von seiner Umwelt gejagt. Für mich ist der derzeit amtierende Staatspräsident Ägyptens, Sadat, eine wahrhaft große geschichtliche Persönlichkeit. Man weiß nicht, ob er den Teufelskreis des Hasses unterbrechen kann, aber in meinen Augen gehört er, so wie etwa der Negerführer Martin Luther King, der deshalb ermordet wurde, zu den ganz Großen der Menschheitsgeschichte, deren Büsten man in einem Pantheon zur allgemeinen Verehrung aufstellen müßte. Damals wußte ich nichts von diesen beiden Menschen, nur eines war mir klar, daß

Rassenhaß nicht jene Heilslehre sein kann, welche die Menschheit zu höheren Formen des Zusammenlebens führt.

Da saßen wir also wieder aufrecht, starrten in das Licht, und der SS-Mann schlug mit der Stiefelspitze an den Türrahmen. Plötzlich sagte er zu Ohnmacht, der in meinem Abteil war: „Halt eine Predigt, du Pfaff', über die Jungfräulichkeit Marias!" Ohnmacht stammelte ein Ave Maria – „gegrüßet seist du Maria, voll der Gnaden . . ." „Halt das Maul, du Schwein!", brüllte der SS-Mann, „weißt du nicht, daß deine angebetete Maria eine römische Soldatenhure war?", und der Pistolenschaft krachte gegen Ohnmachts Schädel.

Im Leben kann nichts so schwierig und bitter sein, man muß es zur Kontrolle des eigenen Charakters nützen. In jenen bangen Stunden lernte ich eine Art „Zwiedenken", mit dem ich sozusagen mein Denken zwecks Selbstkontrolle von meiner jämmerlichen, körperlichen Existenz loslöste. Ich verglich es mit einer Schwalbe auf einem Telegrafendraht, die gewissermaßen die seelischen Reaktionen des armen Menschen Maleta, seine Ängste, seine Leiden, seine Wut und seine Feigheit, kühl und nüchtern registrierte. Immer wieder war mir später diese Denkmethode eine Hilfe.

Stunden vergingen im ratternden Waggon, unsere Lider tränten, aber alles ging vorüber. Nach einer fast vierundzwanzigstündigen Fahrt landeten wir in den Morgenstunden auf dem Bahnhof in München, wo wir dann in einen Viehwaggon umgeladen wurden. In diesem konnte man die kleine Notdurft nur durch ein Astloch auf dem Boden verrichten.

Münchner Hauptbahnhof, wie viele Erinnerungen knüpfen sich an ihn! Ankunft als Gefangener, Entlassung des Gefangenen, im Wartesaal als Feldwebel der Gebirgsjäger, Empfang des Nationalratspräsidenten durch die Staatsregierung, und auch als Privatmann für amüsante Stunden . . .

Endlich hieß es: „Aussteigen. Dachau!" Wir marschierten in das Lager, durch die Pforte des Jourhauses, genau in jenem Augenblick, als das gesamte Lager zum Appell antrat. Welches Spiel des Zufalls! Da taumelten gerade der ehemalige Präsident des Gewerkschaftsbundes, Kollege Staud, und sein Mitarbeiter Troidl den Weg entlang. Sie schleppten einen jener schweren gußeisernen Suppenkessel, deren Gewicht und dünne Henkel einem fast die Finger abschnitten. Alle waren sie im Lager dort vereinigt, ein Waschnig, ein Kübelböck, und wie sie alle hießen. Für uns Österreicher war ein „Sonderempfang" vorbereitet worden. Wenn um fünf Uhr morgens der Diensthabende zum allgemeinen Wecken brüllte, dann standen wir Österreicher schon seit drei Uhr zehn stramm am Lagerplatz, bis zum Schluß des Morgenappells. Dann ging es an die Arbeit. Am Abend dann standen wir noch bis gegen zehn Uhr auf dem Appellplatz, bis wir in die primitiven Stuben einrücken konnten, in denen es nicht einmal Strohsäcke gab. Neben mir lag Felix Kern, ein Mitglied der Landesregierung, ein frommer Mann. Wenn das Licht ausgelöscht wurde, nahm er meine Hand und sagte: „Fredi, komm, wir beten ein Vaterunser".

Aber wie das im Leben schon so ist – nach meiner Rückkehr im Jahre 1945 nach Linz, besuchte ich ihn im Bischofshof, wo er bereits amtierte und den Bauernbund der neu gegründeten Volkspartei organisierte. Ein reservierter, erstaunter Blick: „Ja, was willst denn *du* hier?" In diesem Augenblick wollte ich nichts mehr von ihm, und habe mir meinen Weg und meine Karriere, wie schon einmal zuvor, ganz allein gerichtet . . .

## KONZENTRATIONSLAGER DACHAU UND FLOSSENBÜRG

Ich spüre förmlich, wie sich der Leser sagt: „Oh Gott, schon wieder KZ-Geschichten!" Gutwillige fragen sich, ob man denn niemals vergessen könne, und Böswillige und Fanatiker, die heute noch von Hitler fasziniert sind, behaupten kühl und überzeugt, daß alles Lüge und niemals wahr gewesen sei. Es ist wahr gewesen, und das Niemals-Vergessen heißt nicht, daß man Rache üben will, sondern daß die Erinnerung lebendig bleiben muß, um die Vergangenheit endgültig zu bewältigen und totalitäre Utopien für immer zu begraben. Deshalb sollen die nachfolgenden Seiten Aufhänger für gesellschaftspolitische Meditationen sein, die durch ihre Schlußfolgerungen im geistigen Ringen der Zeit um die wahre und beste Gesellschaftsordnung nützlich und faszinierend sein können. Für mich war der Aufenthalt in den Konzentrationslagern eine Lehrzeit, weil er mir gewissermaßen die innere Struktur einer totalitären Diktatur wie in einem Röntgenbild sichtbar machte.

Ich meditiere und deshalb soll jetzt *nicht* von den Leiden der politischen „Gegner" des SS-Staates in den Lagern die Rede sein, *sondern* von den Leiden der „SS-Männer", die durch irgendwelche Zufälle, Intrigen oder Machtkämpfe aus der Hierarchie der totalitären Elite „herausgefallen" waren. So erinnere ich mich an den Jubel um zwei junge Männer in Linz, die am Vortag der Machtergreifung die Hakenkreuzfahne auf dem Rathaus gehißt hatten. Nun, eines Tages begegneten wir diesen beiden im KZ Dachau, geschoren wie wir, im gestreiften Anzug wie wir, entrechtet wie wir. Natürlich blieb ihnen unser Spott nicht erspart. Was wohl in ihrer Seele vorging? Wir waren Feinde des Nationalsozialismus, also Opfer für eine Idee, an deren Richtigkeit wir glaubten. Diese beiden armen Teufel aber mußten innerlich maßlos enttäuscht gewesen sein. Sie glaubten doch an ihren großen Adolf Hitler und an das tausendjährige Reich der Deutschen – zumindest hatten sie daran geglaubt!

Oder ein Erlebnis aus späteren Jahren. Ich hatte bereits einen besseren Arbeitsplatz im sogenannten Schubraum, wo alle Neuzugänge eingeliefert wurden. Eines Tages kam einer unserer SS-Schergen, in Begleitung eines vollbewaffneten SS-Mannes, der bis zu diesem Augenblick sicher nicht die leiseste Ahnung von dem hatte, was ihm bevorstand. Der Scharführer nahm ihm die Waffen ab und befahl ihm, sich splitternackt auszuziehen. Fassungslos blickte ihn sein SS-Kamerad an. Dann wurde er zur Schur seiner blonden Locken abgeführt und von mir in ein Häftlingsgewand eingekleidet.

Ich las den Marschbefehl für diesen Mann, der von seiner Einheit in Luxemburg nach Dachau „abkommandiert" worden und daher der Meinung war, daß er hier einem neuen Dienst zugeteilt werden würde. In diesem Mann mußte in diesem Augenblick eine politische Welt eingestürzt sein, denn er war seinerzeit als luxemburgischer Staatsbürger ja freiwillig zur SS gegangen! Damals konnte ich ein teuflisches Grinsen und Hohngefühl nicht unterdrücken, aber später tat mir der arme Kerl leid. Für mich war dieser Vorgang lediglich ein neuerlicher Beweis für die Unmenschlichkeit einer Diktatur.

Das aufregendste und erschütterndste Erlebnis war jedoch folgendes. Ein Augusttag, hochsommerliche Hitze. Wir standen in einer Arbeitskolonne, bereits zum Abmarsch formiert. Da kam plötzlich ein SS-Sturmführer (Leutnant) mit einem unbekannten Häftling, der uns zugeteilt wurde. Wir marschierten in der brütenden Hitze hinaus in das Dachauer Moor zu den Schottergruben und Tümpeln an der Würmla, wo wir eine der schwersten Arbeiten verrichten mußten, die ich in meiner Lagerzeit erlebte. Schotter, Schotter rings umher. Wir schaufelten diesen Schotter auf Lastkraftwagen im Schweiße unseres Angesichtes. Wer niemals eine solche Arbeit gemacht hat, kann sich nicht vorstellen, was es heißt, sie mit zerbeulten und eingerissenen Schaufeln zu verrichten. Tempo, Tempo! Wir fühlten, daß sich etwas Ungeheures zusammenbraute. Unser Kapo sagte: „Tempo, Tempo! Nicht hinschauen!" Wenige Meter neben mir stand jener Neuangekommene, wie sich später herausstellte ein SS-Sturmbannführer, also ein Major. Der Sturmführer ließ ihn Schotter auf einen Schubkarren laden und verlangte, daß er ihn im Laufschritt ungefähr fünfzig Meter entfernt anhäufe. Natürlich blieb der Karren immer wieder im Schotter stecken, der Mann stürzte mehrmals, mußte aber immer wieder aufstehen, den Karren anfüllen, weiterstoßen. Das ging den ganzen Tag lang so weiter. Am nächsten Morgen wiederholte sich das grausame Schauspiel, und schon war der geschundene Häftling mehr tot als lebendig. Da, plötzlich befahl ihm der Sturmführer „Lauf dort hinaus" und deutete auf einen alleinstehenden Baum. Der Häftling stolperte, blieb stehen, denn das Ziel lag jenseits der Postenkette, die zu überschreiten strengstens verboten war; die Posten hatten den Befehl, jeden niederzuschießen, der diese Kette durchbrechen wollte. Der Mann stockte, blieb stehen. „Renn!" Der Mann zauderte, stolperte, fiel nieder. „Renn!" Er fiel wieder! Da ging der Sturmführer zu ihm hin, zog die Pistole und knallte zwei, drei Schüsse in den Schädel. Hitze, blauer Himmel, jagender Atem, ich hörte den Kapo: „Nicht hinschauen, nicht hinschauen, Tempo, Tempo!" Der Schweiß rann uns über Gesicht und Schultern . . . Der Sturmführer zog seine Zigarettendose aus der Tasche, klopfte sich eine Zigarette zurecht, schwang sich auf sein Fahrrad und fuhr davon. Tempo, Tempo!

Eine Stunde war vergangen. Autos kamen, der Lagerführer, der Sturmführer und einige Zivilisten stiegen aus. Heil Hitler! Heil Hitler! Wie sich herausstellte, war es der Staatsanwalt mit seinen Mitarbeitern vom Gericht in München. Der Sturmführer berichtete den Fall. Auf der „Flucht" erschossen! Er beorderte den nächststehenden jungen SS-Mann aus der Postenkette, zu erklären, wie es zu diesem Vorfall gekommen sei.

Der Posten stotterte: „... Der Häftling ... er wollte flüchten ... ich rufe: Halt! ... er rennt weiter ... ich rufe: Halt! ... er bleibt nicht stehen ... Ich schieße ..." Jedes Wort eine Lüge! Ich fragte mich nur: Wozu eigentlich dieses Theater? Wer wußte schon bei Gericht von diesem Vorfall? Niemand. Warum trotzdem dieser Aufwand? Gedanken sind zollfrei ...

Wer weiß schon, daß es in Dachau eine SS-Strafkompanie gab, die geschunden wurde, wie nicht einmal wir politischen Feinde behandelt und geschunden wurden? Wie oft habe ich außerhalb der Mauern des Lagers beim Vorbeimarsch gesehen, wie diese Kompanie in dem morastigen Gelände kriechen und dann wieder „Auf, marsch, marsch!" machen mußte! Sie war nicht in der SS-Kaserne untergebracht, sondern in einem „Block" des Häftlingslagers, durch Stacheldraht von uns getrennt.

Warum erzähle ich das? Gesellschaftspolitischer Schulungskurs. Ich muß daran denken und Vergleiche mit den Vorkämpfern und Helden der bolschewistischen Revolution ziehen. Wo sind sie geblieben? Hingerichtet! Wo sind jene Männer, die den Sarg Stalins trugen? Wo sind sie geblieben? Alle tot! Churchill sagte einmal, die Demokratie sei die schlechteste Staatsform, aber er kenne keine bessere. Ich möchte als Nutzeffekt und Lehre allen jungen Lesern und Idealisten sagen, die von totalitären Visionen und Utopien träumen: Verspielt nicht eure Freiheit, und denkt an das Sprichwort: „Die Revolution frißt ihre Kinder". Das galt nicht nur für Robespierre, das gilt heute noch, denn ... „wo sind sie geblieben ...?"

Eine dritte Meditation. Wer kennt nicht die Debatten um den Begriff der Gleichheit, der sich seit der französischen Revolution mit ihren Parolen „Freiheit, Gleichheit, Brüderlichkeit" in unser politisches Bewußtsein eingenistet hat? Wer kennt nicht die ideologischen Diskussionen um die sogenannte Natur des Menschen, inwieweit sie von der Umwelt geprägt ist, oder ob sie doch einen unveränderlichen, absoluten Eigenwert besitzt? Wer kennt nicht die öden Parlamentsdebatten, ob nun Gleichheit möglich, nicht möglich, berechtigt oder eine Utopie ist? Gehen wir wieder in die Schule des KZ: Dort herrschte doch rein formal unter den Gefangenen eine totale Gleichheit. Aber die Menschen waren dort genau so wie in der Freiheit, ja, manchmal zeichneten sich die Unterschiede zwischen den Charakteren im Lager noch schärfer ab als in der Freiheit, weil die Tünche der guten Sitte, der vorgeschriebenen Gesellschaftsformen, nicht vorhanden war. Das zeigte sich vor allem darin, daß alle schlechten Eigenschaften, wie Egoismus, Ellbogentaktik, Haß, Intrigen, Rache, viel deutlicher hervortraten als im freien Leben, weil man sich davon Vorteile erhoffte und Nachteile verhindern wollte. Es zeigte sich aber auch, daß gute Eigenschaften, wie Treue, Anstand, oft von Menschen geübt wurden, von denen man es eigentlich nicht erwartet hätte. Vor allem erwies sich, daß es innerhalb der sogenannten Gleichheit echte privilegierte Klassen und Personen gab. Kapos, also Arbeitspartieführer, gehörten zur gehobenen Lagerschicht. Sie hatten bessere Kleidung und keine schmutzigen, zerrissenen Gewänder wie das „Lagerproletariat". Sie hatten Zigaretten, reichlich zu essen, und sie hatten Macht und Einfluß, denn sie konnten die ihnen zugewiesenen Häftlinge auf gute oder schlechte Arbeitsplätze schicken, sie konnten sie schinden oder begünstigen, und sie waren meist auch bestechlich. Der Kapo der Küche tauschte mit dem Kapo des Monturlagers Essen und Gewand; der Kapo der Arbeitsvermittlung konnte Arbeitsplätze auf eine Weise verschieben, von der die Lagerleitung keine blasse Ahnung hatte. Indirekt war er dadurch auch Herr über Leben und Tod. Es gab genügend Cliquen, die ihn beeinflußten, wenn man für einen Günstling einen besetzten Posten freimachen mußte. Klassenlose Gesellschaft? Ha, ha! Nein, ich glaube nicht daran. Ich glaube vielmehr, daß in der menschlichen Gesellschaft, zur Aufrechterhaltung einer halbwegs gerechten Ordnung, immer wieder die Leidenschaften und Triebe der Menschen durch eine halbwegs gerechte Autorität gezügelt werden müssen.

Natürlich gab es im Lager keine Familien, und daher auch keine Privilegierung der Kinder; aber ein Blick über die Grenzen in kommunistische Staaten belehrt uns, daß es dort auch das alles gibt!

Alle diese Beobachtungen und daraus resultierenden Schlußfolgerungen führen zwangsläufig zu einer weiteren, vierten Meditation. Es ist die pädagogische Erkenntnis vom Einfluß eines Gesellschaftssystems auf den Charakter. Es besteht eine Art „Wechselwirkung". Schlechte sowie gute Eigenschaften können gefördert oder unterbunden werden. Wenn junge Menschen, wie es die Angehörigen der Lager-SS waren, belobt werden für Schikanen gegen Häftlinge, so fühlt sich ein schlechter Charakter darin bestätigt, während ein guter Charakter zumindest aus Klugheit zum Schweigen verurteilt wird.

Das wurde mir durch ein persönliches Erlebnis bewiesen. Nach Kriegsausbruch wurden unsere jugendlichen Bewacher zur Kriegsdienstleistung eingezogen und durch alte Reservisten, die sich aus der allgemeinen SS rekrutierten, ersetzt. So bekamen wir eines Tages einen behäbigen Münchner Hotelier als Aufsichtsorgan, der uns auf einem Dachboden friedlich in die Luft schauen und schlafen ließ. Plötzlich stürzte ein junger SS-Sturmführer herein, brüllte beim Anblick dieser Tachinose los und verteilte ringsum seine Fußtritte und Ohrfeigen. Ich selbst erhielt eine Watsche, daß mir der Schädel dröhnte. Aber sogar in diesem Augenblick vergaß ich nicht zu beobachten! Hinter dem Sturmführer stand nämlich der Münchner Hotelier und schaute ganz entgeistert auf die Szene. Ich war tief davon überzeugt, daß in diesem Augenblick, wenn es nicht schon früher der Fall gewesen war, in diesem friedlichen Bürger die ersten Zweifel an seinem Glauben aufgestiegen sind.

Die christliche Erziehung versucht, die üblen Eigenschaften eines jungen Menschen zu bekämpfen, was sicher noch lange nicht bedeutet, daß es ihr auch tatsächlich gelingt. Aber immerhin werden harte, gefühllose Charaktere, brutale Menschen, Egoisten, zumindest abgeschliffen, besänftigt, weil ihnen ja als Erziehungsziel das Gegenteil vor Augen geführt wird. Eine totalitäre Diktatur verdirbt den Charakter, weil sie den Menschen nicht auf eine höhere Stufe der moralischen Entwicklung führt, sondern im Gegenteil ihn negativ beeinflußt. So ein junger SS-Mann erhielt für seine Meldungen über die Häftlinge – etwa Faulheit bei der Arbeit – einen Pluspunkt in seinem Personalakt, welcher sich letzten Endes etwa in einer vorzeitigen Beförderung oder einem zusätzlichen Urlaub günstig für ihn auswirkte. Das heißt mit anderen Worten: der in jedem Menschen lebende Egoismus und böse Trieb wird nicht gebremst, sondern belohnt!

Es gab drei Arten von SS: die allgemeine, die Waffen-SS und die Totenkopf-Verbände. Die allgemeine SS war eine zwar uniformierte, aber im Grunde doch zivile Organisation, der besonders begeisterte Nationalsozialisten als Mitglieder angehörten. Die Waffen-SS hingegen war ein Bestandteil der Wehrmacht mit Grundsätzen, die echte Nationalsozialisten am liebsten auf die gesamte Wehrmacht ausgedehnt hätten. Sie wurde als militärisch-weltanschauliche Elite erzogen, weil selbst Hitler es lange Zeit vermied, in das innere Gefüge der Wehrmacht einzugreifen. Diese war ja getragen von altpreußischer Tradition und Disziplin und hatte lange eine innere Distanz zur NSDAP. Man denke nur an den berühmten Ausspruch Hindenburgs, der Hitler verächtlich als „böhmischen Gefreiten" bezeichnete. Ich selbst kannte als Soldat preußische Offiziere, die in ihrem ganzen Denken „deutsch-national", im Sinn der Hugenberg-Richtung, und daher noch immer von tiefem Respekt für das Haus Hohenzollern erfüllt waren. Diese Offiziere waren äußerst korrekt, was man von ehemaligen Angehörigen der „Österreichischen Legion" gerade nicht behaupten konnte.

Als Soldat hatte ich später mehrmals Gelegenheit, Waffen-SS-Einheiten zu begegnen, die rücksichtslos in die schwierigsten Kampfabschnitte geworfen wurden; und mehr als einmal erlebte ich, daß wir auf einem Rückzug in Frontrichtung marschierenden Elite-Einheiten der SS begegneten. Als Feldwebel nahm ich einmal in meinem Auto einen blutjungen SS-Mann in Richtung Front mit. Der ganze Bursche war kaum siebzehn Jahre alt und saß mit unglücklichem Gesicht neben mir. Es war nicht schwer, seine Ängste zu erraten. „Armer Junge", dachte ich, „du hast an diesen Adolf Hitler geglaubt, ihm deine Jugend geschenkt, und was bist du tatsächlich? Ein Schlachtopfer!" Und plötzlich fühlte ich eine tiefe innere Verwandtschaft zwischen mir, dem ehemaligen KZ-Häftling, und diesem jungen, irregeleiteten Idealisten . . . Ich kann einfach nicht ins Blinde hassen. Wenn es der Menschheit nicht endlich einmal gelingt, mit dem eigenen inneren Schweinehund des Hasses, der in jedem Menschen steckt, fertig zu werden, dann wird es niemals auf dieser Erde ein glücklicheres Dasein geben.

Abschließend sind noch die sogenannten „Totenkopf-Verbände" zu erwähnen, die zwar nach dem Muster der Waffen-SS ausgebildet und bewaffnet waren, aber nichts anderes als eine Polizeitruppe darstellten. Sie unterstanden den Weisungen der Gestapo, des Reichssicherheits-Hauptamtes; sie waren die Bewacher in den KZs, für welche Aufgabe sie geistig mit abgrundtiefem Haß gegen die politischen Gegner des Regimes vorbereitet wurden.

## ANALYSE DER LAGERINSASSEN

Auf der Lebensbühne spielt sich nicht immer großes, dramatisches Geschehen ab, sondern gelegentlich gibt es auch kleine, mehr komische Geschichten. Ungefähr ein Jahr vor der Ausradierung Österreichs las ich eines Abends friedlich im Bett ein damals sehr bekanntes Buch, Titel und Autor habe ich vergessen. Es beinhaltete eine ziemlich genaue Schilderung des Lagers Dachau und war offenbar von einem Augenzeugen geschrieben worden. Mit pflichtschuldiger Gänsehaut überflog ich das spannungsgeladene Geschehen, ohne auch nur im Entferntesten zu ahnen, daß ich ein Jahr später mich von der Glaubwürdigkeit des Buches persönlich werde überzeugen können.

Bevor wir Österreicher eintrafen, war das Lager lediglich von reichsdeutschen Staatsbürgern bevölkert, die zum größten Teil einfache Arbeiter, nämlich kleine Funktionäre und Mitglieder der Kommunistischen Partei, waren. Darunter gab es auch Rot-Spanien-Kämpfer, die von der siegreichen faschistischen Bürgerkriegspartei an das nationalsozialistische Deutschland ausgeliefert wurden. Ich erinnere mich noch des schweren seelischen Schocks von uns Österreichern bei der ersten Begegnung mit diesen Menschen. Alle lachten laut auf, als wir ihnen aus fester Überzeugung erklärten, daß die Zeit unseres Lageraufenthaltes nur wenige Wochen oder Monate dauern könne. Sie saßen nämlich schon seit Jahren im KZ und hatten keine Ahnung, wie lange ihre Haft noch dauern würde. Für uns war das anfangs ganz unbegreiflich, weil wir uns eine unbegrenzte Gefangenhaltung einfach nicht vorstellen konnten. Aber man lernt nie aus!

Es gab dort sogenannte „Politische", die ein rotes Dreieck auf ihrer Jacke trugen, dann die sogenannten „Kriminellen" mit einem grünen Dreieck, die im Augenblick ihrer Entlassung aus der Strafhaft – als sie glücklich glaubten, wieder die Luft der Freiheit atmen zu können – von der Gestapo am Gefängnisausgang geschnappt und in das KZ eingeliefert worden waren. Dann gab es die sogenannten „Homosexuellen" mit einem rosaroten Winkel, die aber bei weitem nicht alle homosexuell waren. Man wollte ganz einfach unbequeme Leute in ihrer Heimat moralisch diffamieren. Die letzte Gruppe waren die sogenannten „Arbeitsscheuen", wobei innerhalb dieser Gruppe noch einmal fein säuberlich unterschieden wurde, was durch schwarze und braune Dreiecke erkennbar war. Über Charakter und Moral arbeitsscheuer Elemente läßt sich sicher streiten; aber jedenfalls ist es kein „strafbarer" Tatbestand. Juden aller Farbschattierungen trugen außerdem noch den Davidstern.

Ich erinnere mich an einen jungen Berliner Haftgenossen mit braunem Dreieck, der daheim einige „Pferdchen" laufen ließ, somit den lukrativen Beruf eines Zuhälters ausübte. Aber er war ein prachtvoller Kamerad mit „Bärenkräften", der uns Österreichern die schwersten Arbeiten abnahm, weil wir diesen als „Schreibtischmenschen" ganz einfach nicht gewachsen waren. Er handelte aus Gutmütigkeit, sicher aber auch aus der in seinen Kreisen üblichen „Ganovenehre". Wahrscheinlich hielt er uns in seiner schlichten Einfalt auch für „Solche". Jedenfalls war er ein interessantes Studienobjekt für mich. Wann hätte ich nämlich je daran gedacht, daß Menschen, die in Konflikt mit dem Gesetz stehen oder zumindest am Rande des Gesetzes leben, ebenfalls menschliche Anständigkeit und kameradschaftliche Gefühle besitzen könnten. Zur Ausleuchtung jener „Welt", in der er lebte, noch ein köstliches, persönliches Erlebnis. Eines Tages sagte dieser junge Berliner Haftgenosse zu mir: „Fred, besuch mich einmal in Berlin mit deiner Freundin. Wir lassen dann einmal sie mit meiner Freundin allein auf Bummel gehen, aber wir schleichen ihnen nach und wollen schauen, was dann die beiden Katzen treiben." Nun, mit einer *echten* Freundin hätte ich eine solche Einladung sicher nicht angenommen . . .

In diese Welt also wurden wir Österreicher von einem Tag zum anderen versetzt. Wir waren fast alle, von ganz wenigen Ausnahmen abgesehen, Angehörige der regierenden Schicht Österreichs. Somit ist jetzt wieder eine interessante Meditation fällig. Weshalb gab es in unseren Reihen fast keine Sozialisten? Nicht etwa aus Sympathie des NS-Regimes für die Marxisten, die sie doch im Altreich immer schon bekämpft hatten, sondern auf Grund einer taktischen Erwägung, auf die ich bereits bei der Schilderung der Polizeihaft hingewiesen habe. Die Sozialisten waren im Ständestaat, ebenso wie die Nationalsozialisten, eine illegale Opposition, in der sich viel Haß aufgestaut hatte. Die Nationalsozialisten erhofften sich daher, über diese Haßgefühle, Anhänger aus den Reihen der Sozialisten zu gewinnen und vermieden möglichst alles, was dieser taktischen Überlegung psychologisch hinderlich sein könnte. Anders war es mit den Kommunisten, deren Parteiführung ebenfalls einkassiert wurde und mit uns in Dachau landete. Ich erinnere mich an die Brüder Lauscher, die maßgebliche Parteiführer waren, und mit denen ich befreundet war. Und auch an einen anderen Kommunisten erinnere ich mich, Dr. Soßwinsky, kurz „Soß" genannt, mit dem ich sehr befreundet war, und der nach 1945 im Wiener Gemeinderat und Landtag als kommunistischer Abgeordneter eine Rolle spielte.

Psychologisch interessant war das Verhalten der Gestapo gegenüber Priestern, sowie Angehörigen ehemals regierender Dynastien, insbesonders des Hauses Habsburg. Sie haßten die katholischen Geistlichen, die für sie einerseits Volksväter waren, und andererseits mit ihren Lehren, angeblich aus niederen Motiven, das Volk „verdummten". Sie wurden daher auch einer Sonderbehandlung unterzogen. Ihre Wohnblocks im Lager waren von den unseren durch Stacheldrahtverhaue abgegrenzt. Sie arbeiteten in eigenen Arbeitspartien und trugen unter dem roten Dreieck des politischen Gefangenen noch einen schwarzen Punkt in weißem Kreis! Übrigens waren auch die Juden in solchen Isolierblocks untergebracht.

Aber das eigentlich Interessante, worüber ich berichten wollte, war die Tatsache, daß kein einziger Bischof darunter war, obwohl es damals im Altreich wirklich mutige und verehrungswürdige Persönlichkeiten in der hohen Geistlichkeit gab. Ich denke an den berühmten Bischof Graf Galen und den ebenso bekannten Bischof Preysing. Offenbar aus Rücksicht auf die Weltmeinung blieben sie von einer Haft verschont. Man versuchte sie jedoch durch die Verhaftung ihrer engsten Mitarbeiter mundtot zu machen.

Ebenso gab es im KZ keine Angehörigen einer ehemals regierenden deutschen Dynastie, die sich allerdings politisch vorsichtig und zurückhaltend verhielten. Anders jedoch war es mit dem Haus Habsburg. Dieses haßte Adolf Hitler, aber dennoch wurde kein einziger Erzherzog eingekerkert! Dafür gab es allerdings ein paar „Ersatzmänner", die zwar keine Erzherzoge, aber blutmäßig engste Angehörige des Hauses Habsburg waren, nämlich die Brüder Max und Ernst Hohenberg, die Söhne des österreichischen Thronfolgers Erzherzog Franz Ferdinand aus seiner morganatischen Ehe mit der Gräfin Sophie Chotek. Der Kaiser hatte ihr einst den Titel einer Herzogin von Hohenberg verliehen. Sie rangierte daher im Protokoll nicht als Gemahlin des Thronfolgers, sondern erst nach der jüngsten Erzherzogin. Die Brüder Hohenberg spielten also die Ersatzrolle des „Sündenbockes" für das Haus Habsburg. Nach dem Bericht des Alten Testamentes schickten ja die Juden alljährlich so einen armen Bock, beladen mit den Sünden des Volkes Israel, in die Wüste. Otto hätten sie vielleicht nicht verschont, wenn er in ihre Hände gefallen wäre. Aber ich nehme wohl mit Recht an, daß sie ihn, so wie Kurt von Schuschnigg und den französischen Politiker Léon Blum, bevorzugt behandelt hätten. Die beiden saßen zwar im Bunker in Einzelhaft, aber mit allen persönlichen Vorrechten und Bequemlichkeiten, die den anderen Häftlingen versagt waren.

Nun berichte ich über persönliche Begegnungen und Freundschaften mit Haftgenossen, weil sich daraus gleichfalls interessante Schlußfolgerungen ziehen lassen. Die Brüder Hohenberg waren im ganzen Lager, selbst bei den fanatischesten Kommunisten, hoch angesehen, weil sie ihr Schicksal mit einer geradezu einmaligen Würde trugen. Die Lager-SS wollte sie durch die Art der ihnen zugewiesenen Arbeit verhöhnen und verächtlich machen, was aber völlig mißlang und geradezu ein Bumerang wurde. Im Lager gab es nämlich, man entschuldige den Ausdruck, den sogenannten „Scheißewagen", den die Brüder Hohenberg bedienen mußten. Er war ein zweirädriges Gefährt mit Doppeldeichsel, mit einem Riesen-Eisenkübel, in den man den Inhalt der Jauchengruben gießen und aus dem Lager herauskarren mußte. Jeder der beiden hatte eine lange Stange, an deren Ende ein riesiger Schöpfer befestigt war. Aber es gab niemals ein höhnisches Lachen, nicht einmal von den Kommunisten, wenn dieses stark duftende Gefährt durch das Lager fuhr, denn die beiden Männer bewiesen Haltung und strahlten geradezu aristokratische Würde aus. Manchmal fällt mir dieses Erlebnis bei der Lektüre der Klatschspalten der „Adabeis" ein, in denen über die angebliche „High Society" und „Aristokraten" berichtet wird, die unter Kaiser Franz Joseph den Adelstitel sicher nicht hätten führen dürfen! Wie heißt es doch? „Adel verpflichtet . . ." Sicher, auch der echte Adel mag in Österreich historische Schuld auf sich geladen haben; aber warten wir ab, wie die Zukunft über solche Schichten und Persönlichkeiten, die sich heute wichtig dünken, urteilen wird. Nicht einmal die richtigen Titel wissen diese Adabeis. Es gibt keine „Erzherzoge von Habsburg", sondern nur Grafen von Habsburg mit dem Titel „Erzherzog von Österreich".

Mit Ernst, dem jüngeren der beiden Brüder, verband mich eine tiefe Freundschaft, die bei einer gemeinsamen, schweren Arbeit entstanden war. Kriegsausbruch. Draußen in Gebüsch und Wald lag die sogenannte SS-Siedlung, kleine Villen, die einst von Häftlingen für die SS-Offiziere und Unteroffiziere gebaut wurden. Ernst und ich mußten die Keller dieser Villen zu Luftschutzbunkern ausbauen. Wir schöpften aus einer Betonmischmaschine, die wir bedienten, den flüssigen Beton in unseren Trog und schleppten ihn zu zweit in den Keller. Dort zimmerten wir hohle Holzsäulen, in die wir dann den Beton hineingossen. Die so gefertigten Betonsäulen sollten als Stützen für die Kellerdecke dienen. Bei einem richtigen Bombenangriff hätten wir, als Bewohner eines solchen Hauses, uns nicht unbedingt diesem „Luftschutzbunker" anvertraut . . . Aber – unsere Sorge?? Wir zimmerten, kleisterten und schleppten, und überließen die „Bewährung" dieses Werkes einer zufällig guten Laune des lieben Herrgotts . . .!

Auch mit einem anderen freundete ich mich richtig an – die Spielkarten des Lebens werden vom Schicksal wirklich manchmal toll gemischt –, nämlich mit dem Stabschef des Republikanischen Schutzbundes der sozialdemokratischen Partei – Major Eiffler! Aber darüber habe ich in anderem Zusammenhang bereits berichtet.

Dieses kleine Erlebnis zeigt deutlich das Schicksal der Menschen in einer Zeitenwende.

Dieser Major Eiffler ahnte damals noch nicht, wieviel Schweres ihm später noch bevorstand. In den Steinbrüchen des KZ Floßenbürg gab es eine wahrhaft teuflische Marter, die nur perverse Hirne ersinnen konnten. Dort befand sich ein Berghang mit lehmig-morastigem Erdreich, auf dem ein riesengroßer Kreis abgesteckt war. Wir nannten ihn, im Hinblick auf biblisches Geschehen, den „Ölberg". Der arme Delinquent mußte mit einem Spaten einen mächtigen Klumpen dieses Erdreiches ausstechen und sich auf die Schultern laden. Innerhalb weniger Minuten war er vom Lehmwasser völlig durchnäßt und dreckig. Dann mußte er diesen Kreis aufwärtsstapfen, wobei er fast knietief in der Erde versank, sodann abwärts laufen, was natürlich Stürze zur Folge hatte. Dann hieß es „Auf, marsch, marsch!" und immer weiter, immer wieder, durch Stunden, Stunden . . ., bis der Arbeitstag beendet war. Der Unglückliche war nachher wirklich eine wandernde Kloake. Und das ging so fort, Tag für Tag, bei vielen so lange, bis sie zusammenbrachen und qualvoll verröchelten. Für Eiffler dauerte es allerdings nur einige Tage, aber das war, bei Gott, des Martyriums genug! Gelegentlich ging ein Felsblock nieder, der einen Mithäftling erschlug. Manchmal traf ein solcher sogar einen verhaßten Kapo. Immer nur Zufall? Aber selbst die SS registrierte dies kaum. Sie sahen in jedem Häftling eine „Unperson", auch wenn er ihnen als Handlanger und Verräter dienstbar war.

Auch mit Franz Olah, der später in der Zweiten Republik eine große politische Rolle spielen sollte, verband mich im Lager enge Freundschaft, die sich auch später in unseren Funktionen als Nationalratspräsidenten in so mancher kritischen Situation bewährte.

Auch hier ist jetzt eine Meditation fällig. Die Kommunisten im Lager glaubten, so wie wir, an das Ende des Dritten Reiches; und hatten sich als Vorbereitung für diese Zeit eine ganz bestimmte Taktik zurechtgelegt. Sie hielten engsten Kontakt mit uns und betonten in unzähligen Gesprächen die Notwendigkeit einer Zusammenarbeit aller politischen Kräfte nach dem Zusammenbruch des Dritten Reiches. Schlicht und einfach war es der vorweggenommene Gedanke der sogenannten „Volksfront", den sie ja nach 1945 in den westeuropäischen Staaten propagierten.

Franz Olah war jedoch durch und durch so antikommunistisch, daß er selbst im Lager fast jeden persönlichen Kontakt mit den Kommunisten mied. Weit mehr noch als wir „Vaterländischen", denn für uns war bei der Vorstellung eines nach dem Zusammenbruch wiedererstandenen Österreichs unbewußt die Erkenntnis vorhanden, daß wir auf irgendeine Weise mit der Sowjetunion und den Kommunisten operieren müßten. Jedenfalls war uns damals klar, daß wir gemäß dem Grundsatz „Seid sanft wie die Tauben und klug wie die Schlangen" uns werden verhalten müssen. Franz Olah saß volle sieben Jahre; kein Wunder also, daß er nervlichen Schaden erlitt, woraus sich seine manchmal unbeherrschten Ausfälle erklären. Oft sagte ich zu ihm, wenn er etwa plötzlich über seinen Parteiobmann Pittermann brüllend zu schimpfen begann, „Um Gottes Willen, Franz, halt' den Mund, der Pittermann weiß doch das in längstens einer Stunde! Wozu schaffst du dir zusätzliche Feinde?"

Damit bin ich bei einem faszinierenden Problem, nämlich der Tatsache angelangt, daß nach 1945 Sozialisten und Christliche Demokraten, die noch im Februar 1934 in feindlichen Schützengräben standen, den Staat gemeinsam aufbauen konnten. Aber erstens ist der Mann, der nichts aus der Geschichte lernt,
wirklich ein hoffnungsloser Dummkopf; und zweitens ist nach meiner Meinung
diese Zusammenarbeit weitgehend psychologisch zu erklären.

Wieso? Natürlich hatten wir einstige, politische Gegner in den KZs diskutiert,
vor allem aber über die Ereignisse rings um den Februar 1934. Es waren aber
echte Diskussionen, und keine Propaganda-Behauptungen, denn wir hatten einerseits keine Wähler zu beeinflussen, und waren andererseits an der echten historischen Wahrheit interessiert. Daher diskutierten wir nach folgenden Gesichtspunkten: Erstens, was hat man von der Gegenseite wirklich befürchtet; und
zweitens, was hatte man selbst für wirkliche Absichten? In diesen Gesprächen
wurde sichtbar, wieviel trügerische Angst vor dem Gegner vorhanden war, und
wie viele Mißverständnisse politische Entscheidungen beeinflußten. Natürlich
wurden auch die Charaktere der politisch handelnden Persönlichkeiten gründlich
ausgeleuchtet. In diesen Gesprächen wurde uns klar, daß der Februar 1934 hätte
vermieden werden können; und daß sich Derartiges niemals mehr wiederholen
dürfe. Noch Jahrzehnte später war ich in meiner Vorsitzführung als Nationalratspräsident von der Angst beseelt, daß an sich normale, berechtigte Parteigegen-
sätze wieder zu emotionellen Feindschaften ausarten könnten, deren Folgen un-
absehbar wären. Manchmal packt mich wahres Grausen, wenn ich die heutigen
Parlamentsdebatten verfolge. Am liebsten möchte ich rufen: „Seid nicht wie Elefanten und Trampeltiere in einem Glaskasten!"

Vor einiger Zeit wünschte ich mir, anläßlich einer Parlamentsdebatte um das
Terroristenproblem – die natürlich wieder einmal mit dem Jahre 1934 und gegenseitigen Beschuldigungen endete –, jetzt am Vorsitz zu sein. In meiner Vision
hörte ich mich sprechen, wie ich es oft getan hatte: „Ruhe, Hohes Haus! Jetzt
spricht der Präsident!" Und dann hätte ich gesagt: „Meine Damen und Herrn,
wenn jetzt die Terroristen an den Fernsehschirmen diese Debatte verfolgen, dann
werden sie sich darüber den Bauch vor Lachen halten, daß Sie jetzt nicht Terroristen, sondern Gespenster der Vergangenheit bekämpfen."

Eine interessante Begegnung war die mit Kurt Schuhmacher, dem späteren
Vorsitzenden der Sozialdemokratischen Partei in der Bundesrepublik. Auch diese
gibt die Möglichkeit einer interessanten Meditation. Als Schwerkriegsbeschädig-
ter konnte er zu keinen harten manuellen Arbeiten herangezogen werden, und
wurde somit zum Leiter der Lagerbibliothek bestellt. Die Bücher waren natürlich
nicht gekauft, sondern entstammten beschlagnahmtem Privatbesitz, der ganz einfach der Lagerbücherei eingegliedert wurde. Damit sind wir bei einem weiteren
interessanten Phänomen. Die SS-Leute waren viel zu ungebildet, um den Inhalt
beurteilen zu können. Daraus ergab sich der groteske Tatbestand, daß die Häft-

linge des Lagers Dachau Bücher lesen konnten, die im gesamten Dritten Reich verboten und somit nicht erhältlich waren. Es waren sogar Autoren darunter, deren Werke anläßlich der Machtergreifung symbolisch in Autodafés verbrannt worden waren! Schuhmacher fühlte sich begreiflicherweise nicht veranlaßt, einen nationalsozialistischen Zensor zu spielen. Er verwahrte die gefährlichsten Bücher in einem eigenen Schrank, die er dann nur besonders verläßlichen Freunden als Lektüre gab. Ich selbst habe im Lager solche Bücher gelesen und erinnere mich in diesem Zusammenhang an eine köstliche Begebenheit.

Ich verwahrte so ein staatsgefährliches Buch in meinem Spind, in dem ich zur Tarnung auch Rosenbergs „Mythos des 20. Jahrhunderts" stehen hatte. Eines Tages hielt mein Blockführer, anläßlich einer Spind-Visite, Rosenbergs Buch in Händen, schaute es lange an – man konnte förmlich seine schwerfälligen Gedanken knistern hören –, und sprach dann die gewichtigen Worte: „A so a gscheits Büachl kannst lesen?" Die Biographie Franz Ferdinands fiel ihm gar nicht auf! Dabei entsprach dieser beschränkte Bursche äußerlich dem Traumbild eines germanischen Herrenmenschen, blond, blauäugig und groß, wie er den NS-Rasseverbesserern geradezu als „Zuchtstier" für ihre geplante „Aufnordung" – durch Paarung mit blonden Maiden – vor Augen schwebte. Daran mußte ich denken, während meine Lippen lautstark und zackig die Worte „Jawoll, Scharführer!" formulierten. Dabei empfand ich wirklich triefenden Hohn bei der Vorstellung, daß hier in diesem Lager Intellektuelle von solchen Vollidioten zu höherer politischer Weisheit „umerzogen" werden sollten.

Wenn ich schon das Wort „Zuchtstier" erwähne, so gibt es die Möglichkeit zu einer weiteren Meditation. Es ist die Fehlinterpretation der wahren Natur des germanischen Menschen in der NS-Ideologie. Denn die alten Germanen waren weder Sklaventreiber noch Sklaven, sondern in ihrer Lebensweise und ihren Denkvorstellungen freie Menschen, denen ihr Freiheitsbewußtsein – heute würden wir von demokratischer Gesinnung reden – zutiefst angeboren war. Sie kannten keine „Führer" und keine „Herrenmenschen". In freier Wahl erkoren sie im Thing ihre Vorgesetzten; selbst im Kriegsfalle den Feldherrn, den „Herzog", also den Mann, der als erster vor dem „Heere einherzog". Lediglich für die Dauer des Feldzuges hatte er Befehlsgewalt, wahrhaftig ein „Erster unter Gleichen"; niemals war er ein absoluter Herrscher mit totalitärem Führungsanspruch. Natürlich gibt es rassisch geprägte Eigenschaften, die wahrscheinlich ihren Ursprung einer Beeinflussung von Klima, sowie anderen Umweltfaktoren in einem Zeitraum von zehntausenden Jahren verdanken. Nicht nur das äußere Erscheinungsbild der Haut- und Haarfarbe, sondern auch das durch härteren oder milderen Lebenskampf mehr oder weniger scharf entwickelte Denken ist die Folge eines solchen Prozesses. Ich mußte immer an den großen Juden Einstein denken, wenn unser „Edelgermane" uns im Regen die Briefe aus der Heimat nicht persönlich überreichte, sondern in die Luft wirbelte, sodaß wir sie verschmutzt aus dem Dreck aufklauben mußten.

Mit Kurt Schuhmacher hatte ich so manches interessante Gespräch im Lager, und deshalb besuchte ich ihn nach Errichtung der Bundesrepublik im Bonner Parlament. Er war als Führer der deutschen Sozialdemokratie und auf Grund seiner markanten intellektuellen Art eine bedeutende Persönlichkeit. In seiner Kanzlei lernte ich seine Sekretärin, Frau Annemarie Renger, kennen, die ich dann viele Jahre später als Präsidentin des Deutschen Bundestages im Wiener Parlament als meinen Gast begrüßen konnte.

Erwähnt seien noch zwei Männer, deren Namen ich mit Respekt nennen möchte, weil sie die schrecklichsten Foltern erdulden mußten. Es waren der bereits erwähnte Gendarmerie-Major Ernst Mayer und Major Stillfried. Mayer zeigte uns einmal sein Gesäß, das tief violett, fast schwarz, und mit tiefen roten Striemen gezeichnet war. Es war die Folge des sogenannten „Bocks", auf den angeschnallt man 25 Hiebe mit Ochsenziemern erhielt, die von zwei SS-Leuten abwechselnd verabreicht wurden, während der unglückliche Delinquent laut mitzählen mußte. Dann hatte er 25 Kniebeugen zu machen und sich vom diensthabenden Sturmführer mit den Worten abzumelden: „Schutzhaftgefangener Nr . . . 25 Hiebe *dankend* erhalten." Mayer wurde mehrmals dieser Prozedur unterzogen und hing auch öfter am sogenannten „Baum", einem Pfahl, an den man mit einer Kette, die um die Handfesseln gebunden war, gehängt wurde. Frei schwebend pendelte man dann mit gekrümmtem Rücken, Hände nach rückwärts hochgerissen, schweißgebadet an diesem Marterpfahl durch mindestens eine volle Stunde! Major Stillfried war ebenfalls einige Male dieser Behandlung unterzogen worden. Heute noch weiß ich von der tiefen Bewunderung, die diese beiden Offiziere im ganzen Lager, einschließlich der Kommunisten, wegen ihrer männlich-soldatischen Haltung genossen. Ursache für diese Folter war offenbar die Tatsache, daß die Lager-SS die beiden Männer nach ihrem eigenen Maßstab maß. Die beiden hatten nämlich führende Posten im Anhaltelager Wöllersdorf, in dem die illegalen Nationalsozialisten während des Ständestaates konfiniert waren.

Solche Vorfälle steigerten meinen Haß gegen die Nationalsozialisten ins Unermeßliche, trotzdem wurde ich später ein Vorkämpfer für Begnadigung, Amnestie und Befriedung. Weshalb? Weil ich mir bewußt wurde, daß der Teufelskreis des Hasses niemals vom Besiegten, sondern nur vom Sieger gesprengt werden kann. Das ist ein Grundsatz, der nach meiner tiefsten inneren Überzeugung ewige Gültigkeit besitzt. Sieg erweckt im Besiegten Haß und das Bestreben, in einer künftigen Auseinandersetzung seinerseits endgültig zu siegen und dem Feind aus Haß und Rache den Stiefel ins Genick zu setzen.

## ANALYSE DER LAGERATMOSPHÄRE

Mein Experiment, die Erlebnisse im Lager für politische und gesellschaftsphilosophische Schlußfolgerungen auszuwerten, zwingt natürlich zur Schilderung von

Tatsachen, die man wegen ihrer Gräßlichkeit lieber verschweigen und vergessen sollte. Aber ich schreibe nicht aus Sensationslust, sondern deshalb, weil es für die wissenschaftliche Analyse gesellschaftlicher Phänomene nützlich sein kann. Ein merkwürdiges Phänomen war allerdings folgendes: Trotz unserer äußeren Situation totaler Unfreiheit, völliger Entrechtung und Zerstörung der Menschenwürde, gab es innerlich ein freies Denken, den Willen zum Überleben, sowie einen tiefen Glauben an eine freie Zukunft.

Es gab Diskussionen, Diskussionen . . . Von all dem, und das war das Phänomen, hatte die Lager-SS keine blasse Ahnung. Wie sollte sie auch die Gespräche Tausender Gefangener auf der Lagerstraße kontrollieren? Die Annahme ist zwar geradezu grotesk, aber völlig berechtigt, daß es im gesamten Dritten Reich keine Örtlichkeit gab, wo von so vielen Menschen so viele staatfeindliche Gespräche geführt wurden, wie in den Konzentrationslagern.

Irgendwie – der Gedanke ist nicht abzuweisen – zeigt sich in allen Diktaturen, die so viel Wert auf Propaganda, Beeinflussung und Aufklärung in ihrem Sinn legen, daß sie selbst der größten Aufklärung bedürften. In den Diktaturen fehlt offensichtlich das „G'spür" für den primitivsten menschlichen Hausverstand. Vielleicht ist sich der eine oder andere Führer im Innersten dieser Schwäche bewußt, aber er kann sie nicht laut aussprechen, er darf nicht reden, da er sonst Gefahr läuft, aus der Hierarchie der Macht ausgestoßen zu werden. Es ist ein echter Teufelskreis, der allen freien Menschen die Hoffnung schenkt, daß irgendwie und irgendwann immer wieder das freie Denken und der freie Mensch seine Fesseln sprengen kann.

Ich denke da auch an die Dissidenten der Sowjetunion, die Eisbergspitzen gleichen, die aus der See ragen, während die Masse des Eisberges unter Wasser verborgen bleibt und für den außenstehenden Beobachter nicht sichtbar wird.

Auch die Gründung der Volkspartei wurde in den Lagern vorbesprochen, wobei kurioserweise überall ähnliche Gedanken erwogen wurden, gleichgültig, ob es in Dachau, Mauthausen, oder Buchenwald war, wie wir nachträglich erfuhren. Ich denke da an alte Kampfgefährten, wie etwa Fritz Bock, Hans Becker und Alexander, aber auch an Friedrich Funder . . . Bei allem Respekt vor ihm möchte ich bemerken, daß er bei seiner Kritik an mir nach dem Jahre 1945 – wegen meiner Neu-Interpretation des Programmes der Volkspartei – diese Gespräche anscheinend völlig vergessen hat! In den Lagern war nämlich von einer *neuartigen* Volkspartei die Rede, die zwar christlich fundiert, aber liberalem Gedankengut aufgeschlossen sein sollte. Das war doch der Grund, weshalb wir auf die Wiederbelebung der Bezeichnung „Christlichsoziale Partei" verzichteten.

An dieser Stelle ist ein Bericht fällig, der sich wie ein Hirngespinst anhört, dennoch aber volle Wahrheit ist. 18. August 1888, Gründungstag der „Carolina", Graz; 18. August 1938, Carolinen feiern das „50. Stiftungsfest" ihrer Hochschulkorporation im Konzentrationslager Dachau. In meiner Erinnerung nimmt die Häftlingskantine Dachau immer schärfere Konturen an. Es war ein weiß getünchter Raum im ersten Block am Appellplatz, an der Wand eine schmale Theke und ringsherum kleine runde Stehtische. Die Köstlichkeiten, die man an diesen Tischen zu sich nehmen konnte, bestanden aus einem Schälchen „Ersatz-Ersatz-Kaffee" und dem sogenannten „Bienenstich". Die Bezeichnung „Ersatz-Ersatz-Kaffee" las ich einmal auf großen Kisten, die ich in die Kantine schleppen mußte. „Ersatz-Ersatz" – wir Häftlinge empfanden diesen lächerlichen Ausdruck geradezu als eine Selbstironie dieses Regimes, mit dem es seine innerste Struktur entlarvte. Der „Kaffee-Ersatz-Ersatz" bestand aus gebrannten Eicheln. Dazu gab es den schon genannten „Bienenstich", ein Gebäck, das nach außenhin Cremeschnitten glich, der Geschmack verriet allerdings ebenfalls einen „Ersatz-Ersatz". Der bullige Hauptscharführer, der die Kantine leitete, wies alle SS-Männer hinaus, von denen es keiner wagte, sie zu betreten. Sie war daher eine Art privilegierte Stätte, was aber keinesfalls der Güte des Hauptscharführers zu verdanken war. Er hatte die sinnige Aufgabe, den Häftlingen jene paar Mark abzunehmen, die sie allwöchentlich von daheim erhalten durften. Die Höchstgrenze waren drei Mark, die den Empfänger in den Genuß eines geradezu sagenhaften Reichtums brachten. Dieses Geld war die Quelle wilder Korruption, denn das Heer der verhafteten Kommunisten, aus denen sich die „Kapos" und die „Blockältesten" rekrutierten, waren blutarme Teufel, während die Österreicher doch immer wieder mit kleinen Beträgen von daheim bedacht wurden. Ich selbst erhielt von meiner Mutter wöchentlich *eine* Reichsmark! Ihr hatte ich es zu verdanken, daß ich mir täglich um wenige Pfennige den Ersatz-Ersatz in der Kantine leisten und mir gelegentlich durch Bestechung eines Kapos einen Arbeitsplatz unter einem geschützten Dach erkaufen konnte. Das war ein erstrebenswertes Ziel; schließlich habe ich jahrelang bei Sturm, Regen und Schnee 10 Stunden täglich im Freien gearbeitet.

18. August 1938. Wir waren fünf Carolinen, und zwar: Wolfi Aigner, Hermann Beimrohr, Walter Nestor, Friedrich Funder und meine Wenigkeit. Die gleichfalls verhafteten Bundesbrüder Dr. Stepan, nach 1945 Generaldirektor des Styria Verlages, und Dr. Gorbach, der spätere Bundeskanzler, waren nicht in unserer Mitte, sondern in Sonderhaft im Bunker. Später weilten sie dann fallweise auch unter uns, was ich deshalb besonders in Erinnerung habe, weil sie von uns dunkelbraun gebrannten „Barabern" in ihrer Zellenblässe geradezu krankhaft abstachen.

Wir Fünf hatten schon Tage vorher getuschelt und die Idee geboren, daß wir in der Kantine – da der kommentmäßige Stoff „Bier" fehlte – mit dem „Ersatz-Ersatz" einen Festkommers abhalten und einen „Salamander" reiben würden. So geschah es auch! Wir besetzten einen Tisch so, daß sich niemand anderer zu uns gesellen konnte. Ich selbst kommandierte den Festkommers im Flüsterton: „Silentium, commercium incipit." Mit gesenktem Blick und kaum merkbaren Bewe-

213

gungen rührten wir mit den Kaffeetassen auf den Tellerchen, während ich hauchte: „Ad exercitium salamandris ad honorem matris nostrae Carolinae. Vivat, crescat, floreat Carolina! Vivat patria nostra Austria! Ad multos annos." Leise murmelten wir „Salamander, Salamander, Salamander . . ." Pause, ein, zwei Minuten . . . Besinnlich fügte ich noch hinzu: „Austria erit in orbe ultima", und dann: „Commercium ex."

Niemand hatte auch nur das geringste bemerkt. Aber wir Fünf waren innerlich zutiefst ergriffen und von einer heiligen patriotischen Begeisterung erfüllt. Niemandem war, bei dem Lärm und dem Klirren des Geschirrs in diesem Raum, etwas aufgefallen.

Heute muß ich oft an diese Stunde denken, wenn ich die herbe, und manchmal vielleicht nicht ganz unberechtigte Kritik am CV höre. Welch ein Fundament standhafter patriotischer Gesinnung und weltanschaulicher Überzeugung haben wir uns in der Jugend in seinen Reihen geschaffen! Ein Festkommers in der Hölle von Dachau! Er war trotz aller Vorsicht und allem Bemühen um strenge Geheimhaltung ein tödliches Wagnis, denn wir wären nicht nur einfach umgebracht, sondern zu Tode geschunden worden, wenn man es entdeckt hätte. Wir leisteten uns sogar einen „Festbummel" auf der Lagerstraße. Es war nach Arbeitsschluß üblich, daß die Lagerinsassen auf der Lagerstraße spazieren gingen, wobei sich wahllos Gruppen von Kameraden bildeten und auflösten. Wir Carolinen hängten uns ein, Arm in Arm, schauten jeden, der sich anschließen wollte, mit abweisenden Blicken an und marschierten geschlossen die Lagerstraße in ihrer ganzen Länge hinauf und hinunter. Niemand von den Kommersgenossen lebt mehr, außer mir. Wolfi Aigner ist an der Ostfront gefallen, Hermann Beimrohr in Skandinavien, Walter Nestor ist irgendwann und irgendwo umgebracht worden. Friedrich Funder, der so wie ich das Glück hatte, das Lager zu überleben, ist vor einigen Jahren gestorben, ebenso die beiden anderen Carolinen Dr. Stepan und Dr. Gorbach. Wenn ich gelegentlich Graz besuchte und vom Schloßpark auf die wunderbare Altstadt hinunterblicke, dann steigen Erinnerungen in mir auf. Auch an den Festkommers in Dachau muß ich denken, und in meinem Ohr klingt das Studentenlied: „ . . . ich alleine, der eine, schau wieder hernieder, zur Saale im Tale, doch einsam und stumm . . . ihr werten Gefährten, wo seid ihr – zur Zeit mir – ihr Lieben geblieben, verdorben, gestorben, in Weh und in Leid . . ."

Vielleicht kann ich an dieser Stelle sagen, wie tief es mich getroffen hat, daß gerade Graz zur Hochburg jener politischen „Reformer" und jener Zeitungsangriffe wurde, die mich politisch um jeden Preis killen wollten. Denn ich war innerlich mit Graz und mit der Steiermark zutiefst verbunden, wie mit einer zweiten Heimat.

Studentenführer in Graz – meine Braut, die ich in der St. Leonhardskirche geheiratet und auf diesem Friedhof auch begraben habe. Sie war übrigens jene Couleurdame der Carolina, welche die Goldstickerei der sturmzerschlissenen, altehrwürdigen Carolinenfahne auf eine neue Seidenunterlage übertragen hat mit der guten „Tante Fanny", ihrer Lehrerin an der Grazer Kunstgewerbeschule. Nach Graz kehrte ich vom KZ zurück; und in Graz verbrachte ich meine Fronturlaube.

Ja, die Dachauer Sklaven waren seelisch wirklich frei, der düstere Hintergrund unseres Lagerschicksals konnte die Freiheit nicht trüben. Ich möchte ihn bildhaft ausleuchten mit einundvierzig Scheinwerfern, nämlich jenen einundvierzig verschiedenen „manuellen" Tätigkeiten, die der Sklave Maleta mit Nummer 16.437 in den drei Jahren seines Lageraufenthaltes zu verrichten hatte. Ich sehe mich beim Straßenbau in glühender Sonne mit einem Dutzend Kameraden an einem Drahtseil die Walze ziehen, gleich altägyptischen Sklaven beim Pyramidenbau. Ich sehe mich beim Bau von SS-Häusern als Maurer, Dachdecker und Fußbodenleger; heute noch weiß ich ganz genau, wie ein Parkettboden verzahnt und gelegt wird. Ich sehe mich als Randsteinleger von Gehsteigen; ich sehe mich im Grundwasser neu angelegter Kanäle bis zum Knie im Wasser stehen und Schotter schaufeln.

Ich sehe mich in der Kiesgrube, von der bereits berichtet wurde. Ich sehe mich in der Hölle des Steinbruchs von Floßenbürg beim Brechen von Felsen. Ich sehe mich am „Moor-Expreß Nr. 4" schwere Lasten transportieren, Kohlenwaggons entladen und Kohlensäcke in die Blocks schleppen. Ein Moor-Expreß, was ist das? Ein Lastkraftwagen-Anhänger, aufmontiert vorne eine Deichsel, an der zwei Gefangene zogen, an jeder Seite je drei Stricke mit Prügeln, an denen je zwei Gefangene wie Pferde im Geschirr marschierten, während drei weitere Häftlinge hinten anschoben. Eines Tages, in spätherbstlicher Nebelstimmung, hieß es am Appellplatz: „Moor-Expreß Nr. 4, zur Totenkammer!" Da standen wir und warteten voll böser Ahnungen, was uns wohl jetzt an Arbeit blühen würde . . .

Gesang klingt auf . . . aus dem Nebel, Gestalten tauchen auf, schwankende Juden ziehen vorbei, bange Gesichter – und schon sind sie wieder verschwunden; neue tauchen auf, und der Nebel wallt. Welch furchtbare Ironie des Schicksals! Sie singen das bekannte Lagerlied: „Wenn ich gestorben bin, legt mich ins kühle Grab, wo *deutsche* Eichen steh'n, senkt mich hinab . . ." Der nächste Block, ein neues Lied: „Die Wolken zieh'n dahin, sie zieh'n auch wieder her; der Mensch lebt nur einmal, und dann nicht mehr . . ."

Vorüber ist der Spuk. Die Tore der Leichenkammer öffnen sich, drinnen liegt ein Berg ausgemergelter toter Leiber, Gerippe. Hat noch niemand meiner Leser einen Fleischerwagen gesehen, auf dem Kälber aufgestapelt sind? Wir legten die nackten Toten in Reihen auf den Moor-Expreß; die unterste Schicht Köpfe rechts und Beine links, die nächste Schicht Köpfe links, Beine rechts . . . Es waren insgesamt vier Schichten. „Eingehängt und auf geht's!", erscholl das Kommando unseres Kapo.

Wir zogen, zogen, und vor meinem Mund und meinen Augen hatte ich tote Füße mit einem Zettel an der großen Zehe, darauf die Nummer des Dahingeschiedenen. Wir zogen durch das Lager, die Nebel wurden lichter, die Judenkolonnen sahen uns, erstarrten, erbleichten, während wir mit der Todesfracht an ihnen vorüberzogen. Jeder von ihnen dachte wohl: „Wird das auch mein Schicksal sein?" In meinen Ohren hörte ich die Melodie: „Wenn ich gestorben bin, legt mich ins kühle Grab, wo deutsche Eichen steh'n, senkt mich hinab . . ." Wahrhaftig, welch' ein makabres Erlebnis . . . Auch der berühmte Kabarettist Grünbaum vom „Simpl" war im Lager. Vor meinen Augen wurde er sterbend auf den Schultern eines Kameraden zum „Zählappel" geschleppt.

Ich mußte an den ewigen Juden, an Ahasver, denken, das Symbol des Volkes Israel. Gejagt, gehetzt, verachtet, ständig auf der Flucht. Plötzlich war das Wissen um den ungeheuren Haß in mir lebendig, der sich in der freien Welt gegen das Dritte Reich ansammelte. Aber gleichzeitig war die bange Erkenntnis in mir, wieviel neuerliches Unrecht von den Rächern wohl an völlig Unschuldigen im deutschen Volk nach dessen Niederlage im Krieg – die mir unausweichlich schien – gesetzt werden würde. Und ich weiß noch ganz genau, daß ich in dieser Stunde mein Haßdenken revidierte und in einem stillen Gebet den Herrgott darum bat, er möge mir in meiner künftigen Laufbahn – von der ich überzeugt war – die Möglichkeit geben, ein Politiker des Ausgleichs zu werden.

Fluchtversuche waren praktisch zum Scheitern verurteilt, zumindest aus dem Lager, das vielfältig abgesichert war. Aber gelegentlich wagte es der eine oder andere Häftling von einem außerhalb des Lagers gelegenen Arbeitsplatz aus. Das Ende einer solchen Verzweiflungstat war immer das gleiche: nämlich die Rückkehr in das Lager, und zwar im Rahmen eines besonderen Zeremoniells. An der Spitze der Prozession marschierte der arme Sünder, taumelnd und mit einer Tafel um den Hals, auf der mit Balkenlettern geschrieben stand: „Ich bin wieder da". Ihm folgten der Lagerkommandant, der Lagerführer, die Scharführer usw. Vorne stand, wie ein Opferaltar, der Bock, von dem ich schon schrieb. Auf diesen wurde der Unglückliche geschnallt, um in feierlicher Weise seine Peitschenhiebe in Empfang zu nehmen. Das war nur der sichtbare Anfang eines unvermeidlichen Endes, seines Todes nach vielfachen Qualen.

Nun ja, ein solcher armer Teufel mußte mit dem Risiko rechnen, das er durch seine Individualschuld auf sich nahm. Aber es gab auch eine Kollektivstrafe für das gesamte Lager, von der ich jetzt berichten möchte.

Abendlicher Zählappell im vorgeschrittenen Herbst, Nachtschatten liegen über dem Platz, durchschnitten von den grellen Fingern der Scheinwerfer, die von den maschinengewehrbestückten Wachttürmen die aufmarschierenden Häftlinge in weißes Licht tauchen. Wir warten auf den Abmarschbefehl, auf das Ende eines langen Arbeitstages, der um sieben Uhr früh begonnen hat. Ich selbst war todmüde, durchfroren, naß bis auf die Haut, ohne Mantel, ohne Weste, in einem

Gewand, das wie ein Schwamm jeden Regentropfen aufsog. Plötzlich: „Schutz-haftlager, stillgestanden! Drei Schritt Abstand vom Vordermann und Neben-mann! Mützen und Handschuhe ab, vor die Füße!" Es ist klar: wir müssen Stra-festehen. Tiefes Schweigen lastet über den 20.000 Häftlingen.

Durchgeweht, durchfroren; Regentropfen, wässeriger Schnee, rieseln auf uns nieder; wir stehen schweigend – es ist uns bewußt, daß wir jetzt bis 10 Uhr abends, dem Zeitpunkt, wo der „Bär" sein „Licht aus! Nachtruhe!" herausbrüllt, stehen müssen. Langsam schleichen die Minutenzeiger auf der hell erleuchteten Lage-ruhr weiter . . . Fünf Minuten vor zweiundzwanzig, vier, drei . . . aah! Man hört fast die Seufzer der Erleichterung. Aber: zweiundzwanzig eins, zweiundzwanzig zwei, zweiundzwanzig fünf . . . Nun wissen wir, daß wir weiter stehen müssen, bis Mitternacht. Wir hoffen, daß dieses Martyrium endlich, endlich vorbeigehen möge. Vor mir steht Oberst Adam. Er reibt sich die erstarrten Hände, ohne zu wissen, daß zufällig hinter ihm ein SS-Mann vorübergeht, der ihm sofort einen solchen Fußtritt versetzt, daß er verkrümmt zu Boden fällt. Dreiundzwanzig fünf-undfünfzig, sechsundfünfzig, vierundzwanzig Uhr . . . Knisternde Spannung . . . Abmarsch? Vierundzwanzig eins, zwei, drei . . . wir wissen, wir müssen weiter stehen, hoffen auf sechs Uhr morgens, der Stunde, da der „Bär" das Lager weckt. Schon liegen Hunderte auf dem Boden, SS-Ärzte gehen unbewegten Gesichts durch die Reihen ins Revier, keiner bückt sich hinab zu den elenden Gestalten. Die Zeit vergeht – tropf, tropf –, der Minutenzeiger kriecht . . . fünf Uhr fünfund-fünfzig, sechsundfünfzig, sechs Uhr. Der „Bär" brüllt. Sechs Uhr eins, zwei . . . wir stehen weiter. Das weitere sei kurz geschildert. Nach zwölf Uhr mittags er-schallt der Befehl: „Arierblocks abrücken, Judenblocks stehen weiter!" Wir tau-meln in unsere Blocks und fallen auf den Fußboden. Aber was ist mit den Juden-blocks? Sie stehen weiter den ganzen Tag, die ganze Nacht! Da verlangen nicht einmal die SS-Männer mehr Habtachtstellung, denn Hunderte liegen verrenkt auf der Erde, tödlich erschöpft, viele aber tot!

Im Frühjahr, im nicht-endenwollenden Regen, erlebte ich noch einmal eine solche Stehnacht. Neben mir lag Hofrat Frisch auf der Erde, dessen Bruch ausge-treten war; er war Landesschulinspektor von Burgenland in der V.F.-Zeit gewe-sen; später, nach 1945, wurde er Nationalrat und ein führender Mann der Volks-partei.

In meiner Erinnerung wird ein glühend heißer Augusttag lebendig – plötzlich ein Geraune, ein Getuschel, ausgelöst von Kameraden, die von auswärts aus den Tischlerwerkstätten nach Arbeitsschluß zurückgekommen waren. Alarm, Auf-marsch, Zählappell, schweigende Stille, man hört kaum einen Atemzug. Da öff-nen sich die Tore des Jourhauses, und herein rollen Lastkraftwagen mit Holzsär-gen, Särgen, Särgen . . ., die neben dem Appellplatz abgeladen und zu einem wahren Sarggebirge aufgestapelt werden. Lähmendes Entsetzen, starres Schwei-gen. Jeder von uns denkt: „Gibt es eine Massenexekution? Werde ich selbst dran

217

glauben müssen?" Die SS-Männer gehen durch unsere atemlosen Reihen. Plötzlich öffnet sich neuerlich das Tor des Jourhauses, und herein quillt, mit hoch erhobenen Armen, eine riesige Prozession von Zivilisten, die, wie sich später herausstellte, Polen waren. Zwiespältige Gefühle in uns, Mitleid für diese armen Menschen einerseits; und andererseits ein Aufatmen, daß die Särge doch nicht für uns bestimmt sind. Jetzt wußte ich auch, weshalb vor Tagen im Bunkerhof ein Kugelfang errichtet werden mußte. „Schutzhaftlager, Achtung! Abmarschieren in die Blöcke!"

Es wurden allerdings nicht alle diese Polen erschossen, sondern nur ein Teil, während die anderen in einem großen Zelt, das schon vor Tagen hinter den Blocks aufgestellt worden war, einquartiert wurden.

Jede Medaille hat jedoch, wie es so schön heißt, ihre Kehrseite. Die Polen hatten viele Koffer mit Lebensmitteln mitgebracht, die im Kellergewölbe des Bunkers aufgestapelt wurden. Ich selbst hatte auf Grund meiner Tätigkeit im Schubraum mit anderen Kameraden die Aufgabe, diese Hunderte Koffer zu verstauen. Wir stapelten sie und bauten Gänge, Höhlen, von denen die SS keine Ahnung hatte, und in denen wir ausgehungerten, ausgemergelten Gestalten hockten und mit Heißhunger die Konserven auffraßen.

Zigeunertransport. Eines Tages wurde die gesamte Ostmark von Zigeunern „gesäubert", die in Bausch und Bogen mit all ihrem Hab und Gut, ihren Instrumenten, Geigen, Trompeten, Baßgeigen usw. ins Lager eingeliefert wurden. Sie bekamen noch weniger zu essen als wir, und ich erinnere mich eines geradezu bestürzenden Erlebnisses.

Unsere Essensträger stürzten einmal mit ihrem schweren Kübel, und der suppige Inhalt ergoß sich über den Kies der Lagerstraße und versickerte. Die Zigeuner rannten herbei und schleckten die Suppenreste zwischen Lehm und Kieselsteinen auf. Ein kleiner Zigeunerbub, vielleicht vierzehn Jahre alt, stand mit einer riesigen Schaufel, die länger als er selbst war, neben mir auf dem Arbeitsplatz, wobei ich mich – freilich fast vergeblich – bemühte, ihm die schwerste Arbeit abzunehmen.

Ich stand im Schubraum. Plötzlich wurden Hunderte Menschen eingeliefert, die in einer Massenrazzia in Prag zusammengetrieben worden waren. Der Sachverhalt war ganz einfach: In Prag hatten Studenten Krawalle inszeniert, die auf summarische Weise liquidiert wurden. SS umzingelte die ganze Universität und verhaftete alle, die in dieser Stunde sich innerhalb des Bereiches der Hochschule befanden. Nicht nur Studenten, nicht nur Professoren, sondern auch zufällig anwesende Personen, wie Rauchfangkehrer, Handwerker, Angehörige von Studenten, die etwas in der Quästur oder anderswo etwas erledigen wollten. „Marsch, marsch, auf ins KZ!"

Sicher, die Rache der Tschechen an den Deutschen war ungeheuerlich, unmenschlich, ein „Genozid", wie nachträglich weise Juristen den modernen kriminellen Tatbestand des Völkermordes definierten. Aber dieser unbändige Haß, war er ein reiner Zufall? Ach, er tobte sich an völlig unschuldigen Menschen aus. Haß, Haß, welch eine Geisel des Satans in menschlichen Seelen! Liebe junge Österreicher! Verteidigt mit Zähnen und Klauen den Rechtsstaat Österreich!

Lassen Sie die Erinnerungen an das Lager Dachau in einer milderen Atmosphäre ausklingen. Auch in der Hölle kann es nicht nur schrecklich sein.

Ich sehe mich des Morgens auf dem Appellplatz stehen, neben meinem Kameraden Abel aus Hamburg, einem hochgebildeten Altphilologen und Humanisten. Er war voll der Zitate aus altgriechischen Balladen. So begrüßte er die aufgehende Sonne am jungen Tag in der Sprache Homers mit dem berühmten Lobgesang auf die rosenfingrige Eos, die „rododaktylos eos". Ich, etwas erdgebundener, spottete beim Abmarsch über das Lager der „heulenden Derwische", wie ich es nannte. Denn tatsächlich, wo immer Kolonnen marschierten, Gefangene oder SS-Kompanien, sofort hieß es „Ein Lied, drei, vier!", auch wenn die Marschstrecke nur wenige hundert Meter betrug. Doch offenbar gehörte es zu den psychologischen Maßnahmen der SS, den Menschen keine Zeit zum privaten Denken zu lassen, da ihre Aufmerksamkeit einzig und allein der Gemeinschaft gehören durfte.

Wie oft sind wir in jenen Tagen zum Arbeitsplatz mit dem berühmten Esterweger Lied marschiert, das wir als unsere KZ-Hymne betrachteten: „ . . . drei, vier! An jedem Morgen in der Früh beginnt des Tages Last und Müh' – links, rechts – da denk' ich oft genug und gern, an meine Lieben in der Fern'". Was diese jetzt wohl denken mochten?

## FLOSSENBÜRG

Kriegsausbruch, Aufmarsch zum Appellplatz, Lautsprecher dröhnen den Fehrbelliner Reitermarsch, und dann ertönt die Stimme Adolf Hitlers: „Volksgenossen, seit heute morgen . . ." Tödliches Schweigen. Wilde Hoffnungen im Herzen. Oder sollten wir enttäuscht werden? Sieg! Sieg! Sieg! Das war Adolf Hitlers Parole. Oder war er trotz seiner Hybris, nach dem Grundsatz „Viel Feind', viel Ehr'", ein Glückskind des Schicksals? Es mußte doch Hybris sein, wenn ein einzelner Mann der ganzen Welt die Stirne bot! Er bekämpfte alles zugleich: die roten Internationalen, die Juden, die Freimaurer, die Kirchen, und er bekämpfte gleichzeitig beide Weltmächte, die Sowjetunion und die Vereinigten Staaten. Aber Sieg! Sieg! Sieg! Tatsächlich überrannte er Belgien, Frankreich, Polen . . . Es bedurfte wirklich einer tiefen Überzeugung und einer messerscharfen Logik politischer Argumentation und Analyse, wenn man als einzelner in dieser Zeit völliger Hoffnungslosigkeit nicht innerlich zerbrach, seelisch und geistig kapitulierte.

Wenige Wochen später mußte das gesamte Lager geräumt werden, weil es für die zur Kriegsdienstleistung eingezogenen SS-Reservisten benötigt wurde. Wir wurden auf andere Lager aufgeteilt, die meisten kamen nach Buchenwald, die Österreicher aber zum Großteil nach Mauthausen. Ich erinnere mich der Verzweiflung Dr. Gleißners, der darunter litt, daß er als ehemaliger Landeshauptmann Oberösterreichs in die Heimat kam, wo ihn seine Landsleute als Arbeitssklaven sehen konnten. Ich selbst kam nach Floßenbürg, einem kleinen Ort nördlich von Regensburg, im Bayrischen Wald, jenseits der tschechischen Grenze, Böhmerwald genannt.

Ich sehe mich, eingepfercht im Viehwaggon, im Sommer-Drillich, obwohl wir dem Winter entgegenfuhren. Ich erinnere mich des Ausrufs eines schwäbischen Kameraden, den wir auf die Schulter hoben, damit er durch das kleine, vergitterte Fenster hinausschauen konnte: „Ui-jegerl, viel Steine gibt's und wenig Brot!" Es war Nacht, Endstation der Reise, und im bleichen Mondlicht schimmerten Steine, riesige Steingebirge waren aufgetürmt, die man offensichtlich an unserem Bestimmungsort gebrochen hatte. Wir wurden im Nachtmarsch in einem Hohlweg hinaufgejagt und erblickten plötzlich das Lager, das in einem mächtigen, umwaldeten Kessel lag. Stufenförmige Terrassen, auf denen die Wohnblocks standen, umgaben den Appellplatz – es sah wie eine altrömische Arena aus. Eine steile Stiege führte empor, von der wir nicht wußten, daß sie im Lager den Namen „Kalvarienberg" trug. Wie oft wurden wir strafweise diese Stufen zwischen einem SS-Spalier hinaufgetrieben und hinuntergejagt! Es war ursprünglich ein reines Lager für Kriminelle, in dem daher sämtliche Arbeitspartieführer Kriminelle waren, deren wilden Instinkten wir politische Gefangene hilflos ausgeliefert waren.

Wenige Wochen später war das Lager eingeschneit, die eingleisige Eisenbahnlinie war blockiert, und im doppelt überbesetzten Lager brach eine Hungerepidemie aus. Ich denke an unsere Tagesration: zum Frühstück Eichelkaffee und ein Löffel Kürbismarmelade, und für den ganzen Tag *eine* Schnitte Brot.

Der Steinbruch befand sich hoch oben auf dem Berg. Wir marschierten durch einen Hohlweg, der zugleich eine Art Wasserrinnsal war. Ein endloser Lindwurm schlich den Berg hinauf, zwischen SS-Posten, da ertönte plötzlich das Kommando: „Hinlegen!", und der Lagerkommandant marschierte – neben uns und auf unseren Rücken – hinauf. Ein Menschenteppich, so durchzuckte es mein Hirn, den ich später unter diesem Titel auch eingehend beschrieben habe. Bei unserer Ankunft war lediglich der Wald auf der Berglehne gerodet. Als wir nach dreiviertel Jahren nach Dachau zurückkehrten, da hatten wir im Schweiße unseres Angesichts alles weggeräumt, die Büsche, die Wurzeln, das Erdreich, die Schotterschicht, die gewaltigen Steinplatten bis zum gewachsenen Fels.

Um sieben Uhr früh stand ich schon mit einer verbeulten Schaufel und einem Krampen auf meinem Arbeitsplatz und blickte hinunter in das Tal, das Dörfchen Floßenbürg, dessen Kirchturm wie ein Finger gegen Himmel wies, als ob er sagen wollte: „Vergeßt nicht auf den da droben . . ." Wer kann sich vorstellen, was es heißt, gefrorenes Erdreich und Steine aufzuhacken, wegzuschaffen . . . Zu Mittag gab es eine kurze Pause. Da kamen Gulaschkanonen angefahren, aber sie enthielten nicht Gulasch, sondern Brombeerblättertee; das war unsere Mahlzeit! Wer noch ein Stückchen Brot in seiner Tasche hatte, der zerkaute es möglichst langsam. In einer solchen Stunde war ich einmal schwach. Mein Freund Soß, von dem ich schon berichtet habe, fragte mich: „Du, Maleta, hast noch ein Stückel Brot?" Ich antwortete mit „Nein", obwohl ich noch einen winzigen Rest in der Tasche hatte. Fast vierzig Jahre sind seither vergangen, aber ich schäme mich heute noch, daß ich es damals nicht teilte. Beim Lesen dieses Buches wird er erst davon erfahren!

Abends, auf dem Heimmarsch, hatte jeder von uns einen riesigen Rollierstein auf der Schulter hinabzuschleppen, weil diese Steine für die Grundierung des Lagerplatzes benötigt wurden. Meine rechte Schulter war blutig und die Jacke aufgerissen, denn diese scharfkantigen Steine wurden aus dem Fels gebrochen. Nach dem Abendappell gab es dann endlich ein warmes Essen. Es bestand aus einem üblen Krautwasser und etlichen halb verfaulten, längst schon violett gewordenen Pellkartoffeln. Neben mir stand der in Österreich sehr bekannte Dr. Rudolf Kalmar, der in seinem wilden Hunger verzweifelt diese Kartoffeln zerquetschte, in die Brühe warf und den „Schweinetrank" hinunterschlang. Er war nicht der einzige! Auch ich habe mich später daran gewöhnt.

Schlageterfeier! Der Freiheitskämpfer und CVer Schlageter hätte sich gewundert, daß wir seinen berühmten Namen mißbrauchten, aber die Bezeichnung hatte sich für ein grausiges Geschehen eingebürgert. Zweimal wöchentlich wurden auf dem Appellplatz, wo wir im Karree aufgestellt waren, diese „Schlageterfeiern" abgehalten. Sie bestanden darin, daß Häftlinge auf die Blöcke geschnallt und mit Ochsenziemern gezüchtigt wurden. Ich habe es lebendig in Erinnerung. Wir sangen, wir mußten singen: „Im Schatten grüner Bäume, laßt uns singen, fröhlich sein . . ." Da, tschin-bumm, Explosion im Steinbruch! Die Arbeiter sprengten für den nächsten Tag. Aber wir sangen weiter „beim vollen Becher Weine". Tschin-bumm! . . . „unseren Freundschaftsbund erneuern" – au, au . . . !

Hinter mir stand ein junger Kommunistenführer aus Norddeutschland, dessen Antlitz schon vom Tod gezeichnet war. Er hatte offensichtlich schwere Tuberkulose. Ich höre ihn mit uns das Lied singen: „Hoch auf dem gelben Wagen . . ." Es schließt mit der Strophe: „Sitzt einmal ein Gerippe, hoch bei dem Schwager vorn hält statt der Peitsch' die Hippe, Stundenglas statt Horn . . . Ich wär ja so gerne noch geblieben, aber der Wagen, der rollt . . ." Er sang es mit lauter Stimme, am nächsten Tag war er nicht mehr da. Wohl weggefahren mit dem gelben Wagen . . . in die Ewigkeit.

Sauberkeit wurde von der SS groß geschrieben. Eines Tages hieß es in unserem Block: „Fertigmachen zum Bad!" Draußen klirrende Kälte, tiefer Schnee. Schon waren wir im großen Duschraum mit seinen Dutzenden von Brausen. Wir entkleideten uns und legten unsere Kleiderbündel auf Häufchen. Dann wurden wir hineingetrieben! Plötzlich öffnet sich die Türe, der Lagerkapo, die Blockältesten, alles Kriminelle, erscheinen, und der hühnenhafte Kapo befiehlt das völlige Aufdrehen der Duschen und reguliert das Wasser auf möglichst heiß. Dann heißt es „hinlegen", und während dessen spielen die Kapos, unter Hohngelächter, Fußball mit unseren Kleidern, die nun in wilden Knäueln durcheinander liegen. Wer sollte in diesem Haufen gestreifter Sträflingsgewänder sein Eigentum wiederfinden? Plötzlich heißt es: „Aufstehen! Anziehen!" Wir stürzen hinaus, kein Mensch findet seine Sachen, wir sind alle triefnaß. Keine Zeit zum Anziehen! Hinaus! Wir drängen splitternackt, als dampfende Säulen, in die klirrende Kälte hinaus. Bei mindestens zwanzig Minusgraden stehen wir in Reih' und Glied mit unseren nassen, bloßen Füßen auf Eis und Schnee, und wir marschieren ab: „Ein Lied, drei, vier", hinauf zum Block. „Oh, du schöner Westerwald, über deine Höhen weht der Wind so kalt, allein der kleinste Sonnenschein . . ."

Viele sind danach gestorben, viele bekamen Lungenentzündung, ich selbst holte mir nicht einmal eine Verkühlung. Da wird man nicht etwa überheblich, sondern sehr klein und demütig und dankt seinem Herrgott.

Dann kam die Epidemie, Hunderte und Hunderte wurden befallen. Eines Tages sackte auch ich im Steinbruch zusammen und wurde in das sogenannte Revier geschleppt. Bevor mir die Sinne schwanden, registrierte ich noch in meiner halben Bewußtlosigkeit, daß von einem zerknüllten Strohsack ein Toter weggeschleppt und ich darauf geworfen wurde. Nachher erzählte man mir, daß ich zwei Tage im Fieberdelirium gelegen habe. Der Chefarzt war ein Mithäftling, wir nannten ihn den Engel von Dachau und Floßenbürg. Es war der bekannte Primarius Dr. Anton Hittmair, der heute noch in Innsbruck lebt. Er konnte uns nicht helfen, denn er hatte nichts, einfach nichts; keine Medikamente, keine Spritzen. Als Mahlzeit bekamen wir einmal am Tag ein dünnes Süppchen. Wir nackte Gestalten mußten ein grauenhafter Anblick gewesen sein, lebende Gerippe. Ich selbst wog damals 41 Kilo – heute sind es 83, dies nur zum Vergleich. Aber ich überlebte!

Schon lange war ich wieder im Block. Weihnachtsabend 1939. Die Stube war überbelegt, so daß wir zu viert einen kleinen Spind, der eigentlich für einen Mann bestimmt war, besaßen. Wir konnten uns nicht rühren, wir waren wie die Sardinen in der Dose. Da gab es ein Weihnachtsgeschenk: für jeden ein kleines Semmelchen in der Größe eines Jourgebäcks. Wie oft muß ich im weihnachtlichen Kreis der Familie daran denken, wenn ich die überquellenden Gabentische der Kinder und Kindeskinder betrachte! Ist es wirklich richtig? Dieser Überfluß! Man kann es bejahen, denn schließlich weiß man nicht, was die Zukunft an Not in ihrem Schoß birgt; man kann es verneinen, denn sicher hält man Schicksalsschläge besser aus, wenn man weniger verwöhnt ist. Ich weiß nicht, was besser ist . . .

Plötzlich fliegt die Türe auf, und herein kommt der bereits erwähnte Lagerkapo mit seinen Genossen, jeder einen Prügel in der Hand. Er brüllt: „Sofort in die Betten!" In wildem Gestoße drängen wir durch die schmale Türe in den Schlafraum, während die Prügel auf Kopf und Schultern sausen. Im Saal ist es halbdunkel, je zwei Betten sind in drei Etagen aufgestellt, in denen wir zu dritt liegen, sodaß wir uns kaum rühren können, wenn wir nicht hinunterfallen wollen. Da geht die Türe auf, und der Stubenälteste kommt herein. Ausgerechnet wir waren dem berüchtigten „Bunker-Hausl" zugeteilt, der in Dachau ein Schreckensregiment geführt hatte. Jeder von uns kannte die finstere Gestalt, wenn er mit seinem auf Menschen dressierten Hund, einer Dogge, durch die Lagerstraße ging. Er war ein Hamburger Zuhälter, ein alter Mann. Jetzt brüllt er: „Zimmerdienst, antreten!" Und schon stehen die acht Kameraden, die Stubendienst haben, aufgereiht vor ihm. Er sagt: „Heute ist Heiliger Abend, auch ihr sollt eine Weihnachtsparole hören. Der Stubendienst wird sie im Laufschritt ständig wiederholen. Die Weihnachtsparole lautet: Parieren oder krepieren!" Wir liegen da, keuchend vor Wut, meine Faust umklammert die meines Nachbarn Soß. Da laufen sie, die Acht, zwischen den engen Bettenschluchten, laufen, laufen, und brüllen „Parieren oder krepieren! Parieren oder krepieren . . .!" Ich denke jetzt nicht an die armdicken Eiszapfen vor den Fenstern, nicht an die Hungerdelirien, die Träume von Luxusmahlzeiten beim Sacher oder Dehmel, aus denen wir mit vor Hunger verkrampften Mägen immer wieder aufschreckten. Ich denke an den nächsten Morgen. Der Bär brüllt, die Tür fliegt auf, der „Bunker-Hausl" kommt herein und schreit: „Aufstehen!" In diesem Augenblick bricht er zusammen, ein Schlaganfall, die Zunge gelähmt, der rechte Arm und ein Bein gelähmt. Gibt es einen rächenden Gott? Wir marschieren im Gänsemarsch an ihm vorbei, blicken dem Wehrlosen in seine wutfunkelnden Augen, und jeder von uns ruft ihm zu: „Parieren oder krepieren!" Er hört es, kann uns aber nicht an die SS verraten, denn er kann nicht sprechen, nicht schreiben.

Abschied von Floßenbürg . . . Im Ohr klingt mir noch das Abschiedslied auf dem Appellplatz, das unser Lagerführer, ein Hamburger, hoch zu Roß befohlen hatte. Wir marschierten und sangen das Hurenlied: „In Hamburg, da bin ich gewesen, ich ging nur in Sammet und Seid' . . ." Wer hätte je gedacht, daß wir uns, nach Dachau zurückgekehrt, glücklich und weinend um den Hals fallen würden, da wir offensichtlich der „Unterwelt" entronnen und in die „Vorhölle" lebendig zurückgekommen waren!

## ENTLASSUNG AUS DACHAU

Eines Abends erschienen Kameraden aus der Arbeitsvermittlung bei mir und sagten: „Hör mal, Maleta, heute mußten wir deinen Namen auf Befehl der Gestapo aus den Arbeitslisten streichen." – „Weshalb?" – „Das wissen wir nicht", war die Antwort. Was konnte das bedeuten? Natürlich Entlassung, aber das wagte man kaum zu hoffen, denn meistens war die Streichung aus den Arbeitslisten identisch mit etwas äußerst Unangenehmem; es konnte Einzelhaft, Bunker bedeuten, auch eine Verlegung in ein anderes Lager kam in Betracht; es konnte aber auch – und das war meistens der Fall – „Liquidierung" heißen. Aufgeregt sah ich dem nächsten Zählappell entgegen, an dessen Schluß immer die verschiedenen Weisungen und Kommandos mitgeteilt wurden. Nichts. Tage vergingen, ich erfuhr nichts. Was würde mein Schicksal sein? Eine ungeheure seelische Belastung war dieses Warten, besonders deshalb, weil man gelegentlich die mitleidigen Blicke der Freunde bemerkte.

Aber dann kam der große Augenblick. „Maleta, vortreten!" Wieder einmal stand ich mutterseelenallein vor dem Jourhaus, in völliger Ungewißheit. Dann kam ein SS-Mann und führte mich zur Lagergestapo. „Sie sind entlassen . . ." Wie im Traum ging ich in den Schubraum, in dem ich selbst gearbeitet hatte, empfing meine Kleider und ein lieber, alter Kamerad aus Hannover, Professor März – übrigens auch ein Kommunist –, schüttete mir seinen Schnupftabak zur letzten gemeinsamen Prise auf die Handknöchel. Da, ein Fausthieb des SS-Mannes: „Sauschädel, quatsch nicht, oder du bleibst gleich wieder hier!"

Die Lagergestapo hatte unendlich viele Vollmachten und führte oftmals nicht aus, was ihr vom „Reichssicherheits-Hauptamt" in Berlin aufgetragen wurde. Ich stand also sehr still und stumm, und wartete. Da kam plötzlich der Grüne Heinrich, ich mußte einsteigen, und wir ratterten davon. Die Zeit verging . . . Mit einem Male höre ich Straßengeräusche, Lärm, das Auto hält, der Scharführer sagt: „Aussteigen, Sie sind frei!" Die Tür öffnet sich, und ich stehe auf dem Vorplatz des Münchner Hauptbahnhofes, demselben Bahnhof, von wo aus ich vor drei Jahren die Reise nach Dachau im Viehwaggon angetreten hatte. Und im Bahnhofsrestaurant trank ich mein erstes Bier nach langer Zeit.

Damals ahnte ich nicht, daß ich nicht allzulange später als Feldwebel in meiner Gebirgsjägeruniform, auf der Fahrt von Koblenz in meine Heimat, im gleichen Saal ein sonderbares Erlebnis haben sollte.

Ich saß allein an einem kleinen Tisch. Plötzlich trat ein SS-Sturmführer zu mir: „Heil Hitler, Kamerad! Ist hier noch ein Platz frei?" – „Selbstverständlich, Sturmführer!" war meine Antwort. Jetzt erst sehe ich ihn genauer an, ich erstarre vor Schreck. Das ist doch mein Arbeitsrapport-Führer Hoffmann aus Dachau, der mir nicht nur einmal sein Rapportbuch um den Kopf geschlagen hatte. Er wartete hier offenbar auf einen Zuganschluß nach Dachau. Man wird verstehen, daß ich seinem Blickfeld schleunigst mit einer gemurmelten Entschuldigung entschwunden bin.

Noch aber ist es nicht so weit; vorläufig stehe ich als entlassener KZ-Häftling am Münchner Bahnhof und löse eine Fahrkarte in die Heimat; ganz uninteressiert blickt mir ein fremder Mann über die Schulter . . .

So bestieg ich denn in München den Zug, der mich in die Heimat führte. Die erste Zwischenstation machte ich in Linz, wo nach wie vor meine Mutter in der gleichen Wohnung lebte, von der ich bereits bei der Schilderung der Ereignisse am 11. und 12. März 1938 berichtete. Erst am übernächsten Tag sollte es nach Graz weitergehen, wo meine Frau und die kleine Tilly bei den Schwiegereltern wohnten.

Der kurze Aufenthalt in Linz gibt wieder Anlaß zu einer interessanten Meditation. Meine Mutter erzählte mir, daß sie bereits seit zwei Tagen von meiner Heimkehr gewußt habe. „Stell dir vor", sagte sie, „es klingelt an meiner Tür, und draußen steht ein junger, zackiger SS-Offizier, der Adjutant des Gauleiters Eigruber. ‚Frau Maleta', sagt er mir, ‚der Gauleiter läßt Ihnen ausrichten, daß Ihr Sohn aus dem KZ entlassen wurde'."

Also, wirklich, zu welcher Mutter eines KZ-Häftlings kommt schon der persönliche Adjutant eines Gauleiters, um eine solche Nachricht zu überbringen! Was steckte dahinter? Es hatte bestimmt keine politischen Gründe, wie ein unbefangener Leser im ersten Moment vielleicht glauben könnte. Es war ganz einfach das Verdienst meiner Mutter, die mit ihrer Resolutheit, von der ich schon berichtete, dem Gauleiter imponiert hatte. Sie war wirklich eine mutige Frau! Andererseits war Eigruber, bei aller Kritik an seiner politischen Einstellung, ein Kind des oberösterreichischen Volkes, irgendwie hemdsärmelig, urwüchsig. Meine Mutter erzählte mir von köstlichen Dialogen zwischen ihm und ihr. Sie ließ sich von den Vorzimmer-Trabanten ganz einfach nicht abwimmeln. Ein Gespräch! Der Gauleiter: „No, Frau Maleta, wie geht's Ihrem Buam?" Sie: „Gauleiter, das fragn's mich? Das will doch ich von Ihnen wissen!" In der Sommerhitze saß er in Hemdsärmeln da und zog die immer wieder hinunterrutschende Hose hinauf. Ein uriges Bild muß das gewesen sein! Der Gauleiter: „Ja, ich werde schauen, was ich machen kann." Die Mutter: „Es ist wirklich höchste Zeit!"

Solcherart waren die geschilderten Gespräche. Die Mutter muß dem Gauleiter, trotz ihrer Lästigkeit, imponiert haben. Ich habe ja von ihrem humorvoll-burschikosen Mundwerk schon in anderem Zusammenhang erzählt, etwa ihre Auseinandersetzung mit meinem Griechisch-Professor.

An der Lehre von der Vererbung muß schon etwas richtig sein, denn manche meiner politischen Gegner können über meine „Dialektik" gleichfalls ein Lied singen. Eigruber hatte sich sicher um meine Freilassung bemüht, wenngleich er damit keinen Erfolg hatte. Das ist wohl darauf zurückzuführen, daß die Gestapo ein „Staat im Staate" war, in dem selbst ein mächtiger Gauleiter das „Maul zu halten" hatte. Immerhin schickte er seinen persönlichen Adjutanten zu meiner Mutter.

Mein Freund Franz Blum hatte mich beim Abschied in Dachau gebeten, nach meiner Heimkehr seiner Frau und seiner Tochter in Linz Nachrichten zu überbringen. Das hatte ich zwar vor, aber die Durchführung war äußerst schwierig. Nach meiner Ankunft mußte ich mich natürlich bei der Gestapo melden, die in dem beschlagnahmten Kolpinghaus untergebracht war. Das erste, was der Gestapo-Mann mir sagte, war: „Jeder Kontakt mit Angehörigen Ihrer KZ-Freunde ist strengstens untersagt. Wenn Sie sich nicht daran halten, werden Sie sofort wieder ins Lager zurückgeschickt." Mir war klar, daß mein Telefon überwacht wurde, und ich bemerkte auch meinen „Schatten", der mir auf Schritt und Tritt folgte, sogar beim Friseur neben mir saß. Was also tun? Ich überlegte. Am übernächsten Tag klingelte das Telefon und die Stimme einer wutentbrannten Frau beschimpfte mich, weil ich noch nicht bei ihr vorgesprochen habe. Ich kam mit meiner Verteidigung gar nicht zu Wort. Nachträglich dachte ich: Dieses Telefonat wird die Gestapo sicher abgehört haben. Wenn ich also hingehe, wird vielleicht doch nicht so heiß gegessen werden. Gesagt, getan! Mein Besuch verlief jedoch in äußerst unerfreulicher Atmosphäre. Erwähnenswert ist nur, daß die Tochter Dr. Blums später die Frau jenes Schütz wurde, von dessen Würstelessen in der elterlichen Fleischerei ich anläßlich meines Kampfes um das Jubelseniorat berichtet habe. So ist halt das Leben . . .

## EINE „NACHT DER DISKUSSION, 13. 11. 1940"
## MIT NS-GAUSCHULINSPEKTOR HERMANN FOPPA

Schon am ersten Abend meiner Heimkehr war ich bei Hermann Foppa zum Nachtmahl eingeladen. Ich weiß nicht mehr, wieso es dazu kam; ich glaube, daß ich ihm auf der Straße zufällig begegnete. Jedenfalls war es eine tolle Angelegenheit. Hermann Foppa, Gauschulinspektor von Oberdonau, Mitglied des Reichstages, somit einer der höchsten Funktionäre der NSDAP einerseits; und der so eben entlassene KZ-Sträfling andererseits. Ich saß am gleichen Tisch, an dem ich so oft gesessen und mit ihm diskutiert hatte. Der verehrte Geschichtslehrer und sein Lieblingsschüler in einer völlig neuen Situation!

Natürlich war die Gestapo von diesem Besuch unterrichtet, denn er konnte meinem „Schatten" nicht entgangen sein. Aber man konnte wohl nicht annehmen, daß ein so hoher Parteigenosse mit einem KZler ein „staatsfeindliches" Gespräch führen würde. Wir erinnerten uns zuerst der gemeinsamen Zeit im Gymnasium, unserer gemeinsamen Reise mit Geli Raubal zu Adolf Hitler nach München, und seiner mißlungenen Befürwortung meiner Person bei den Spitzen der Christlichsozialen Partei. Der Verlauf des Gespräches war atemberaubend und hinterließ in mir einen tiefen Eindruck. Zuerst berichtete ich ihm meine Erlebnisse im KZ, er hörte mir mit ernstem Schweigen zu. Hätte er auch nur ein einziges Wort meines Berichtes verraten, so wäre ich unweigerlich wieder ins KZ gewandert!

Dann sprachen wir über die politische Lage, und ich glaubte meinen Ohren nicht zu trauen, als er mir nüchtern erklärte, daß Adolf Hitler diesen Krieg niemals gewinnen könne und bereits verloren habe. Er sprach in tiefer Sorge von dem Schicksal Deutschlands nach der Niederlage. Rückblickend erscheint er mir wie ein Visionär, der die zu erwartenden, schrecklichen Fehler der Sieger bereits vorausahnte, die wieder ihrerseits nichts aus der Geschichte gelernt hatten.

Wir sprachen offen, wie zwei im sicheren Ausland sitzende politische Beobachter. Dann redeten wir über das innere Gefüge der NSDAP in Österreich. Es war gleichsam die Fortsetzung des Gesprächs, das wir an diesem Tisch nach der Rückkehr von unserer Reise zu Adolf Hitler geführt hatten.

Nur die Situation hatte sich geändert. Er wiederholte, was er schon damals gesagt hatte: daß im Denken der sogenannten Nationalen Österreichs Adolf Hitler eben jener Mann war, der den uralten Traum dieser Menschen, nämlich den Anschluß an das Reich, verwirklichte. Er betonte, daß seine Freunde sich auch aller Schattenseiten und Mängel des Regimes bewußt waren. Aber für sie war *er* der Vollstrecker eines geschichtlichen Auftrages. Er bekannte mir dann mit bedrückter Stimme, daß er seinen Gesinnungsgenossen nicht ein einziges Wort von dem sagen könnte, was er soeben mir gesagt hatte.

Es war wahrhaftig ein aufwühlendes Gespräch. Wir hatten kein Geheimnis voreinander, und jeder konnte sich auf den anderen verlassen, denn ein Durchsickern unseres Gespräches hätte für uns beide das Todesurteil bedeutet. Gegen zwei Uhr morgens schüttelten wir einander schweigend die Hände und nahmen Abschied. Ich sehe ihn noch heute vor mir, diesen kernigen Tiroler ...

Wieder ein kleiner, unbewußter Beitrag zu meiner späteren Befriedungspolitik ... Nach 1945 hatte ich noch einmal Gelegenheit zu einer Aussprache mit Hermann Foppa.

## EINE NACHT DER ERINNERUNGEN MIT EINEM JUGENDFLIRT

Sie hieß Elfi und war ein Jugendschwarm aus meiner Gymnasiastenzeit. Ich erinnere mich der Maiandachten in der Jesuitenkirche am Freinberg, in denen die frommen jungen Mädchen zur jungfräulichen Mutter Maria beteten und sich auf ihrem Heimweg in holder Zweisamkeit in den verschwiegenen Parkanlagen davon erholten. Sie entstammte einer nationalen und überdies streng protestantischen Familie. Ihr Vater, Rechtsanwalt Dr. Plattner, war Bürgermeister von Enns. Noch immer hauste sie in der alten Wohnung ihrer Eltern im Gebäude des seinerzeitigen Cafés „Bügeleisen" in Linz. Von meinem „Schatten" wurde dieser Besuch wahrscheinlich auch nicht als „Zusammenkunft mit einer staatsfeindlichen Person" gewertet. Eher wird er sich gedacht haben, nun ja, der Bursche schleicht nach langer Gefangenschaft zu einer netten, jungen Frau. Es war eine

„Nacht der Erinnerungen", die zu politischen Meditationen geradezu verlockt. Da sitze ich, als soeben entlassener KZler, dessen oberster „Gefängnis-Boß" der Leiter des „Reichssicherheits-Hauptamtes" Dr. Ernst Kaltenbrunner war. Jener Kaltenbrunner, den ich bereits seit meiner Gymnasiasten- und Universitätszeit kannte, und dessen Konkurrent um die Gunst Elfis ich war. Das Leben spielt doch merkwürdige Stücke! Die „nationalen" und die „christlichsozialen" Kreise repräsentierten zu jener Zeit tatsächlich zwei Welten. So war Höhepunkt des Faschings für die nationalen Kreise der „Burschenbundball", an dem kein CVer oder sonstiger Schwarzer hätte teilnehmen können. Höhepunkt der schwarzen Kreise war der CV-Ball, zu dem sich natürlich auch kein Burschenschafter oder anderer Nationaler hätte verirren können. Ich entsinne mich meiner Eifersucht, über die Elfis Mutter spöttelte, wenn Kaltenbrunner Elfi zum Burschenbundball abholte; und ich erinnere mich der bösen Blicke Kaltenbrunners, wenn ich ihm mit Elfi begegnete.

Kaltenbrunner war bereits vor der Machtergreifung der illegale SS-Führer von Oberösterreich, und ich entsinne mich einer kleinen Episode. Eines Tages sahen wir einander im Café Zentral. Dort saß er mit seinen Freunden, von denen ich wußte, daß sie seine illegalen SS-Führer waren, aber niemals bewiesen werden konnte. Sie starrten mich mit feindseligen Blicken an, wobei sie sicher dachten, was ich wohl von ihrer illegalen Tätigkeit wüßte?

Ich war ihm schon früher in unserer gemeinsamen Universitätsstadt begegnet, beide in den feindlichen Couleurs eines CVers und eines Burschenschafters. Ich erinnere mich des Schreckens, der mich einmal in Salzburg befiel, wo ich mich während eines kurzen Fronturlaubs aufhielt und seiner Frau begegnete. Ich kannte sie natürlich, denn sie war die Tochter eines hochangesehenen christlichsozialen Wirtschaftsmannes. Auf ihre Frage, was ich denn treibe, antwortete ich schnell, daß ich in wenigen Tagen wieder an die Front zurückkehre, denn sicher ist sicher . . . Nach 1945 traf ich sie einmal zufällig im Linzer „Rosenstüberl". Sie tat mir leid; sie saß dort, sehr ernst, vertieft in jene Zeitungen, in denen sie von der Hinrichtung ihres Mannes lesen konnte.

In jener Nacht bei Elfi war Kaltenbrunner immerhin noch oberster Gestapo-Chef, und ich ein einfacher Ex-KZler. Aber weder Elfi noch ich konnten ahnen, daß der eine ihrer verflossenen Verehrer der künftige Präsident des Nationalrates in einem wiedererstandenen Österreich sein würde; und der andere ein vom „Nürnberger Tribunal" zum Tod verurteilter Kriegsverbrecher.

Jahrzehnte später habe ich bei der feierlichen Eröffnung der Politischen Akademie in meiner Begrüßung des anwesenden protestantischen Bischofs das Verhältnis der Protestanten zum österreichischen Staat in unserer Zeit analysiert. Ich sagte, daß heute die Protestanten völlig in das österreichische Staats- und Geschichtsbewußtsein integriert seien. Anders war es zu jener Zeit, von der ich berichte. Elfis Mutter war eine hochintelligente Frau, aber eine kämpferische All-

Deutsche und Protestantin. Persönlich bestand zwischen uns eine ganz eigenartige, intellektuelle Beziehung. Einmal in der Woche war ich bei ihr zu einem „Jour fixe". Wir diskutierten, unsere geradezu gegensätzlichen Auffassungen über Staat, Volk und Konfession. Für mich waren es wertvolle Stunden, in denen sich mein politisches Wissen abrundete und ergänzte. Gelegentlich traf ich nämlich bei ihr Pastoren, die sich natürlich sofort an der Auseinandersetzung beteiligten.

Der österreichische Protestantismus wurde damals, und zwar bereits vor der Hitler-Zeit, vom Reich her finanziell, personell und geistig unterstützt. Er war im Wandel der Zeit gewissermaßen die österreichische Filiale eines alldeutschen, anti-österreichischen, anti-habsburgischen und anti-katholischen Gedankengutes. Kein Wunder, denn im Hintergrund stand der berühmte „Gustav-Adolf-Verein". Die jungen Pastoren, die er ausbildete und nach Österreich schickte, waren Reichsdeutsche, die natürlich, das sei zu ihrer Entschuldigung gesagt, in einer ganz anderen Tradition aufgewachsen waren, und von der österreichischen Geschichte herzlich wenig wußten. So war es denn kein Wunder, daß gerade die protestantischen Gemeinden in Österreich gleichzeitig auch politische Hochburgen, zuerst der großdeutschen Partei und später dann selbstverständlich des illegalen Nationalsozialismus, waren. Alle diese merkwürdigen Phänomene sind irgendwie – zumindest ist dies meine persönliche Überzeugung – letzte unbewußte Nachwirkungen des Widerstandes der Protestanten gegen die „Gegen-Reformation". Freilich konnten jene Pastoren damals noch nicht wissen, daß später auch der gläubige Protestantismus mit dem Hitler-Regime in schwere Auseinandersetzungen geraten würde. Jedenfalls war diese künftige Entwicklung zu jener Zeit noch verborgen im Schoße der Geschichte, und man wußte noch nichts von „Deutschen Christen", einer „Bekenner-Kirche", und dergleichen mehr. Aber es war für mich, den jungen Gymnasiasten, ein zusätzliches Seminar zum Verständnis der Hintergründe der österreichischen Innenpolitik.

Auf diese geistigen Strukturen spielte ich in der oben erwähnten Begrüßungsrede an, um den ungeheuren positiven Wandel in den gegenseitigen Beziehungen auszudrücken.


## REKRUT IN VORARLBERG BEI DEN GEBIRGSKRAFTFAHRERN

Nach wenigen Tagen reiste ich weiter zu meiner Familie nach Graz, die bei den Schwiegereltern lebte. Der Schwiegervater, Hofrat Noculak, benahm sich mir gegenüber äußerst korrekt. Er war der typische altpreußische Beamte, obwohl ihn die politische Einstellung seines Schwiegersohnes sicher schwer belastete. Er war im reichsdeutschen, diplomatischen Dienst und bis zum Anschluß im Deutschen Konsulat in Graz tätig gewesen. Wir politisierten nie; ich erinnere mich nur seines Freudenausbruchs anläßlich des Juli-Abkommens 1936. Begreiflich, daß ihm damit eine Last vom Herzen genommen schien. Er konnte ja nicht wissen, daß es nur eine taktische Zwischenpause vor dem endgültigen Sturm auf Österreich sein würde.

Als erstes mußte ich mir Lebensmittelkarten besorgen. Die zuständige Magistratsabteilung befand sich im beschlagnahmten Korporationshaus der Carolina. Es war wirklich ein Bußweg. Da steht der ehemalige Senior der Carolina ausgerechnet in jenem Saal, in dem einst Tanzveranstaltungen und Festkneipen abgehalten wurden. Der Beamte schnauzt mich an: „Abmeldung vorzeigen!" – „Ich habe keine." – „Ja, wo waren Sie denn?" – „Im KZ Dachau!" Die drängenden Menschen rings um mich her weichen wie vor einem Aussätzigen zurück. Es sei mir eine makabre Vorausblendung in die Zukunft gestattet. In dem gleichen Saal meldete ich Weihnachten 1945 den Tod meiner Frau an, die einst mit mir in diesem Saal getanzt hatte. Manchmal beschert einem das Leben wirklich schwere Stunden ...

Jetzt also lebte ich in Graz, und zwar unter der schweren seelischen Belastung, daß ich und meine Familie völlig mittellos waren. Ich sehe mich noch heute auf meiner vergeblichen Postensuche, sehe die vielen Türen, aus denen ich wieder höflich hinauskomplimentiert wurde. Kein „PG". Sogar ein „KZler"! Eines Tages kam ich wieder von einer solchen Odyssee müde und verdrossen heim, da begrüßte mich meine Frau mit den Worten: „Du wirst dich freuen, oben liegt ein Brief für dich." Es war die Einberufung zur deutschen Wehrmacht. Verständlich, daß ich in meiner hilflosen Verzweiflung in einen Wutanfall geriet, den meine Frau radikal mit den Worten beendete: „Ruhig! Bist du verrückt? Wenn dich jemand hört, dann bringen sie dich um!"

Es bedurfte keiner Musterung, denn diese hatte bereits im KZ Dachau stattgefunden. Deren Ablauf ist wieder ein geeigneter Aufhänger für eine politische Meditation. Wir Häftlinge standen splitternackt vor der Kommission, wobei es für uns genüßlich war, daß eine nicht geringe Anzahl unserer Schinder, weil im gleichen Alter, ebenfalls im Adamskostüm antreten mußten. Ich komme an die Reihe. Der Vorsitzende, ein Oberst der Wehrmacht, studiert den Auszug aus meinem Gestapo-Akt, den ihm ein Beamter der Lager-Gestapo gereicht hat. Der Oberst schüttelt den Kopf und fragt: „Ja, warum sitzt denn dieser Mann eigentlich im KZ?" – Offenbar stand in dem Akt nur ein allgemeines „Wischi-Waschi". – Der Gestapo-Mann antwortete: „Er war ein Mitglied der V.F." Das waren in Österreich sicher Hunderttausende, darunter natürlich auch die Illegalen. Sie alle trugen das sogenannte „Existenzbandel" am Rockrevers. Ich spürte förmlich die Welle von Sympathie für mich bei der Kommission als Folge dieser wirklich albernen Antwort.

Der Stabsarzt flüsterte mir zu: „Was fehlt Ihnen? Was fehlt Ihnen?" Aber es fehlte mir nichts. Er schrie: „Heben Sie den Fuß!", und dann: „Fußmarod, Kraftfahrer!" Das war für mich, wie sich später herausstellte, die lebensrettende Entscheidung. Mir war sofort klar, daß die Mitglieder dieser Kommission keine „Hitlerianer" waren, sondern offensichtlich altpreußischer Tradition. Auch später verdankte ich, der bewußte Österreicher, Offizieren dieser Herkunft sehr viel. Es waren – „Herren", und keine . . .

Akten schlummern und werden dann plötzlich wieder lebendig. So las ich auf meinem Einberufungsbefehl: „Gebirgskraftfahr-Ersatzabteilung 18, Bregenz". Um die trübselige Stimmung etwas zu mildern, da ich mich bereits am nächsten Tag stellen mußte, gingen meine Frau und ich am Vorabend noch ins Kino. Wie doch der Zufall spielt! In der Kriegs-Wochenschau war intensiv und in allen Einzelheiten die Ausbildung der Wehrmachtskraftfahrer in eindrucksvollen Flimmerbildern festgehalten. Da ging es über Stock und Stein, mit Motorrädern, Pkws und Lkws, daß meine Frau ganz verzagt wurde. „Du Armer", flüsterte sie.

In den frühen Morgenstunden des nächsten Tages, noch bei Dunkelheit, landete ich in den düsteren Annensälen, wo der Transport zusammengestellt werden sollte. Es war jener Saal, in dem ich vor Jahren den festlichen Weihnachts-Kommers des Grazer CV geleitet und Engelbert Dollfuß kennengelernt hatte. Der Transportführer beglückte uns künftige Helden mit einer melodramatischen Ansprache, die dadurch eindrucksvoll unterstrichen wurde, daß er sich als eleganter „Ersatz-Willi-Birgl" präsentierte, dem er irgendwie ähnlich sah. Wahrhaftig, ein eitler Geck!

Am frühen Morgen des übernächsten Tages marschierten wir bereits vom Bregenzer Bahnhof mit unseren schweren Koffern durch die schlummernde Stadt zur ehemaligen Alpenjäger-Kaserne. Wie doch das Leben schon so spielt! Ich stand als Rekrut vor jenem Tor, durch das ich viele, viele Jahre später als Präsident des Nationalrates geschritten bin und mit allen Ehren empfangen wurde. Auf jenem Kasernenhof, wo später ein Ehrenposten für mich angetreten war, wurde ich nun auf den „Deutschen Gruß" gedrillt, mit und ohne Mütze, mit zakkigem Schritt und „Augen rechts!"

Einige Wochen später wurde ich zur dritten Kompanie versetzt, die im beschlagnahmten Kloster des Nachbarortes Lochau untergebracht war. Die vierte Kompanie war in Mehrerau, von uns mit dem Spottnamen „Gaul-Leiter" bedacht, weil dort die Rekruten nicht mit Kraftfahrzeugen, sondern Pferdewagen ausgebildet wurden. Ich erinnere mich deshalb daran, weil ich dort einmal eine Zusammenkunft der Hitler-Jugend erlebte, bei welcher ein zackiger Ha-Jot-Führer den Jungen erläuterte: „Die Schweiz da drüben, die könnt ihr Hitler-Jungen allein erobern, wenn es der Führer befiehlt!" Allen Ernstes, er sagte wirklich diesen Blödsinn!

Jeder Soldat scheut sich, dem Vorgesetzten „aufzufallen". Ich bin aufgefallen, glücklicherweise positiv. Eines Tages, nach Dienstschluß, wollte ich mit dem Postautobus nach Bregenz fahren. Der Wagen war gesteckt voll, und am Steuer saß ein blutjunger, ängstlicher Chauffeur. Zu seinem Pech war die Straße nach

Bregenz wegen Reparaturarbeiten gesperrt, sodaß der Autobus über einen kleinen, lehmigen Feldweg fahren mußte. Prompt blieb der prima Fahrer mit unserem Vehikel in einer Hecke stecken. Da schlug meine große Stunde. Ich setzte mich als frisch ausgebildeter Kraftfahrer an das Volant und steuerte den Wagen zu seiner Endstation am Bregenzer Bahnhofsplatz. Wenige Tage später beim Morgenappell: „Kraftfahrer Maleta, vortreten!" Und der Hauptmann hielt eine zündende Rede auf mich und mein Können, wobei er es natürlich als das Produkt der tüchtigen Ausbildung der KF 18 rühmte. Das war recht angenehm, denn seit dieser Stunde konnte ich wirklich „tachinieren".

Aber ich hatte nochmals Glück. Es ereignete sich während einer Schießübung auf dem Schießplatz, an dessen Ende Zielscheiben aufgezogen waren. Ich lag auf dem Bauch mit „Gewehr im Anschlag". Mein Feldwebel, der mich nicht leiden konnte, rüttelte mich an den Beinen, Schultern, Händen, und beschimpfte mich: „Wie liegst denn du blöd da? Und was hast du für dreckige Pfoten?" Er machte ein solches Spektakel, daß erst der Leutnant und schließlich auch der Major neben mir standen. „Los, schieß'!", brüllte er mich an. Drei Schüsse waren vorgeschrieben. Ich ziele: Krach – ein Zwölfer! Ich ziele wieder: Krach – ein Zwölfer! „Jetzt kannst du deine dreckigen Pfoten schon behalten!" brüllte, bereits verlegen, der Feldwebel. Ich ziele wieder, ungerührt: Krach – ein Zwölfer! Da schrie der Major den Feldwebel an: „*Sie,* Sie Trottel, das ist ja ein Schützenkönig! Was fällt Ihnen eigentlich ein?"

Ich wurde sehr gefeiert, aber jede Medaille hat eben eine Kehrseite. Kurze Zeit später meldete sich nämlich der gefürchtete General „Scharfer Schuß" aus Innsbruck zur Visitation an. Ihn interessierten nur unsere Schießkünste. Für mich hatte es den Nachteil, daß ich während seiner Inspektion bei strömendem Regen schlotternd bei jedem der Schießstände stehen mußte, die General „Scharfer Schuß" inspizierte. Da ging es zwar mit meinen klammen Fingern nicht mehr ganz so gut, aber immerhin bin ich bei meinen Künsten mit einem blauen Auge weggekommen!

Ich kenne Vorarlberg wie meine Westentasche, denn auf allen Bergstraßen, sowie den unzähligen Kurven der Pfänderstraße, aber auch im Allgäu und in den verteufelt engen Gassen von Konstanz bin ich mit meinen Vehikeln herumgekurvt. Ich besaß sämtliche Führerscheine, für Motorrad, Pkw, Lkw, Lkw mit Anhänger, und für Omnibusse; Berechtigungen, die nach 1945 in meinen zivilen Führerschein eingetragen wurden, und die ich heute noch besitze.

Dann kam das bittere Ende. Mein Kommandant wollte mich, trotz meiner ahnungsvollen Gegenwehr, zu einem Offizierskurs schicken. Das Resultat, wie von mir vorausgesehen, war ein fürchterlicher Krach. Die Gestapo schaltete sich ein, und der verdatterte Kommandant befahl sofortige Frontabstellung. Das Zwischenspiel in Salzburg werde ich nicht vergessen. Erst unlängst dachte ich bei einer Festspielaufführung, feierlich im weiß-blauen Sommersmoking, daran, daß ich in dieser Stadt in einer verschmierten, geflickten Uniform alltäglich von der Turnhalle über die Salzach zu einer Schottergrube marschiert bin und dort, genau so wie in Dachau, von früh bis spät, in Schweiß gebadet, Kies auf Lastwagen geschaufelt hatte . . .

Ich war wegen guter Leistung zum Offiziersfahrer ausersehen worden. Von Graz, wo unsere Einheit aufgestellt wurde, ging es in zügiger Fahrt über Wien, Schlesien, Breslau nach Warschau, von wo es nach einer Unterbrechung nach Krakau weitergehen sollte; dort erst sollte unserer kleinen Offiziers-Pkw-Kolonne die Mannschaft angeschlossen werden. Warschau werde ich nie vergessen, denn ich besuchte dort Stätten, die ich Jahrzehnte später als Staatsgast der polnischen Regierung wiedersehen sollte. Damals hießen die Straßen freilich anders, etwa „Straße des Sieges", und in dem Café dort spielte die Militärkapelle gerade den Schlager „Rosamunde".

Grausam in Erinnerung blieb mir bis heute mein Besuch im Warschauer Ghetto, an dessen Stelle bei meinem Staatsbesuch schon längst eine riesige Grünfläche angelegt worden war. Damals fuhr ich mit zwei Kameraden in einem kleinen Pkw ins Ghetto, weil ich mir eine Erlaubnis dazu erschwindeln konnte. Ich fühle noch heute die haßerfüllten Blicke, mit denen die verhungerten Elendsgestalten uns deutsche Soldaten musterten. Sie konnten ja nicht ahnen, daß ich selbst vor gar nicht allzu langer Zeit noch im KZ gewesen war. Ich fuhr mit steinerem Gesicht durch das grauenvolle Elend, das sich meinen Blicken bot. Jahre später wäre das nicht mehr möglich gewesen, weil dann schon die großen Kämpfe im Ghetto entbrannt waren. Aber ich sehe noch immer verzweifelte Mütter mit ausgemergelten Säuglingen und Kindern, wankende Gestalten und Tote auf den Straßen. Lebende Gerippe!

Ich mußte unwillkürlich an meine Diskussion im Haus Bruckmann, bei meinem dortigen Besuch mit Geli, denken, wo ich gesagt hatte: „Aber Sie können doch nicht alle Juden umbringen!" Offenbar doch . . . Ich will mich darüber nicht weiter ergehen, ich will nur andeuten, was wir in Rußland, in Polen, so im Vorüberfahren an Hinrichtungsstätten gesehen haben . . .

Dann ging es weiter nach Krakau, wo ich mir tiefe politische Einsichten erwerben konnte. Ich kam aus einem ganz einfachen Grund mit Menschen ins Gespräch, nämlich wegen meiner Gebirgsjäger-Uniform und wegen meines österreichischen Dialektes.

Aber über diese Begegnungen, etwa mit einem Friseur und einem Oberkellner, altösterreichische Soldaten, habe ich bereits berichtet. Es brandete geradezu eine Welle von Haß gegen das Hitler-Regime, die ich mit dem Ohr und seelischen Antennen registrierte. Jedenfalls dachte ich damals: Wen Gott verderben will, den schlägt er offenbar mit Blindheit!

Ich stehe nachts bei strömendem Regen an einer Haltestelle und warte auf die Straßenbahn. Eine ganze Menge anderer Leute wartet mit mir. Die Tramway rollt heran, völlig leer, ich steige ein, aber ganz allein! Auf den Fensterscheiben steht ja geschrieben: „Nur für Deutsche". Ich spüre den Haß in meinem Rükken . . .

Ich fahre mit meinem Pkw zum Strandbad, und beim Eintritt lese ich auf großen Tafeln: „Nur für Deutsche". Ich denke, mein Gott, die sind ja wirklich wahnsinnig!

Mein Chef, nämlich Dr. Pallauf, war in Zivil Rechtsanwalt in Salzburg; und der Freund eines gewissen Dasch. Wir besuchten diesen daher auf unserer Durchfahrt in Krakau, weil er dort kommissarischer Leiter des Besatzungsblattes *Deutsche Zeitung* war, die in der beschlagnahmten Großdruckerei hergestellt wurde. Ich stand damals als Chauffeur unbeachtet neben den beiden . . . Nach 1945 bin ich dem guten Dasch, als er Besitzer der *Salzburger Nachrichten* war, in meiner Eigenschaft als Herausgeber der *Oberösterreichischen Nachrichten* begegnet. Wer hätte das damals ahnen können?

Krakau – ich will nicht viel erzählen von den heiteren Seiten jener Zeit, die meine Freunde, alle Offiziersfahrer, und ich gemeinsam erlebten. Aber ich denke an unseren Schwarzhandel unter den „Lauben", mit dem wir unsere Brieftaschen füllten, so daß wir mit unseren Pkws den Damen begehrenswert erschienen. Und ich denke an den wütenden Hauptfeldwebel, wenn wir ohne Ausgangsschein in den frühen Morgenstunden heimkehrten, weil wir uns auf unseren Fahrbefehl berufen konnten. Natürlich waren wir schon längst von unseren Offizieren freigegeben, aber die mußten den Mund halten, weil sie uns für ihre Eskapaden dringend benötigten. Alkohol, Frauen, Mulatsags . . . Aber Schwamm drüber! Ich denke lediglich daran, daß ich einmal als Chauffeur von acht Uhr abends bis vier Uhr früh vor dem Quartier meines Chefs ausharren mußte. Da ich nicht nur sein Fahrer, sondern auch sein Pfeifendeckel war, hatte ich ihn des Morgens abzuholen und die Wohnung in Ordnung zu bringen. Zersplitterte Gläser, verschütteter Wein, ein Schnarchen aus dem Nebenzimmer. Um Gottes Willen, wir sollten doch schon längst auf dem Weg in die Kaserne sein! Ich reiße die Türe auf, zerwühltes Bett, die nackte Kehrseite einer Frau leuchtet mir entgegen. Ich schreie den Chef an, klatsche ihr eine auf den Hintern und brülle: „Raus!" Muß ein solcher Chef nicht seinen Pfeifendeckel vor dem Hauptfeldwebel schützen? Doch nochmals, Schwamm drüber! Es gäbe noch viel amüsantere Episoden zu berichten.

Nebstbei bemerkt, meine Chauffeure heute haben es nicht leicht mit mir! Ich sage es ihnen gleich bei Dienstantritt: „Ersparen Sie sich alle branchenüblichen Finten, Ausreden; mir können Sie nichts erzählen, denn ich war selbst Chauffeur, verehrter Herr Kollege!" Schließlich bin ich durch Jahre tagtäglich am Volant gesessen, bei Sommerhitze, bei Schnee und Regen, auf einsamer Steppe und auf wilden Bergstraßen. Ich kenne somit den ganzen „Schmäh", den man einem ahnungslosen Chef erzählt . . .

Einmal fuhr ich von Krakau mit meinem Chef nach Salzburg, und zwar ohne Unterbrechung. Im Morgengrauen, knapp vor Salzburg, konnte ich wirklich nicht mehr weiter. Ich streikte einfach: „Wenn Sie sich durchaus das Genick brechen wollen, dann befehlen Sie mir jetzt die Weiterfahrt", sagte ich. Er hatte Verständnis. Und wo landeten wir? In Parsch, im Gasthof Eder bei der „Edermutter", der nach 1945 eine Hochburg der ÖVP-Funktionäre wurde, und wo ich bei jedem meiner Salzburger Besuche wohnte. „Die Welt ist rund und muß sich drehen", so heißt es doch im Lied.

Dann ging es in die Ukraine, mit vorläufiger Endstation Krementschuk am Dnjepr. Eines Tages hatte ich auf der Ortskommandatur zu tun, wo ich auch Offiziere der Wlassow-Armee traf. Sie schienen alle bedrückt! Das schreckliche Schicksal und Ende dieser Armee ist ja bekannt!

Eines kann ich jedenfalls aus eigener Erfahrung sagen. Die Ukrainer hatten alle ihre nationalen Hoffnungen auf die deutschen Invasoren gesetzt. Sie erhofften sich durch deren Hilfe die Errichtung eines selbständigen ukrainischen Staates. Welcher Wahnsinn der nationalsozialistischen Führung war ihre Haltung diesen ukrainischen Separatisten gegenüber! Welche Chancen wurden vergeben! Ich erahnte das künftige Geschehen und erschrak über das Benehmen der deutschen Offiziere diesen Männern gegenüber. Ich erlebte es selbst, wie ein deutscher Major einen Wlassow-Offizier anbrüllte, der mindestens im Rang eines Obersten war.

Mit dem folgenden Bericht ergibt sich wieder die Möglichkeit zu einer politischen Meditation. Mein Kommandeur, Major Bardosch aus Salzburg, war zu meinem Pech illegaler „SA-Standartenführer" (Oberst) in der österreichischen Legion. Auch seinen Adjutanten hatte er sich von dort mitgebracht. Die beiden wußten, daß ich ein KZler war. Eines Tages entging ich nur knapp dem Tode. Wir hatten unser Quartier in Häusern aus gebranntem Lehm aufgeschlagen und lagen schon längst auf unseren Stockwerksbetten. In einem großen Zimmer nebenan feierten unsere Offiziere einen wilden Mulatsag, bei dem der Alkohol in Strömen floß. Plötzlich krachen Schüsse, weil sie sich mit einem „Scheibenschießen" auf ein Portrait des sowjetischen Marschalls Timoschenko vergnügten. Die Kugeln durchschlagen die Zwischenwand aus Lehm. Wir lassen uns auf den Boden fallen und robben zur Tür. Plötzlich brüllt jemand: „Maleta!" Es war der Kommandeur. Ich stehe Habtacht vor ihm: „Jawohl, Herr Major!" Er wankt betrunken, mit gezogener Pistole, auf mich zu, füllt ein Wasserglas mit Wodka und befiehlt: „Austrinken!" Ich schlucke verzweifelt das Gesöff hinunter und spüre sofort, wie sich mein Hirn vernebelt. Er hält mir noch immer die Pistole an die Brust und schreit: „Aus dem Kerl werde ich noch einen Nationalsozialisten machen! Du Schwein! Warum warst du gegen den Führer?" Meine Offiziere waren erstarrt vor Schreck und wurden jäh nüchtern. Sie suchten ihn zu beruhigen, doch da sagte er zu ihnen: „Seid still, wenn wir den Krieg verlieren, dann ist dieser Kerl wieder oben!" Diese

Äußerung im Rausch zeigte, daß dieser fanatische Nazi tiefe innere Zweifel am „Siegfrieden" hatte . . . Ich stottere, schon verwirrten Geistes, die blödsinnige Antwort: „Weil der Führer den Krieg bedeutet!" „Ha!", schreit der Major, „und was haben die Engländer gemacht, als sie ihr Weltreich aufbauten? Jetzt bauen *wir* das germanische Weltreich der Zukunft!" In diesem Augenblick durchzuckte mich ein rettender Gedanke. Ich spielte den voll Betrunkenen, sackte zu Boden und streckte alle Viere von mir. Das war meine Rettung! Meine Freunde, darunter auch zwei illegale Nationalsozialisten, schleppten mich schleunigst hinaus und brachten mich in Sicherheit.

Nun ja, der Alkohol! Mit Schrecken denke ich an meine feierliche Aufnahme ins Unteroffizier-Korps im tiefen Rußland. In der Mitte der Kantine stand ein Essenkessel voll mit Wodka. Der Koch hielt seinen Schöpfer in der Hand, füllte ihn mit Wodka, steckte mir einen Trichter in den Rachen und goß mir die Flüssigkeit erbarmungslos in den Schlund. Was sollte ich tun? Ich schluckte, schluckte verzweifelt . . . Man erspare mir eine Fortsetzung des Berichtes.

In Krementschuk begegnete ich eines Sonntags einem Gefreiten der Luftwaffe. Wer war es? Der spätere Bundesminister für Bauten in der Zweiten Republik, mein Freund Dr. Vinzenz Kotzina. Wir sprachen von der Heimat, von der Zukunft, während ich ihn aus unserer Kantine, die mir unterstand, mit Speis und Trank versorgte. Aber Krementschuk . . . Jetzt ist die größte und eindrucksvollste Meditation fällig, denn es handelt sich um den Bericht über ein Geschehen von geradezu einmaliger Art.

Eines Tages – ich fuhr mit unserem Kombiwagen, neben mir ein Gefreiter, seines Zeichens Fleischhauer aus dem Rheinland, – kommen wir zu einem großen, mit Stacheldraht umzäunten Platz. Drinnen eingepfercht, wir trauen unseren Augen und Ohren nicht, Frauen, nichts als Frauen! Sie schreien, sie toben; neue Lastwagen kommen und speien weitere Fuhren aus, Frauen, nichts als Frauen. Jetzt verstanden wir: diese Frauen waren für den Transport nach Deutschland bestimmt; die Heimatfront brauchte Arbeitskräfte, Fremdarbeiter für die Fabriken. Die SS hatte sich ein recht einfaches Rezept zurechtgelegt. Sie umzingelte den Wochenmarkt in Krementschuk, trieb alle Frauen zusammen und schleppten sie, trotz ihres verzweifelten Widerstandes, zu den Lastwagen. Es waren meist junge Frauen, darunter wohl Mütter, deren kleine Kinder daheim nach ihnen schrien. Sollen sie halt krepieren! „Führer befiehl, wir folgen!"

Tief erschüttert starrten Martin und ich auf dieses Bild. Wir fuhren weiter, durch einsame Straßen, plötzlich rasen in wilder Flucht drei junge Frauen um die Ecke. Ich springe heraus, schreie sie an „Rasch, hinein!", und reiße die Tür des Kombiwagens auf. Bleich vor Schrecken sitzt Martin neben mir. Ich fahre los, er sagt nur: „Mensch, Mensch!" Wir nähern uns der Sperrkette der SS, ich fahre langsam – das Herz klopft zwar zum Zerspringen –, aber äußerlich ruhig darauf zu: „Heil Hitler!" – „Heil Hitler!" – Wir passieren die Sperrlinie – Gebirgsjäger wurden selbst bei der SS respektiert. Einige Straßen weiter, nach vorsichtigem Herumblicken, lasse ich die drei Frauen aussteigen. Sie wollen mir die Hand küssen, fallen in die Knie, ich schreie sie an: „Verschwindet! Rasch, rasch!" Ob sie die Worte verstehen, weiß ich nicht, aber die Gesten haben sie verstanden. Weg sind sie.

Jahre später fliege ich über die Ukraine zu meinem offiziellen Besuch in die Sowjetunion. Ich blicke hinunter und denke an die drei jungen Frauen. Ob sie noch leben? Vielleicht als Babutschkas, die Enkel auf den Knien. Ob sie noch an die beiden deutschen Soldaten denken? Vielleicht . . .

Und nun eine heitere Episode. Es ist die Geschichte der sonderbarsten Beichte meines Lebens. Unsere Einheit war auf dem Marsch nach Kiew, da wird mein Motor widerborstig, streikt und man läßt mich allein zurück. Zum Glück hatte ich damals nicht nur Fahr-, sondern auch noch etliche motorische Kenntnisse. Jedenfalls tuckerte ich nach kurzer Pause in ein kleines ukrainisches Dorf, wo ich mich, wie es Vorschrift war, beim Ortskommandanten melden mußte. Oh Gott, schon vor der Türe hörte ich die laute Stimme des Hauptfeldwebels brüllen, der gerade aus versprengten Soldaten, wie ich einer war, eine Einheit zur Partisanenbekämpfung zusammenstellen wollte. Was tun? Ich wollte weder von Partisanen geschunden und umgebracht, aber auch nicht als Deserteur behandelt werden. Abgesehen davon mußte ich mich irgendwann einmal melden, allein schon wegen der Verpflegung. So ging ich ziemlich trübsinnig durch die Dorfstraße. Da sehe ich an der Tür einer strohgedeckten Lehmhütte einen maschingeschriebenen Zettel, auf dem steht: „10 Uhr Heilige Messe". Christkönigstag! Ich trete ein in den noch leeren, weiß getünchten Saal mit gestampftem Lehmboden. Ich setze mich auf eine Holzbank, vor mir ein Tisch mit einem Kruzifix, ein improvisierter Altar. Da öffnet sich die Tür und herein tritt ein Offizier, der mich mindestens um einen Kopf überragt. Ich schaue ihn entgeistert an. Es ist ein katholischer Feldgeistlicher, von denen es in der deutschen Wehrmacht nur ganz wenige gab. Er sieht mich, fragt: „Sie wollen zur Messe?" – „Ja." – „Hinsetzen, beichten!" Schon zieht er aus der Hosentasche eine kleine Stola heraus und kommandiert: „Anfangen!" Servus, denke ich. Ich wußte wirklich nicht, ob ich jetzt lachen oder mich in meine Sünden versenken sollte. Wieder: „Anfangen!" Nun, da kratzte ich in der Eile ein paar Sünden zusammen und beichtete! Mittlerweile hatte sich der Saal gefüllt, der Feldgeistliche hatte sich umgekleidet, ein ministrierender Soldat bereitete alles vor. Die Messe beginnt. Plötzlich unterbricht der Geistliche sein lateinisches Gemurmel und ruft: „Wo ist der Mann, der eben gebeichtet hat?" – „Hier!" – „Herkommen, an meine Seite!" Und schon stehe ich neben ihm auf der Epistelseite des Altars. Da, meine Augen bleiben auf dem Gesicht eines Feldwebels in der ersten Reihe hängen! Das ist doch der lautstarke Feldwebel mit seinem Partisaneneinsatz! Auch er hat mich natürlich schon längst gemustert. Rasch arbeiten die kleinen grauen Zellen im Gehirn, wie es in den Kriminalromanen der

Agatha Christie von ihrem Detektiv Poirot so schön heißt. Ich denke, der ist bestimmt kein wilder Nationalsozialist, vielleicht ein katholischer Rheinländer. Er wird mich nicht gleich fressen, wenn ich mich bei ihm melde. Also, die kleinen grauen Zellen haben recht behalten! Wir feierten ein Festgelage, und von einem Partisaneneinsatz war nicht mehr die Rede, sondern ich tuckerte mit meinem Vehikel weiter, wohlversorgt mit Speis und Trank und Zigaretten.

Als ich meine Einheit endlich wieder eingeholt hatte, da war sie auf der Fahrt nach Charkow. Wir machten Zwischenstation bei einer ehemaligen sowjetischen Panzerkaserne, in der schon deutsche Artillerie untergebracht war. Die Offiziere luden unsere zu Gast. Das Ganze endete mit einem wüsten Saufgelage, nach dessen Schluß nicht nur ich, sondern auch mein damaliger Chef, ein waschechter Kieler mit dem schönen Namen Krauthammer, von uns „Krauthappel" genannt, knapp am Tode vorbeigingen. Es war eine stürmische, regnerische Nacht, für die Mannschaft war unter einem Flugdach eine Gulaschkanone aufgefahren. Wir Fahrer warteten sehnsüchtig auf den Aufbruch. Endlich war es so weit, unsere Pkws standen aufgereiht, Stabszahlmeister Krauthammer hatte bereits neben mir Platz genommen. Da torkelte plötzlich der bereits erwähnte Adjutant ans Seitenfenster, beschimpfte mich wieder als KZler, zog seine Pistole und löste im Rausch einen Schuß aus. Die Kugel zischte an der Nase Krauthammers vorbei und durchschlug vor mir die Windschutzscheibe. Ich trat aufs Gas, schrie Krauthammer zu: „Die können mich wirklich . . ." und preschte davon. Ich konnte mir das leisten, denn mein Nachbar war ebenso wütend wie ich. Jahre später habe ich ihn einmal in Kiel, knapp vor seinem Tod, anläßlich eines CDU-Kongresses besucht.

Charkow war eine riesige Stadt, die ich auf Grund meiner täglichen Fahrten wie meine Westentasche kannte; zu meinem Glück, wie es sich bald zeigen sollte. Ich sehe noch die verschneiten, vereisten Straßen vor mir, die kleinen russischen Häuschen in den Vorstädten . . . Eines Tages bekam meine Einheit den Verlegungsbefehl nach Kiew, wobei ich mit meinem Kombiwagen und meinem Begleiter Martin zurückbleiben mußte. Ich sollte nämlich bei der Auflösung der großen Marketenderei möglichst viel Cognac, Schnäpse, Rauchwaren etc. ergattern; auf welche Weise, das überließ man meiner Schläue. Kaum war meine Einheit abgezogen, da wurde Charkow zur befestigten Stadt erklärt und kein Soldat durfte mehr die Stadt verlassen. Charkow sollte, wie später Stalingrad, bis zum letzten Mann verteidigt werden. Da saßen nun Martin und ich belämmert und überlegten, was zu tun sei. Ich dachte nicht im Schlaf daran, diesen Befehl zu befolgen und erläuterte Martin meine Fluchtgedanken, wobei ich mich auf meine Ortskenntnisse verließ. Es war eines meiner abenteuerlichsten Erlebnisse. Wir gondelten los, begegneten zusammengetriebenen Soldaten, die zu neuen Kampfeinheiten formiert wurden; und näherten uns einer Ausfallsstraße. Aber da konnte keine Maus mehr durch, weil sie von Waffen-SS besetzt war. Also rasch verschwinden, aber was tun? Da fiel mir ein Fabriksgelände ein, das ziemlich an der

Peripherie der Stadt lag. Gedacht, getan! Wir polterten, rumpelten und humpelten durch die unsagbar engen, vereisten und zerbombten Gassen, und landeten schließlich bei einem großen Fabrikstor, das allerdings verschlossen war. Zum Glück hatte ich eine kleine Axt bei mir, mit der wir das Schloß zertrümmerten und in das Fabriksgelände fuhren. Mensch, wenn die uns jetzt erwischen! Aber dann, oh Glück, erreichten wir freies Feld, vor uns lag die vereiste Steppe. Ich fuhr langsam los, nicht umsonst hatte ich das Fahren auf Schnee und Eis von der Pike auf erlernt. Da, plötzlich, wir waren schon auf offenem Gelände, von der Nacht geschützt, da . . . Fliegerangriff, Leuchtraketen, taghell liegt das Land da! Dort, die SS-Sperre, und wir weithin sichtbar! Ich fuhr tatsächlich um unser Leben, denn wenn sie uns bemerkten, dann hätte man uns sofort standrechtlich erschossen. Da streikt der Motor. Vereisung. Wir kriechen unter den Wagen und suchen verzweifelt im eisigen Sturm nach der Fehlerquelle. Ich weiß nicht mehr, was es war, aber jedenfalls sprang der Motor wieder an. Wir fuhren weiter. Gerettet!

In einer Ortschaft, sie hieß, glaube ich, Kobljaki, fanden wir Quartier. So erschöpft, so tief und traumlos, hatte ich schon seit langem nicht geschlafen! Am nächsten Morgen wollten wir nach Kiew weiterfahren. Da, plötzlich, die Schleusen des Himmels öffnen sich, der Winter ist wie weggeblasen, und das ganze, ohnehin schon unwegsame Land versinkt in Schlamm. Damals hatte ich meinen Wagen den „Schlammtaucher" getauft. Ich habe heute noch ein Foto dieses Gefährts.

Aber des Unheils war kein Ende. Der Motor streikte wieder. Er war kaputt. Doch wie man auch im Unglück Glück haben kann: da kam ein Raupenschlepper daher, der uns mit einer langen Kette anhängte. Dann preschte er los, über Stock und Stein, daß wir rückwärts hin- und herflogen wie das Spielzeugauto eines kleinen Kindes, das an einer Spagatschnur mitgezogen wird. Finstere Nacht. Windschutzscheibe total verdreckt. Ich will etwas bremsen, der Ölschlauch reißt. Ich öffne das Seitenfenster und sehe, daß uns ein Kraftfahrer entgegenkommt. Ich ziehe die Pistole, schieße, schieße, glücklicherweise bemerkt er es und veranlaßt die Wahnsinnigen vorne im Fahrerhaus des Raupenschleppers stehen zu bleiben. Nun, wir gelangten dann doch nach Kiew, freilich ohne den gewünschten Alkohol. Dort hatten wir unser Quartier bei dem berühmten Lawra-Kloster, das ich Jahrzehnte später als Staatsgast der Sowjetunion besichtigen konnte, allerdings ohne zu beichten, wieso und weshalb ich es bereits gründlich kannte.

Angesichts des bereits beträchtlichen Umfanges des Berichtes aus meiner Militärzeit möchte ich mich wirklich nur auf jene Erlebnisse beschränken, die eine politische Schlußfolgerung ermöglichen, oder aus sonstigen Gründen äußerst interessant sind.

Eines Tages verschlug mich das Schicksal nach meiner Entlassung aus dem Feldlazarett für kurze Zeit nach Graz in die Dominikanerkaserne. Dort war ein Hauptfeldwebel, den man in seinem kleinen Wirkungsbereich gleichfalls zu den

Totengräbern des NS-Regimes rechnen konnte. Wir hatten eine Kompanie sogenannter „Hiwis", das waren Hilfsfreiwillige, die aus Kriegsgefangenen rekrutiert
wurden. Statt aus Klugheit diese fremdländischen Soldaten gerecht zu behandeln,
schikanierte sie unser Hauptfeldwebel in geradezu aufreizender Weise. Er ließ sie
hin und her rennen, dann löste er seine Pistole vom Gürtel und warf sie ihnen mit
dem Befehl zu, sie aufzufangen. Ein Wunder, daß keiner sie packte und den Kerl
damit niederschoß!

Ich wollte zurück zu meiner alten Einheit und spielte daher Schicksal, wie ich
es ja immer wieder, in allen Lebenslagen, versuchte. „Überleben" war nun einmal
in der Nazizeit meine Parole. Das hatte ich mir auch seinerzeit bei meiner Verei-
digung auf den Führer insgeheim geschworen, angesichts der Reichsflagge, die
seit meiner KZ-Zeit ja für mich ein Sklavensymbol darstellte. Kurz und gut, ich
landete in Niš bei meiner alten Einheit. Dort befreundete ich mich mit einem jungen Unteroffizier namens Walter Koschatzky. Er ist der heutige Direktor der
Wiener „Albertina", dem ich bei seinem Aufstieg über das „Joanneum" in Graz
nach Wien ein wenig helfen konnte.

Anläßlich meines 70. Geburtstages machte er mir ein zauberhaftes Geschenk: es war ein Auszug seines Tagebuches aus der Kriegszeit, mit jenen Passagen, die er über mich geschrieben hatte.

Das Leben treibt wirklich bunte Blüten! Eines Tages, beim Morgenappell in
Niš, rief der Kommandant: „Feldwebel Maleta, vortreten!" – „Jawohl, Herr
Hauptmann!" – „Sie übernehmen ab zwölf Uhr Mittag für vierundzwanzig Stun-
den das Wehrmachtspuff, mit sieben Mann und dem Sanitäts-Unteroffizier!"
Dieses Lokal war im beschlagnahmten, größten Hotel der Stadt untergebracht, in
dem sich auch das Soldatenheim befand. Jetzt blende ich viele Jahre voraus: Als
Generalsekretär der Partei war ich öfter in Schruns in Vorarlberg zur Kur. Eines
Sonntags gehe ich zur Messe. Vorne steht ein Priester mit einer wunderbaren
Stimme. Ich denke, den mußt du doch kennen, das ist doch mein Sanitäts-Unteroffizier aus Niš, Hochwürden Campestrini! Ich traf mich mit ihm und sagte dann
ganz beiläufig: „Emil, erinnerst du dich noch unsere Puff-Kommandos?" – „Sei
still!" pfauchte er mich an. Nun ja, dieses Kommando war für ihn als Priester
wahrhaftig nicht einfach gewesen! Man unterlasse mir die Schilderung seiner Ob-
liegenheiten . . . Wenn seine Schäflein davon eine Ahnung gehabt hätten!

Eines Morgens hörten wir vom Attentat des Grafen Stauffenberg auf den Führer in der Wolfsschanze. Unsere Einheit war angetreten, aber ein wenig lässig in
einer Schlangenlinie. Die Offiziere hatten eine leicht belegte Stimme, aus der
man leise Befürchtungen erkennen konnte. Kein Zweifel, daß es Schwierigkeiten
gegeben hätte, wenn durch die Ereignisse in Berlin die Nationalsozialisten die
Angelegenheit nicht so rasch in den Griff bekommen hätten. Unsere Soldaten
waren alle Reservisten und als Taxi-Chauffeure, Kraftwagenmonteure etc. fast
alle Sozialisten. Mir gegenüber, als ehemaligem KZler, sprachen sie ganz offen,

wie sie sich bei einer allgemeinen Meuterei verhalten hätten. In diesem Zusammenhang ist wieder eine politische Meditation am Platz.

Ich erinnere mich unseres Einmarsches in die Sowjetunion. Damals waren sie alle neugierig, das „Paradies" der Arbeiter kennenzulernen, von dem sie überzeugt waren. Aber der Einblick in die dortigen Verhältnisse war für diese Marxisten eine ungeheure Ernüchterung. Zu diesem damaligen Zeitpunkt waren sie sogar – und ich weiß das aus unzähligen Gesprächen – irgendwie im Schwanken, ob Hitler nicht doch recht hätte. Ich hatte fast Mühe, daß sie sich nicht zum Nationalsozialismus bekehrten, wobei ich ja sehr vorsichtig sein mußte. Anders am Balkan; da hatten sie sogar illegale Kontakte zu den Partisanen, die ich ihnen ausredete, weil sie nach meiner festen Überzeugung äußerst gefährlich werden konnten.

Der Rückzug über das Balkangebiet, über gesprengte Brücken, durch halsbrecherische Kurven, in Nachtfahrten ohne Licht, barg alle Gefahren. Immer wieder gab es Feuerüberfälle, und immer wieder stürzten Autos in die Schluchten, wenn die Straße eine scharfe Kurve machte, die man ja mangels Licht nicht sehen konnte. Eines Morgens – wir fuhren auf schlechter Straße im Gänsemarsch durch ein Kukuruzfeld – ertönte plötzlich ein Pfiff, und wilde, bärtige Gesichter wuchsen aus den Kukuruzstauden, mit modernen Maschinenpistolen in den Händen. Krauthammer neben mir sagte: „Jetzt ist's aus!" Aber es war nicht aus, wie nachfolgende politische Meditation beweisen wird. Es waren nämlich nicht Tito-Partisanen, sondern solche des königstreuen Generals Mihajlović. Diese schossen auf Deutsche nur im Vormarsch, nicht aber auf dem Rückzug, auf dem wir uns befanden.

Das erzählte ich Jahrzehnte später Marschall Tito bei seinem Staatsbesuch in Wien, bei dem ich als Gast des Bundespräsidenten neben ihm saß. Er lachte herzlich darüber. Vielleicht war das die Ursache eines Anliegens, das mir Jahre später der jugoslawische Botschafter in seinem Auftrag überbrachte. Es ist öffentlich unbekannt geblieben, weil ich damals lediglich den Außenminister informierte, der heute Bundespräsident ist. Im Fortsetzungsband meiner Memoiren werde ich darüber berichten.

Der Zufall führte uns nach Radkersburg, wo ich Graf Stürkh, damals Rittmeister, kennenlernte und oftmals Gast in seinem Schloß Halbenrain war. Beide wußten wir damals nicht, daß wir einander kurze Zeit später als Nationalräte der Volkspartei begegnen würden. In Radkersburg ereilte mich, wie ein Blitz aus heiterem Himmel, meine Versetzung nach Marburg zur Frontleitstelle. Damit beginnt eine abenteuerliche Geschichte.

Ich erhielt dort einen Marschbefehl zu einem anonymen „Stab Linke". Ich hatte keine Ahnung, was es mit diesem Stab für eine Bewandtnis habe. Jedenfalls reiste ich per Anhalter zu einem sogenannten Frontabschnitt Nagykanizsa, einem ungarischen Städtchen an der südburgenländischen Grenze. Plötzlich sah ich nur mehr SS-Truppen; sogar die Feldgendarmerie wurde von SS gestellt. Mir wurde reichlich unbehaglich. Immerhin war ich zu einer Wehrmachtskompanie versetzt! Glücklicherweise hatte der gute Alfred sich in der letzten Kommandantur mit Hilfe des Hauptfeldwebels reichlichst mit Schnaps und Zigaretten eingedeckt, was sich später als lebensrettend herausstellen sollte. Kurz und gut, ich landete bei der SS-Division Hantschar, die aus jugoslawischen Kriegsgefangenen zusammengestellt war. Das fehlte mir gerade noch, so dachte ich, daß ich als ehemaliger KZler, bei einer eventuellen Gefangennahme durch die Russen, mit einem Angehörigen der SS verwechselt würde! Meine Wehrmachtsbluse hätte mir dabei wohl nichts genützt. Mit einer Feldküche fuhr ich bei Nacht zu meiner Kompanie, die in einem Wäldchen untergebracht war. Ich wurde Kommandant eines Erdbunkers, der nichts anderes als ein Erdloch, zugedeckt mit Zweigen, war. Es brannte ein spärliches Funserl, das den Kameraden ihre Suche nach Läusen erleichtern sollte. Ich meldete mein Eintreffen beim Kompaniegefechtsstand mit folgenden Worten: „Hier Arschbunker (Tarnbezeichnung), Feldwebel eingetroffen!" Wir hatten ein Maschinengewehrnest und keine fünfzig Meter vor uns lagen die Russen. Nun ja, es waren ungemütliche Tage . . . Da, plötzlich kam meine Versetzung zurück nach Marburg. Oh, wie dankte ich meiner vorsorglichen Verproviantierung, die ich bei der Anmeldung im Bataillonsgefechtsstand so günstig hatte verwerten können. Wahrscheinlich war ich der einzige, der aus dem „Arschbunker" lebend davongekommen ist.

Ich komme jetzt zum Schluß. Nach längerem Hin und Her, bei dem ich bei der Kommandantur in Graz wieder ein wenig das Schicksal in den Griff zu bekommen trachtete, landete ich wieder bei meiner Einheit. Dazwischen lagen abenteuerliche Tage mit einem Kameraden. Wir zottelten mit einem Pferdewagen durch die Gegend, in Leoben an aufgehängten Deserteuren vorbei.

Der Abschied von Leoben bleibt mir in Erinnerung. Meine Frau war gleichfalls dorthin geflüchtet, mußte aber auf dieser Flucht einen ungeheuren Schock erlitten haben. Lange stand ich beim Abschied von Leoben oben in der Höhe auf der Straße und blickte zu ihr zurück. Wir hatten vereinbart, daß wir uns beide nach Bad Ischl zu Verwandten durchschlagen und dort treffen wollten.

Endlich fand ich meine Einheit, die mit einem Güterzug kreuz und quer und sinnlos durch die Gegend fuhr. In Maria Saal gab es eine mehrtägige Pause. Da gondelte ich per Rad nach Klagenfurt und suchte den früheren Staatssekretär Großauer, um mit ihm die politische Entwicklung zu besprechen. Er war jedoch in Taxenbach bei Maria Saal, wo dieses Gespräch dann auch stattfand.

Vor Leoben geriet ich in die zurückflutende, in völliger Auflösung begriffene Armee. Mein Auto stürzte ich in einen Bach und marschierte zu Fuß nach Liezen weiter. Dort staute sich alles an der Murbrücke, weil die Amerikaner, welche die Brücke besetzt hielten, niemanden hinüber ließen. Viele Soldaten, auch Rotkreuzschwestern, zogen sich aus und versuchten, den hochwasserführenden, obendrein eiskalten Fluß zu durchschwimmen. Da saß ich nun und dachte: Was tun? Aber meines Vaters Sohn fiel wieder etwas ein! Ich marschierte einfach über Stock und Stein, durch wildes Ufergebüsch, etliche Kilometer flußaufwärts. Da lag denn auch ein Fischerkahn, den ich bestieg und ans andere Ufer hinüberruderte. Zutiefst erschöpft habe ich dann wohl etliche Stunden geschlafen. Aber ich war trocken geblieben und hatte im Rucksack alles, was ich brauchte. Das gab ein „Hallo" beim Wiedersehen mit meinem Major, als dieser nackt, naß und schlotternd vor mir stand!

Jetzt hebt sich der Vorhang über den letzten Akt, den ich im Dritten Reich erlebte. Er endete, so wie der erste Akt begonnen hatte, mit schwer bewaffneter SS. Auf einem riesigen Feld, das von Amerikanern umzingelt war, standen Hunderte Lkws, in die wir steigen sollten. Es war die Geburtsstunde eines Gefangenentransportes. Ich schlenderte zwischen den offenen Lkws hin und her, die mir alle nicht gefielen, weil sie mir in der bevorstehenden, kalten Mainacht zu wenig Schutz zu bieten schienen. Da erblickte ich einen Feldpost-Autobus und dachte: Das ist das Richtige, da drinnen friere ich nicht. Gedacht, getan. Ich reiße die Tür auf, springe hinauf – und erstarre! Der Feldpost-Autobus war von Waffen-SS besetzt, die trotz des Befehls der Amerikaner ihre Waffen nicht weggeworfen hatte. Also gute Miene zum bösen Spiel!

Wir fuhren dann durch Liezen, auf dessen Dächern bereits die rot-weiß-roten Fahnen, worunter noch die Konturen des Hakenkreuzes sichtbar waren, flatterten. Die SS-Leute fluchten über die ostmärkischen Schweinehunde: „Wir werden wiederkommen und sie alle an die Wand stellen!" Ich heulte fleißig mit den Wölfen mit, denn schließlich wollte ich nicht in der allerletzten Stunde noch als „Hochverräter" gekillt werden. So ging die Fahrt dahin, und wir kamen nach Gmunden.

Wir rollen durch das Stadttor, am Rathausplatz stockt die Kolonne. Ich denke: „Jetzt haust ab! Hier wirst du sicher viele politische Freunde treffen, die dir weiterhelfen werden." Ich reiße die Tür auf, springe hinunter und rufe zurück: „Heil Österreich!" Schon rollte die Kolonne weiter, die Straßen sind menschenleer, aber eine amerikanische Militärstreife hat mich erblickt und setzt mir nach. Ich nehme die Füße in die Hand und laufe Richtung Stadttheater und dann rechts den Berg hinauf. Oh Schreck! Von oben kommt mir gleichfalls eine Militärpolizeistreife entgegen! Aber dem Mutigen hilft das Glück. Die untere Streife dachge, die obige hätte mich bereits gesehen und marschierte weiter, aber die obige hatte mich noch nicht gesehen. Doch jeden Augenblick konnte das der Fall sein. Verzweifelt blicke ich herum. Da, gegenüber, im Haustor der Fleischhauerei Lampl, steht eine Frau und kehrt die Stufen. Gesegnet sei die Putzwut der Hausfrauen! Ich stürme an ihr vorbei und hinauf auf den Dachboden. Sie kommt mir, schlotternd vor Angst, nach. Ich sage: „Ich bin der Dr. Maleta. Mich müssen hier Männer kennen, die jetzt sicher schon von den Amerikanern in Funktionen eingesetzt wurden." Die gute Frau Lampl marschierte auf das Rathaus, und kurze Zeit später wurde ich mit „Hallo" von alten Freunden abgeholt. Der eine war Bürgermeister, der andere Bezirkshauptmann, etc. . . . .

Das Leben schreibt wirklich Treppenwitze! Nach zwei Stunden hatte ich von der amerikanischen Bezirkskommandantur ein „Permit" mit dem Inhalt, daß ich als Vertrauensmann der Amerikaner in „politischen Geschäften" reise und mich daher alle Straßensperren passieren lassen müssen. Wenn *die* eine Ahnung gehabt hätten, daß ich erst drei Stunden vorher als ihr Kriegsgefangener entflohen bin! Aber das ist noch nicht alles. Ein amerikanischer Militärjeep hält vor meiner Tür, ich steige ein und fahre in einem Zivilanzug nach Bad Ischl zu meiner Frau.

Der Vorhang fällt. Stunde Null! Ein neuer Zeitabschnitt beginnt. Der Bericht über diesen wird Inhalt des Fortsetzungsbandes sein.

Manche ehrgeizige, junge Politiker sollten daraus lernen. Es genügt nicht, wie ein Gockel auf dem Misthaufen mit gelangweilt-arrogantem Gesicht „Reform" zu krähen und den Sturz der „senilen" Alten zu verlangen. So macht man nicht Karriere, sondern nur mit der Devise „Hilf dir selbst, dann hilft dir Gott"!

# Ergebnis der Lehr- und Lernjahre

Am Abschluß des Buches gestatte man mir einige persönliche Bemerkungen. Ich hoffe, daß ich den Leser in seinen Erwartungen nicht enttäuscht habe. Die ausführliche Darstellung meiner persönlichen Erlebnisse, eingeblendet in gelegentlich heitere Episoden und geschrieben in manchmal lockerer Sprache, sollte die an sich trockene Thematik dieses Buches amüsant lesbar und möglichst lebensnah verständlich machen. Ich wende mich ja nicht ausschließlich an einen wissenschaftlichen, sondern an einen breiten, am politischen Geschehen interessierten Leserkreis. Mit der Analyse der stürmischen Ereignisse unmittelbar vor und während der ständestaatlichen Ära wollte ich manche einseitigen Geschichtsauffassungen korrigieren, vor allem aber aus bislang wenig beachteten Gesichtspunkten ergänzen. So hoffe ich denn, daß dieses Buch ein echter Beitrag zum Verständnis der jüngsten Geschichte unseres Vaterlandes wurde.

Für mich persönlich ist jene geschichtsträchtige Zeit eine durch Leid, menschliche Kontakte und kritisches Denken bewältigte Vergangenheit. Ich habe durch das Leben selbst, nicht etwa aus gelehrten Büchern, die Erfahrung gewonnen, daß die menschenwürdigste Form des Zusammenlebens in einer politischen Gemeinschaft garantiert wird durch das parlamentarisch-demokratische System.

1936 erschien im Oberösterreichischen Landesverlag Linz meine oft zitierte Schrift „Der Sozialist im Dollfuß-Österreich", die binnen kurzer Zeit zwei Auflagen erlebte. Ich bekenne mich heute nicht zu meiner damaligen Überzeugung, aber jeder, der Gelegenheit hat, diese Schrift zu lesen, wird wohl einen eindrucksvollen „Beleg" dafür finden, daß es sich bei meiner kritischen Distanz zum Ständestaat in jener Zeit *nicht* um eine *nachträgliche* Behauptung handelt. Das wird überdies durch folgende Tatsachen zusätzlich bestätigt:

*Erstens* stand ich damals, ohne mein Wissen, trotz meiner hohen Funktion als vaterländischer Funktionär unter staatspolizeilicher Kontrolle des vaterländischen Regimes.

*Zweitens* war dieses Buch eine wesentliche Ursache meiner langjährigen KZ-Haft, weil es die illegalen Nationalsozialisten bei ihren Bemühungen um die Gefolgschaft der sozialistischen Arbeiter als ein unbequemes Hindernis betrachtet hatten.

*Drittens* hat es mir, wie bereits anderwärts erwähnt, trotz aller Gegnerschaft Respekt im sozialistischen Lager eingetragen.

So fällt auf der Bühne meines Lebens mit diesem Buch gewissermaßen der „Vorhang" nach dem ersten Akt. Der folgende Band wird das Geschehen ab dem „Jahre Null", also der Wiedererrichtung der Republik 1945, bis zur Gegenwart beinhalten.

# Personenregister

248